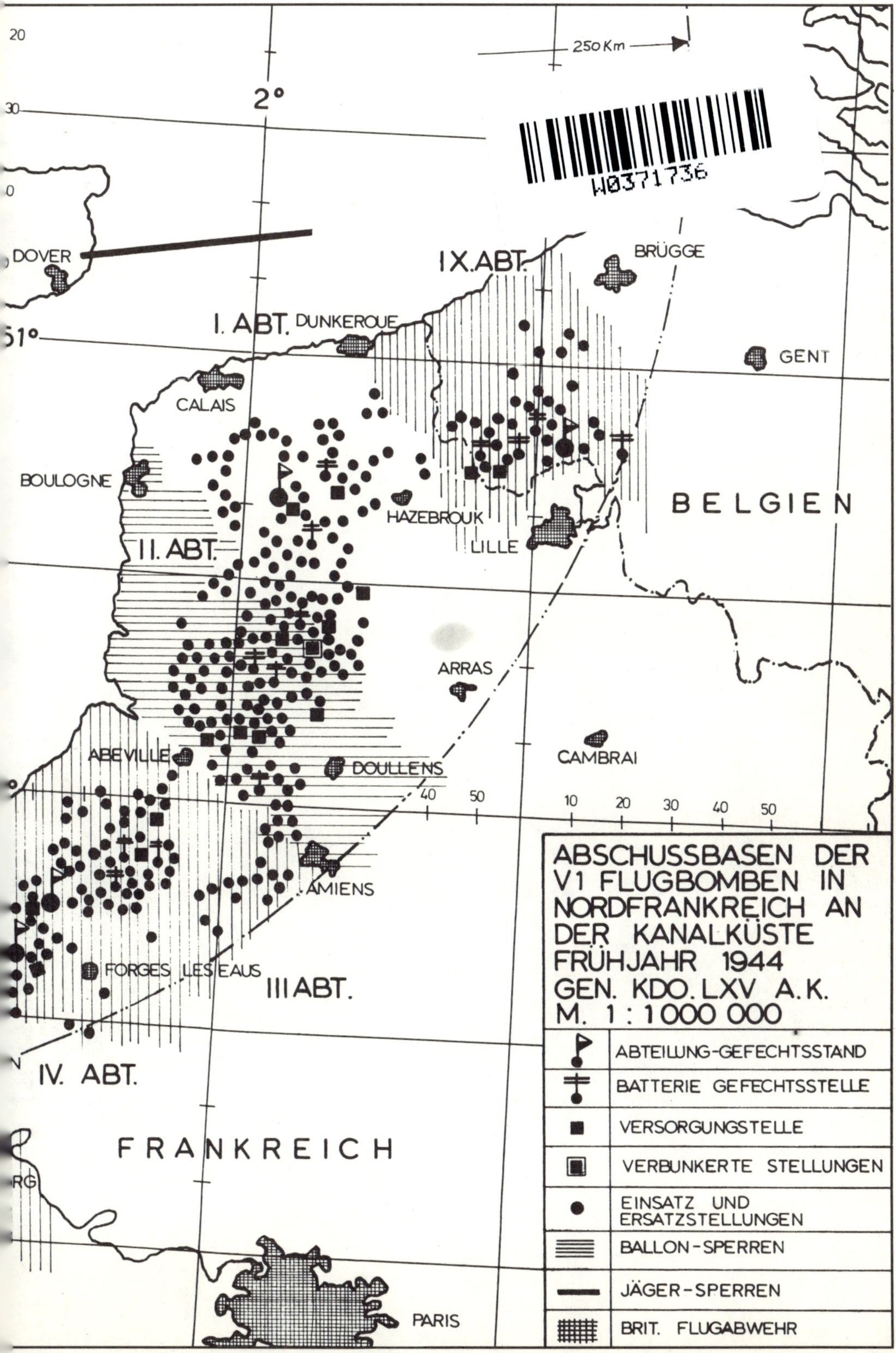
ABSCHUSSBASEN DER V1 FLUGBOMBEN IN NORDFRANKREICH AN DER KANALKÜSTE FRÜHJAHR 1944
GEN. KDO. LXV A.K.
M. 1 : 1000 000
ABTEILUNG-GEFECHTSSTAND
BATTERIE GEFECHTSSTELLE
VERSORGUNGSTELLE
VERBUNKERTE STELLUNGEN
EINSATZ UND ERSATZSTELLUNGEN
BALLON-SPERREN
JÄGER-SPERREN
BRIT. FLUGABWEHR
250 Km
2°
51°
DOVER
I. ABT.
DUNKERQUE
IX. ABT.
BRÜGGE
GENT
CALAIS
BOULOGNE
HAZEBROUK
LILLE
BELGIEN
II. ABT.
ARRAS
CAMBRAI
ABEVILLE
DOULLENS
AMIENS
FORGES LES EAUS
III ABT.
IV. ABT.
FRANKREICH
PARIS

Wilhelm Hellmold

# Die V1

Eine Dokumentation

Wilhelm Hellmold

# Die V1

## Eine Dokumentation

BECHTERMÜNZ VERLAG

Genehmigte Lizenzausgabe für
Weltbild Verlag GmbH, Augsburg 1999

Umschlaggestaltung: Artelier für Grafik & Werbung, München
Umschlagmotiv: V1 im Flug, Foto 1942 (AKG, Berlin)
Herstellung: Franz Nellissen, München
Satz: Uhl + Massopust, Aalen
Gesetzt aus der 10/12 Punkt Times, Lino System 4
Reproduktionen: Graph. Atelier Krah, München
Gesamtherstellung: Wiener Verlag, Himberg bei Wien
Printed in Austria
ISBN 3-8289-0338-X

# Inhalt

# Vorwort

Als die ersten V1-Marschflugkörper, Deutschlands Geheimwaffe, im Juni 1944 über den Ärmelkanal in Richtung London flogen, horchte die Welt auf.
Goebbels vom Propagandaministerium verhielt sich zunächst zurückhaltend. Die betroffenen Engländer reagierten mit Massenflucht aus London. Amerikas Kriegsministerium bewilligte fast 100 Mio. US $, um die interessante deutsche Waffenentwicklung nachzubauen. Deutschlands Zivilbevölkerung hoffte auf ein Ende des alliierten Bombenkrieges, und die Soldaten an den Fronten hofften auf eine Wende des Krieges zugunsten Deutschlands.
Die geheimen Lageberichte des Sicherheitsdienstes der SS über die Entwicklung in der öffentlichen Meinungsbildung meldeten vom 19. Juni 1944: »Die Bekanntgabe des Angriffs auf London mit neuartigen Sprengkörpern schwersten Kalibers im Wehrmachtsbericht vom 16. Juni 1944 ist von allen Volksgenossen sofort als der Beginn der Vergeltung erkannt worden und wurde jubelnd aufgenommen. Man sieht ein baldiges Kriegsende in Aussicht, verschiedentlich tiefe Erschütterung und Ergriffenheit in der Bevölkerung.«

Zeitgeschichtlich interessierte Bürger hatten bisher wenig Möglichkeit zur Information. Umfassende Publikationen erschienen bisher nur in englischer Sprache aus Quellen der damaligen Gegenseite.
Ich habe mich in 10jähriger Arbeit bemüht, die Fakten aufzuschreiben, nicht nur in militärischer Hinsicht, sondern auch entwicklungs- und rüstungsmäßig, sowie aus der Sicht der alliierten Seite.
Es war ein mühevoller Weg, diese auf Dokumenten basierende Arbeit zu schreiben.
Entwicklung, Erprobung und Einsatz der V1 im Dritten Reich waren streng geheim. Zwischen dem 19. und 29. März 1945 wurden Führerbefehle (z. B. der Befehl Nr. 002711/45 GKdos) ausgegeben, »alle Herstellungs- und Forschungsunterlagen zu vernichten«. Ähnliche Befehle erteilte das Oberkommando der Wehrmacht. Was der Beseitigung entging, beschlagnahmten alliierte Spezialeinheiten bei ihrem Einmarsch in Deutschland. In langjährigen Studien im Militärarchiv Freiburg und im Bundesarchiv

Koblenz konnte eine Basis geschaffen werden, die es erlaubte, persönliche Kontakte mit Wissenschaftlern, Ingenieuren und Offizieren aufzunehmen, die an dieser Entwicklung beteiligt waren.

Angehörige verstorbener Ingenieure und Offiziere stellten mir Nachlässe zur Verfügung mit präzisen Aufzeichnungen, die die Verstorbenen selbst publizieren wollten.

Ohne meinen Freund Fritz Hahn, der in der Heeresversuchsanstalt in Peenemünde beim Waffenprüfamt 11 tätig war, und Herrn Willy Fiedler, Direktor bei den Fieseler-Werken in Kassel, Erprobungsleiter der V1 in Peenemünde-West und später bei der V1-Weiterentwicklung in den USA tätig, hätte ich dieses Dokument nicht schreiben können.

Dank sagen möchte ich den Hunderten von Helfern, die bei der Entstehung dieser Arbeit mitgewirkt haben, insbesondere: Stud.-Direktor Paul Altenburg; Dipl.-Ing. Kurt Barthels, Patent-Ingenieur; Rudolf Bree, Staatssekretär a. D.; Dr. Theodor Benecke, Bundesverband Luft- und Raumfahrtindustrie; Dr. F. Blickhahn; Dipl.-Ing. Max Mayer, Ministerialdirektor a. D.; Dipl.-Ing. Emil Kruska in Firma Walter GmbH; Marianne Loenartz, Bundesarchiv Koblenz; Dr. Real, Bundesarchiv Koblenz; Albinus, Militärarchiv Freiburg; Frau Grahn, Staatsarchiv Potsdam; Manfred Bornemann; Dipl.-Ing. Jürgen Cropp; E. Klee, Deutsches Museum; Werner Dettmar; Gerhard Fieseler; Frau Losshöfer; Walter Fink; Roger A. Freeman; Dipl.-Ing. Heinz Gehlhaar; Dr. Werner Gerber, Tradit. Gemeinsch. Flak-Regiment 155 W; Kyrill von Gernsdorff; Walter Harzer, Oberst a. D.; J. Lorenz, Dipl.-Kaufmann; Prof. Dr. Heinz Lettau; Dipl.-Ing. Ulrich Lüders; Dr. Karl H. Mistele; Dipl.-Ing. Peter Nauschütz; Dipl.-Ing. Uwo Pauls, Staatssekretär a. D.; Dr. Ing. Liegl, Porsche AG; Prof. Dr. Erich Plath; Karl R. Pawlas, Publizistisches Archiv; Erich Quadflieg; Paul Röhl; Heinz Riediger; Jost W. Schneider; Walter Schroeder; Dr. Helmut Schnatz; Dipl.-Ing. K. B. Schönenberger; Klaus Süssenguth, Rektor i. R.; Dr. Martin Teich; Lilli Zuerl, Zuerl-Verlag.

# Vorgeschichte

Schon während des I. Weltkrieges faszinierte es Flugzeug-Ingenieure aller kriegsführenden Parteien, taktische Boden-Boden-Flugkörper zu konstruieren. Diese Lenkwaffen ähnelten kleinen pilotenlosen Flugzeugen sowohl in Bauweise als auch Form. Man richtete sie auf ein Ziel, und dann flogen sie mit einer primitiven Kompaßsteuerung weiter. Von Flugzeugen unterschieden sich die Flugkörper nur dadurch, daß statt des Piloten eine Sprengladung eingebaut wurde und daß sie nie langsam fliegen mußten. Sie benötigten daher nur kleine Flügel mit einer höheren Flächenbelastung, als sie Flugzeuge aufweisen. Bereits 1916 konstruierte und baute Dr. F. W. Buck aus Flagler in Colorado eine Serie von Lufttorpedos mit Doppeldekkerflügeln und verschiedenen Kolbenmotoren. Der Start erfolgte durch ein Druckluftkatapult von einem Auto aus.

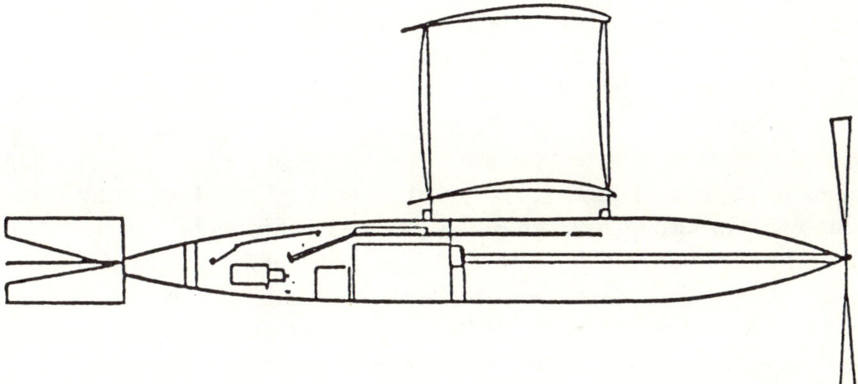

Mit Unterstützung der U.S. Army entwarf Charles Kettering (1) von der DELCO INC im Sommer 1917 eine taktische Boden-Boden-Lenkwaffe. Die ersten Versuche wurden mit einem modifizierten Schulflugzeug im Werk Great Neck von Sperry Gyroscope sowie auf dem Wright Field durchgeführt. Nach vielen Versuchen flog die Maschine 65 km weit, mit einer Zielabweichung von nur 90 m. Für den operativen Einsatz wurden aber kleinere Flugkörper benötigt. So produzierten KET – DELCO und

SPERRY gemeinsam einen einfachen kleinen Doppeldecker mit einem luftgekühlten Zweitakt-28-KW-Ford-Motor. Der Motor war so konstruiert, daß er auch Druck und Vakuum für die Flugregelung lieferte. Die Zelle bestand aus Pappmaché, das mit Holz verstärkt war, die Außenhaut aus Pappe. Diese Lenkwaffe wog 135 kg und konnte innen dasselbe Gewicht an Sprengstoff aufnehmen.
Die Höhenregelung erfolgte über eine empfindliche Druckdose, die Ruderbewegungen wurden durch gefüllte Blasebälge ausgeführt. Zunächst versuchte man die erforderliche Längsstabilität durch V-Stellung der Tragflächen zu erreichen. Nach dem Start von einem vierrädrigen Startwagen aus konnte der Flugkörper etwa 100 km weit fliegen, und zwar mit ziemlicher Genauigkeit. Ein Zähler trennte die Tragflächen nach einer bestimmten Umdrehungszahl des Motors ab.
Der spätere amerikanische Stabschef Arnold ging im Oktober 1918 an die Westfront nach Frankreich, um dort die ersten Einheiten mit den erprobten Lenkwaffen aufzustellen, die täglich Tausende von primitiven Flugbomben gegen die deutschen Stellungen abschießen sollten. Nur der baldige Waffenstillstand verhinderte den Einsatz.
Auch die Engländer begannen 1917 die Konstruktion mit funkgesteuerten Flugkörpern, Professor Low wurde von Cdr. Brock unterstützt. Brock fiel in Zeebrugge, und so wurde diese Waffe nie fertiggestellt. Aber 1920 wurden in Farnborough die Arbeiten wieder aufgenommen. Eine Serie von funkgesteuerten Eindeckern, ausgerüstet mit 30 KW-Armstrong-Siddeley-Qunce-Motoren, erprobte man auf dem Flugzeugträger Argus. Die Steuerung erfolgte über pneumatische Torpedokreisel, die durch Funksignale rechts oder links ausgelenkt wurden. Mit Sprengstoff beladene Varianten blieben Probierstudien. Erst 1925 gab dann das englische Luftfahrtministerium eine Forderung für einen Boden-Boden-Flugkörper heraus, der einen Gefechtskopf von 90 kg Gewicht 320 km weit in einer Stunde befördern sollte. Aus Sicherheitsgründen arbeitete nur das Royal Aircraft Establishment an diesem Geheimprojekt, das konsequent bis in die 30er Jahre unter der Bezeichnung RAE LARYNX durchgeführt wurde.
In Deutschland versuchte 1934 Dipl. Ing. Paul Schmidt aus München, das damalige Reichsluftfahrtministerium für eine Flugbombe mit neuartigem Antrieb zu interessieren. Nach Schmidts Patenterteilung im Jahre 1930 für ein Verpuffungs-Strahlrohr, hatten ihm Freunde empfohlen, den von ihm entwickelten Antrieb für Verteidigungszwecke anzubieten. Unterstützt von Professor Dr. G. Madelung, der die aerodynamischn Daten für eine Flugbombe ausgearbeitet hatte, konstruierte Schmidt das passende Strahlrohr.

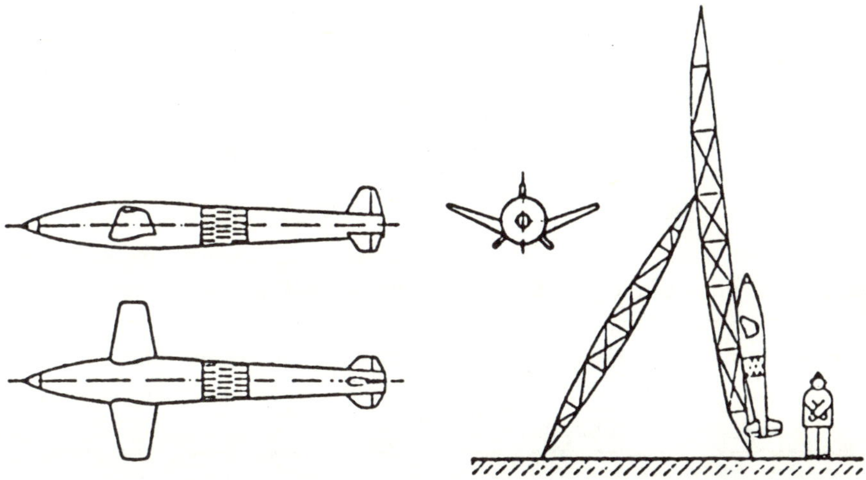

Der unbemannte Flugkörper sollte 800 km/h schnell fliegen, in einer Höhe von 2000 m.
Das von Schmidt ausgearbeitete Zeichenbrettprojekt fand zu diesem Zeitpunkt, zu dem die neue deutsche Luftwaffe aufgebaut wurde, keine Beachtung, sondern wurde als technisch dubios und aus taktischer Sicht als uninteressant zurückgewiesen.
Der Schmidtsche Strahlrohr-Antrieb faszinierte aber weiterhin die deutsche Luftwaffe. Verglichen mit einem Flugmotor, der das Dreißigfache kostete, konnten ungelernte Arbeiter in Massenproduktion diesen neuartigen Antrieb für Flugzeuge herstellen. Die deutsche Versuchsanstalt für Luftfahrt in Berlin-Adlershof legte am 12. Februar 1936 einen Bericht (2) mit folgender Übersicht vor:

> »Die Leistungsfähigkeit des von Paul Schmidt, München, angegebenen und entwickelten Strahlrohres wird hier untersucht und in Schaubildern dargestellt, damit man einen Vergleich mit anderen Antriebsmitteln vornehmen kann. Gegenüber dem üblichen Getriebe, Motor und Luftschraube besitzt das Strahlrohr bei den heutigen Geschwindigkeiten einen geringeren Gesamtwirkungsgrad, der davon herrührt, daß die Verbrennung als Gleichraumverbrennung ohne Vorverdichten angestrebt wird. Dafür hat es aber bei gleicher Leistung ein wesentlich geringeres Gewicht, und es läßt sich bei höheren Fluggeschwindigkeiten bis etwa zur doppelten Schallgeschwindigkeit mit gleichem Wirkungsgrad bauen.«

Durch Paul Schmidts Erfolge sicherlich angeregt, begann auch die Argus Motoren Gesellschaft in Berlin-Reinickendorf, die Flugmotoren herstellte, am 21. August 1939 mit Arbeiten auf dem Gebiet des Strahlantriebs.

DEUTSCHES REICH

AUSGEGEBEN AM
3. JANUAR 1933

REICHSPATENTAMT

# PATENTSCHRIFT

## № 567042

KLASSE 62b GRUPPE 37 02

*62b Sch 403. 30*

*Tag der Bekanntmachung über die Erteilung des Patents: 15. Dezember 1932*

Dipl.-Ing. Paul Schmidt in München

## Einrichtung zur Erzeugung von Reaktionskräften an Luftfahrzeugen

Zusatz zum Patent 523655*)

Patentiert im Deutschen Reiche vom 24. April 1930 ab

Das Hauptpatent hat angefangen am 24. April 1930.

Der Gegenstand des Hauptpatents ist auf ein Verfahren zum Erzeugen von Reaktionskräften an Luftfahrzeugen durch Verpuffen entzündlichen Stoffgemisches gerichtet, bei welchem eine Luftmenge, deren Gewicht das Gewicht des entzündlichen Stoffes um ein Vielfaches übertrifft, durch die Kraft des Überdrucks des zum Verpuffen gebrachten Gemisches verdrängt und dadurch beschleunigt wird.

Zur Durchführung dieses Verfahrens sollen im allgemeinen langgestreckte, rohrförmige Reaktionsräume dienen, und bei ihrer Anordnung an Flugzeugen zu dem Zweck, senkrecht nach oben gerichtete Kraftwirkungen zu erzeugen, ist es vorteilhaft, die langgestreckten Reaktionsräume im wesentlichen in Richtung des Flugzeugrumpfes oder der Tragflächen verlaufend anzuordnen und an den Auslässen der Reaktionsräume Mittel zur Umlenkung der Strömung nach unten vorzusehen.

Bei dieser Anwendungsform des Verfahrens nach dem Hauptpatent ist gemäß der zusätzlichen Erfindung die erwünschte Stabilität der normalen Fluglage ohne weiteres dadurch zu erreichen, daß die Auslässe getrennter Reaktionsräume an mindestens drei Stellen des Flugzeuges angeordnet sind, und zwar vorzugsweise derart, daß sie die Ecken eines in waagerechter Ebene verlaufenden Dreiecks bilden.

Es ist zwar an sich bekannt, ejektorartig betriebene Reaktionsräume an Flugzeugen mit Mitteln zum Umlenken der Strömung am Auslaß eines Mischraumes zu versehen, jedoch ist die Anordnung von im wesentlichen in Richtung des Rumpfes oder der Tragflächen verlaufenden, mit Mitteln zur Umlenkung der Strömung nach unten versehenen, getrennten Reaktionsräumen, deren Auslässe an mindestens drei Stellen des Flugzeuges angeordnet sind, nicht bekannt geworden. Bei einer Anordnung von weniger als drei durch die Reaktionskraft der ausgestoßenen Massen gebildeten Tragstellen ist aber eine Stabilität der normalen Fluglage nicht zu erreichen, während diese durch drei oder mehr Tragstellen mit Sicherheit erzielt werden kann.

Bei der erfindungsgemäßen Anordnung mehrerer Reaktionsräume kann ferner eine besonders vorteilhafte Steuerung der Fluglage durch vorzugsweise selbsttätige Regelmittel dann erreicht werden, wenn die den einzelnen Reaktionsräumen jeweils zuzuführende Menge entzündlichen Stoffes in Abhängigkeit von den wechselnden Flugbedin-

*) Früheres Zusatzpatent 558113

**Argus Motoren Gesellschaft M.B.H.**
Berlin - Reinickendorf

Diktatzeichen: EA II Dr.Go/A.

Reinickendorf, den 2.12.39

EA II - **Aktenvermerk Nr.** 7/39.

Betr.: Besprechung bei Argus am 30.11.39 über "Luftstrahltriebwerke".

**Geheim**

Verteiler:

| | |
|---|---|
| RLM LC 3 VII | 3x |
| Herrn Dir. Dinslage | 1x |
| Herrn Dr. Christian | 1x |
| Herrn Kasinger | 1x |
| EA II | 3x |

Anwesend:

| | |
|---|---|
| Herr Flugbauführer Schelp<br>Herr Dipl.Ing. Waldmann | RLM LC 3 VII |
| Herr Dr. Christian zeitweise<br>Herr Dr. Gosslau<br>Herr Dipl.Ing. Diedrich | Argus |

| Gegenstand | Erledigung durch | Erledigung bis | Erledigungsvermerk |
|---|---|---|---|

Auf Veranlassung des RLM LC 3 hat Argus erste Versuche zur Entwicklung eines ununterbrochen arbeitenden Verpuffungs-Luftstrahltriebwerkes aufgenommen.

Ein erster Vorversuch führte überraschend schnell zu einem Anfangserfolg.

Am 30.11. wurde den Herren Sachbearbeitern des RLM das erste mit einer gemessenen Schwingungszahl von 210 Herz und einem Luftdurchsatz von 20 kg/h arbeitende Versuchsmodell im Betrieb gezeigt. Es wurde festgestellt, dass dies das erste dem RLM vorgeführte und einwandfrei arbeitende Verpuffungsstrahltriebwerk ist.

Da der Ansatz Erfolg verspricht, wird Argus einen Auftrag auf Weiterentwicklung erhalten.

Die nächsten Arbeiten sollen sich vorerst mit der Klärung grundsätzlicher Fragen beschäftigen. Die nächste Versuchsausführung soll etwa 3 bis 4 x so gross gebaut werden, um Zufälligkeiten auszuschliessen und einwandfreie Messungen zu gestatten.

Argus schlägt vor, den weiteren Versuchsmodellen von vornherein Flugkörperform zu geben, diesen Flugkörper in einen kleinen Hochgeschwindigkeitskanal zu

| Argus Motoren Gesellschaft M.B.H. Berlin - Reinickendorf | EA II Aktenvermerk Nr. 7/39 | Blatt 2 |
|---|---|---|

| Gegenstand | Erledigung durch | Erledigung bis | Erledigungsvermerk |
|---|---|---|---|

hängen, die Brennluft unter Staudruck zuzuführen, dem Schubstrahl Vorlagerungsluft beizumischen, und den Schub zu messen.

Es soll weiter angestrebt werden, die Verpuffung unter höherem Druck durchzuführen, damit der Brennstoffverbrauch sinkt. Ein Teil des Brennkammerbodens soll dabei nach Vorschlag von Argus als ein den Gaswechsel steuernder, brennluftverdichtender Kolben ausgebildet werden, dessen Bewegungen in Resonanz zu den Verpuffungsvorgängen stehen.

Sobald Meßergebnisse vorliegen und eine planmässige Vorausberechnung möglich ist, soll ein Modell für rd. 4 kg Schub gebaut und zum Antrieb des ferngesteuerten Argus-Flugmodells benutzt werden.

Es wurden ferner die Möglichkeiten durchgesprochen, die sich bei einem solchen Antrieb im Rahmen des von Argus dem RLM eingereichten Projekts "Fernfeuer" ergeben würden. Eine Überschlagsrechnung zeigt, dass für eine Flugstrecke von rd. 1000 km bei einem derartigen Lufttorpedo ca. 500 kg an Gewicht eingespart werden können, wenn als Antrieb das viel billigere und leichtere Luftstrahltriebwerk gewählt wird.

Hierbei ist eine Fluggeschwindigkeit von mindestens 250 m/sec und ein Brennstoffverbrauch des Triebwerkes von 700 g/PSh, d.h. 0,65 g Brennstoffverbrauch je kg Schub/sec zugrunde gelegt.

Die nächsten Messungen am arbeitenden Modell sollen zeigen, wieweit diese theoretisch errechneten Werte erreichbar erscheinen.

Für RLM LC 3:
gez. Schelp

Für Argus:
[signature]

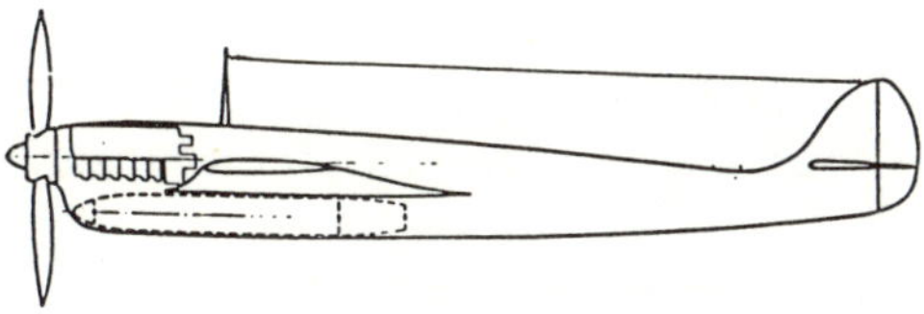

## LUFTTORPEDO I

Das gesamte Gerät geht beim Angriff verloren.

Serienmäßiger Flugmotor mit Schraube. Bombe unter dem Motor, um im Ziel unmittelbar aufzuschlagen.

Geschwindigkeit nicht über 700 km/h.

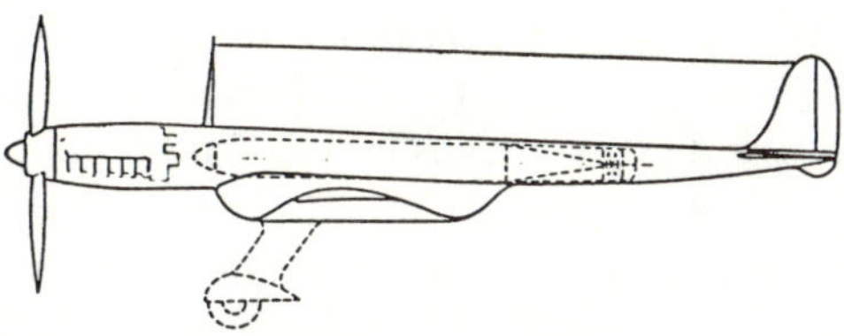

## LUFTTORPEDO II

Sprengkörper (Bombe oder Torpedo) wird abgeworfen.

Trag- und Triebwerk kehren nach dem Angriff zu neuer Verwendung zurück.

Geschwindigkeit nicht über 700 km/h.

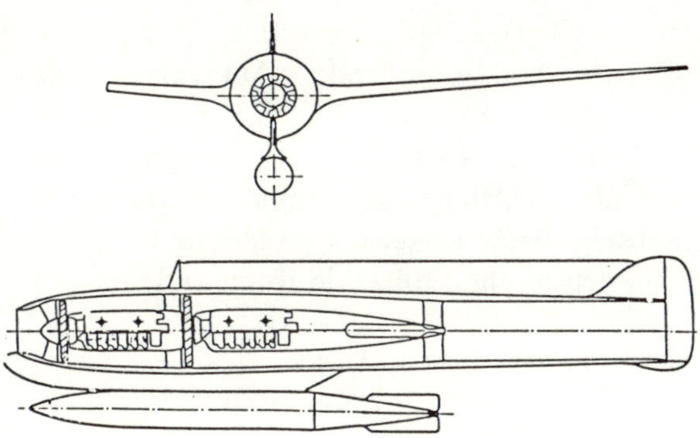

## LUFTTORPEDO III

Geschwindigkeit über 750 km/h

Strahltriebwerk mit zwei "As 410" und zusammen 1200 PS Wellenleistung. Außerdem Auspuff- Strahldüsen.

Kann sowohl im Rammstoß ganz eingesetzt oder aber bei Sprenglast-Abwurf zu neuer Verwendung zurückgeführt werden.

Eine Abteilung dieses Flugmotorenwerkes beschäftigte sich schon seit Herbst 1936 mit der Entwicklung von ferngesteuerten motorgetriebenen Modellflugzeugen, für militärische Zwecke als Zielmodelle für die Flugabwehr und Bilderkunder.
Als am 2. Oktober 1939 eine Flakeinheit auf dem Übungsplatz Wustrow in Gegenwart der Generäle Kühl und Haubold auf ferngesteuerte Argus-Zielmodelle schoß, trat die Firmenleitung an Prof. Wagner heran mit dem Ziel einer Zusammenarbeit für ferngesteuerte, sprengstofftragende Kleinflugzeuge.
Dr. Ing. F. Gosslau, Oberingenieur bei Argus, verfaßt am 11. November 1939 eine Denkschrift über ein neues Bombenangriffs-Verfahren für das Reichsluftfahrt-Ministerium auf der Grundlage der drahtlos gesteuerten Argus-Flugmodelle. (3)
Die wesentlichen Kennzeichen dieses neuen Verfahrens sind:

1. Eine katapultfähige Bombe, flugfähig motorisiert als Lufttorpedo.
2. Steuerbar, mit Zielflug – Einrichtung, bestehend aus einem Kurssteuergerät. Reichweite 300 km.
3. Trag- und Triebwerk wird zur neuen Verwendung in die Heimat zurückgeleitet.
4. Bei großen Landzielen ist die Wirksamkeit des Verfahrens auch bei geringerer Treffsicherheit gewährleistet.

Genau 11 Tage später werden Skizzen und Beschreibungen neuer Ideen zur Flugbombe nachgereicht, als Antrieb wird auch ein Strahlgerät vorgeschlagen.
Als Ende November 1939 bei den Arguswerken das Modell eines Verpuffungs-Luftstrahltriebwerkes bei einem Vorversuch Anfangserfolge zeigt, Aktenvermerk Nr. 7/39, werden Überlegungen angestellt, dieses neue Schubrohr für das Tragflügel-Ferngeschoß zu verwenden. Am 7. Dezember 1939 treffen sich Flieger Stabsingenieur Bree und Dr. Gosslau zu einer Besprechung über die am 11. und 22. November 1939 eingereichten Manuskripte der Firma Argus, über die fliegende Bombe – Fernfeuer – Kennwort Erfurt. Der von Stabsing. Bree, Leiter der Abteilung L C 2 im RLM, diktierte Besprechungsbericht enthält folgende Kenngrößen:

| | |
|---|---|
| 1. Abwurflast | 1000 kg |
| 2. Fluggeschwindigkeit größer als | 700 km/h |
| 3. Eindringtiefe mindestens | 500 km |
| Der Einfluß der Erhöhung der Eindringtiefe bis auf | 1200 km ist zu klären. |

Am Ende des Berichtes schlägt Bree die Fühlungnahme mit einem

Flugzeugwerk und dem Elektrokonzern Lorenz zur besseren Unterbauung des Projektes vor. Generalluftzeugmeister Ernst Udet, seit Juni 1936 Chef des Technischen Amtes im Reichsluftfahrtministerium, fordert am 20. Dezember 1939 die Firma Argus auf, die eingereichte Idee der Fernbombe eingehend zu klären.

Im April 1940 reicht Dr. Gosslau die überarbeiteten Unterlagen des Argus-Projektes – Fernfeuer – Tarnwort Erfurt, erneut an das RLM ein, er unterstreicht die Vorteile der fernflugfähigen, motorisierten Bombe.

1. Es werden hochqualifizierte Besatzungen erspart.
2. Es werden jeweils nur wirksame Lasten transportiert.
3. Der Arbeitsaufwand je to Sprengstoff im Ziel beträgt gegenüber dem bemannten Bomber etwa 1/30.
4. Das Gerät ist bei jeder Wetterlage, bei Tag und Nacht, selbst bei Nebel und, falls erforderlich, sogar ununterbrochen einsetzbar, selbst dann, wenn eine erhebliche Luftüberlegenheit des Gegners besteht.

Als Dr. Gosslau bis September 1940 keine Antwort auf seine Denkschrift erhält, wendet er sich am 11. September 1940 an seine Geschäftsleitung mit der EA 2 Mitteilung Nr. 22/40 folgenden Wortlauts:

> »Im Dezember 1939 hat der Herr Generalluftzeugmeister die Firma Argus mit der Vorklärung des Projektes Erfurt beauftragt. Die entsprechende Argus-Denkschrift befindet sich seit April d. J. in den Händen des Sachbearbeiters im RLM und seit Juni d. J. auch in den Händen des Herrn Generalluftzeugmeisters. Bis heute liegt irgend eine Stellungnahme des RLM – sei es Ablehnung des Projekts, sei es ein Auftrag zur Weiterverfolgung – nicht vor. Die veränderte Kriegslage, sowie die jetzige Art der Luftkriegsführung haben die Einsatzmöglichkeiten von Fernflugbomben so wesentlich erweitert, daß die seit Monaten völlig passive Haltung der Amtsstellen nicht mehr verständlich ist. Der Unterzeichnete bittet daher die Geschäftsleitung, jetzt eine Entscheidung des RLM im einen oder anderen Sinne herbeiführen zu wollen.«

Es kam erst im darauffolgenden Jahr, am 6. Januar 1941, zu einer Besprechung zwischen Dr. Koppenberg, Chef der Argus-Motoren-Werke, und Udet. Die Verwirklichung des Projektes Fernbombe wurde dabei abgelehnt.

Dr. Gosslau gab nicht auf. Im Sommer 1941 wandte er sich wieder an das RLM mit konkreten Darstellungen über den möglichen Entwicklungsablauf seiner fliegenden Bombe. Udet antwortete am 27. Juni 1941 und teilte mit, er habe Dr. Koppenberg im Januar bereits informiert, daß er in Anbetracht der Fülle anderweitiger dringlicherer Aufgaben den Entwicklungsvorschlägen nicht nachgehen könne. Eine Verschiebung auf einen günstigeren Zeitpunkt ließe sich nicht umgehen.

Argus versuchte nun mit Flugzeugfirmen Fühlung aufzunehmen, um das vorgeschlagene Gerät in eigener Regie zu entwickeln, doch wurde bald erkennbar, daß dieser Plan ohne Zustimmung des RLM nicht durchzuführen war. Die vorangegangenen Verhandlungen hatten gezeigt, daß es Argus wohl kaum gelingen würde, als Motorfirma den Auftrag für die Entwicklung einer Flugbombe zu erhalten, die einem Flugzeug sehr ähnlich war. Man beschloß daher bei Argus, zu künftigen Verhandlungen mit dem RLM über die Fernbombe von vornherein eine Flugzeugfirma heranzuziehen.

Unabhängig von den Flugbombenprojekten arbeitete Dipl. Ing. Schmidt, betreut von der Forschungsanstalt des RLM, an seinem Verpuffungsstrahlrohr, das ständig verbessert wurde. Parallel dazu forschte Dr. Ing. Günter Dietrich bei Argus, auch unterstützt vom RLM durch die Ingenieure Mauch und Scheep. Das Grundprinzip war Schmidts Arbeit, während Argus die schwierige Aufgabe der selbsttätigen Regelung und ein zuverlässiges Anlaßverfahren entwickelte.

Anfang 1941 hielt Dr. Fritz Gosslau im Auftrage der Deutschen Akademie der Luftfahrtforschung einen Vortrag über Verpuffungsstrahlrohre. (4) Insgesamt stellten 4 Unternehmen und Forschungsinstitute ihre Arbeiten vor:

ARGUS-Motorenwerke, Berlin-Reinickendorf
DFS DEUTSCHE FORSCHUNGSANSTALT für Segelflug, Darmstadt
SCHMIDT, Paul – München
LFA, LUFTFORSCHUNGSANSTALT, Hermann Göring, Braunschweig

Versammelt war die Elite der deutschen Luftfahrtforschung, unter ihnen auch Dipl.-Ing. Lusser, noch Direktor bei Heinkel, nicht ahnend, daß er ein Jahr später mit diesen Problemen konfrontiert werden sollte. Im Prinzip war die Arbeitsweise des Strahlrohrs einfach:

Die von außen über Ventilklappen in ein zylindrisches Rohr einströmende Luft wird in den Zerstäubern mit Brennstoff angereichert und gezündet. Die dabei erzeugte Druckwelle schlägt dabei gegen die Ventile und erzeugt einen Druckanstieg von etwa 5 kg/cm$^2$. Gleichzeitig strömen aus dem offenen Rohrende die Explosionsgase mit hoher Geschwindigkeit ins Freie und erzeugen einen Schub. Das Rohr entleert sich, es kommt ein Vakuum zustande, das wiederum frische Luft ansaugt. Dieser Vorgang wiederholt sich 3000- bis 15000mal in der Minute. Dabei strömen die Gase mit einer Geschwindigkeit von etwa 10000 m/sec. aus dem offenen Rohrende hinaus. Druckwellen, die sich dabei bilden, stoßen in das Rohrinnere zurück und bringen das neue Brennstoffluftgemisch zur Explosion.

Die Schwierigkeit lag aber im Detail. Die nach dem Vortrag von Gosslau sich anschließende Aussprache zeigte, wie unterschiedlich noch die Meinungen der Forscher der oben erwähnten Institute und Unternehmen waren. (Siehe Tabelle I).

| | Schmidt Paul | LUFT-FORSCHUNGS-ANSTALT HERMANN GÖRING | DEUTSCHE FORSCHUNGS-ANSTALT FÜR SEGELFLUG | ARGUS MOTOREN WERKE |
|---|---|---|---|---|
| Konstruktion der Versuchsrohre | 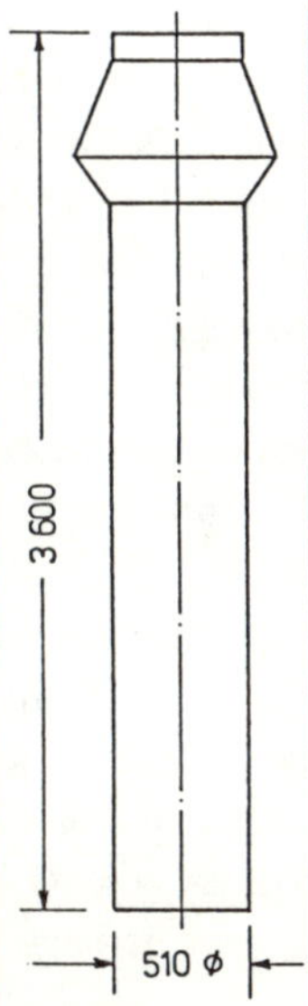  | 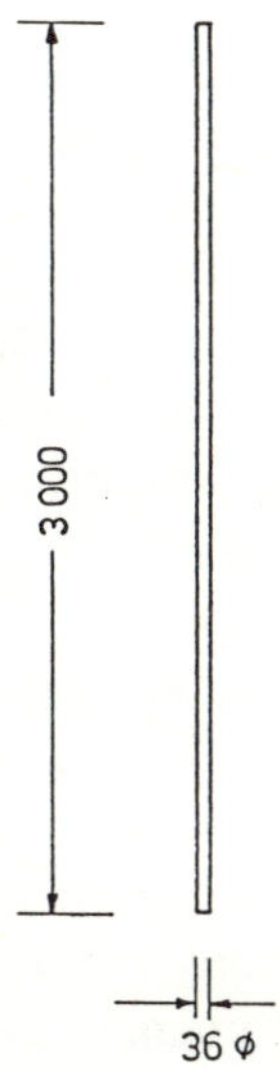  | 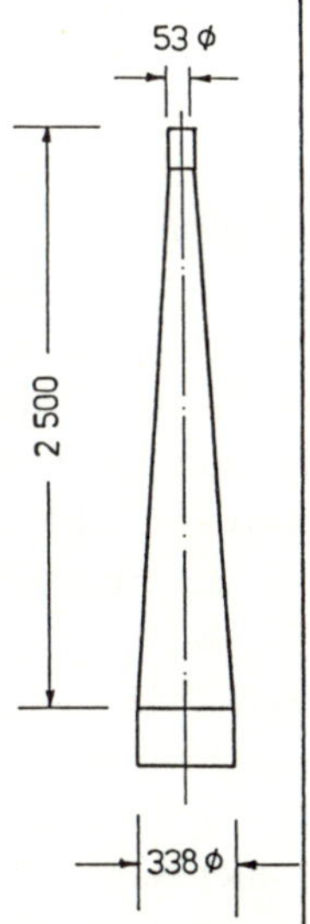  | 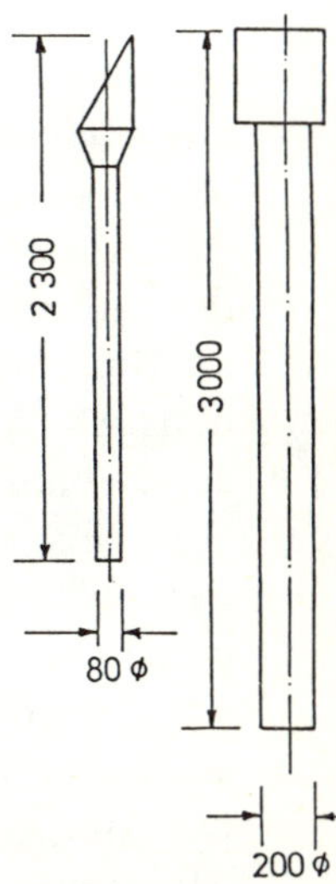  |
| Betriebsmittel: | | | | |
| Wärmeträger: | Benzin | Propan | Benzin | Benzin |
| Sauerstoff-träger: | Luft | Sauerstoff | Sauerstoff | Luft |
| Schub-Sekunden für 1 kg Verbrauch an Bord-Betriebsstoffen: | | | | |
| theoretisch: | 3,78 | 0,456 | 0,449 | 3,78 |
| erreicht: | 1,37 | 0,14 | 0,143 | 1,28 |
| Verbrauch an Bordmitteln g/s je Kp: | 0,73 | 7,16 | 7,0 | 0,78 |

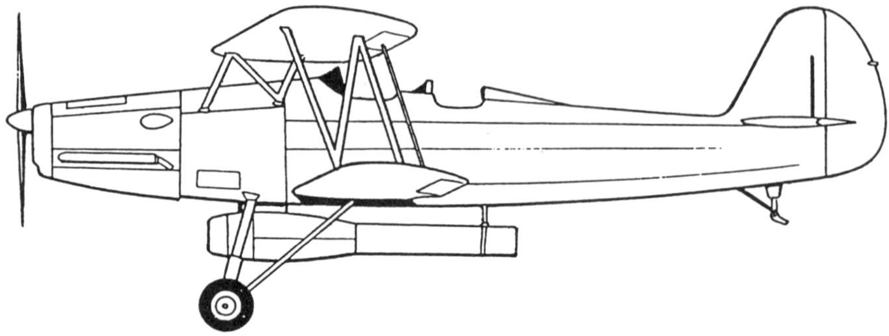

Auch die Flugversuche am 28. April 1941, man hatte dafür ein ARGUS-Schubrohr mit 120 kp Schubkraft unter einen GOTHA – GO – 145 Doppeldecker gebaut, brachten zwar wertvolle Erkenntnisse, aber nicht den gewünschten Durchbruch. Auf Anordnung des RLM erhielten die ARGUS-Motorenwerke den Auftrag, in Zusammenarbeit mit dem Erfinder Paul Schmidt ein Schubrohr für eine Fluggeschwindigkeit von 700 km/h zu entwickeln. Die gemeinsam gebauten Rohre erhielten die Bezeichnung AS (ARGUS – Schmidt). Während dieser angeordneten Zusammenarbeit kam es zu Kontroversen zwischen Schmidt und den ARGUS-Werken.

Zum Jahresende 1941 kündigte der langjährige Leiter der Entwicklungsabteilung bei Fieseler, Dipl.-Ingenieur Bachem, um sich im württembergischen Waldsee selbständig zu machen. Bachem wurde später berühmt, als er 1944–45 gemeinsam mit dem ebenfalls früheren Fieseler-Chefpiloten Dipl.-Ing. Fiedler einen neuartigen Abwehrjäger, die BACHEM-NATTER, entwickelte. Eine Art bemannte Rakete mit regelbarem Walter-Triebwerk.

Als Fieseler am 14. Januar 1942 seinen langjährigen Bekannten General-Ingenieur LUCHT im Reichsluftfahrt-Ministerium in Berlin um einen geeigneten Nachfolger für Bachem bat, schlug dieser Dipl.-Ing. Lusser mit der Bemerkung vor, er sei allerdings ein schwieriger Mann, aber er könne was. »Versuchen Sie es doch mit ihm.« (5)

Dipl.-Ing. Lusser war technischer Direktor und Chefkonstrukteur der Heinkel Flugzeugwerke in Seestadt-Rostock gewesen und hatte sich nach einer Auseinandersetzung mit dem Inhaber Ernst Heinkel von dieser Firma getrennt. »Bereits am 22. Januar 1942«, so schreibt G. Fieseler, »hatte ich eine Besprechung mit Lusser, in deren Verlauf ich ihm den Vorschlag machte, in mein Flugzeugwerk in Kassel als Entwicklungs-Direktor einzutreten. Lusser nahm die Stellung an.«

Wenige Tage später traf bei Fieseler ein Schreiben von den Argus-Werken ein mit der Bitte um Zusammenarbeit bei der Entwicklung des Projektes »Fernfeuer«. Gerhard Fieseler stand diesem Vorschlag sofort aufgeschlossen gegenüber und glaubte fest an die Realisierung der fliegenden Bombe. Sein Optimismus gründete sich auf die Entwicklung der Fieseler Fi. 157; ein unbemannter kleiner Eindecker für Zieldarstellung mit einem schwachen Motor. Er sollte von einem Mutterflugzeug auf Höhe getragen werden, und um die Aufhängung unter dem Trägerflugzeug einfacher handhaben zu können, mit einem doppelten Seitenleitwerk versehen sein; ohne Fahrwerk. Auf Zielflughöhe angelangt, sollte der Motor in Gang gesetzt und das Flugzeug ausgeklinkt werden. Eine mechanische Programmsteuerung übernahm die Flugwegkontrolle während der Zieldarstellung für die Flak, und nach Ausfliegen des Kraftstoffvorrates öffnete sich ein Fallschirm, der das Fluggerät zu Boden brachte. (6). Lusser reiste zunächst nach Berlin zum RLM, um Gespräche über die Möglichkeiten des Flugbombenprojektes zu führen und frühere Bedenken aus dem Weg zu räumen.

Die Situation hatte sich im Frühjahr 1942 gegenüber den Aufbaujahren der Luftwaffe, wo für solche Experimente keine Zeit war, geändert. Das Dilemma, in dem sich die deutsche Luftkriegsführung befand, hatte schon in den dreißiger Jahren begonnen.
Die führenden Luftwaffenoffiziere waren ursprünglich Heeresoffiziere gewesen, deren taktische Ausbildung sowohl als Truppen-,wie als Generalstabsoffiziere durch die Prinzipien der Landkriegsführung geprägt waren. Unter diesem Aspekt muß die neue Luftkriegskonzeption gewertet werden: die direkte Heeresunterstützung.
Der sogenannte URAL-Bomber war ein Terminustechnicus, er bedeutete kein Element des Kriegsbildes der damaligen Jahre. Das geht eindeutig aus den Akten der damals durchgeführten Planspiele hervor. Immer wieder stand die direkte Unterstützung des Heeres im Vordergrund aller Übungen. So wirkte sich die Fachfremdheit der führenden Offiziere zunächst kaum hemmend aus. Selbst Görings Kenntnisse waren auf dem Stand eines Bataillonsführers stehengeblieben.
Die neu entwickelten Flugzeugtypen bestätigten die obige Situation. Die nur mit halbem Herzen befohlene Entwicklung der viermotorigen Kampfflugzeuge Dornier Do 19 und Junkers Ju 89 wurden auf Befehl Görings am 29. April 1937 eingestellt. Erst später wurde Ernst Heinkel beauftragt, einen Fernbomber zu entwickeln. Die taktisch-technische Forderung des Generalstabes lautete:

| | |
|---|---|
| Maxl. Geschwindigkeit: | 600 km/h |
| Reichweite: | 3600 km |
| Nutzlast: | 2000 kg |

Es stellte sich jedoch bald heraus, daß mit der Frontreife der Heinkel He 177 in nächster Zukunft nicht zu rechnen war. Daraufhin wurde das Schwergewicht der Kampfflugzeugproduktion auf die Herstellung der Junkers Ju 88 gelegt, eines zweimotorigen Kampfflugzeugs für die unterschiedlichsten Verwendungen.
An die für Herbst 1942 zugesagten 500 Stück He 177 Fernkampfflugzeuge glaubte bei Lussers Besuch in Berlin im RLM kein Mensch mehr und man ahnte nur, welche Tragödie mit dieser Fehlkonstruktion bevorstand.

Bei den Kriegsgegnern dagegen sah die Sache ganz anders aus. Bereits 1935 fiel die Entscheidung der Engländer, 4motorige Langstreckenbomber zu entwickeln. Die Wirkung dieser Halifax-, Stirling- und Lancaster-Bomber bekam Deutschland 1942 schon zu spüren. Auch in Amerika wurde der Ruf nach einer starken strategischen Bomberwaffe bereits 1931 laut.
Hitlers Machtergreifung 1933 wurde als Signal angesehen, diese Waffe forciert in Angriff zu nehmen, und am 28. Juli 1935 startete ein Prototyp der später legendären Boeing B 17 zum Jungfernflug. Nur 2 Wochen später entschloß sich die U.S. Army, diesen 4motorigen Bomber in Erprobung zu nehmen. Schon bei dem Überführungsflug am 20. August 1935 stellte dieses Flugzeug einen neuen Rekord auf, es flog nonstop 3360 km.
Der Chefkonstrukteur Wells hatte klar erkannt, wie ein Bomber der nächsten 10 Jahre auszusehen hatte. Vergleicht man das elegant wirkende Flugzeug B 17 mit dem ebenfalls 4motorigen deutschen URAL-BOMBER DO 19, so mutet die deutsche Bomberkonstruktion geradezu vorsintflutlich an. Aber in Deutschland wurde diese neue Bomber-Generation nicht ernst genommen. Hitler hatte ja erst am 1. März 1936 mit veralteten Doppeldeckern dem Rheinland die Wehrhoheit zurückgegeben. In Berlin rührte sich auch nichts, als sechs Maschinen dieses Typs B 17 von der Piste in Miami abhoben und zu einem Verbandsflug nach dem 8416 km entfernten Buenos Aires flogen. Mit nur einmaligem Auftanken erreichten alle Maschinen ihr Ziel.
Erst die verlorene Luftschlacht um England 1940 machte der Führung das Fehlen einer strategischen Bomberflotte klar. Englische Luftfahrtexperten behaupten, die Deutschen hätten die Luftschlacht unter Umständen gewinnen können, wenn sie zu diesem Zeitpunkt mit einer strategischen Bomberwaffe angegriffen hätten.

Zurück zu dem Besuch Lussers in Berlin. Stärker werdende Luftangriffe der Engländer, die zunehmende britische Bomberwaffe und die fehlenden Fernbomber der deutschen Luftwaffe hatten das RLM aufgeschlossener gemacht.

Hitler forderte Vergeltung, und die neue Waffe bot sie unter Umständen an.

Nach Abschluß der Gespräche in Berlin beauftragte das RLM (Herr Bree) Herrn Dipl.-Ing. Lusser, eine Entwurfsskizze für die fliegende Bombe auszuarbeiten.

Herr Lusser schrieb am 30. März 1942 an die Argus-Motoren-Gesellschaft:

> »Anläßlich meines letzten Berliner Besuches war ich auch bei Herrn Bree, um ihm die Idee von Herrn Dr. Gosslau mit der Bombe auseinanderzusetzen. Nach anfänglichem Zögern schien Herr Bree der Sache doch Interesse abzugewinnen und bat mich dann selbst, die gewünschte Entwurfsskizze für Ihre Firma auszuarbeiten; Sie werden sie hoffentlich bald nach Ostern erhalten.«

Am 28. April 1942 gingen die daraus entstandenen Projektunterlagen, das abgewandelte Projekt Fernfeuer der Firma Argus an das RLM. In der Einleitung heißt es: »Das vorliegende, auf Anregung der Firma Argus entstandene Projekt, stellt eine in Flugzeugform fliegende Mine mit einem Argus-Schubrohr als Triebwerk dar.« (7)

Dr. Koppenberg unterrichtete am 8. Juni 1942 Admiral Lahs, den Präsidenten des Verbandes der Luftfahrtindustrie, und Direktor Frydag über das schwebende Projekt, die durch ein Schreiben vom 9. Juni 1942 Staatssekretär Milch eine Prüfung der Angelegenheit empfahlen. Milch hatte die Nachfolge des am 17. November 1941 durch Selbstmord ausgeschiedenen Udet angetreten; er ließ sich das Projekt vortragen und gab am 19. Juni 1942 den Befehl zum Bau der Flugbombe.

Damit ging der erste Marschflugkörper mit Verpuffungstriebwerk in der Geschichte der Luftfahrt in die Serienproduktion.

# Entwicklung

Lusser ging mit viel Begeisterung an seine neue Aufgabe (8) heran. Um genügend Kapazität in seinem Konstruktionsbüro frei zu machen, wurden andere Entwicklungsprojekte wie Transporter und Deichselschlepp (Anhänger) gestoppt. Der Entwicklungsauftrag war von höchster Dringlichkeit und erhielt im Hause Fieseler die Bezeichnung Fi 103.
Gerhard Fieseler, zu diesem Zeitpunkt 47 Jahre alt, Inhaber der Fieseler Flugzeugwerke in Kassel, Weltkunstflugmeister und Weltkrieg I Pilot mit zahlreichen Feindabschüssen schreibt in seinem Buch:
»Obwohl die Idee zu diesem Projekt im Jahre 1942 ans Phantastische grenzte, war ich von Anfang an von der Möglichkeit ihrer Verwirklichung überzeugt – rein gefühlsmäßig und vom Fliegerischen her gesehen.«
Robert Lusser war für diese Aufgabe einer der fähigsten Ingenieure mit Erfahrung als Flugzeugkonstrukteur, ein guter Pilot, zielbewußt, energisch und eine Persönlichkeit mit Organisationstalent. Auf den Zeichenbrettern in Kassel entstand zunächst die Zelle, geprägt von der schwierigen Beschaffung hochwertigen Rohmaterials und fehlenden Facharbeitern. Die Tragflächen wurden aus Kostengründen so konstruiert, daß sie auf der ganzen Spannweite die gleiche Tiefe hatten.
Der Tragholm bestand aus einem einfachen Stahlrohr. Auf dieses Rohr wurden ausgestanzte Blechprofilrippen geschoben, die mit einem dünnen Eisenblech die Außenhaut bildeten. Rumpf, Höhen- und Seitenruder wurden in ähnlicher Form auch aus billigem Blech gefertigt.
Den Konstrukteuren wurden Fertigungsfachleute beigegeben, die eine spätere Massenfabrikation mit einfachen Mitteln durchführen sollten. Auch Fieseler war täglich im Entwicklungsbüro und verfolgte mit großem Interesse den Fortgang der Arbeiten.
Nur Ingenieure mit Erfahrung im Raketenbau arbeiteten nicht in diesem Team, ein Fehler, der sich erst später bei den Erprobungen bemerkbar machte. Neben dem Büro der Entwicklung »Zelle«, saßen einige Ingenieure, die sich schon mit dem »Innenleben« der Flugbombe beschäftigten. Schwierigkeiten bereitete die Beschaffung von Druckbehältern mit 75 Liter Inhalt und einem Druck von 150 atü, alle Hersteller waren ausgelastet.
Ein findiger Konstrukteur schlug vor, eine dünnwandige Blechkugel zusammenzuschweißen und mit hochwertigem Stahldraht zu umwickeln,

Aufgabenstellung.

Das vorliegende, auf Anregung der Fa. Argus Motoren-Gesellschaft mbH. entstandene Projekt stellt eine in Flugzeugform fliegende Mine mit einem Argus Schubrohr als Triebwerk dar. Als Ziele kommen großflächige Objekte in Frage. Das Flugzeug wird auf einem Katapult von 25 m Länge mit einer Beschleunigung von 15 g abgeschleudert. Nach Zurücklegung seiner Flugstrecke im Horizontalflug geht es in steilen Gleitflug mit der Flugrichtung auf das vorgeschriebene Ziel über. Höhe und Richtung der Flugbahn werden durch ein eingebautes Argus-Steuergerät eingehalten. Die zum Zielanflug erforderliche Gesamt-Flugstrecke wird durch automatische Einhaltung der voraus bestimmten dazugehörigen Flugzeit gewährleistet.

Baubeschreibung.

Für den konstruktiven Aufbau des Flugzeuges sind 2 Gesichtspunkte ausschlaggebend : Unbedingt niedrige Herstellungskosten und Verwendung vorhandener, nicht verknappter Werkstoffe. Das Flugzeug ist deshalb als tragende Stahlblech-Schalenkonstruktion ausgeführt. Flügel und Leitwerk sind aus Transportgründen abnehmbar.

Der Rumpf besteht aus einer zusammengeschweißten Stahlblechröhre mit einem zylindrischen Rumpfmittelstück. Er ist im vorderen bis mittleren Teil gleichzeitig Sprengstoffträger. Um den Sprengstoffraum herum bis zur Außenwand hin ist im Schwerpunkt der Brennstoffraum so angeordnet, daß während des gesamten Fluges die Schwerpunktlage unverändert bleibt. Im leichteren Rumpfhinterteil wird, durch eine Klappe leicht zugänglich, das Steuergerät mit Energiequelle untergebracht.

Der Flügel, aus Stabilitätsgründen mit einer V-Stellung von 10° am Rumpf angeschlossen, besitzt wegen der einfachen Herstellung einerseits und der größeren Abkippsicherheit andererseits rechteckigen Umriß und ist durchgehend mit

NACA 23012 profiliert. Er wird gleichfalls aus 2 gedrückten Stahlblechhälften zu einer Schale zusammengedrückt.

Die Leitwerke sind in gleicher Weise wie der Flügel ausgeführt. Am Höhenleitwerk ist das Doppelseitenleitwerk fest angeschlossen.

Das Argusrohr, mit 150 kg Standschub auf eine größte Horizontalgeschwindigkeit von 700 km/h abgestimmt, ist über über dem Rumpfhinterteil zwischen den Seitenleitwerken räumlich so angeordnet, daß es leicht durch ein grösseres Rohr ausgetauscht werden kann.

Leistungen.

Die Festlegung der Höchstgeschwindigkeit von 700 km/h beim vorliegenden Projekt ist durch die derzeitige Höchstgeschwindigkeit der feindlichen Jäger bestimmt. Sollte sich die Geschwindigkeit von 700 km/h in Zukunft als zu niedrig erweisen, so läßt sie sich durch Einbau eines größeren Argus-Schubrohres ohne nennenswerte Schwierigkeiten erhöhen. Der für eine Geschwindigkeitssteigerung erforderliche Schub ist aus beiliegendem Kurvenblatt $S_{erf} = f(v)$ ersichtlich.

Um die festgesetzte Reichweite von 300 km beizubehalten, erhöht sich das Brennstoffgewicht nach der im gleichen Kurvenblatt angegebenen Größe.

Als weiteres zusätzliches Gewicht kommt noch das Mehrgewicht des größeren Schubrohres hinzu. Die gesamte Gewichtszunahme spielt aber bei der hohen Flächenbelastung eine so untergeordnete Rolle, daß sich die Abfluggeschwindigkeit und der Widerstand nur unwesentlich erhöhen.

Die Zelle ist festigkeitsmäßig so zu bemessen, daß ein Mehrgewicht in den oben angegebenen Grenzen keine stärkere Dimensionierung und damit kein erhöhtes Zellengewicht erforderlich macht. Der Tankraum kann von vornherein für die größeren Schubrohre ausreichend gebaut werden. Wir empfehlen aber, zur Erprobung der Stabilität das Projekt zuerst mit dem vorhandenen Schubrohr mit 150 kg Standschub auszuführen.

Projektbüro :

Menzel

Technische Direktion E
der
Gerhard Fieseler Werke
G.m.b.H.

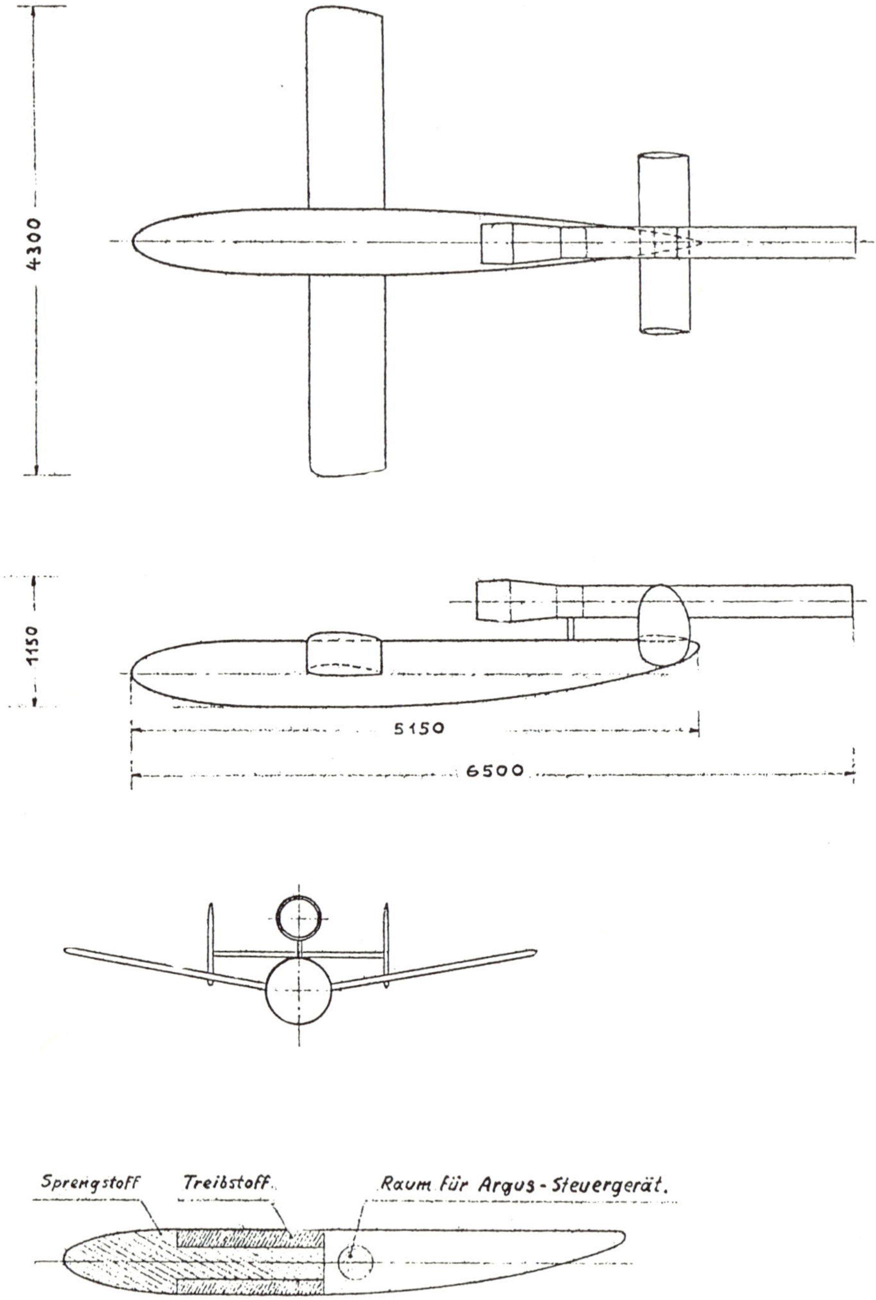


P 35. Projekt Erfurt.

einfach wie ein Wollknäuel. Das Ding sei leicht, billig und könne hohe Drucke aushalten.
Beide Kugelbehälter dienten zur Speicherung von Preßluft für die Zerstäuberdüsen im Schubrohr und für die Steuerorgane der Flugbombe, da durch das Fehlen des konventionellen Motors keine Antriebsmöglichkeit für eine Druckluftpumpe vorhanden war.
Dank dieser glänzenden Idee des Konstrukteurs waren die Festigkeitseigenschaften so groß, daß im späteren Einsatz, nach der Explosion, die Behälter oft Hunderte von Metern weit von der Einschlagstelle entfernt lagen und anfangs als kugelförmige Minenbomben bezeichnet wurden.
Bei dem Entwurf der Fi 103-Zelle war es insbesondere der Flugzeugkonstrukteur Reinhold Mewes, zuvor bei BLOOM und VOSS tätig, der seine Erfahrung unter Lussers Leitung einbrachte.
Zunächst wurden die Zulieferfirmen koordiniert und erhielten Aufträge für die Entwicklung der neuen Waffe. Die Askania Werke in Berlin nahmen die automatische Steuerung des Flugkörpers in Angriff. (9) Obwohl Askania Erfahrungen in der Konstruktion von Autopiloten hatte, forderten Lussers Ingenieure Beschleunigungsfestigkeiten von max. 22 g für alle Instrumente wegen der hohen Abschußgeschwindigkeit von der Startrampe, die zu zahlreichen Versuchen auf einer improvisierten Preßluftschleuder führten.
Die Flughöhe der Bombe sollte zwischen 300 und 2500 m liegen, je nach Wetterlage und Angriffstaktik. Nach dem Steigflug sollte sie in horizontaler Lage fliegen, die vorher festgelegte Entfernung zum Ziel wurde über ein Luftlog mit elektrischem Zählwerk gesteuert. Ein kleiner Propeller wurde vom Fahrtwind angetrieben, nach Ablauf der eingestellten Umdrehungszahl – gleich Entfernung – sollte sich die Flugbombe über dem Ziel befinden. Unter dem Höhenleitwerk befanden sich zwei Klappen, die in diesem Moment durch eine kleine Sprengladung in die Senkrechte geklappt wurden und den Absturz verursachten.
Wegen der großen Flugbahnlänge mußte der Kurssteuerung ein Magnetkompaß aufgeschaltet werden. Ein Autopilot sorgte für Seitenstabilität durch Steuerruder- und Höhenruder-Kontrolle über preßluftgesteuerte kleine Rudermaschinen.
Die Entwicklung des gesamten Steuerungs- und Kontrollsystems wurde zusätzlich durch starke Vibration des Rückstoß-Antriebes erschwert. Die Askania-Werke beauftragten Dr. Ing. Kurt Wilde mit der Leitung dieser Neuentwicklung. (10)
Die schon begonnene Entwicklung des Schubrohres bei Argus wurde mit Hilfe des Erfinders Dipl.-Ing. Schmidt forciert fortgesetzt, insbesondere mußte die Schubkraft erhöht und eine einfache Zündung erprobt werden.

Zum Jahresende 1942 sollten die ersten Versuchsrohre mit der Bezeichnung AS 109-014 mit einem Schub von 366 kg und einer Gesamtlänge von 3680 mm die Argus-Motorenwerke in Berlin-Reinickendorf verlassen.
Die Firmen Rheinmetall-Borsig und Walter in Kiel erhielten Unterlagen über die Daten der Flugbombe mit dem Auftrag, Vorschläge für eine Abschußvorrichtung zu unterbreiten. Gefordert wurde, den 2200 kg schweren Flugkörper mit einer Startgeschwindigkeit von 400 km/h zu katapultieren. Das laufende Triebwerk sollte während des Startes eine Schubleistung von 300–360 kg entwickeln.
Rheinmetall-Borsig entwickelte daraufhin eine Erprobungsschleuder in zwei Exemplaren. Die Flugbombe wurde auf einem Raketenwagen befestigt, der von einer ladbaren Feststoffrakete über eine um 6° ansteigende Stahlrampe geschoben wurde. Der auf vier Rollenpaaren laufende Startwagen wurde am Ende der Rampe von einer pneumatischen Schwertbremse gestoppt und der Flugkörper dadurch freigegeben.
Obwohl die Erprobung bis Mitte 1943 mit dieser Abschußvorrichtung durchgeführt wurde, war die Anlage für den Fronteinsatz zu unhandlich und zu unwirtschaftlich. (8)
Professor Dr. Walter, Inhaber der Walter-Werke in Kiel (11), schlug eine neue Lösung vor, um die Flugbombe zu starten. Sein leitender Mitarbeiter Ingenieur Kruska hatte im Winter 1939 am Südende des Plöner Sees einen mit Höhe 40,8 m bezeichneten Platz entdeckt, und zwar in der Nähe des Dorfes Bosau. Hier wurde mit einfachen Mitteln eine Abschußrampe aus Holz gebaut, mit der im Auftrage des Reichsluftfahrt-Ministeriums raketengetriebene Lufttorpedos erprobt werden sollten. Die Abschußrampe diente dazu, Torpedos auf Abwurfgeschwindigkeit zu beschleunigen, und in einem bestimmten Neigungswinkel den Flugzeugabwurf auf das Wasser zu simulieren.
Hier wurde im Herbst 1942 eine von Walter persönlich konzipierte Abschußrampe aus Stahl montiert, wo Chemiker, Maschinenbauer und Ballistiker täglich an der provisorischen Versuchsschleuder experimentierten. Es wurden Stahlbolzen abgeschossen, wie sie später die Fieseler Flugbomben katapultieren sollten. Zwei Sandberge dienten dazu, die Bewegungsenergie zu vernichten.
Das Ergebnis war die WALTER-Startrampe für Flugbomben, die von der Firma MAN und anderen Herstellern gebaut wurde.
WALTERS Abschußrampe sollte 48 Meter lang sein, und hatte eine Neigung 6° 30′. In der Mitte der Trägerkonstruktion der Rampe war auf der gesamten Länge ein Stahlrohr eingebaut. Ein ca. 1 m langer Eisenbolzen, ähnlich einem Geschoß, sollte einen Schlitten antreiben, auf dem die Flugbombe mit laufendem Triebwerk stand.

Dieser geschoßähnliche Bolzen wurde durch chemischen Dampf mit hoher Geschwindigkeit durch das Rohr geschossen. Schlitten und Bolzen fielen kurz hinter der Katapultbahn ab, während die Flugbombe mit 430 km/h im Steigflug auf Kurs ging.
Zur Dampferzeugung hatten sich die Chemiker etwas Besonderes einfallen lassen. Ihr chemischer Dampf bestand aus sogenanntem T-Stoff Wasserstoffsuperoxyd in 92%iger Konzentration und Z-Stoff (Zusatzstoff) Kaliumpermanganat in wässeriger Lösung. Beide Stoffe erzeugten innerhalb einer halben Sekunde unter starker Hitze einen Überdruck von 120 atü, der ausreichte, um die Flugbombe vom Katapult zu schleudern. Pro Abschuß rechnete man nur mit einem Verbrauch von 60 Litern T-Stoff und 5 Litern Z-Stoff.
Ein Jahr später wurden die ersten Walter-Schleudern nach Peenemünde verladen und in der Nähe von Zinnowitz in den Feldstellungen des Lehr- und Erprobungskommandos montiert. Die endgültige Konstruktion sah folgendermaßen aus:
Am Ende eines aus mehreren Schüssen zusammengesetzten Rohres a von 50 m Länge und 300 mm Durchmesser, in dem sich ein Kolben b befindet, ist eine WALTER-ANLAGE c angeordnet, die innerhalb von 0,6 s eine Menge von 65 kg $H_2 0_2$ zersetzt. Das entstehende Dampfgemisch schleudert den Kolben aus dem Rohr heraus.
Das Neue an der Konstruktion besteht darin, daß das Rohr oben einen Schlitz über der ganzen Länge hat, durch den eine am Kolben b befindliche Nase d herausragt, die unter den Flugkörper faßt und diesen mitnimmt. Das Rohr wird oben durch einen kräftigen Eisenrahmen zusammengehalten. Außerdem hängt an einfachen Drahtschlaufen innerhalb des Rohres, unmittelbar unter dem Schlitz, ein sogenanntes Abdeckrohr f von kleinem Durchmesser, das durch den Kolben hindurchgeht.
Aus den Druckluftflaschen a wird nach Betätigen des Steuermagneten b und des Schnellöffnungs-Ventils c Druckluft in die Pufferflasche d geleitet. Von hier strömt die Luft nach Durchschlagen des Reißbleches e über den Luftverteiler f durch eine Leitung in den Katalysator-Behälter g, und fördert den Inhalt durch mehrere seitlich angeordnete Zerstäuberdüsen h in das Schleuderrohr i.

Ein zweiter Luftstrom fördert auf die gleiche Weise das $H_20_2$ aus dem Behälter k über die Einspritzvorrichtung l ebenfalls in das Schleuderrohr, in dem die Zersetzung stattfindet.

Der ganze sich über eine Zeit von etwa 0,6 s erstreckende Fördervorgang wird durch einfache Drosseln und Pufferräume so gesteuert, daß der Druck

FUNKTION DER WALTER-SCHLEUDER ZUM STARTEN RAKETENÄHNLICHER FLUGKÖRPER ,WIE DIE V -1 FI. 103, FZG 76

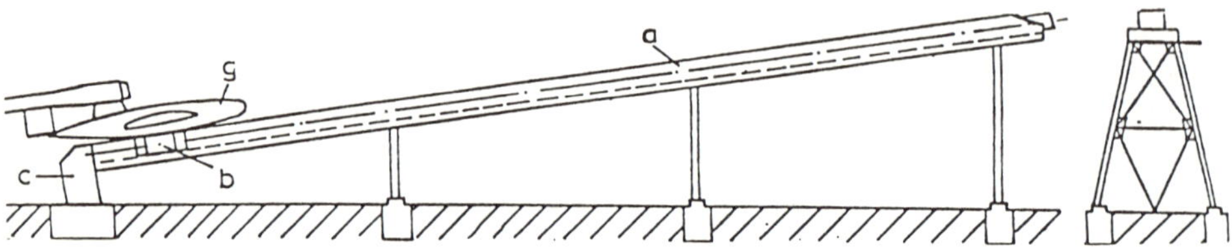


Schema der Schleuder

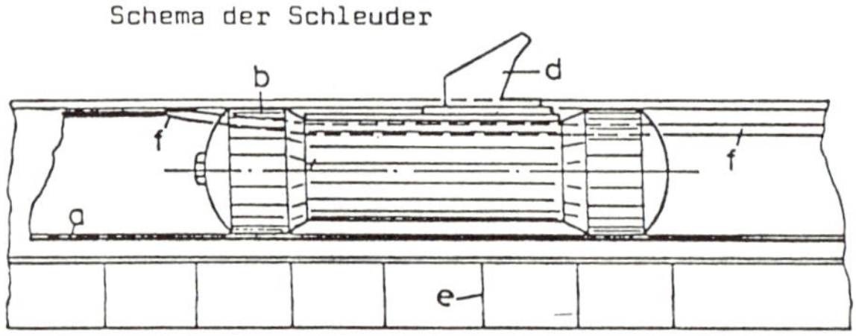


Querschnitt durch die Schleuder

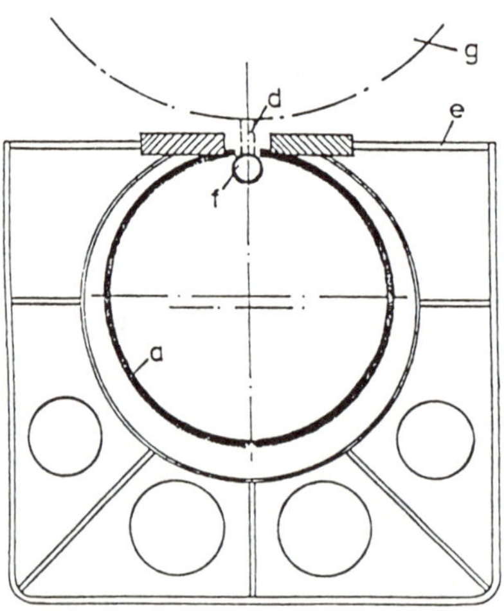


a. Führungsrohr
b. Kolben
c. Walter- Anlage
d. Nase
e. Rahmen
f. Abdeckrohr
g. V - 1 Rakete

im Zylinder ohne besondere Spitzen trotz der wachsenden Kolbengeschwindigkeit nahezu konstant bleibt.

Im Druckraum drückt der Dampfdruck dieses Rohr gegen den Schlitz und dichtet den Zylinder dadurch ab. Der zusammen mit dem Flugkörper fortgeschleuderte Kolben wird nach einem Abschuß wieder von vorn in das Rohr geschoben und das Abdichtungsrohr an den Drahtschlaufen aufgehängt. Am Rande des Militärflugplatzes in Kassel-Rotwesten lag unter Tarnnetzen versteckt eine Halle der Fieseler-Flugzeugwerke, bewacht von Doppelposten. Hier ließ Direktor Lusser die ersten handgefertigten Versuchszellen anfertigen, die im Dezember 1942 in Peenemünde erprobt werden sollten.
Die Vorbereitungsarbeiten in Peenemünde-West verliefen planmäßig und im November 1942 meldete Major Stahms, Kommandant von Peenemünde-West, dem Luftwaffenteil des Geländes, die fertige Montage der ersten Versuchs-Abschußrampe der Firma Rheinmetall-Borsig.
Einige Tage später, nach genauer Vermessung, begann eine Serie von Blindkatapult-Schießversuchen ohne Flugkörper. Fauchend sauste der Raketenwagen mit einer schwarzen Rauchwolke über die Stahlkonstruktion, Geschwindigkeit und Schubkraft wurden gemessen. Durch die Dosierung der Feststoffraketen, die den Startwagen antrieben, konnten unterschiedliche Startbedingungen erreicht werden.
Die Erprobung der Flugbombe in Peenemünde leitete Dipl.-Ing. Willy Fiedler, Chefpilot der Fieseler-Werke – Kassel, der mit seinem Ingenieur-Team schon bei den ersten Versuchsschüssen mit der Rheinmetall-Borsig-Schleuder anwesend war. Fiedler hatte allen entbehrlichen Mitarbeitern Weihnachtsurlaub gegeben, als er am Vormittag des Heiligen Abends 1942 die erste Flugbombe auf der Abschußrampe startklar machen ließ. Das Triebwerk lief. Feuerbefehl wurde gegeben, und durch eine mächtige Rauchwolke schnellte der Flugkörper über die Rampe, verschwand dröhnend in niedriger Höhe, und legte die vorgesehene Entfernung von 3 km ohne Zwischenfälle zurück. Händeschütteln und Begeisterung bei den Anwesenden; in nur 6 Monaten hatte man das anfänglich für phantastisch gehaltene Projekt zur Reife gebracht. Nicht nur bei der Luftwaffe verbreitete sich die Nachricht von dem geglückten Start wie ein Lauffeuer. Die Konkurrenz vom Heereswaffenamt saß nur einige Kilometer entfernt in Peenemünde-Ost, und Unruhe verbreitete sich in der Umgebung von Walter Dornberg und Wernher Freiherr von Braun.
Was war der Grund für die erhebliche Beunruhigung in der Dienststelle mit der Bezeichnung Wa Prüf 11?
Schon 1936 hatte man gemeinsam mit der Luftwaffe den nördlichen Zipfel

SCHALTSCHEMA FÜR DIE ANTRIEBSANLAGE DER WALTER - SCHLEUDER

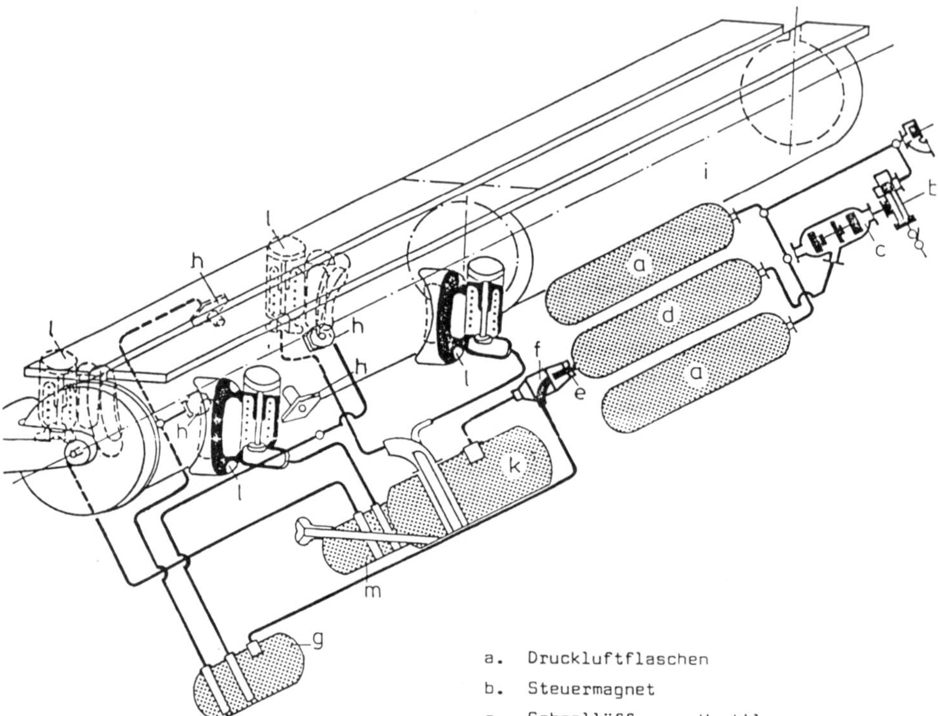


a. Druckluftflaschen

b. Steuermagnet

c. Schnellöffnungs-Ventil

d. Pufferflasche

e. Reißblech

f. Luftverteiler

g. Katalysator-Behälter (Z-Stoff)

h. Zerstäuberdüse für Z-Stoff

i. Schleuderrohr

k. $H_2O_2$-Behälter (T-Stoff)

l. Einspritzvorrichtung für T-Stoff

m. T-Stoff-Nachlaufbehälter

n. Luftfüllventil

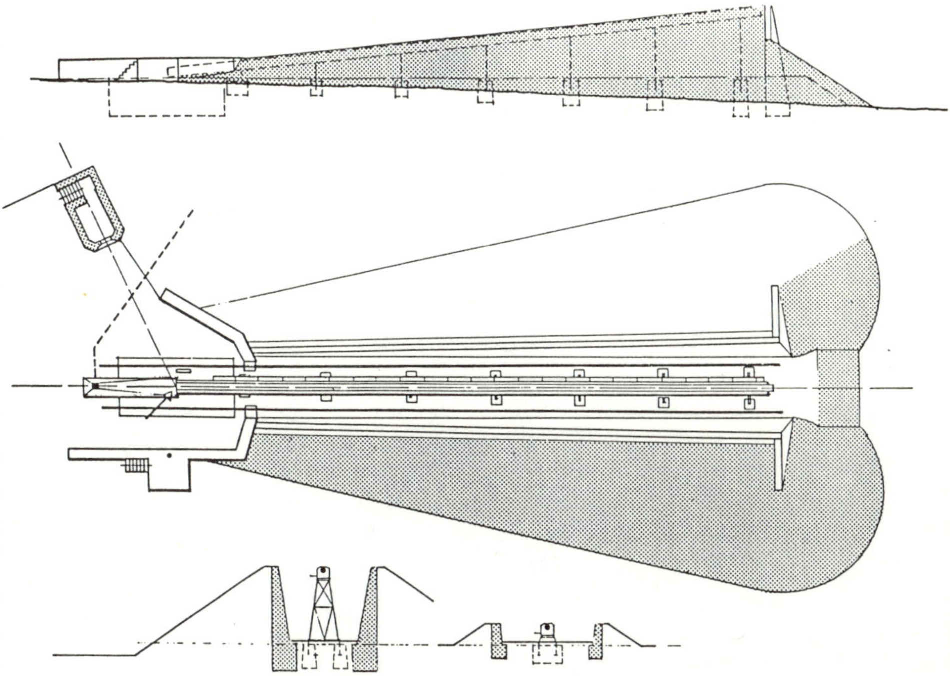

ABSCHUSSRAMPEN ÄLTERER BAUART VON DER ENGLISCHEN LUFTAUFKLÄRUNG ALS "SKI-STELLEN" BEZEICHNET.

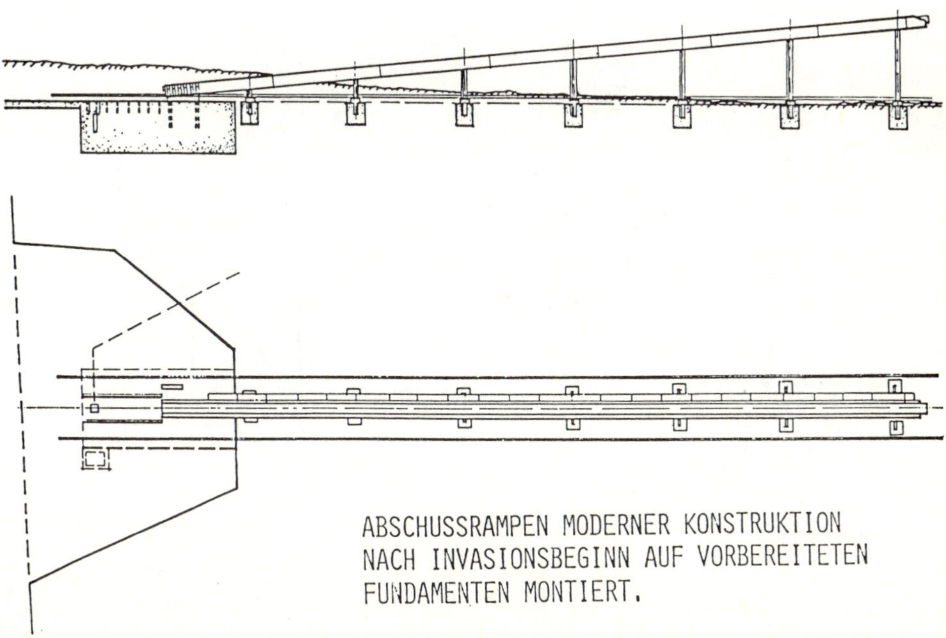

ABSCHUSSRAMPEN MODERNER KONSTRUKTION NACH INVASIONSBEGINN AUF VORBEREITETEN FUNDAMENTEN MONTIERT.

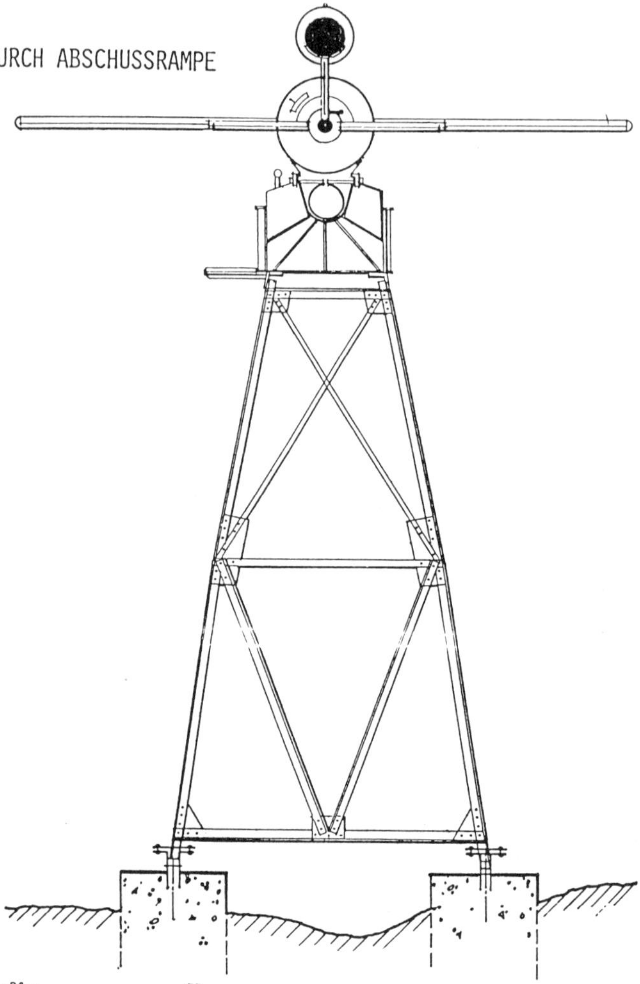

QUERSCHNITT DURCH ABSCHUSSRAMPE
MIT FLUGBOMBE

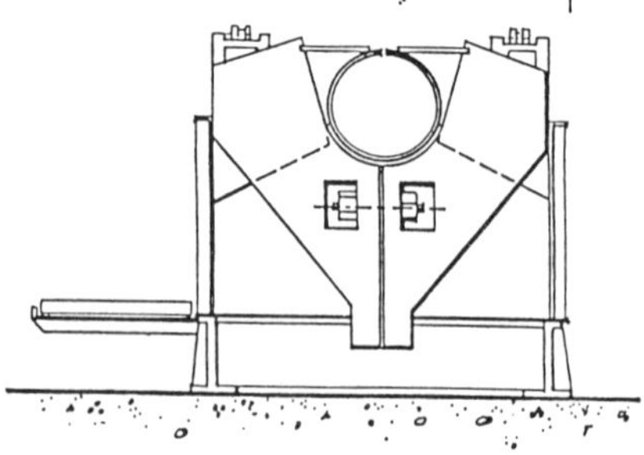

SCHNITT DURCH ABSCHUSSRAMPE
FUNDAMENTPLATTE

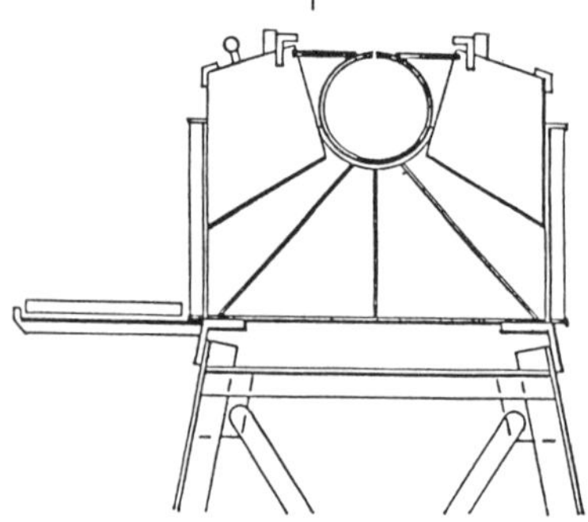

SCHNITT DURCH ABSCHUSSRAMPE
STANDARD-ELEMENT

der Insel Usedom gekauft und von der Außenwelt abgeriegelt. Die Luftwaffe hatte bereits einen Flugplatz und Unterkünfte gebaut, als ein Jahr später das Heerespersonal anrückte.
Die Luftwaffe wollte neue Flugzeugtypen, Starthilfen, Abwurfmittel und Triebwerke erproben.
Das Heereswaffenamt arbeitete seit 1930 in Kummersdorf an flüssigkeitsangetriebenen Versuchsraketen und finanzierte zahlreiche Wissenschaftler. Auch der junge Wernher von Braun war 1932 zu dieser Gruppe gestoßen. Auf dem neuen Grundstück sollten mit der Rakete Aggregat 2 weitere Versuche durchgeführt werden.
Die Weiterentwicklung führte zu der A3, die mit 75 % Äthylalkohol und flüssigem Sauerstoff angetrieben werden sollte. Das neu konstruierte Triebwerk entwickelte einen Schub von 1500 kg.
Das Verhalten dieser Rakete war so entmutigend, daß man die schon auf den Reißbrettern entwickelte A4-Rakete, die spätere V2, mit 20 000 kg Schub und einer Tonne Nutzlast zunächst aufgab.
Mittlerweile hatte ein kostspieliges Bauprogramm das unbekannte Gelände von Peenemünde in die größte Raketenversuchsstation der Welt verwandelt. Ein Versuchsserienwerk war auf Befehl des OB des deutschen Heeres, General Walter von Brauchitsch, im Entstehen, das alle Dimensionen sprengte. Das Oberkommando des Heeres träumte schon 1939 von einer Reichweite von 270 km und einer Treffergenauigkeit von 1000 m Durchmesser. Damit wäre ein Präzisionsangriff auf das Regierungsviertel in London möglich gewesen.
Nach der verlorenen Luftschlacht über England wurde das A4-Projekt mit der Bezeichnung SS in die höchste Dringlichkeit eingestuft.
Hitler war einer der wenigen, die der Rakete skeptisch gegenüberstanden. Trotzdem ordnete er eine Untersuchung über eine Monatsproduktion von 3000 Stück an.
Als am 13. Juni 1942 um 11.52 Uhr die Lautsprecher einen erneuten Countdown verkündeten, hatte man Tausende von Fremdarbeitern in ihren Baracken eingeschlossen.
Die Versuchsrakete hatte bereits in 4900 m Höhe die Schallmauer durchbrochen, als das Triebwerk aussetzte und die 13 to schwere Rakete anderhalb Kilometer vom Prüfstand in die Ostsee stürzte.
Aber von Braun ließ sich nicht entmutigen, die Versuche wurden mit gesteigerter Intensität weitergeführt.
Am 3. Oktober 1942, nachmittags 16.00 Uhr, hob eine A4 vom Abschußtisch des Prüfstandes VII ab. Sie funktionierte einwandfrei und wich nur 4 km von dem 190 km entfernten Zielpunkt ab. Zahlreiche Kameras filmten den gigantischen Aufstieg der Rakete.

Adolf Hitler in der »Wolfsschanze« war wenig beeindruckt von dem Vortrag des Reichsministers Albert Speer, den dieser am 14. Oktober 1942 über den Stand der Raketenentwicklung hielt.
Speer betonte nochmals, daß die Entwicklung nur dann Sinn habe, wenn mindestens 5000 Raketen pro Monat für den Masseneinsatz gebaut werden könnten. Auch der Reichsführer SS Heinrich Himmler besuchte am 10. Dezember 1942 Peenemünde-Ost, begleitet von Dornbergers Chef, Generaloberst Fromm, Chef des Heeresrüstungswesens, und General Emil Leeb, Chef des Heereswaffenamtes. Kurze Zeit später platzte die Meldung herein, die Luftwaffe habe ihre erste Flugbombe erfolgreich gestartet, Generalfeldmarschall Milchs Geheimwaffe fliege.
Dornbergers Dienststelle war überrascht. Da kam die Luftwaffe daher und hatte in nur 6 Monaten eine Flugbombe entwickelt, die nicht nur die gleiche Sprengstoffmenge wie die A4 transportierte, sondern auch 250 km weit schießen konnte. Dabei war das Ding billig herzustellen und eignete sich hervorragend für die Massenfabrikation mit ungelernten Arbeitern. Ab Mitte des kommenden Jahres sollten 1000 Flugbomben im Monat hergestellt werden, so lautete der Bericht auf Dornbergers Schreibtisch.
Nur wenige ahnten zu diesem Zeitpunkt, welche Schwierigkeiten die Entwicklungs-Ingenieure von Fieseler noch vor sich hatten, und wie groß das Gerangel zwischen Heer und Luftwaffe um Material und Arbeitskräfte in den kommenden Jahren werden sollte.

Das neue Jahr 1943 begann mit einer Konferenz zwischen den USA und Großbritannien in Casablanca. Die verhängnisvolle Formel der bedingungslosen Kapitulation Deutschlands wurde bekanntgegeben. Eine verstärkte Luftoffensive gegen das Reich wurde beschlossen, wobei die Briten die Nacht- und die Amerikaner die Tagesangriffe fliegen sollten.
Eine Flächenbombardierung nach der bisherigen RAF-Angriffstaktik gegen die deutschen Städte sahen die USA nicht vor. Die Amerikaner vertraten die Meinung, nur im Tagesangriff seien Erfolge zu erzielen. US-Bomber sollten bei Tage Industrieanlagen und die RAF nachts Wohnviertel angreifen.
Das abschließende Kommuniqué wiederholte die zweifelhaften Douhet-Luftkriegstheorien und rechtfertigte Terrorangriffe.
Der Chef des Britischen Bomber Command, Harris, formulierte: »Casablanca beseitigte die letzten moralischen Hemmungen, wir erhielten für den Bombenkrieg völlig freie Hand.«
Die Hochstimmung des vergangenen Dezembers war nach weiteren Probeschüssen mit Flugkörpern im Januar 1943 verflogen.

Zahlreiche Flugbomben stürzten nach Verlassen des Katapultes ab. Fieberhaft begann die Suche, zuerst nach Fabrikations- und Wartungsfehlern. Die Erprobung leitete der inzwischen zum Chefpiloten der Fieseler-Werke avancierte Dipl.-Ing. Fiedler mit einem Ingenieurteam. Lusser wurde sofort in Kassel verständigt. Erst viel später stellte sich heraus, daß bei dem Bestreben nach einer einfachen Bauart dem Entwicklungsbüro ein schwerer Konstruktionsfehler unterlaufen war. Man hatte vergessen, daß beim Katapultstart der enorme Rückstoß so stark war, daß die Tragflächen nach hinten zurückschnellten. Die Folge dieser kurzen Deformierung war, daß einige Flügelprofile seitlich von ihren Vierkanthalterungen absprangen.
Die Konstrukteure, die keine Erfahrung im Raketenbau hatten, waren bei ihren Berechnungen von einem kontinuierlichen Geschwindigkeitsanstieg, wie bei konventionellen Flugzeugen üblich, ausgegangen.
Da Startstoß und Kräfteverlauf bei der noch nicht genügend erprobten Abschußrampe differierten, flogen einige Bomben, andere stürzten ab.
Im Rausch der Begeisterung und in der Hoffnung, die Ursache der Fehlstarts bald zu finden, hatte man der Geschäftsleitung in Kassel die mißglückten Flüge nicht gemeldet.
So kam es, daß der Generalinspekteur der Luftwaffe, Generalfeldmarschall Eduard Milch, im April 1943 aus Kassel fälschlicherweise die Meldung von der Fertigstellung und erfolgreichen Abschüssen erhielt. Die Erprobung in Peenemünde-West ging forciert weiter, Fehlstarts und gelungene Schüsse lösten einander ab, als Milch am 9. April 1943 überraschend mit den Generälen Adolf Galland und Walter von Axthelm, der inzwischen als General der Flakartillerie den Einsatz der Flugbombe leiten sollte, in Peenemünde landeten.
Nach dem Abschuß einer Flugbombe Fi 103 um 15.30 Uhr flogen sie nach Berlin zurück.
Schon am Morgen des 27. April fand die erste ausführliche Besprechung im Reichsluftfahrtministerium in Berlin statt.
Erprobung, Einsatz und Personaldispositionen wurden getroffen.
»Unseren Entwicklungsauftrag für die Fi 103«, so erzählte Gerhard Fieseler, »hatten wir vor allem dem Generalfeldmarschall Milch zu verdanken, der zwar ein hervorragender Organisator, aber ein flugtechnischer Laie war.«
In der richtigen Erkenntnis, daß die A4-Rakete als Bombenträger zu kompliziert war und die gesamte Rüstungsindustrie zu stark belasten würde, wollte er versuchen, die Mammutrakete zu Fall zu bringen. So schlug er seinem Freund Albert Speer, seit 1942 Reichsminister für Bewaffnung und Munition, ein Vergleichsschießen beider Waffen, der A4 und der Fi 103, vor.

Vereinbart wurde, für den 26. Mai 1943 eine Wertungskommission zusammenzustellen. Der Befehl wurde nicht der Geschäftsleitung in Kassel mitgeteilt, sondern er ging direkt an das Fieseler-Personal in Peenemünde.

Am frühen Morgen des 26. Mai zogen leichte Regenschauer von der Ostsee her über die Nordostecke des Peenemünder Flugplatzes, wo die WALTER-Versuchsschleuder stand.
Während die prominenten Vertreter des 3. Reiches frühstückten, klärte es sich auf und strahlender Sonnenschein lag über der Halbinsel Usedom.
Die auserlesenen Uniformträger waren bester Stimmung. Sie wollten die vor wenigen Monaten stattgefundene Tragödie von Stalingrad vergessen und sehen, womit der Endsieg doch noch errungen werden sollte. Unter den Würdenträgern befanden sich neben Speer und dessen Leiter des technischen Amtes Karl Otto Saur, auch Milch, Großadmiral Dönitz, sowie die Mitglieder der Fernschieß-Kommission.
Nur Lusser und Fieseler waren einsam an diesem Morgen. Sie hatten den Konstruktionsfehler nicht gefunden und tappten noch immer im Dunkeln.
Lusser hatte die Absicht, für das Vergleichsschießen, wo das Schicksal beider Geheimwaffen entschieden werden sollte, die Startgeschwindigkeit und damit auch den Druck in der Schleuder etwas zu erhöhen.
Beide Flugbomben stürzten nach einigen hundert Metern in die Ostsee.
Milch war sehr enttäuscht, die anderen Zuschauer sprachen von einem Mißgeschick der Luftwaffe und von launischen Vögeln, die wohl noch einige Zeit brauchten, bevor sie nach England geschickt werden konnten.
Von den vorgeführten A4-Raketen verhielt sich die um 12.00 Uhr gestartete geradezu mustergültig, sie stieg 103 km hoch und schlug in einer Entfernung von 265 km ein, genau nach 348 Sekunden. Die zweite explodierte kurz nach dem Start vor den Augen der Zuschauer, die sich auf dem Betondach des Prüfstandes VII versammelt hatten.
Trotzdem wurde der Beschluß gefaßt, beide Waffen nebeneinander weiter zu entwicklen.
Knapp 4 Wochen später stellte Direktor Lusser folgenden Bericht über die Flugbombe zusammen:

## KURZBERICHT FI 103
vom 21.06. 1943

*Inhalt:*

A. Allgemeine Beschreibung des Gerätes
B. Trefferwahrscheinlichkeit
C. Wirtschaftlichkeit
D. Vergleich mit Bomber
E. Stand der Erprobung
F. Lieferplan
G. Menschenbedarf
H. Materialbedarf
I. Stand der Fertigung

GERHARD FIESELER WERKE
G.m.b.H.

*Verteiler:*

1. Ausfertigung Industrierat des Reichsmarschalls, Dir. Frydag
2. Ausfertigung RLM Fliegerstabsing. Bree/Wöhrle
3. Ausfertigung Fieseler, Berlin
4. Ausfertigung Fieseler, Kassel

| | | |
|---|---|---|
| Geheime | *4* Ausfertigungen | |
| Kommandosache | *3* Ausfertigungen | E–2117 |
| | Bestehend aus 11 Blatt | |

### *A. Allgemeine Beschreibung des Gerätes*
(siehe Übersichtszeichnung, Schnittzeichnung, Modell, Film)

| | |
|---|---|
| 1. Unbemanntes Flugzeug: | Material Stahlblech |
| 2. Antrieb: | Argus Stahlrohr |
| 3. Automatische Steuerung: | Askania |
| 4. Kurshaltung: | Fernkompaß |
| 5. Entfernungseinstellung: | Luftlog |
| 6. Start von Walterschleuder: | v0 = 350 km/h |
| 7. *Flugleistungen:* | |
| Startgewicht: | 2 to |
| Nutzlast: Mine | 900 kg |

| | |
|---|---|
| Brennstoffvorrat: Fischerbenzin | 520 kg |
| Startgeschwindigkeit: | 350 km/h |
| Bahngeschwindigkeit im Steigflug: | 430 km/h |
| Höchstgeschwindigkeit: | 600 km/h |
| Auftreffergeschwindigkeit je nach Flughöhe: | 700 – 800 km/h |
| Taktische Flughöhe: | 500 – 2000 m |
| Reichweite: | 250 km |

### *B. Trefferwahrscheinlichkeit*

Vor dem Abschuß wird das Flugzeug unter Verwendung einer Schießtabelle auf das Ziel eingestellt. Dabei wird berücksichtigt:

a) Kurs
b) Entfernung
c) Windversetzung nach Richtung und Stärke
d) Flughöhe

Die hauptsächliche Ursache für Treffehler ist die ungenaue Kenntnis der Windversetzung.
Durch ein System von mehreren meteorologischen Beobachtungsstationen an der Front und im Hinterland werden die Windverhältnisse über dem Feindgebiet errechnet und bei der Einstellung des Flugzeuges berücksichtigt. Ungünstig sind gewittrige Wetterlagen mit sehr unregelmäßigen Windverhältnissen, die deshalb bei Einsatz vermieden werden sollten, wenn es auf Treffergenauigkeit ankommt.
Die zu erwartende Treffwahrscheinlichkeit geht aus nachstehender Tabelle hervor, die für 1 km Flughöhe und für einen Windschätzungsfehler von – 1,5 m/sek. errechnet wurde.

| Prozent aller Schüsse: | 10 % | 20 % | 30 % | 40 % | 50 % |
|---|---|---|---|---|---|
| Fallen in einen Kreis von km: 0 | 2,2 | 3,2 | 4,0 | 4,8 | 5,7 |
| Prozent aller Schüsse: | 60 % | 70 % | 80 % | 90 % | |
| Fallen in einen Kreis von km: 0 | 6,5 | 7,5 | 8,6 | 10 | |

## *C. Wirtschaftlichkeit*

1. Oberster Grundsatz der Entwicklung und Fertigung: »Je billiger, desto wertvoller!«
2. Stundenaufwand je Flugzeug in der Großserie:

| | |
|---|---|
| Zelle | 80 Arbeitsstunden |
| Triebwerk | 40 Arbeitsstunden |
| Steuerung | 80 Arbeitsstunden |
| Sonstige Ausrüstung | 50 Arbeitsstunden |
| insgesamt | 250 Arbeitsstunden (vorwiegend ungelernte Kräfte) |

3. Materialaufwand je Flugzeug:

| | | |
|---|---|---|
| Unlegierter Stahl | 1,0 | to |
| Legierter Stahl | 0,16 | to |
| Leichtmetall | 0,027 | to |
| Kupfer und Messing | 0,0008 | to |
| Zink | 0,0006 | to |

## *D. Aufwandvergleich zum Bomber*

Es wird angenommen, daß ein zweimotoriger Bomber bei ähnlichem Einsatz eine Gesamtflugstrecke von 800 km zurücklegt und dabei 2 to Bomben transportiert. Ferner wird angenommen, daß bei der heutigen Abwehr der Bomber nach durchschnittlich 4 Einsätzen verloren geht (Verlustquote 25 %?). Er kann also bis zu seinem Totalverlust insgesamt 8 to Bomben über dem Feind abwerfen, gegenüber 1 to bei Fi 103.

| Aufwandvergleich | Bomber | Fi 103 | Verhältnis |
|---|---|---|---|
| *1.) Arbeitsstunden für 1 to Transport-Leistung* für Zelle, Triebwerk, Luftschrauben, Bewaffnung und Munition, Ft-Gerät, sonstige Ausrüstung, Ersatzteile, einschl. 15 % für Reparaturen und Überholung. Hierbei ist zu berücksichtigen, daß für den Bomber ein hoher Prozentsatz an hochwertigen Arbeitskräften benötigt wird, während die Fi 103 fast ausschließlich mit ungelernten Kräften gefertigt werden kann. | $\frac{50000}{8} = 6250$ | 250 | 25:1 |

| | | | |
|---|---|---|---|
| 2.) *Brennstoffkosten für 1 to Transportleistung:* Bomber: Für die Einsätze und für Einfliegerei und Überführungsflüge werden etwa 8000 kg hochwertiges Fliegerbenzin benötigt (0,40 RM/ltr. Fi 103: 500 kg Fischerbenzin (0,20 RM/ltr.) | $\frac{8000}{8} = 1000$ kg | 500 | 2:1 |
| 3.) *Öl für 1 to Transportleistung* | $\frac{160}{8} = 20$ kg | – | |
| 4.) *Besatzungsverluste für 1 to Transportleistung* Totalverlust nach 4 Einsätzen. Dazu kommen Verluste durch Jäger- und Flakbeschuß und Verluste bei Notlandungen, zusammen 8 Mann | $\frac{8}{8} = 1$ | – | |
| 5.) *Ausbildungszeit für Besatzungen:* | Vergleichszahlen fehlen noch. | | |
| 6.) *Bodenpersonal:* | Vergleichszahlen fehlen noch. | | |

## *E. Stand der Erprobung*

Von den 100 Stück bisher gebauten Erprobungsflugzeugen sind bis heute 50 Stück erprobt worden, um das Prinzip

des Abganges von der Schleuder,
des Flugverhaltens,
der Umlenkung auf den Horizontalflug,
des Winkelschusses usw.

zu untersuchen.

Das Ergebnis war:

| | |
|---|---|
| Erfolgreich verlaufene Schüsse | 30 |
| Fehlschüsse, deren Ursachen erkannt und behoben sind | 15 |
| Fehlschüsse, deren Ursachen noch nicht ganz geklärt sind | 5 |

In den letzten 4 Wochen sind Dauerläufe am Stand durchgeführt worden, die zeigten, daß nebensächliche Fehler aufgetreten sind, wie z. B.

Verunreinigung des Brennstoffes und
der Preßluft für die Steuerung,
Lösen von Verbindungen durch Erschütterungen usw.

Diese Dauerversuche werden z. Zt. an drei voneinander unabhängigen Stellen weitergeführt.

*Der Weitschuß*
wurde bis jetzt noch nicht durchgeführt, weil die Vermessungsanlagen für die großen Entfernungen noch nicht zur Verfügung standen. Ferner mußte noch die neue Schleuder aufgestellt werden, die in der notwendigen Richtung nach Osten steht. Diese Voraussetzungen sind jetzt erfüllt, wir hoffen, im Laufe der kommenden Woche die ersten Weitschüsse durchführen zu können.

*Bisher erreichte Flugleistungen.*

a) Erflogene Reichweite mit 180 ltr. Kraftstoffvorrat über *70 km*
umgerechnet auf 690 ltr. Kraftstoffvorrat ergibt *270 km*

b) Höchstgeschwindigkeit 625 km/h
da die Widerstände der Großserienzelle kleiner sind, wird diese Geschwindigkeit noch übertroffen werden.

c) Flughöhe 2800 m
hier war der Regler nur auf die Sollhöhe 2000 m eingestellt.

*Engpässe in der Erprobung.*
Während etwa 50 Erprobungszellen vorrätig sind, stehen z. Zt. etwa 5–10 Steuerungen und ebensoviele Argus-Rohre zur Verfügung. Die Firmen Argus und Askania sind z. Zt. im Begriff, diesen Vorsprung aufzuholen. Askania liefert im Juni noch 30 und im Juli voraussichtlich 90 Steuerungen.

## F. *Lieferplan Großserie Fi 103*
(gemäß Besprechung beim Industrierat am 16. Juni 1943)

| | 1943 | | | | | 1944 | | | | | | | | |
|---|---|---|---|---|---|---|---|---|---|---|---|---|---|---|
| | 8 | 9 | 10 | 11 | 12 | 1 | 2 | 3 | 4 | 5 | 6 | 7 | 8 | 9 |
| *1. Nachbauer* | 100 | 500 | 1000 | 1500 | 2000 | 2450 | 2900 | 3250 | 3500 | 3500 | 3500 | 3500 | 3500 | 3500 |
| *2. Nachbauer* | | | | | | 50 | 100 | 250 | 500 | 1000 | 1500 | 1500 | 1500 | 1500 |
| *Gesamt* | 100 | 500 | 1000 | 1500 | 2000 | 2500 | 3000 | 3500 | 4000 | 4500 | 5000 | 5000 | 5000 | 5000 |

Der 3. Nachbauer soll lt. Entscheid des Industrierates betriebsmittel- und einrichtungsmäßig voll anlaufen. Über den später beginnenden Fertigungsanlauf soll noch entschieden werden. Dieser könnte wie folgt einsetzen:

| | | | | | | | | | | | | | | |
|---|---|---|---|---|---|---|---|---|---|---|---|---|---|---|
| *3. Nachbauer* | | | | | | | | | 50 | 100 | 250 | 500 | 1000 | 1500 |

*Nachbauwerke und Fertigungsaufteilung.*

| | |
|---|---|
| *1. Nachbauer* | |
| *VWW. Fallersleben* | Rumpf ohne Seitenleitwerk und Zusammenbau |
| *VWW. Vorwerk, Braunschweig* | Heck-Hinterteil mit Seitenleitwerk |
| *Heim, Reutlingen* | Flächen mit Höhenleitwerk |
| *2. Nachbauer* | |
| *Vollmann & Schmelzer, Iserlohn* | Rumpf-Spitze und Bug sowie Lastraum |
| *Kreft, Gevelsberg* | Rumpfmittelstück und Zusammenbau |
| *Gebr. Kramer, Menden* | Rumpf-Heck mit Seitenleitwerk |
| *Eltron Dr. Stiebel, Bischweiler* | Flächen mit Höhenleitwerk |
| 3. *Nachbauer* | |
| *Burger, Eis.-Werke G.m.b.H.* Burg/Dillkreis | Aufteilung wird noch vorgenommen |
| *Frank'sche Eis.-Werke A-G* Adolfshütte, Niederscheld | Aufteilung wird noch vorgenommen |
| *Buderus'sche Eis.-Werke* Neuhütte, Ewersbach | Aufteilung wird noch vorgenommen |

## *G. Menschenbedarf*

Zuwachs je Quartal während des Anlaufs und Gesamtbedarf nach Erreichen der monatl. Höchstausbringung von 5000 Geräten.

*Industriepersonal 1943*

| Quartal | II | III | IV | I | II | Gesamt |
|---|---|---|---|---|---|---|
| Zelle Fi 103 | 1470 | 800 | 500 | 100 | – | 2870 |
| Argus – Rohr | 740 | 400 | 260 | 60 | – | 1460 |
| Steuerung | 1470 | 800 | 500 | 100 | – | 2870 |
| Übrige Einbaugeräte | 920 | 500 | 300 | 80 | – | 1800 |
| Gerät Fi 103 gesamt | 4600 | 2500 | 1560 | 340 | – | 9000 laufend |
| Fertigung der Schleuderanlagen | 500 | 1000 | 1000 | 800 | 500 | 3800 einmalig |
| Fertigung von Geräten für Transport und Verpackung | – | 450 | 450 | – | – | 900 einmalig |

| | | | | | | |
|---|---|---|---|---|---|---|
| | *Wehrmachtspersonal in den Munitionsanstalten* | | | | | |
| Bedienungs- und Montagepersonal in den Munas | – | 150 | 300 | 300 | 300 | 1050 laufend |
| Personalbedarf in den Feldmunitionslagern | – | 50 | 150 | 300 | 300 | 800 laufend |

## *H. Materialbedarf*

I. *Monatlicher Bedarf* für eine Monatsausbringung von 5000 Flugzeugen einschl. Zellen, Schubrohr, Steuerung und sonstige Geräte:

| | | |
|---|---|---|
| Eisen und Stahl | 5800.– | to davon ca. 20% legiert |
| Aluminium | 135.– | to |
| Kupfer | 2.– | to |
| Messing | 2.– | to |
| Zink | 3.– | to |
| Silber | 0,01 | to |

II. *Einmaliger Bedarf*

| | Eisen | Aluminium | Kupfer |
|---|---|---|---|
| 1. 150 Schleudern sowie Bodengeräte | 11960.- to | 175.- to | 39.- to |
| 2. Transportgeräte und Verpackungsmaterial für 10000 Stück Umlauf | 1350.- to | – | – |
| 3. Mittelbarer Bedarf für Betriebsmittel, Vorrichtungen und Einrichtungen | 2600.- to | 5.- to | 1.- to |
| | 25910.- to | 180.- to | 40.- to |

## *I. Stand der Fertigung*

Der Anlauf der Großserie bei dem ersten Nachbauer Volkswagenwerk wird von Industrierat und RLM auf August 1943 festgelegt, wobei in Kauf genommen wird, daß noch eine Anzahl von Änderungen durchgeführt werden muß, da die Erprobung des Gerätes noch nicht abgeschlossen ist.

Die Schwierigkeiten der kurzfristigen Beschaffung von Werkzeugen, Vorrichtungen und Werkzeugmaschinen versucht der dafür eingesetzte Arbeitsstab des RLM unter Einschaltung des Reichsministers für Bewaffnung und Munition zu beheben. Allerdings ist heute noch eine Anzahl der benötigten Fertigungsmittel rückständig, so daß versucht werden muß, durch Benutzung von behelfsmäßigen Fertigungsmitteln den Anlauf sicherzustellen.

Das Fertigungs-Soll springt von 100 Geräten im August auf 500 Geräte im September, 1000 im Oktober usw., so daß die Betriebsmittel spätestens bis Ende Juli greifbar sein müßten.

Der bedenklichste Engpaß liegt heute noch im Sektor der Arbeitskräfte, wo bis jetzt die verlangten Zuweisungen nicht erfolgt sind. Sollte die in der letzten Sitzung des Industrierates gestellte Forderung einer Zuweisung von 2000 Arbeitskräften bis Ende Juni nicht erfüllt werden, so wird der vorgesehene Anlauf vom Volkswagenwerk und den übrigen Lieferfirmen nicht eingehalten werden können. Allerdings darf ein Abreißen der verlangten Zuweisungen von Arbeitskräften dann nicht mehr erfolgen, wobei darauf hingewiesen werden muß, daß der Mangel an Werkzeugmachern besonders hemmend ins Gewicht fällt.

Für den zweiten Nachbauer werden die Werkzeuge und Vorrichtungen erst aufgegeben. Der Lieferplan kann nur dann eingehalten werden, wenn die Betriebsmittel bei sämtlichen Betriebsmittelherstellern in höchster Dringlichkeitsstufe eingereiht werden.

Die benötigten Material-Kontingente wurden vom RLM zur Verfügung gestellt, jedoch erklärte eine Reihe von Lieferfirmen, die vorgeschriebenen kurzfristigen Termine nicht einhalten zu können.
Auch hier kann nur durch die bevorzugte Fertigung der benötigten Halbzeuge vor allen übrigen Lieferungen die termingerechte Ausbringung des Gerätes gewährleistet werden.

| | |
|---|---|
| Kassel, den 21.6. 1943 | Gerhard Fieseler Werke |
| F./Si. | G.m.b.h. |

Nach der Besprechung am 27. April 1943 im RLM beauftragte General von Axthelm seinen Chef des Stabes Oberleutnant Stahms mit der Zusammenstellung eines Regimentes für die Ausbildung und den Einsatz mit der

Flugbombe Fi 103. In der ersten Maiwoche legte er dem General seine Aufstellung vor. »Sehr gut Stahms, erstklassige Arbeit, ich möchte Wachtel heute noch sprechen.«
Oberstleutnant Max Wachtel, 45 Jahre alt, führte im Frankreich-Feldzug als Major die erste Abteilung des Breslauer Flak-Regiments Nr. 7 in der Flakbrigade 1 unter dessen Kommandeur Oberst Walter von Axthelm. Später war er Sonderbeauftragter zur Bildung eines Lehr- und Versuchskommandos zur Erprobung der Siebel-Fähren im Einsatz.
Diese Fähren hatte der Flugzeugkonstrukteur Siebel entworfen, um die Motoren abgewrackter Transportflugzeuge vom Typ Junkers Ju 52 zu verwerten: 18 in Zweierreihe miteinander verbundene Pionierpontons waren mit vier 8,8-cm-Flakgeschützen und vier 2-Zentimeter-Vierlings-Flakkanonen bestückt. Der Flugzeugmotor, mit einer Schiffsschraube verbunden, trieb diese schwimmenden Flakinseln an. Diese Siebel-Fähren kämpften vor allem auf dem Ladoga-See an der Leningrad-Front hinter den russischen Linien.

Im Frühjahr 1943 bildet Oberstleutnant Wachtel in der Flakartillerieschule I in Rerik an der mecklenburgischen Ostseeküste Flakkommandeure aus. An diesem Vormittag hält er vor dreißig jungen Offizieren im großen Saal der Flakkaserne einen Vortrag über die Abwehr von Jagdbomber-Tiefangriffen auf dem Wasser. »Herr Oberstleutnant werden dringend am Telefon verlangt«, meldet die Ordonnanz. Es ist das Stabsquartier Axthelms. »Befehl vom General, bitte heute um 16.00 Uhr melden, Inspektion der Flakartillerie, Berlin Fasanenstraße.«
Der Vortrag wird abgebrochen, 1/2 Stunde später braust ein wehrmachtsgrauer Horch durch das Mecklenburger Land, Richtung Berlin. »Mehr Gas, Treutle, sonst schaffen wir es nicht!« ruft Wachtel seinem Fahrer zu. Oberwachtmeister August Treutle lächelt und nickt.
Die Vorzimmerdame meldet dem General das Eintreffen von Wachtel. Die schwere Doppeltür öffnet sich, Walter von Axthelm kommt dem Oberstleutnant lächelnd entgegen und ruft ihm kameradschaftlich zu: »Kommen Sie herein, Wachtel«. Beide nehmen an einem Konferenztisch Platz.
»Wachtel, wenn Sie dort aus der Tür gehen, dann haben Sie alles vergessen, was Sie jetzt hören werden. Denn was ich Ihnen erzähle, ist nicht nur geheim, das ist das Geheimste, und von dem wissen nur sehr wenige Leute.«
Er erfährt von seinem General über die Flugbombe Fi 103 alles, auch daß London damit beschossen werden soll und große Schwierigkeiten bei der Erprobung aufgetreten sind.
»Der Vogel«, so Axthelm, »steckt noch tief im Stadium wissenschaftlicher

Versuche und industrieller Experimente. Unsere militärische Situation erfordert die Einsatzbereitschaft in kürzester Zeit, sowie einen militärisch wirkungsvollen Einsatz dieser Waffe! Ein Lehr- und Erprobungskommando muß aufgestellt und bis zum Jahresende 1943 in ein Regiment umgewandelt werden. Sein Kommandeur wird mit allen erdenklichen Vollmachten für diese Aufgabe ausgestattet. Wollen Sie den Auftrag übernehmen?« fragt Axthelm. »Ich mache Sie aber darauf aufmerksam, was man von Ihnen erwartet.«
Wachtel zögert keinen Moment: »Jawohl, Herr General. Ich freue mich auf diese Aufgabe.« Der General verabschiedet sich von seinem Kommandeur und ruft ihm in der Tür noch zu: »Das Weitere lasse ich Ihnen mitteilen.« Mit Herzklopfen steigt er in seinen Wagen und August Treutle fährt ihn wohlbehalten nach Rerik in sein Quartier zurück.
Schon am 10. Mai trifft ein Marschbefehl des Generals von Axthelm mit folgendem Wortlaut ein: »Sie haben sich sofort nach Peenemünde zu begeben und sich dort mit Major Stahms in Verbindung zu setzen.«
Peenemünde-West ist durch zwei Sperrketten abgeriegelt. Der wachhabende Feldwebel nimmt Soldbuch und Marschbefehl und telefoniert, erst dann geht der Schlagbaum hoch und der Horch darf passieren. Treutle murmelt etwas von Geheimniskrämerei und gibt Gas. Am nächsten Schlagbaum wird er bei der gleichen Prozedur ungeduldig.
Major Stahms wartet bereits und händigt Wachtel einen Peenemünde-Ausweis mit der Nr. 2590 aus. Wachtel liest: »Der Inhaber darf den Verwaltungsbezirk und den abgesperrten Teil, einschließlich geheimer Anlagen der Erprobungsstelle der Luftwaffe Peenemünde, betreten und die Werkbahn kostenlos benutzen.«
Ein Quartier wird ihm für 48 Stunden in der Kaserne angewiesen.

# Britischer Luftangriff auf Peenemünde (14)

Auf den Bomberflugplätzen in England herrschte schon seit der Morgendämmerung reges Treiben. Es war der 17. August 1943, als das Bomberkommando den Befehlshabern der Bombergruppen in den frühen Morgenstunden den Befehl zum geplanten Groß-Angriff auf Peenemünde erteilte. Kurze Zeit vorher hatte Luftmarschall Sir Arthur Harris noch eine Wetterbesprechung mit der meteorologischen Abteilung einberufen.
Harris verließ als letzter den Besprechungsraum; die kühle Morgenbrise war angenehm nach den anstrengenden Vorbereitungen. Er dachte daran zurück, als er vor 26 Jahren, Jagdflieger-Offizier des Royal Flying Corps, auf dem Balkon eines Londoner Hotels stand. In dem blauen Nachmittagshimmel zogen in parademäßiger Keilformation deutsche GOTHA-Bomber über ihn hinweg, um einen Bahnhof in London zu bombardieren. Unübersehbar leuchteten die schwarzen Kreuze auf den dunkelblau mit schwarzen Streifen getarnten Flugzeugen. Das Dröhnen dieser deutschen Bomberstaffeln hatte ihn damals sehr beeindruckt. Er hörte die Detonation der Sprengbomben, und kurze Zeit später kehrte der Verband in der gleichen exakten Formation in geringer Höhe, ohne Verluste, zurück und verschwand in Richtung Belgien.
Heute Nacht nun würden seine 433 viermotorigen Stirling-, Halifax- und Lancastermaschinen, die von 65 zweimotorigen Mosquito Pfadfinder-Flugzeugen begleitet wurden, Peenemünde angreifen.
Wochenlang hatte man diesen Präzisionsangriff bis ins kleinste Detail vorbereitet, gegen die Meinung der Amerikaner, die Nachtangriffe auf Industrieziele nicht für wirkungsvoll hielten. Seine Statistiker hatten errechnet, daß die Verlustquote bei 990 Nachteinsätzen im Durchschnitt bei 2,8% lag, während bei Tageseinsätzen 11,5% der Flugzeuge nicht zurückkehrten. Mehr als 5% hätte die Royal Air Force bei Dauereinsätzen nicht durchhalten können.

Was hatte die Engländer veranlaßt, eine Bomberarmada an die Grenze ihrer Reichweite nach Peenemünde zu schicken und diesen mit vielen Risiken belasteten Angriff durchzuführen?
Schon im Herbst 1939 erhielt der britische Marineattaché in Oslo einen anonymen Brief, in dem angeboten wurde, über geheime technische

Entwicklungen in Deutschland zu berichten. Der angekündigte Bericht traf am 4. November 1938 ein. Die detaillierte Beschreibung von Geheimwaffen, die in der Heeresversuchsanstalt in Peenemünde erprobt wurden, überraschte die Engländer. Anscheinend waren sie zu diesem Zeitpunkt überfordert, die Tragweite dieses Oslo-Berichtes abzuschätzen. Es gab noch keinen wissenschaftlichen Abwehrdienst, der diese Unterlagen auswerten konnte.

Die Akten verschwanden für 2 Jahre in den Schubladen, und man machte sich nicht einmal die Mühe, einen Fernaufklärer zur Bildaufklärung nach der Ostseeinsel zu schicken.

Im Spätherbst 1942 trafen plötzlich Agentenberichte über deutsche Fernraketen in London ein. Skeptiker im britischen Geheimdienst hegten noch im März 1943 den Argwohn, die deutsche Abwehr hätte gezielt falsche Informationen über Raketen den alliierten Agenten zugespielt. Sie meinten, die Deutschen trieben systematische Panikmache, es gebe keine Wunderwaffen in Deutschland.

Um so erstaunter waren die Briten, als ihre Luftwaffen-Abwehr Gesprächsaufzeichnungen zweier hoher Offiziere des deutschen Afrikakorps erhielt.

General von Thoma, Rommels Stellvertreter, und General Cruevell wurden als Kriegsgefangene in England mit empfindlichen Mikrophonen abgehört. Die beiden alten Freunde plauderten über Raketen und Peenemünde, und angeblich soll von Thoma erstaunt gewesen sein, daß London noch nicht unter Raketenbeschuß liege. Das war der bisher glaubwürdigste Hinweis aller bisher eingegangenen Meldungen. Dr. F. C. Frank, in der Unterabteilung ›Wissenschaftliche Abwehr‹ im britischen Luftfahrtministerium, hatte die Aufgabe der Durchsicht.

Mit großem Interesse las er das Abhörprotokoll der beiden deutschen Generäle. Dr. Frank teilte sein Zimmer mit seinem Chef, Dr. R. V. Jones, dem Leiter dieser Abteilung.

Beide waren sich einig über die Ernsthaftigkeit der deutschen Raketenbedrohung. Als Berater des Sicherheitsdienstes bat er, vorläufig keinem größeren Kreis die Gefahr bekanntzugeben. Das Heeresministerium war nicht seiner Meinung; es kam zu Kontroversen, und so trug die Abwehrstelle dieses Ministeriums die Angelegenheit sofort dem Vizechef des Empire-Generalstabes vor. Generalleutnant A. E. Neye bat unverzüglich zwei britische Naturwissenschaftler, Professor Ellis und Dr. Crow, zu einer Stellungnahme.

Als Leiter der Projektilentwicklung beaufsichtigte Dr. Crow die gesamte britische Raketenforschung. Beide erstellten eine Denkschrift mit dem Titel: »Entwicklung weittragender Raketen in Deutschland.« Der Geheimbericht faßte die spärlichen Agentenmeldungen zusammen und ging vom Stand der englischen Forschung aus. Als Antriebsmittel vermutete man den festen Treibstoff Kordit. Das führte zu der Vorstellung, die Deutschen bauten eine Rakete von 29 m Länge, 4 m Durchmesser und einem Gewicht von 9,5 to. Abgeschossen werden sollte das Monstrum von einem hundert Meter langen Werfer.

Generalleutnant Neye schlug vor, daß Premierminister Winston Churchill und Innenminister Herbert Morrison über einen Angriff deutscher Fernraketen unterrichtet werden sollten.

General Ismay, Stabschef bei Churchill als Verteidigungsminister, berichtete dem Premierminister am 15. April 1943.

Winston Churchill akzeptierte am gleichen Tage den Vorschlag seiner Stabschefs, den parlamentarischen Sekretär Mr. Duncan Sandys mit der offiziellen Untersuchung über den Stand der deutschen Raketenentwicklung zu beauftragen.

Sandys war im Versorgungsministerium verantwortlich für die Forschung, Entwicklung und Produktion aller Waffen. Ihm stand der gesamte wissenschaftliche Stab des Ministeriums zur Verfügung. Unter diesem Dach arbeitete auch die Mehrzahl aller britischen Wissenschaftler.

Dieser qualifizierte Fachmann verfügte ferner über militärische Erfahrung als früherer Kommandeur eines Raketenregimentes.

Als er am Abend dieses 15. April 1943 seiner Frau Diana, einer Tochter Winston Churchills, von seiner Ernennung erzählte, ahnte Diana nichts von der unversöhnlichen Antipathie eines alten Freundes ihres Vaters gegen ihren Mann.

Lord Cherwell, der frühere Professor Lindemann und jetzige Generalzahlmeister des Schatzamtes, war persönlicher wissenschaftlicher Berater von Churchill. Er genoß seine einflußreiche Stellung einer grauen Eminenz in der Umgebung des Premierministers.

Alle bei der Besprechung Anwesenden spürten die krankhafte Eifersucht dieses Mannes, als Winston Churchill seinem Schwiegersohn die Koordinierung der feindlichen Geheimwaffen-Untersuchung übertrug.

Schon vier Tage später erhielt die Zentrale aller Auswertungseinheiten in Medmenham die ersten Anweisungen Sandys'. Der bejahrte Flieger-Oberstleutnant H. Thomas wurde beauftragt, den gesamten Geheimwaffen-Komplex mit Hilfe der Luftaufklärung zu erforschen.

Oberstleutnant Thomas sah aus dem Fenster des Herrenhauses im Stil des 19. Jahrhunderts in Medmenham, als zwei Beauftragte Sandys' aus dem Auto stiegen und die Auswertungs-Zentrale betraten. Thomas stellte den Fliegerhauptmann Kenny den beiden Besuchern vor: Dr. Phelps und William Cook. Mit ihren Teetassen in der Hand folgten sie Kenny in einen

Raum, in dem Riesenvergrößerungen von Luftaufnahmen an den Wänden hingen, die zwei Tage vorher von einem Mosquito-Aufklärer über Peenemünde aufgenommen worden waren.
Kenny erklärte eine sehr scharfe Aufnahme am äußersten Nordende des Peenemünder Hakens mit Arbeiten der Deutschen zur Landgewinnung. Die Auswertungsabteilung D., so erklärte er weiter, kenne die Funktion der meisten Anlagen, die insbesondere um den Flugplatz auf dieser Nordspitze standen. »Nur hier«, er deutete mit dem Bleistift auf einen langen schwarzen Strich, »können wir die mechanischen Einzelheiten nicht ausmachen.« Die beiden Besucher betrachteten interessiert die mit einem Rotstift eingekreiste Stelle. »Sie verwenden sicherlich Schlammpumpen«, meinte der Hauptmann. Beide nickten zustimmend und wendeten sich einer anderen Luftaufnahme zu.
Die Anwesenden ahnten nicht, daß die erste Abschußrampe der Firma WALTER auf einer der Luftaufnahmen abgebildet war. Auf dieser Rampe wurden täglich die Flugbomben erprobt. Es war schon dunkel geworden, als sie beeindruckt Medmenham verließen und nach London zurückfuhren. Dieser 24. April 1943, Ostersonntag, sollte sich später als der Tag erweisen, an dem die Abteilung D ihren ersten groben Fehler beging. Wenn Hauptmann Kenny mit seiner Mosquito etwas später Peenemünde angeflogen hätte, wäre er Zeuge eines A4-Abschusses (V2) gewesen. Fast 8000 m unter ihm war Gauleiter Fritz Sauckel eingetrofffen, Reichsbevollmächtigter für den Arbeitseinsatz, um dem Abschuß einer Rakete beizuwohnen. Die Peenemünder versprachen sich dadurch die schnellere Zuteilung von Arbeitskräften.
In seiner Meldung vom 14. Mai 1943 schrieb Kenny in großen Druckbuchstaben: »Hohes Tätigkeitsniveau, Fahrzeuge auf Straßen und Schienen, große Mengen an Material.«
Die Luftbildauswerter konnten auch diesesmal die 1,5 mm langen weißen Striche nicht identifizieren und bezeichneten sie schlicht als »Objekte«. In Wirklichkeit handelte es sich um A4-Raketen, die auf schweren Tiefladern zu ihren Abschußstellen gefahren wurden. Die Tieflader waren wenige Tage vorher als Einsatzwagen für die Erprobung freigegeben worden.
Es war genau 12.00 Uhr auf dem Kontrollturm des Flugplatzes Leuchars, als Oberfeldwebel Peek mit seiner Mosquito um Landeerlaubnis bat. Die Maschine war gerade ausgerollt, als ein Personenwagen neben dem Flugzeug hielt und das Filmmaterial von einem Einsatz über Peenemünde abholte; 23. Juni 1943 stand auf den Filmkassetten. Es war einer der erfolgreichsten Aufklärungseinsätze während der ganzen Geheimwaffenuntersuchung.
Auf den Fotos waren Raketen zu erkennen. Diese bisher als »Objekte«

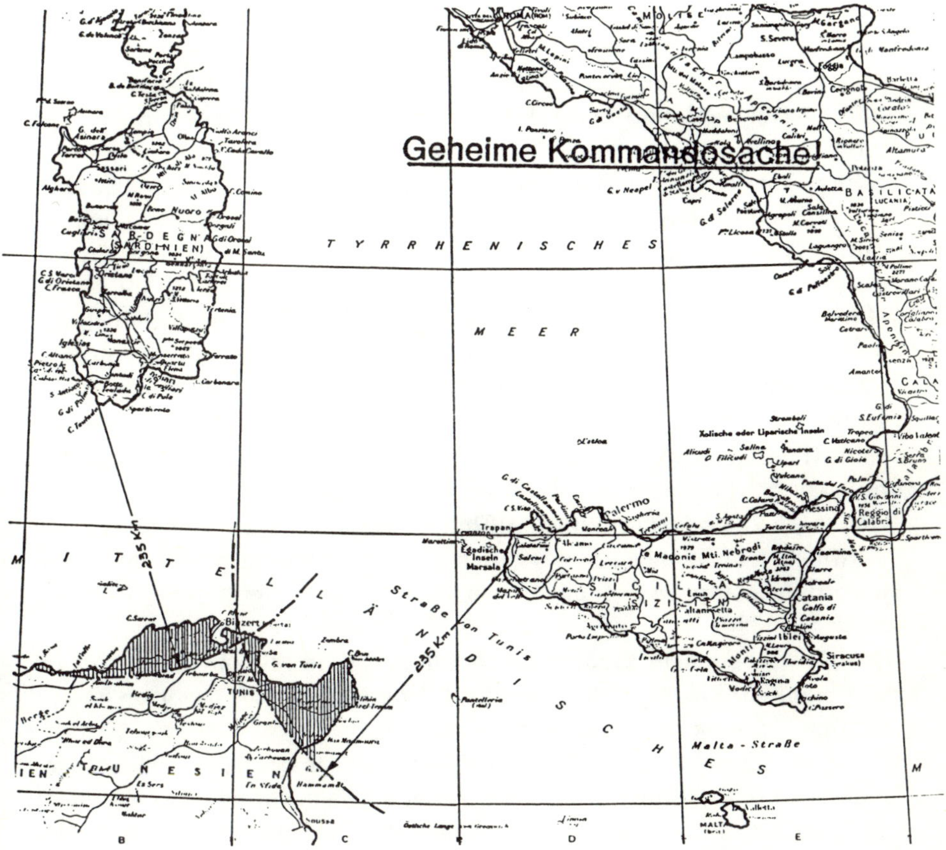


Besprechungs-Notiz 57/43 am 18.6.43 in Karinhall

Anwesend: Reichsmarschall
Hermann Göring
General der Flakartillerie
von Axthelm
Oberstleutnant
von Brauchitsch
Oberstleutnant
Diesing

.... Herr Reichsmarschall wünscht Überprüfung, ob Einsatz Fi 103 oder Weiterentwicklung auch von Süditalien gengen afrikanische Häfen möglich ist. Diesing veranlasst Überprüfung.

.... Karte zeigt:
Küstenstreifen Bone - Bizerta - Tunis liegen in Reichweite der Fi 103.

bezeichneten Körper wurden von den Bildauswertern folgendermaßen beschrieben: »Ca. elf Meter lang, scheint eine stumpfe Spitze am Ende zu haben. Der verjüngte Zylinder besitzt am anderen Ende drei radiale Flossen.«

Kenny erstattete sofort Meldung an Sandys, und der Premierminister ließ für die Nachtstunden des 29. Juni 1943 eine Stabsbesprechung zusammenrufen; diese Sitzung sollte eine der dramatischsten des ganzen Krieges werden.

Hinter der Straße der Ministerien in London liegt Whitehall, damals der Kommandobunker des britischen Kriegskabinetts. In dem großen quadratischen Raum hatten schon einige Minister an einem hufeisenförmigen Tisch Platz genommen. Attlee unterhielt sich mit Eden, als Beaverbrook eintrat, der nach einer kurzen Begrüßung Cripps und Cherwell freundlich zunickte.

Gegen 22.30 Uhr nahm Winston Churchill Platz. Ihm gegenüber saß sein Schwiegersohn Duncan Sandys, der die Eröffnungsansprache hielt und seine Befürchtungen über einen deutschen Raketenangriff mit Luftbildern unterstrich.

Die Anwesenden nickten und betrachteten aufmerksam die vor ihnen liegenden Aufklärungsfotos. Nur Lord Cherwell war nicht einverstanden mit der Meinung des Vortragenden.

Er könne sich zwar vorstellen, daß die Deutschen unbemannte, düsenangetriebene Bomber einsetzten, aber es sei unglaubwürdig, daß sie einen Supertreibstoff für Raketen entwickelten, für den britische Raketenfachleute mehr als fünf Jahr brauchen würden.

Sandys' Feindlagebild fehle es an logischen Zusammenhängen. Er selbst deute die Geschichte als Tarnplan der Deutschen, um eine noch unheilvollere Entwicklung zu verbergen. Er beschwor die Sitzungsteilnehmer, sich nicht von falschen Fährten in die Irre führen zu lassen. Er stimme aber mit Sandys darin überein, Peenemünde bombardieren zu lassen.

Nach Cherwells Ausführungen bat Churchill Dr. Jones um Stellungnahme. Jones widerlegte in einem kurzen Bericht alle Argumente Cherwells, der gegen Morgen niedergeschlagen und ungläubig die Konferenz verließ. Der Ausschuß war mit folgendem Beschluß einverstanden:

Schwerer Nachtangriff des Bomberkommandos auf Peenemünde. Keine übertriebene Luftaufklärung über diesem Gebiet. Sofortige Erkundung des nordfranzösischen Gebietes innerhalb eines Radius von 240 km von London.

Ferner wurde Sandys angewiesen, mit allen Mitteln den Entwicklungsstand unbemannter Bomber zu untersuchen.

Im Eiltempo wurden am 8. Juli 1943 Pläne für einen Angriff auf Peene-

VERSUCHSGELÄNDE PEENEMÜNDE

münde vom Bomberkommando ausgearbeitet und sieben Tage später dem Premierminister im Amtssitz Downing Street No. 10 vorgelegt und genehmigt.
Sir Arthur Harris, Chef des Bomberkommandos, war beunruhigt, als man ihm auf den Peenemündener Aufklärungsfotos vom 26. Juli Nebelerzeuger und den schnellen Ausbau von Stellungen schwerer Flak erklärte. Wußten die Deutschen etwas von einem bevorstehenden Großangriff?

### *Militärische Erprobung*

Eine Woche nach seiner Ankunft in Peenemünde wohnt Oberstleutnant Wachtel bereits im Kurhotel Preußenhof in Zinnowitz. Er wird unsanft vom Dröhnen eines kleinen Flugzeuges geweckt, springt im Schlafanzug auf den Balkon und sieht den in der Erprobung steckenden Raketenjäger Me 163 im Tiefflug über Zinnowitz brausen und dann mit 950 km/h in den blauen Morgenhimmel steigen.
Die WALTER-Ingenieure von der Versuchsrampe hatten ihm erzählt, der Flüssigkeitsraketenmotor mit 1600 Kp Schub sei bei ihnen entwickelt worden und man beabsichtige, 1000 Jäger zu bauen. Würden die mit je 2 Stück 30-mm-Kanonen MK 108 bewaffneten Jäger die alliierten Bomberpulks stoppen?
Nun, er hat andere Sorgen: seine Flugbomben fliegen in der Regel 50 bis 100 Meter und plumpsen dann in die Ostsee. Unabhängig von den Mißerfolgen der Versuchsbomben hat er die Vollmacht, die Führungsspitze für das Lehr- und Erprobungskommando »W/8« zusammenzustellen, aus allen Einheiten der deutschen Luftwaffe.
Sein erprobter Ordonnanzoffizier Werner Dahms und sein Batterie-Chef Gerhard Schwennesen aus dem Frankreichfeldzug sind die ersten, die nach Peenemünde befohlen werden. Ihnen folgt Oberleutnant Süssenguth, im Fährenkrieg auf dem Ladogasee ausgezeichnet.
Das Reichsluftfahrt-Ministerium empfiehlt ihm als Adjutanten Hauptmann Grothues. Die Männer werden sofort nach ihrer Ankunft auf höchste Geheimhaltung verpflichtet. Jeder hat über Einheit, Standort und Aufgabe strengstes Stillschweigen zu wahren.
Wenn die Offiziere des Abends von Peenemünde-West in ihre Quartiere zurückfahren, ist es meistens still in dem geräumigen Horch ihres Chefs. Sie sollen sich mit der neuen Waffe vertraut machen und erleben oft Enttäuschungen. Die Ingenieure von Fieseler, Askania, Argus und Walter zucken die Schultern, erklären den komplizierten Mechanismus ihrer Konstruktion und die sich ergebenen Mängel bei der Erprobung.

Sie sind zuversichtlich, die Kinderkrankheiten seien bald überwunden, und weisen auf die erfolgreichen Weitschüsse hin, die bei vorgeschriebener Höhe und Geschwindigkeiten 232, 202, 205, 236 und 242 km Weite erreichten.
Bei diesen Anfang August 1943 erreichten Weiten waren die Brennstoffbehälter nie ganz gefüllt gewesen.
Für das schnell gebildete Lehr- und Erprobungskommando hatten die erfahrenen Offiziere bewährte Unterführer aus ihren früheren Flakeinheiten nach Peenemünde-West und in das nur 13 km südlich gelegene Zempin geholt.
»Gemäß Verfügung des Reichsministers der Luftfahrt und Oberbefehlshabers der Luftwaffe vom 3. August 1943, wird durch Regimentsbefehl Nr. 1./43 Geheime Kommandosache vom 13. 8. 43 der Stab des Flakregimentes 155 (W) in Zempin aufgestellt.« So beginnt das Kriegstagebuch dieses Regimentes. (15).

Die mondhelle Nacht zeigte den englischen Flugzeugbesatzungen deutlich die dänische Nordseeküste. Die Bomberarmada erhielt Befehl, auf die vorgeschriebene Angriffshöhe von nur 2000 Meter zu steigen. Bisher waren alle Maschinen dicht über der Wasseroberfläche der Nordsee geflogen, um unter dem Horizont der deutschen Freya-Radargeräte des Frühwarnsystems zu bleiben.
Viertausend Flugzeugbesatzungen hatte man vor dem Start über den Zweck ihres Angriffes informiert. Die geheime Forschungsanstalt Peenemünde beschäftigte sich mit der Entwicklung von neuartigen Funkortungsgeräten für Nachtjäger, die dem Bomberkommando das Leben schwer machen sollten. Falls der Angriff dieser Nacht nicht den erwarteten Erfolg bringe, müßten weitere Angriffe geflogen werden, bis eine vollständige Zerstörung erreicht sei. Als in Peenemünde die Sirenen heulten, gingen die Wissenschaftler und Ingenieure gleichgültig in ihre Luftschutzbunker. Seit 14 Tagen rannten sie jede Nacht in die Bunker wegen ein paar Mosquitos, die in großer Höhe die Halbinsel Usedom überflogen. Die Männer hörten noch nicht das dumpfe Dröhnen der schweren Bomberverbände, die in dieser warmen Sommernacht des 17.–18. August von Dänemark her über die Insel Rügen zu einem Großangriff anflogen. Es verging fast eine Stunde, dann sahen einige Nachzügler einen tieffliegenden Lancasterbomber über die Insel brausen und kurz darauf, es war 1 Uhr und 9 Minuten, eine rote Markierungsbombe langsam zur Erde schweben.
Einige Minuten später klinkten die Flugzeuge der ersten Welle, die aus 227 viermotorigen Bombern bestand, ihre Bomben aus.
In Zempin, wo die Flugbomben-Mannschaften in Baracken untergebracht

waren, wurde nach den ersten Detonationen sofort Fliegeralarm gegeben. Die Soldaten liefen zu den Splittergräben im nahe gelegenen Wald und rechneten mit einer Ausdehnung des Angriffs auf ihre Stellungen in Zinnowitz und Zempin. Aus ihren Erdlöchern heraus beobachteten sie den 1½ Stunden dauernden mörderischen Luftangriff auf Karlshagen und Peenemünde.

Ein Wachtmeister fragte seinen zusammengekauerten Nebenmann: »Wo bleiben denn unsere Nachtjäger«?

Die Engländer hatten mit nur acht Mosquito-Maschinen der 139. Staffel einen Scheinangriff aus 7000 m Höhe auf Berlin geflogen. Über 200 deutsche Nachtjäger wurden in diesen vorgetäuschten Angriffsraum beordert, um den »Großangriff« auf die Reichshauptstadt abzuwehren. Die Mosquitos warfen Riesenmengen an Düppelstreifen ab auf ihrem Flug von der Ostseeküste bis nach Berlin und simulierten damit den Großangriff. Scheinwerfer und 89 schwere Flakbatterien rund um Berlin vermittelten den 4 Millionen Bewohnern, die in die Luftschutzkeller rasten, den Eindruck vom Beginn eines schweren englischen Luftangriffs um 23.56 Uhr, als die ersten Mosquitos eintrafen und den Himmel mit Pfadfinder-Leuchtzeichen übersäten.

Als dann ein hochfliegender Nachtjäger, der über Berlin kreiste, an der Ostseeküste den Feuerschein des brennenden Peenemünde entdeckte, war es zu spät. Die lauernden Jäger hatten ihren Treibstoff verbraucht und mußten landen. Das großangelegte Täuschungsmanöver der RAF war geglückt, Peenemünde lag in Schutt und Asche, und mit nur geringen Verlusten flogen die Verbände nach England zurück.

Insgesamt waren 1593 t Sprengstoff und 281 t Brandbomben über der Raketen-Versuchsanstalt abgeworfen worden. Obwohl 40% der Bomben ins Meer gefallen waren, kostete die Operation »Hydra« 735 Menschenleben, die Mehrzahl der Getöteten waren russische Kriegsgefangene und polnische Zwangsarbeiter aus dem Lager Trassenheide. Von den deutschen Wissenschaftlern waren 178 Männer umgekommen.

Peenemünde-West war sofort nach dem Fliegeralarm vollständig eingenebelt worden, das war wohl der Grund, warum die Anlagen und Montagehallen unversehrt blieben.

Nach einer nächtlichen Szene mit seinem Reichsmarschall Göring erschoß sich der Chef des Luftwaffengeneralstabes, Generaloberst Jans Jeschonnek, am Morgen des 18. August. Gegen 10.00 Uhr fand man ihn in seinem Büro tot auf dem Boden liegen. Neben ihm lag ein Zettel: »Ich kann mit dem Reichsmarschall nicht mehr zusammenarbeiten. Es lebe der Führer!«

Die Beurteilung der Lage in Peenemünde nach dem englischen Angriff war unterschiedlich. Die Engländer selbst waren nach der Auswertung der Luftbilder von der ausreichenden Zerstörung überzeugt. Ein Angebot der 8. USAAF, einen neuen Großangriff bei Tage zu fliegen, wurde kühl als überflüssig abgelehnt.
General Walter Dornberger schrieb in seinem Bericht: »Der Sachschaden im Werk ist überraschend gering. Alle wichtigen Pläne und Anlagen, wie der Windkanal, der Prüffelder und das Meßhaus sind unbeschädigt. Die Erprobungsstelle der Luftwaffe in Peenemünde-West, das Entwicklungszentrum der Flugbomben und der Strahlflugzeuge, ist überhaupt nicht getroffen worden.«

Wachtels neu aufgestelltes Flakregiment 155 (W) spürte die Auswirkungen des Luftangriffs nur durch den Totalausfall der Bauleitung der Luftwaffe in Karlshagen. Den hier eingesetzten Baufirmen ging der größte Teil ihres Gerätes verloren, das auf den Zempiner Baustellen zum Einsatz kommen sollte. Außerdem wurde eine Evakuierung aller ausländischen Bauarbeiter angeordnet.
Auf dem Schreibtisch des Regimentskommandeurs Oberst Wachtel lagen die Vernehmungs-Protokolle von gefangenen RAF-Piloten, die den Angriff auf Peenemünde geflogen hatten. Die Abwehroffiziere, die bei den Gesprächen anwesend waren, rechneten mit einer Wiederholung des Luftangriffs.

Wachtels Vorschlag, die Ausbildung seiner Soldaten auch außerhalb von Peenemünde durchzuführen, wurde sofort genehmigt, zumal Überlegungen bestanden, bei den Alliierten den Eindruck zu erwecken, die Geheimwaffenentwicklung sei mit einem Schlag vernichtet.
Noch im August 1943 führte der General der Flakwaffe Verhandlungen mit dem Marineoberkommando Ostsee über ein Gelände, das der Marine gehörte. Einige Tage später traf Wachtels Vorkommando in Brüsterort bei Königsberg ein, das unter dem Decknamen »Windeck« zur Ausbildung an Flugbomben eingerichtet wurde.
Hier an der ostpreußischen Bernsteinküste erschienen zunächst Fernmeldetechniker, die abhörsichere Telefonanlagen verlegten.
Für vier Batterien wurden im Eiltempo 16 Abschußrampen in feldmäßiger Anordnung gebaut. Unter den Kommandeuren Oberstleutnant Dietrich, Oberstleutnant Aue, Major Sack und Hauptmann Schindler wurde die Truppe für den Einsatz ausgebildet.
Flakbatterien mit 2-cm-Vierling und 3,7-cm-Geschützen sicherten das mit »S« bezeichnete Schutzobjekt. Weitere Ausbildungsstätten wurden der

Schießplatz Ronshagen in Pommern und Deep, südwestlich von Kolberg. Insgesamt verfügte das Regiment am 1. September 1943 über 133 Offiziere und 2004 Mannschaften, die an der Geheimwaffe ausgebildet wurden. Aus Geheimhaltungsgründen hatte der General der Flakwaffe vorgeschlagen, die Flugbombe nicht mehr mit dem Entwicklungsnamen Fi 103 zu bezeichnen, sondern mit Flakzielgerät FZG 76. Obwohl die Industrie, das technische Amt und der Nachschub zunächst Vorbehalte anmeldeten, konnte sich von Axthelm durchsetzen.
Bei der gleichen General-Luftzeugmeister-Besprechung hielt es Direktor Dr. Werner für angebracht, der Frage über die Mitnahme von Flugbomben für U-Boote zum Angriff auf Amerika nachzugehen. Die anwesenden Amtschefs nickten und machten sich Notizen, waren aber mit den täglichen Erprobungsschwierigkeiten zu sehr ausgelastet, um sich nun mit neuen Problemen zu befassen.

Die Männer der Flugsicherung auf dem Peenemünder Flugplatz hörten die Stimme Gerhard Fieselers, der um Landeerlaubnis bat. Es war eine Abwechslung, neben heulenden Raketen und Düsenjägern mal wieder ein richtiges Flugzeug, wie sie es nannten, landen zu sehen. Sie waren fasziniert von der Leichtigkeit, mit der der Storch aufsetzte und ausrollte.
Dipl.-Ing. Fiedler holte Fieseler an diesem heiteren Sommertag Ende August 1943 mit dem Wagen vom Flugzeug ab. »Ich freue mich mit Ihnen, Herr Fiedler, daß unsere Krähe endlich einwandfrei fliegt«, begrüßte der Chef seinen Erprobungsleiter. »Ich glaube, das Gröbste haben wir hinter uns«, antwortete Fiedler und strahlte.
Im nahe gelegenen Büro legte er die Statistik vor. Von den erfolgten 68 Abschüssen hatten 28 Bomben die Bedingungen für Weitschüsse erfüllt: 225 km Reichweite mit 590 Liter Kraftstoff, bei einer Reisegeschwindigkeit von 625 km/h und 1300 m Flughöhe.
Ebenfalls waren die Winkelschüsse erfolgreich verlaufen und Abschüsse bei starkem Seitenwind. »Morgen möchte ich mir die Sache ansehen, lassen Sie bitte alles vorbereiten. Was macht eigentlich die Konkurrenz nebenan?« Der kontaktfreudige Fiedler, der in der benachbarten Heeresversuchsanstalt zahlreiche Studienfreunde wiedergetroffen hatte, sah den gigantischen Aufwand um die A4-Rakete.
Große Teile der Rüstungsindustrie arbeiteten ausschließlich für die Fertigung dieses 14 t schweren Monstrums, das etwas über 750 kg Sprengstoff befördern konnte und dazu über 100 km hoch geschossen werden mußte.
Die Sprengstoffexperten hatten ihm erzählt, daß der hochbrisante Flugbombensprengstoff, der mit Aluminiumpulver versetzt war und doppelte

Sprengwirkung besaß, nicht für die A4-Rakete geeignet war. Versuche hatten ergeben, daß die Temperaturen der Raketenaußenhaut beim Wiedereintritt in die dichte Atmosphäre bis auf 650° Celsius anstiegen und dadurch den empfindlichen Trialen-Sprengstoff zur Explosion brachten. Also wurde die Rakete mit konventionellem TNT-Sprengstoff gefüllt.
»Erklären Sie mir, Fiedler, wie kann sich die Führungselite des Reiches an dieser bestimmt 140000 RM teuren Waffe berauschen, wenn wir nicht in der Lage sind, die Bomberströme zu stoppen?« fragte Gerhard Fieseler, nachdem er die Einrichtungen in Peenemünde-Ost besichtigt und den Start einer A4-Rakete miterlebt hatte.
»Stellen Sie sich vor, wieviele Flugbomben zum Stückpreis von 1500 RM wir dafür bauen könnten. Daß der nüchterne Speer so etwas mitmacht, verstehe ich nicht. Aber ich muß zugeben, so ein Raketenabschuß ist ein unvergeßliches Erlebnis, der Wernher von Braun ist doch ein geschickter Mann.«
In den darauffolgenden Tagen sah Gerhard Fieseler die erfolgreichen Abschüsse seiner Roboter und flog befriedigt nach Kassel zurück.

# Die Ersatz-V1: Ferngleitbombe B V 246 (16)

An einem Donnerstag des Sommers 1943 meldete sich in der Telefonzentrale der Hamburger Flugzeugwerke BLOHM und VOSS das Führerhauptquartier. Gewünscht wurde der Chefkonstrukteur Dr. Ing. Richard Vogt, der den Auftrag erhielt, am kommenden Sonntag zu einer Besprechung beim Führer zu erscheinen, er habe sich spätestens am Samstagabend in Berchtesgaden einzufinden, ein Hotel sei reserviert.
Der überraschte Konstrukteur ließ daraufhin das Reichsluftfahrtministerium in Berlin anrufen und bat um Auskunft, welche Dokumente er mitnehmen solle. Die Antwort aus der höchsten deutschen Luftfahrtbehörde war kurz und kalt: »Wir wissen nichts über die Absicht dieses Treffens. Nehmen Sie mit, was Sie wollen.« Am Spätnachmittag des Samstags landete die Maschine einer Bomberstaffel mit Dr. Vogt in Berchtesgaden. Im Hotel wurde er von einem höheren SS-Offizier empfangen und am Abend traf er alle Chefkonstrukteure der Werke, die sich mit der Entwicklung von Flugzeugen beschäftigten. Keiner der Anwesenden wußte etwas über den Zweck der Besprechung. Nach dem Frühstück am Sonntagmorgen wurden sie aufgefordert, das Hotel nicht mehr zu verlassen und sich für das Treffen mit dem Führer um 14.00 Uhr bereitzuhalten.
Mercedeswagen brachten sie vom Hotel zum Berghof. Dort wurden sie von einigen Parteigrößen, unter denen sich auch Martin Bormann befand, und von Generälen begrüßt.
Die geladenen Besprechungsteilnehmer machten sich Gedanken, warum der Oberbefehlshaber der Luftwaffe Göring nicht eingeladen war, obwohl sein Haus nur einige Kilometer vom Berghof entfernt lag und es doch um Belange seiner Luftwaffe ging.
Sie warteten auf der Terrasse des Berghofes und erfuhren, daß das Treffen nur einige Stunden dauern würde und für den Spätnachmittag andere Programme vorgesehen waren. Sie wurden in den Empfangsraum gebeten und zur Begrüßung durch Adolf Hitler in einer Reihe aufgestellt.
Er begrüßte jeden durch Handschlag und hielt dann eine kurze Rede: »Unser Land ist jetzt in einer kritischen Situation. Um gewisse Entscheidungen treffen zu können, muß ich wissen, welche Flugzeuge sich gegenwärtig in Entwicklung befinden und welche neuen Pläne Sie mir noch anbieten können. Sie mögen denken, daß ich diese Informationen eigent-

lich von meinem Luftfahrtministerium erhalten sollte. Aber ich möchte sie direkt von Ihnen haben. Ich möchte mit Ihnen einzeln sprechen. Geben Sie mir ungeschminkte und offene Antworten.«

Dr. Vogt berichtet weiter: »Meine Unterhaltung mit Hitler dauerte knapp eine dreiviertel Stunde. Es waren noch zwei weitere Leute im Raum, zwei Stenographen und ein Sicherheitsoffizier, der irgendwo hinter mir stand. Hitler stellte intelligente Fragen und kannte sich mit Zeichnungen sehr gut aus. Als er über Sturzkampfbomber sprach und ich meine letzten Vorschläge für einen Ersatz der Ju-87 zeigte, wollte er wissen, warum dieses alte Flugzeug nie durch eine fortschrittliche Konstruktion, wie z. B. mein Vorschlag, ersetzt worden wäre. Als ich ihm sagte, daß ich seit eineinhalb Jahren Studien und Vorschläge gemacht hätte, ohne irgendeine Entscheidung aus dem Luftfahrtministerium zu erhalten, verlangte er sofort nach dem für Produktion zuständigen Minister Speer, der sich in der Stadt bereithielt, um sofort verfügbar zu sein. 10 Minuten später erschien Speer und nahm an der Diskussion teil.« Anschließend erläuterte Vogt seine Neuentwicklung, eine Ferngleitbombe als Ersatz für die Flugbombe Fi 103. Der Flugkörper war ohne Antrieb und sollte von einem Flugzeug abgeworfen werden. Bei Vergleichsrechnungen wurde ermittelt, daß die Herstellungskosten bei nur einem Drittel gegenüber der Fi 103 lagen, und viel weniger Treibstoff nötig war, um das Trägerflugzeug auf die Ausklinkhöhe von etwa 7500 Meter zu bringen. Hitler und auch Speer waren begeistert von diesem Vorschlag. Beide betrachteten interessiert die von dem Konstrukteur ausgerollten Zeichnungen. Im Vergleich zu Fieselers Flugbombe wirkte die Ferngleitbombe Vogts wie ein Hochleistungssegler.

Hitler verlangte von Vogt, ihn nach den ersten erfolgreichen Flügen persönlich anzurufen. Als das etwa einen Monat später erfolgte, war ein SS-Offizier am Telefon und erklärte, Hitler sei wegen der russischen Offensive an die Ostfront gereist.

Diese individuelle Konferenz mit Hitler und den Flugzeugkonstrukteuren dauerte nicht nur ein paar Stunden, sondern bis 8.00 Uhr abends. Hitler sah, als er sich von seinen Gästen verabschiedete, müde aus und erklärte, solche Treffen von Zeit zu Zeit wiederholen zu wollen. In seiner Abschiedsansprache sagte er: »Wir befinden uns jetzt in einer sehr ernsten Lage und müssen alles daransetzen, wenn wir aus ihr herauskommen wollen.«

Unbemannte Gleitflugzeuge als Sprengstoffträger waren aber nicht so neu, wie sie dem begeisterten Hitler und Speer nach dem Vortrag von Dr. Vogt erschienen. Wilhelm von Siemens, der Sohn des Firmengründers Werner Siemens, hatte bereits im Oktober 1914 ferngelenkte Gleiter vorgeschlagen, die von Luftschiffen abgeworfen werden sollten. Der Ingenieur

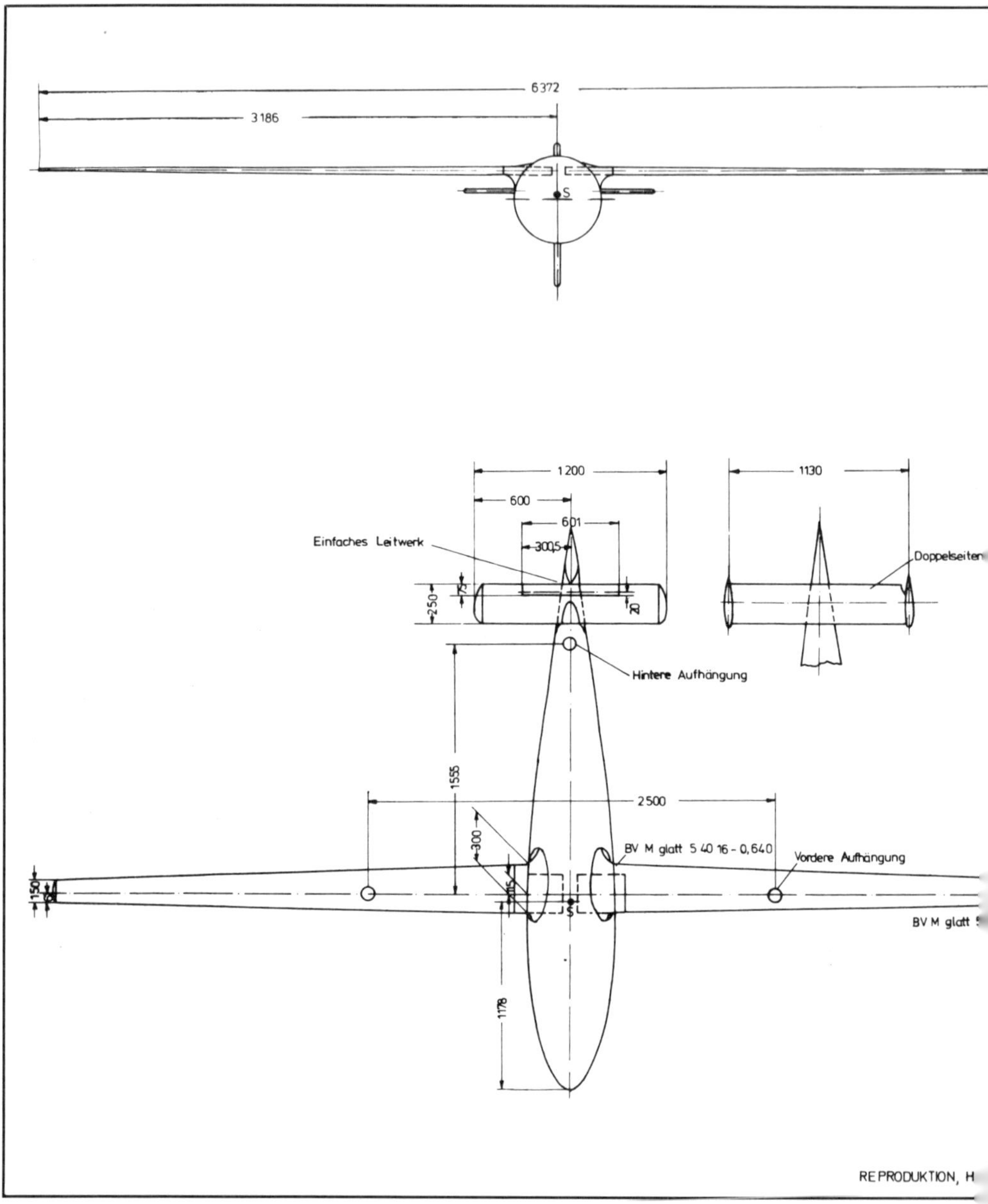
6372
3186
S
1200
600
601
300,5
Einfaches Leitwerk
250
75
20
1130
Doppelseiten
Hintere Aufhängung
1555
2500
300
BV M glatt 5 40 16 - 0,640
Vordere Aufhängung
150
BV M glatt
1178
REPRODUKTION, H

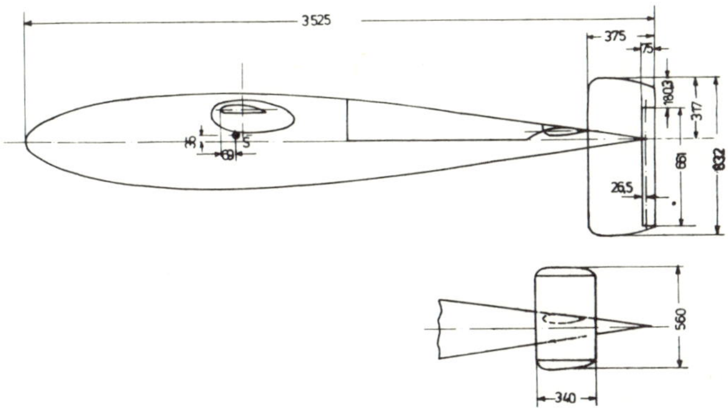

| | |
|---|---|
| FLUGZEUGTYP | BV 246 HAGELKORN |
| HERSTELLER : | BLOHM & VOSS, HAMBURG |
| VERWENDUNG : | FERNGLEITBOMBE, ERSATZ |
| | FÜR FLUGBOMBE V1 (FZG-76) |
| | BV 246 F-4 FERNGESTEUERT |
| | BV 246 F-6 FUNKGESTEUERT |
| | BV 246 E-3 MIT HEULBOMBE |
| TRÄGERFLUGZEUGE: | HE 111 - H - 6 |
| | JU 88 |
| | AR 234 |
| | FW 190 |
| GEWICHT : | 730 KG |
| SPRENGSTOFF : | 435 KG |
| REICHWEITE : | 210 KM |
| ABWURFHÖHE : | 7000 M |
| ABWURFGESCHWINDIGKEIT : | 550 KM/H |
| GESCHWINDIGKEIT : | 450 KM/H IN BODENNÄHE |

E - GERMANY

H. Dietzius und die Brüder Steffen wurden zur Gleiter-Entwicklung herangezogen, sie erprobten zunächst die günstigste und stabilste Form an Modellen. Mitte 1915 nahmen neben Dietzius auch Prof. Reichel, Dr. Franke, Dipl.-Ing. Wolff und andere, in Zusammenarbeit mit dem Laboratorium Wilhelm v. Siemens im Wernerwerk, an der Weiterentwicklung teil. (18)
Die drahtgesteuerten Apparate waren im Rumpf des Gleiters untergebracht und bestanden aus Relais, Kondensatoren, Widerständen und Motoren, die durch geeignete Zahn- und Schneckenradübersetzungen auf die Steuerhebel wirkten, die durch Drahtzüge mit den Rudern der Gleiter verbunden waren. Für den Antrieb der Elektromotoren sorgte ein Dynamo mit Propeller an der Rumpfspitze. Die Steuerkommandos wurden vom Geber im Luftschiff zu den Relais im Gleiter geschickt. Das 2,3 kg pro Kilometerlänge schwere Kabel befand sich auf einer blechverkleideten Spule auf der Rumpfoberseite. Jeder Höhen- oder Tiefensteuer-Impuls bewirkte eine Ruderverstellung von 3 Grad.
Erprobt wurden von Herbst 1915 bis Frühjahr 1917 mit den in Biesdorf stationierten Luftschiffen P IV und Parseval P 25 mehr als 75 Gleiter. Man erkannte recht früh die Unbrauchbarkeit der schwerfälligen Luftschiffe für den Einsatz. Ingenieur Dietzius entwickelte daraufhin, statt der bisherigen Doppeldecker, flache Eindecker-Gleiter für Trägerflugzeuge, wegen des geringeren Bodenabstandes.
Es standen noch keine geeigneten Flugzeuge zur Verfügung. Aber man hoffte, die Versuche mit den bei Siemens-Schuckert 1918 im Bau befindlichen 6motorigen R-Flugzeugen durchzuführen.
Mittlerweile hatten die Torpedogleiter ein Gewicht von 1000 kg, eine Spannweite bis zu 5,00 Meter und sie legten die Strecke von 7,5 km in 4 Minuten zurück. Die vorgesehene Abwurfhöhe betrug 1500 Meter, die Torpedoattrappe wog 900 kg. Ebenso wie bei Siemens wurde auch bei Junkers, sowie bei Mercur-Flugzeugbau, die Erprobung der Gleiter durch die Beendigung des Ersten Weltkrieges 1918 gestoppt.
Dr. Vogt flog nach Hamburg zurück und berichtete seiner Geschäftsleitung über den Erfolg bei Hitler, den er mit seiner Ferngleitbombe Blohm und Voss, BV 246 »Hagelkorn«, erreicht hatte. Damit war auch das Fernschreiben vom 7. Juli 1943 von dem Kommando der Erprobungsstellen der Luftwaffe in Rechlin hinfällig. Der Kommandeur von Rechlin hatte in diesem Fernschreiben angeordnet, die Weiterentwicklung der BV 246 wegen mangelnder Erprobungskapazität abzubrechen, und zwar aus folgenden Gründen:

1. Die taktischen Möglichkeiten entsprechen nicht mehr den heutigen Forderungen. Wenn der notwendige Gleitwinkel von 1 zu 23 gehalten werden soll, nur 340 bis 400 km/h möglich.
2. Das Flakzielgerät 76 (Fi 103) befindet sich bereits heute in einem Erprobungsstand, von dem man sagen kann, daß dieses Gerät in Kürze seine Einsatzreife erreichen wird.

Schon am nächsten Tage kurbelte Chefkonstrukteur Vogt eine forcierte Erprobung an. Für die Tragflächen hatte man eine neuartige Lösung vorgesehen. Eine Lage von acht je 3 mm starken Stahllamellen wurde miteinander verschweißt und bildete den Flügelkern, der dann mit Magnesit-Zement in der Flächenform umgossen wurde. Eine derartige Zement-Tragfläche wurde bei einer Geschwindigkeit von 665 km/h unter dem Kampfflugzeug Junkers Ju-88 hängend erfolgreich getestet. (17) Neue automatische Steuerungen wurden erprobt, der Kurskreisel und der Dämpfungskreisel wurden von einer durch zwei Heizwiderstände von je 100 Watt erwärmten 24-V-Batterie angetrieben und erreichten 30 000 U/min. Allein für die Erprobung der automatischen Steuerungen wurden in dieser Zeit 119 Versuchs-Ferngleitbomben abgeworfen. Beteiligt waren die Askania-Werke, Berlin, die Tachometer-Werke Frankfurt, das Luftfahrtgerätewerk Berlin-Hokenfelde und Ingenieure der Zentralversuchsstelle für Hochfrequenz-Forschung aus Ulm-Domstadt.

Heinkel- und Junkersbomber sowie Fockewulfjäger FW-190 wurden für die Abwurfprogramme eingesetzt.

Am 17. Dezember 1943 fand eine General-Luftzeugmeister-Besprechung in Berlin statt, bei der Dr. Vogt Gelegenheit hatte, seine neue Waffe auf höchster Ebene vorzustellen.

Dem Besprechungsprotokoll ist folgender Auszug entnommen:

»Besprechungsprotokoll der GL. Besprechung am 17. 12. 43
(BV 246 – Fi 103 – A 4)

*Bree:* Zweck der Besprechung ist, eine allgemeine Unterrichtung über den Stand der Aufgaben und eine Entscheidung über eine Inangriffnahme der Serie zu erlangen, wenn auf Grund der heute gegebenen Darstellung und der anschließenden Überlegungen die Einführung des Gerätes für erforderlich gehalten wird.

Von uns aus ist zu sagen: BV 246 steht in gewisser Konkurrenz zu Fi 103. Der Verwendungszweck ist der gleiche. Die Unmöglichkeit, genau zu treffen, ist bei beiden Geräten gleich. Es handelt sich bei beiden Fällen um Geräte, die eine nachhaltige Störung des Gegners erreichen sollen und ihn zu Abwehrmaßnahmen zwingen sollen, die zu einer starken Bindung seiner Kräfte führen und im übrigen den Gedanken der Vergeltung im gewissen Umfange zu seinem Recht verhelfen sollen. Ein solches Gerät, das vom

Flugzeug aus an den Feind gebracht wird, erscheint aus dem Grunde besonders nötig, weil bei der gesamten Luftlage im Raum Belgien, Westfrankreich und bei der gesamten Empfindlichkeit der Bodenorganisation Fi 103 und auch A 4 damit gerechnet werden muß, daß hier größere Einbrüche mindestens zu gewissen Zeitpunkten vom Gegner erreicht werden könnten. Ferner kann bei Einsatz einer vom Flugzeug aus gebrauchten Waffe eine gewisse Tarnung und Ablenkung des Gegners erreicht werden, die mit den an feste Standpunkte gebundenen Mitteln nicht erreichbar ist. Von vornherein muß klargelegt werden, daß den Vorteilen, die BV 246 darbringt, als antriebsloses Gerät, eine Erschwerung insofern gegenübersteht, als Fi 103 auf Höhen von 500 m zum Einsatz gebracht werden können, während BV 246 nur aus 7000 m die erforderliche Strecke bringt. Der Führungsstab nahm bereits positiv Stellung. Die Treffgenauigkeit, die mit einiger Sicherheit erwartet werden kann, wird etwa 50 % Treffer in einem Kreis von 15 km Durchmesser sein, also noch wesentlich schlechter als für Fi 103 erwartet, allerdings bei Wegfall des Zusatzaufwandes der Kompaßstützung.

*Dr. Vogt:* Seit Frühjahr 43 habe ich mich mit der Frage der Vergeltung beschäftigt. Als ich davon hörte, daß Fi 103 gebaut wird, war ich mir ehrlich im Zweifel, ob es Sinn und Zweck hat, neben einer so ausgezeichneten Sache noch etwas Neues in Angriff zu nehmen. Ich bin doch schließlich zu dem Schluß gekommen, daß unter gewissen Bedingungen es nötig ist, noch etwas anderes zu tun. Es konnte sich nur darum handeln, ein Gerät zu finden, das wesentlich einfacher ist als Fi 103, um die Aufwendungen neben diesem Gerät noch zu rechtfertigen. Ferner kann man entwicklungsmäßig bei all diesen neuen Dingen nie 100 %ig voraussagen, was alles noch passieren kann; und da sind zwei Beine besser als eins. Schließlich ist noch die taktische Frage. Auch der Taktiker wird sich vielleicht freuen, zwei Möglichkeiten des Einsatzes für einen Verwendungszweck zu haben. Denn es kann vielleicht zweckmäßig sein, noch ein lautloses und unsichtbares Gerät von einer anderen Seite aus einzusetzen.

Ich war mir klar, daß ich in diesem Hause keine Unterstützung erwarten könnte, wenn nicht eine fühlbare Erleichterung hinsichtlich Arbeitsmarkt und Materiallage bei dem anderen Gerät erzielt wird. Dabei konnte es sich nicht nur um kleine Prozente handeln. Es mußte schon eine ganze Menge herauskommen, um es hier vertreten zu dürfen.

Die Aufgabe war sehr schnell gefunden: ein normales Flugzeug, etwa He 111, kommt mit einigen solchen Geräten in vernünftiger Zeit eigentlich nur auf etwa 7000 m. Die Einsatzweite ist auch klar: etwa Gleitstrecken von 200 km bei Windstille als Forderung. Das heißt: Gleitwinkel 1:30, wie er bei unseren guten Segelflugzeugen realisiert ist. Man hätte ohne weiteres eine Gleitbombe mit einem Segelflugzeug bauen können. Dann wäre dies Ding aber eine Stunde und länger unterwegs gewesen und die Aussicht zu treffen, wäre sehr gering gewesen. Es mußte also noch eine sehr hohe Flächenbelastung dazu kommen: etwa 500 $kg/m^2$. Hier lag die eigentliche technische Schwierigkeit. Beides zusammen war sehr viel. Es mußte auf dem Gebiet der Zelle etwas ganz Radikales gemacht werden.

Bei dem Bombenkörper habe ich eine kleine Anleihe bei den Engländern gemacht. Die haben bei ihrem alten Luftschiff R 101 eine sehr gute Form gefunden bezüglich Abstimmung von Raum und Widerstand. Da wir viel Volumen brauchten, lag es nahe, diese Form zu nehmen.

Das Streckungsverhältnis mußte noch über dem unserer Segelflugzeuge liegen. Ich habe mich nicht gescheut, einen absolut massiven Stahlflügel zu nehmen. Den können wir aber nicht bauen. Ich fand dann eine neue geschickte Lösung, indem ich das Innere mit Stahl ausfüllte und die Feinprofilierung in einem Gußverfahren herausbringen wollte. Zunächst hatte ich Gips vorgesehen. Gips hat aber Untugenden: er blättert ab und muß sofort verarbeitet werden. Da fand ich etwas anderes: Magnesit. Das wird sonst z. B. verwendet für Steinholzfußböden. Es ist sehr viel einfacher und billiger als Gips. Materialmäßig ist es sehr einfach, es wird direkt im Abbau gewonnen. Dazu kommt Chlormagnesiumlauge und ein Füllstoff, der aus gemahlenen Steinen besteht.
Der Fall sieht so aus: Die Stahllamellen werden aufeinander geprägt und aufeinandergepunktet, dann wird Magnesit herumgegossen. Das ist noch elastisch genug, um nicht zu zerbrechen und kostet eigentlich gar nichts. Im weiteren Verlauf kam es nur darauf an, die Gesamtkonstruktion möglichst einfach und billig zu machen. Fast das ganze Ding besteht nur aus Bombe. Es ist nicht etwa ein Flugzeug, in dem ein Haufen Zeugs drin ist, sondern vielleicht 80 % des Rauminhaltes ist eine Bombe. Nur ein ganz kleiner Schwanz ist übrig, der jetzt aus Holz besteht, später gepreßt werden soll. Dort ist eine Steuerung in einem Satz eingebaut. Das Leitwerk ist auch gedacht als Preßstück. Die beiden Flügel sind auf einer Brücke mit nur 4 Schrauben befestigt. Das Hinterstück ist mit 3 Bolzen befestigt. Das Seitenruder ist mit einem einzigen Bolzen daraufgesteckt und angezogen. Auch das Höhenruder hat nur einen Bolzen. Die Steuerung ist auch ein einziges Aggregat. Der Zusammenbau kann wirklich nur Minuten kosten.

In der He 111 sitzen normal 2 Geräte rechts und links unter dem Flügel. Man braucht etwa 30–35 Minuten Steigzeit bis zur Abwurfhöhe. Eine dritte geht noch darunter, zum Transport bzw. für Osteinsatz etwa, aus geringerer Höhe.

Die hauptsächlich umstrittene Frage ist die des Trefferbildes. Da kann man nicht unnötig viel erwarten. Ohne Kompaßstützung ergäbe sich bei gewissen Annahmen etwa 75 % noch in dem Stadtkreis von London. Man kann sich darüber streiten, daß es vielleicht etwas weniger ist. Bei Kompaßstützung schrumpft dies Bild außerordentlich zusammen. Das kostet aber mehr Aufwand. Dazu müßten andere Herren Stellung nehmen. Ich möchte nur sagen, daß es wahrscheinlich ist, daß wir die 15-km-Fläche mit Sicherheit mit 50 % Treffer werden erreichen können.

Zum Erprobungsstand: Das erste Gerät ist fast wider Erwarten gut geflogen, mit einer Askania-Steuerung. Weil diese Steuerung aber für die Fi 103 verwandt wird, ist uns eine Steuerung empfohlen worden, die baulich sehr viel einfacher und billiger ist, aber nicht besonders gezüchtet war für die hier vorliegenden Verhältnisse. Der LGW ist es aber gelungen, ihre Steuerung so zu ändern und in ihrer Vitalität hochzuzüchten, daß sie die Forderungen dieses Gerätes erfüllt. Ein Abwurf mit dieser Steuerung war sehr gut, und die Firma kann wahrscheinlich auch noch mehr tun. Es ist nicht anzunehmen, daß auf diesem Gebiet noch etwas Besonderes passiert. Mit Versuchskörpern laufen wir jetzt an.
*Kröger:* Das KG 101 ist für die Erprobung der BV 246 genannt. Verbindung mit Oberst Böhm ist aufgenommen worden. Grundsätzlich müßte man zwei Stellen für das Lehrkommando aufziehen: 1. für die fliegenden Besatzungen für die Navigation und 2. für das Bodenpersonal.
Durch die Unterbringung des KG 101 in Greifswald sind auch die Verbindungen zu den E'stellen besonders günstig. Besondere Schwierigkeiten hierfür werden außer der fliegerischen Ausbildung, die ich nicht übersehen kann, keine gesehen.
*Petersen:* Grundsätzlich ist zum Ganzen zu sagen: Der schwierigste Punkt ist, den Punkt in der Luft zu finden, wo ich das Gerät loslasse. Anders ist es, wenn ich von einem festen Punkt auf der Erde losschieße. Den Punkt in der Luft muß ich durch Navigation finden. Vorgeschlagen sind astronomische Navigation u. a. Das gibt alles Punkte mit einem sehr großen Fehlerviereck. Die Fehler des Körpers addieren sich dazu. Durch Erdbeobachtungen am Tage ist es möglich, genau den Punkt festzulegen. Aber in der Gegend vom Kanal ist ein Abwurf bei Tage wohl schon heute außerhalb der Möglichkeiten. Es bleibt übrig, eine Freya-Egon- oder Y-Führung, die die Genauig-

keiten bringt. Dies basiert aber wieder auf einer rein elektrischen Führung, die vom Gegner gestört werden kann. Die Schwierigkeiten sehe ich also nicht auf dem technischen Gebiet, sondern durch die Findung des Punktes, wo in der Luft abgelassen werden kann.

*Milch:* Würden Sie glauben, daß man nachts bei klarem Wetter durch einen entsprechenden Lichtpunkt das Verhältnis wie bei Tage herstellen kann?

*Petersen:* Das ist zu machen, aber nur bei klarem Wetter. Dazu kommt, daß in dieser Gegend mit ganz erheblichen Abwehrmaßnahmen gerechnet werden muß.

*Peltz:* Man muß aber den Halbkreis ziehen und diese Kreislinie jeweils bestimmen. Der einzelne Punkt kann auf dieser Linie heute hier und morgen dort liegen. Man müßte bewegliche Einstellmöglichkeiten und Orientierungsmittel haben. Es ist auch mit Angriffen gegen die Bodenstellen zu rechnen. Aber die Gesamtzahl der vom Gegner geworfenen Bomben mal Weg wird immer die gleiche sein. Es ist nur gut, wenn der Gegner gezwungen wird, auch auf die Bodenstände zu werfen. – 200 km wären etwa von Cherbourg bis London. – Das Navigationsverfahren kann er (wenn es ein elektrisches ist) sofort hören. – Wir müßten uns schnell schlüssig werden, mit welchem Verfahren wir den Abgangsstandpunkt genau feststellen können. Sind schon Körper im Orginal gebaut?

*Vogt:* Wir stehen auf Abruf bereit, die ersten 500 sind bestellt.

*Milch:* Ich bitte, daß der General der Kampfflieger zu dem ganzen Problem sich äußert.

*Peltz:* Ich bin der Auffassung, daß man diesen Weg unbedingt gehen muß. Man kann aus der gegnerischen Abwehr wirklich wegbleiben und man kann die ganzen Navigationsverfahren über dem eigenen Gebiet wählen, und da ist eine wirklich intensive Störung m. E. nur durch Flugzeuganlagen möglich. Und was das wesentlichste für mich ist, ist die Tatsache, daß man notfalls mit alten Flugzeugen diese Angriffsmethode durchführen kann. Wir brauchen uns nicht auf die modernen, in sehr geringen Stückzahlen vorhandenen Flugzeuge abstützen, sondern können alte nehmen, denen wir u. U. etwas Höhe einpumpen.

Ich stehe der Sache außerordentlich positiv gegenüber.

*Knemeyer:* Dann wäre vor allem noch zu überlegen, ob das eine laufende Serie pro Monat werden soll oder nur eine gewisse Stückzahl, die irgendwo im Westen einmal hereingehauen wird, weil man von vornherein annehmen kann, daß ein laufender Einsatz sich doch nicht durchführen lassen wird.

*Peltz:* Zumindest kann man sagen: Anfangen muß man, wie lange man laufen kann, wird die Erfahrung lehren.

*Milch:* Im Osten kann ja eine solche Sache auch sehr praktisch sein.

Außerdem ist das ein Vorläufer für die Idee einer Selbstaufopferungsbombe.
*Peltz:* Welche Flugzeuge sollen es aber sein? 111 werden wir im nächsten Jahr praktisch nicht mehr zur Verfügung haben, Do 217 auch nicht. Ju 188 käme in Frage. Ju 88 wäre nicht in der Lage. Ob von den anderen Varianten die Sache akut wird, muß man sehen. Als einziger Träger steht also nur die Ju 188 zur Verfügung.
*Knemeyer:* Und die 388.
*Milch:* Und die 177.
*Vogt:* Mit etwa 100 Flugzeugen könnte man aber den gesamten Bedarf decken.
*Milch:* Frage: Wird die neue Steuerung von VDO nicht sowieso unabhängig davon aus verschiedenen Gründen gebraucht?
*Bree:* Man müßte sie unbedingt haben. Bei all den Entwicklungen müssen wir fordern, den teuersten Anteil, das ist die Steuerung, herabzusetzen. Wir brauchen die Primitivsteuerung auf jeden Fall.
*Hahnkamm:* Fi 103 haben wir seinerzeit mit einer Askania-Steuerung ausgerüstet, die schon 1939 vorhanden war, weil die Geräte sofort in Serie gehen mußten. Diese Askania-Steuerung hat sehr viel Fertigungsverbesserungen erfahren, läßt sich aber noch wesentlich vereinfachen. Die Weiterentwicklung der BV 246 von der Steuerungsseite ist auch für die kurzen Strecken sehr verwendungsfähig, vor allem wenn wir mit einem optischen Impulsgerät noch zusätzlich arbeiten. Die gerade Linie ist hierbei immer noch die einfachste mathematische Figur. Daher brauchen wir die BV 246 als Grundlage, weil sich unsere Lage auf dem Steuerungsgebiet vereinfachen würde und wir viel besser alle übrigen Objekte unterstützen könnten wie Fi 103 usw.
*Milch:* Also soll auf alle Fälle die Entwicklung dieser neuen Steuerung gemacht werden? Sind alle Herren, die damit zu tun haben, auch dieser Auffassung? (allseitige Zustimmung). Also wollen wir das heute festmachen, daß wir an diese Steuerungssache herangehen.
*Milch:* Die weitere Sache ist die taktische, und zwar nach zwei Richtungen. Die eine ist: Selbst wenn die Schüsse nicht unmittelbar in das Gebiet von London hineingehen, sondern nach allen Richtungen, Siedlungen usw. in ganz erheblichem Umfange um die Stadt herumliegen, wie es auch in Berlin der Fall ist. Auch Schüsse, die in diese Gegend gehen, sind zumindestens eine außerordentliche Störung. Hier liegt etwa derselbe Gedanke zu Grunde, den wir mit unseren Behelfsbombern durchführen. Diese Störung ist bestimmt schon für eine Truppe unerträglich. Das weiß ich aus einer eingehenden Besprechung in Afrika mit Rommel. Der Prozentsatz der Treffer war minimal, aber die laufende Störung während der ganzen Nacht

war für die Truppe schlaf- und nervenraubend. Das gilt für eine Zivilbevölkerung in noch stärkerem Umfang. Es taucht die Frage auf: Soll man alarmieren oder nicht? Die Leute sind in einem dauernden Druck. Ich will damit nicht sagen, daß das gute Treffen Nebensache ist, aber auch so bringt es eine gewisse Wirkung. Das einzige Gegenmoment ist: Was kostet es aufwandmäßig an Flugzeugen, Betriebsstoff und Sprengstoff. Das muß in einem gewissen Einklang liegen. Der Aufwand muß mindestens auf der anderen Seite entsprechende Nervenverluste zur Folge haben.
Die zweite Frage ist, daß nicht nur London als Ziel in Frage kommt, sondern wir rechnen, daß zu irgendeiner Zeit eine große Landung, wahrscheinlich im Frühjahr, erfolgen wird. Dann sind selbstverständlich eine größere Zahl der englischen Südhäfen diejenigen, die den ganzen Umschlag besorgen müssen. Die Aufgabe wird einfacher, wenn ich auf nahe Entfernungen mit der Sache arbeiten kann. Ich brauche nur eine verhältnismäßig geringe Abwurfhöhe. Diese gibt mir auch gegenüber der Feindeinwirkung eine erhebliche Erleichterung. Die Zeit, die das Flugzeug sich im feindlichen Jäger- und Abwehrbereich befindet, geht erheblich zurück. Daher glaube ich, daß ein Masseneinsatz gegen solche Häfen, vielleicht 6 bis 8 Ziele kommen hauptsächlich dafür in Frage, wenn diese laufend gestört werden könnten, eine erhebliche Erschwerung, einen Nervenverschleiß und wahrscheinlich auch wesentlich günstigere Treffmöglichkeiten gibt. Das ist auch in dem Kreis der Erwägungen, vor allen von Ihnen, Peltz, mit zu überlegen.
*Peltz:* Und die geringen Personalverluste! Wir verlieren kaum Besatzungen dabei.
*Milch:* Es ist hier durchaus möglich, auch mit den alten Transportmaschinen noch etwas zu machen. Und eine Invasion würde in meinen Augen noch vor London das vorrangige Ziel sein und eine wesentliche Entlastung für die Kampfwaffe bedeuten. Daher bin ich der gleichen Meinung wie Sie, daß diese Frage mit der größten Initiative durchgeführt und vertreten werden muß. Es ist eigentlich das einfachste Mittel, das wir haben, wenn wir davon absehen, daß wir Punktziele treffen wollen. Sehr wesentlich ist dabei: Weichmachen des Gegners. Die Leute müssen schon möglichst dort drüben in Unterständen gehalten werden. Ich stehe auf dem Standpunkt: Man kann mit dieser ganzen Sache eine wesentliche Mithilfe schaffen unter der Voraussetzung, daß man dafür Kräfte einsetzt, die für den eigentlichen Kampf gegen diese Invasion sonst ausfallen. Es wäre festzustellen, was es alles für Flugzeuge gibt, die da mitwirken können. Die brauchen auch nicht küstennahe zu fliegen, da sie doch erst steigen müssen.
Also, lieber Vogt, gehen Sie mit der gewohnten Initiative heran an den Laden.«

Mit dem »Segen« von Generalfeldmarschall Milch wurden die Arbeiten an dem erfolgversprechenden Flugkörper fortgesetzt.
Bei dem Typ BV 246 F-3 hatte man die Montage der Fernsehkamera »Tonne« vorgesehen. Um die an der englischen Küste aufgestellten Leitstrahlsender, die die alliierten Bomberströme nach Deutschland führten, anzugreifen, entstand der Plan, das nur 15 kg schwere Zielsuchgerät »Radieschen« in die Nase einer Gleitbombe einzubauen. Die nachts abgeworfenen Ferngleitbomben sollten selbsttätig die Stahlkonstruktion der Sendemasten suchen und mit ihren 435 kg hochbrisantem Sprengstoff vernichten. Die Truppenerprobung wurde vor allem in Greifswald durchgeführt, hergestellt hatte man ca. 1100 Stück. Zum Einsatz kam die Waffe nicht, größere Mengen fanden Verwendung als fliegende Zielgeräte bei Versuchen mit neuen Luftabwehr-Raketen.

In diesem Zusammenhang scheint es erwähnenswert, daß auch die Amerikaner mit Gleitbomben experimentierten.
Am Sonntag, den 28. Mai 1944, griff die 8. USAAF den Bahnhof in Köln-Deutz an. Unter den Rümpfen der 60 »Fliegenden Festungen« B 17 E hingen je 2 Gleitbomben. Die bei den Aeronca-Werken hergestellten neuartigen Flugkörper wogen 1000 kg und führten die Bezeichnung GB-1. Zweck des Einsatzes war, die durch schwere Flak verteidigten Eisenbahnanlagen nicht direkt angreifen zu müssen. Der Bomberverband klinkte seine neue Waffe in großer Höhe weit vor dem Ziel aus und drehte dann sofort ab. Nur wenige US-Gleitbomben erreichten ihr Ziel bei diesem ersten Einsatz, bei dem zwar keine Maschine verloren ging, aber auch jeder Erfolg ausblieb.
Als später zahlreiche Blindgänger bei den deutschen Forschungsanstalten untersucht wurden, stellte man beruhigt fest, daß sich die Gleitbombenentwicklung der Amerikaner noch in den Kinderschuhen befand.

# Fertigung

In dem früheren Meßhaus der deutschen Kriegsmarine, am Strand von Zempin, war in einem flachen Ziegelsteinbau der Stab des Flakregiments 155 (W) untergebracht. Anfang September 1943 schrieb Leutnant Pohl in das Kriegstagebuch seiner Einheit: »Nach Verschuß der Versuchszellen trat in der Erprobung der FZG eine Pause ein, die zum Bau des Splitterschutzes der Walterschleuder in Peenemünde ausgenützt wurde. Seit dem 5. Oktober 1943 nach dem Eintreffen der M-Zellen gehen die Schießversuche weiter.«
Das RLM hatte bereits im Sommer 1943 Direktor Lusser in Kassel unter Druck gesetzt und Zeichnungen für den Großserienbau verlangt. Nach überstürzter Arbeit gab Lusser die Zeichnungssätze mit einschränkenden Hinweisen heraus, die Folge waren 150 Konstruktionsänderungen nach Anlauf der Serienfertigung.
In der am 29. Juli 1943 stattfindenden General-Luftzeugmeister-Besprechung nahm Lusser zur Vorserienzelle Stellung: »Um möglichst schnelles Einsteigen in die Erprobung mit der endgültigen Zelle zu erreichen, werden statt 200 V-Zellen nur 120 gebaut. Zehn Zellen der Großserie sind nahezu fertig. Die Konstruktionszeichnungen für die Großserienzelle sind an das Volkswagenwerk ausgeliefert worden. Sie enthalten alle die Punkte, die heute durch die Erprobung erkannt worden sind.
Da die Erprobung keineswegs abgeschlossen ist, ist mit Änderungen noch zu rechnen. Die ersten beiden voll ausgerüsteten Musterzellen sind am 27. Juli mit dem Lastwagen an die Firma Argus und an die Erprobungsstelle in Peenemünde gegangen. Die dort vorzunehmende Rüttlererprobung ist von ausschlaggebender Bedeutung, besonders deswegen, weil 98 % aller eingebauten Geräte für diesen Zweck neu entwickelt werden mußten.
Weitere 4 Musterzellen sind bereits vor Wochen ohne volle Ausrüstung nach Peenemünde abgegangen zur Erprobung für Transport, Verpackung und Verladung, 14 Tage werden diese Erprobungen noch dauern.« Direktor Lusser begrüßte den Vorschlag von Ing. Kroeger, alle Teile zu verstärken, bei denen Unsicherheiten zu befürchten sind, da die jetzt zum größten Teil abgeschlossenen Festigkeitsversuche nur nach den üblichen Methoden im Flugzeugbau durchgeführt wurden, die zusätzlichen starken Schwingungen durch das Argus-Schubrohr aber nicht kalkulierbar waren.

Der sich abzeichnende Mangel an Arbeitskräften für den Großserienbau wurde in einer Besprechung bereits am 17. Juni 1943 in Berlin auf höchster Ebene erörtert.
Anwesend waren der Reichsmarschall Hermann Göring, der General der Flakwaffe von Axthelm und Oberstleutnant im Generalstab Diesing. Im Abschlußprotokoll wurde zusammenfassend folgendes festgehalten: »Nachstehender Arbeitskräftebedarf für die Großserie konnte bisher nicht erfüllt werden, insbesondere deshalb, da seitens des Rüstungsamtes des Reichsministers für Bewaffnung und Munition ein Arbeitskräftekontingent für Mai und Juni nicht gegeben werden konnte. Die Termine müssen unbedingt eingehalten werden, wenn mit dem vorgesehenen Anlauf noch gerechnet werden soll. Es besteht für die Fertigung Fi 103 ein Sofortbedarf, dessen Abdeckung noch bis Ende Juni gewährleistet sein muß, von insgesamt 2990 Arbeitskräften, die sich wie folgt aufschlüsseln:

| | | | |
|---|---|---|---|
| Fi 103 | Zelle | 1670 | Arbeitskräfte |
| | Triebwerk | 200 | Arbeitskräfte |
| | Steuerung | 950 | Arbeitskräfte |
| | Schleuder | 170 | Arbeitskräfte |
| | insgesamt | 2990 | Arbeitskräfte. |

Von der Gesamtsumme sind ca. 15 % an deutschem Fach- und Führungspersonal erforderlich. Der Arbeitskräftebedarf ab Juli bis zum Anlaufen auf volle Programmhöhe wird nach Überarbeitung der Programme den Dienststellen des R.F.BuM. und des G.B.A. bekanntgegeben werden.
Da ohne Ergreifen von Sondermaßnahmen eine Abdeckung des Arbeitskräftebedarfs nicht möglich ist, zumal bei den verschiedenen Landesarbeitsämtern ein großer Bestand an Rotzetteln vorhanden und die Dringlichkeit der Fertigung Fi 103 nicht bekannt ist, wird es für erforderlich gehalten, daß ein Fernschreiben von Herrn Reichsmarschall an den Generalbevollmächtigten für den Arbeitseinsatz, Gauleiter Sauckel, gerichtet wird, mit der Bitte, die Fertigung der Fi 103 mit aller nur zu Gebote stehenden Mitteln zu unterstützen, insbesondere den vorerwähnten Sofortbedarf unter allen Umständen sicherzustellen und im Hinblick auf die vom RLM noch bekanntzugebenden Bedarfszahlen für die Monate Juli und folgende für die termingemäße Abdeckung Sorge zu tragen.
Desgleichen wird ein Fernschreiben an den Herrn Reichsminister für Bewaffnung und Munition für notwendig erachtet, worin zum Ausdruck kommen muß, daß das Rüstungsamt des R.F.BuM. einmal das erforderliche Rotzettelkontingent zur Verfügung stellt und zum anderen die nachgeordneten Dienststellen von der kriegsentscheidenden Fertigung unterrichtet.
Bei Befürwortung durch den Herrn Reichsmarschall würde umgehend den

Dienststellen des R.F.BuM. und des G.B.A. genaue Aufstellungen über den Ort der Fertigungsstätten und über den genauen Bedarf an Arbeitskräften, unterteilt nach den notwendigen Gesichtspunkten, überreicht werden. Um darüber hinaus sämtliche, der Luftwaffe zur Verfügung stehenden Möglichkeiten in der Luftwaffenfertigung auszuschöpfen, wird um Entscheidung gebeten, ob innerhalb der Luftrüstung das Fi 103-Programm vorgezogen werden kann und dadurch Arbeitskräfte aus anderen Fertigungszweigen als Sofortaktion für Fi 103 eingesetzt werden dürfen. Bis zur Durchführung der von Herrn Reichsmarschall möglicherweise befohlenen Sonderaktion für das G.B.A. wird außerdem vorgeschlagen, daß von der Truppe aus dem Bereich der Flakwaffe das notwendige Führungspersonal und die technischen Fachkräfte vorübergehend zur Verfügung gestellt werden. (Eine ähnliche Aktion wurde vom Chef N.V.W. auf dem Funkmeßsektor bereits durchgeführt.)«

In einer Besprechung vom 29. Juli 1943, bei dem auch die führenden Mitarbeiter der vier Industrieringe für den Großserienbau anwesend waren, rissen die Klagen über fehlendes qualifiziertes Personal nicht ab. Insbesondere fehlten Werkzeugmacher. Von 60 angeforderten deutschen Werkzeugmachern wurden nur 27 zugewiesen.
Direktor Matthes von den Argus-Motorenwerken weist darauf hin, daß für die Fertigung von Schubrohren Arbeitskräfte fehlen, von den 400 benötigten Leuten seien 185 für Juni–Juli zugewiesen. General von Axthelm sagt 400 hochwertige Fachkräfte aus seinen Flak-Verbänden bis Ende Oktober zu.
Die WALTER-Werke melden, daß die Lieferung von 100 Serien-Schleudern bis Ende Oktober 1943 nicht zu erfüllen ist, da die erforderliche Verstärkung eine Umstellung einer Walzblechsorte bedingt, die voraussichtlich eine Verzögerung von 3–4 Wochen bringt. Während für die ersten 45 Schleudern die Zuteilung klargeht, kann die Bestellung des Materials für die restlichen 55 Schleudern infolge notwendig gewordener konstruktiver Änderungen erst jetzt erfolgen.

Über den Fertigungsstand liegt vom Volkswagenwerk ein Bericht vor, daß die V-Serie mit 120 Stück ausgeliefert sei und von der Modellserie 18 Stück. Für August 1943 werden im Stammwerk voraussichtlich 70 Raketenbomben fertig. Das VW-Werk wird die Zellen nur unvollständig fertigstellen können, eventuelle Änderungen und Ausrüstungen mit Geräten müssen dann im Zwischenbetrieb vorgenommen werden. Die Heckänderungen kann das VW-Werk nicht so rasch durchführen, so daß im Stammwerk die ersten 150 Satz Hecks selbst hergestellt werden müssen. Um sich ein Bild

von dem Fortgang der Fabrikation zu machen, besucht Gerhard Fieseler den führenden Hersteller in Wolfsburg und beschreibt seine Besichtigung folgendermaßen: »Was ich hier sah, überstieg meine Vorstellungskraft. In einem Saal beschäftigten sich Zwangsarbeiter gelangweilt damit, an primitiven Vorrichtungen kleine Blechteile zusammenzustellen, die dann punktgeschweißt wurden. In der Ecke saß in einer Holzbude zeitunglesend ein Deutscher, der die Aufsicht führen sollte. In einem anderen Raum standen die Leute herum und konnten nichts tun, weil von einer Nebenabteilung die Zulieferung ausblieb – denn hier hatte in der letzten Nacht ein abgeschossener viermotoriger Bomber das Dach durchschlagen und die gesamte Betriebseinrichtung vernichtet.«
Den gleichen negativen Eindruck, von dem der Luftfahrtindustrielle Gerhard Fieseler berichtet, hatte später auch der bekannte amerikanische Wirtschaftswissenschaftler und Harvard-Professor John Kenneth-Galbraith. (19) Er hatte im Frühjahr 1945 den Auftrag, die Auswirkungen des Luftkrieges in Deutschland zu messen. Schon Roosevelt war mißtrauisch gegenüber den Erfolgsberichten der Air Force. Galbraith sollte die Fakten auf dem Erdboden bewerten. Sein Gesprächspartner war Albert Speer, der als Wirtschaftsminister fungierte, unter der neuen Regierung Dönitz in Flensburg. Täglich um 12.00 wurde Speer in diesen Maitagen des Jahres 1945 in seinem Hauptquartier im Schloß Glücksburg vernommen.
Die wichtigsten Dokumente und Aufstellungen über die deutsche Rüstungsproduktion hatte Speer von Berlin nach Hamburg bringen lassen und dort in einer Bank deponiert.
Diese Gespräche mit dem früheren Rüstungsminister und das Studium der Dokumente ermutigten Galbraith, nach seiner Rückkehr in die USA in der Zeitschrift FORTUNE einen Artikel mit dem Titel: »DEUTSCHLAND WAR SCHLECHT GEFÜHRT« zu schreiben. Er hatte festgestellt, daß während des ersten Kriegsjahres mit Rußland die Rüstungsproduktion in Deutschland nur etwa ein Viertel der Produktion von 1918 betrug, 1944, also auf dem Höhepunkt, hatte sie kaum den Stand des Ersten Weltkrieges erreicht. Die deutsche Kriegswirtschaftsführung – d. h. ihre Methode, aus den verfügbaren Arbeitskräften, Fabrikanlagen und Rohstoffen das Äußerste herauszuholen – war der Großbritanniens weit unterlegen.
Fortgesetzte Fehlgriffe der Verwaltungsspitze erreichten, was den amerikanischen Bombern nicht gelungen war. Diese Tatsachen trugen dazu bei, daß der am 16. Juni 1943 vom Industrierat festgelegte Lieferplan für Flugbomben nicht eingehalten werden konnte. Wie aber sollte jemals eine Vergeltung stattfinden, wenn nicht einmal die Truppe genügend Geräte für die Erprobung und Ausbildung erhielt! Die Alliierten aber schickten im Durchschnitt jeden Tag 500 Bomber, die ca. 2000 to Bomben abwarfen.

Einsatzplanung in Nordfrankreich und Belgien:
Leutnant Nagorniy ist im Sommer 43 mit einem Kübelwagen unterwegs in Frankreich. Er hat einen Sonderausweis, einen Wachtmeister und einen Fahrer bei sich. In seiner Karte ist mit einem Rotstift ein Kreisbogen eingezeichnet. Es sind exakt 250 km Radius von Großbritanniens Hauptstadt. Er hat den Auftrag, innerhalb dieser Zone geeignete Waldschneisen und Mulden zu erkunden, in denen sich Abschußrampen aufstellen lassen. Er zeichnet die geeigneten Stellungen ein, deren Achsen auf London zeigen.
Major Neubert von der Luftnachrichtenabteilung des Regimentes ist überrascht, als er die mit bunten Punkten übersäte Karte vor sich liegen sieht und den Auftrag erhält, ein abhörsicheres Funk- und Fernsprechnetz aufzubauen. »Bis Dezember 1943 muß die Anlage stehen«, lautet der Befehl. Obwohl harte Arbeit vor ihr liegt, freut sich die Truppe, von dem langweiligen Zempin nach Frankreich zu kommen. Wachtel selbst fliegt mit seiner Heinkel 111 mehrere Male in der Woche in das neue Einsatzgebiet. An einem sonnigen Vormittag hebt die »111« wieder einmal vom Peenemünder Flugplatz ab, Wachtel sieht aus dem Fenster, unter ihm liegt Peenemünde-Ost, deutlich erkennt er die A4-Raketen. »Stellen Sie sich vor«, sagt er zu seinem Begleiter, »diese Infanteristen da unten haben ihre Raketen doch tatsächlich schneeweiß angestrichen, jeder Fernaufklärer wird erstklassige Fotos nach Hausse bringen. Ich bin ja mal gespannt, wann sie uns die RAF auf den Hals locken.« Wachtel kann nicht ahnen, daß an diesem 28. Juli 1943 die Vorbereitungen für einen Großangriff in England schon laufen.
Die Maschine überfliegt gerade den Kontrollpunkt Wesel, als der Bordfunker mit einem Befehl aus Paris durch den Bomber nach hinten klettert, um Oberst Wachtel die Meldung zu überbringen. Wachtel liest überrascht: »General Koller, Chef des Stabes bei Generalfeldmarschall Sperrle, Luftflotte 3, wünscht unverzüglich Oberst Wachtel zu sprechen.« Der Pilot ändert den Kurs und landet in Le Bourget. (13)
Eine halbe Stunde nach der Landung meldet sich Wachtel im Pariser Palais du Luxembourg.
General Koller, energisch, untersetzt, begrüßt Wachtel, den er vom Einsatz der Siebel-Fähren in Cherbourg und Vlissingen kennt. »Wachtel«, sagt Koller, »lesen Sie mal«. Er reicht Wachtel eine Meldung von einem Luftnachrichtenregiment an die Luftflotte 3: »Funkmeldung aufgefangen. Feindbefehl an alliierte Jäger im Flugbereich Kanalküste. Einzelmaschine Typ He 111, Flugrichtung Westfalen-Rheinland-Brabant-Limburg, dringend abschießen.«
Koller: »Sie bleiben hier. Sie werden ab sofort auch nicht mehr fliegen.

Beziehen Sie für ein paar Tage Quartier bei uns im Palais und warten meine weiteren Befehle ab.«
Wachtel verläßt durch den Fahnensaal das Stabsquartier. Zwei Tage später erscheint der Leiter der Abwehrstelle Arras, Oberstleutnant Heidschuh von der Heeresabwehr. Er betritt Wachtels Zimmer, groß und bullig, der linke Arm ist amputiert, und gibt Anweisungen für ein verwegenes Täuschungsmanöver: »Ihr neuer Name ist Oberst Martin Wolf, Erkennungsmarke 1/Stab Res. Flakabt. 704, außerdem werden Sie einen kurzen Kinn- und Backenbart tragen. Ihr Soldbuch erhalten Sie in den nächsten Tagen.«
Ein schlecht rasierter Oberst ist natürlich nicht »transportfähig«, nach einer Woche erhält er Befehl, im Schlafwagen Paris-Berlin die französische Hauptstadt zu verlassen.
In Pasewalk auf dem Bahnhof wartet grinsend sein Fahrer und bringt ihn nach Zempin. Am nächsten Tag stellt er sich seinem Regiment als Oberst Martin Wolf vor.
Der ungewöhnliche Status des Flakregimentes 155 (W) macht es notwendig, Besprechungen mit zahlreichen Dienststellen zu führen: (15)

1. Als Truppe untersteht die Einheit dem Inspekteur der Flakartillerie General von Axthelm und dessen Inspizienten für Sonderwaffen Generalmajor von Gyldenfeld.
2. Den Einsatz befiehlt das LXV. Armeekorps unter dem General der Artillerie Heinemann.
3. Die Versorgung leitet die Luftflotte 3 unter Generalfeldmarschall Sperrle.
4. Die Stellungen und Abschußbasen baut das Luftgaukommando Belgien/ Nordfrankreich unter Fliegergeneral Wimmer.

Wachtel pendelte ständig zwischen diesen Stäben hin und her und koordinierte die Belange seiner Truppe.
Am 18. Juni 1943 wurde der Befehl erteilt, mit größter Dringlichkeit den Bau von 4 verbunkerten und 96 Feldabschußstellen für Flugbomben an der Kanalküste zu beginnen.
Über die Abschußbasen war es zwischen Milch und Axthelm zu einer erregten Meinungsverschiedenheit gekommen. Feldmarschall Milch, dem neben dem Technischen Amt auch das D-Amt der Luftwaffe, das für Baulichkeiten verantwortlich war, unterstand, wollte nur wenige, sehr stark ausgebaute Betonbunker errichten lassen, die alles enthalten sollten, was für einen längeren Schußbetrieb, selbst unter stärkster feindlicher Gegenwehr, erforderlich war. Auch die Schleuder-Anlage sollte unter Beton gebracht werden. Daneben war alles im gleichen Baukörper, ein großes Munitionslager, berechnet für 1000 Flugbomben. Natürlich sollten

auch Aufenthaltsräume für Personal, Vorrats- und Verpflegungsräume eingebaut werden. Der Bedarf an Stahlbeton betrug 80 000 $m^3$ je Bunker. Axthelm machte in mehreren Besprechungen geltend, daß die Lage von wenigen Abschußstellen dieser Art sehr schnell, wahrscheinlich schon während der Bauzeit erkannt werden würde, wodurch die feindlichen Bomber auf den Plan gerufen würden. Selbst wenn es gelänge, angesichts der feindlichen Gegenmaßnahmen das Feuer aufrecht zu erhalten, würden nach einiger Zeit diese mit dem Tarnnamen »Wasserwerk« bezeichneten gigantischen Bauten völlig vom Nachschub abgeschnitten sein.
Dazu käme als Wichtigstes, daß die allgemeine Schußlinie aus diesen »Festungen«, die natürlich mit geringer Seitenverschiebung immer die gleiche sein mußte, die feindliche Boden- und Luftabwehr in England vor eine sehr einfache Aufgabe stellte. Sie brauchte sich nur unter oder über dieser Schußlinie zu massieren, um zu ausgezeichneten Abschußergebnissen zu kommen. Um das zu vermeiden, helfe nur die Anlage von zahlreichen, gut im Gelände getarnten Abschußstellen, die möglichst in kurzer Zeit auf- und abbaufähig sein sollten.
Der Nachschub und die Versorgung werde wesentlich einfacher und die feindliche Abwehr werde zersplittert.
Feldmarschall Milch und General Axthelm konnten sich nicht einigen. Axthelm beantragte einen Entscheidungsvortrag bei Reichsmarschall Göring. Nach Entwicklung der beiderseitigen Standpunkte entschied Göring salomonisch, daß beide Versionen gebaut werden sollten, und genehmigte 4 von 9 »Wasserwerken« und 96 Stück Feldschleudern. Bei der gleichen Besprechung erwirkte von Axthelm, daß 10–15 km hinter der ersten Linie von Abschußrampen 100 weitere Schleudern schachbrettartig im Gelände verteilt und errichtet werden könnten. Die gesamte Bodenorganisation wurde für den Abschuß von 30 000 Flugbomben im Monat berechnet.
Das Luftgaukommando Belgien/Nordfrankreich in Brüssel vergab die Bauaufträge an französische Firmen; insgesamt mobilisierten diese 40 000 Arbeiter. Die Führungskräfte stellte die Organisation Todt; Luftwaffenbauräte kontrollierten die Arbeiten.
Den neugierigen Franzosen wurde erklärt, es handele sich um eine Erweiterung der Küstenverteidigung. Begonnen wurde mit harmlosen Unterkünften, Steingebäuden und Betonstraßen. Als die Fundamente für die Abschußbasen gegossen wurden, fiel den Franzosen auf, daß alle Mittelachsen auf London zeigten. V-Männer unter den Bauarbeitern meldeten der Abwehrstelle Arras, es ginge das Gerücht auf den Baustellen und in den Dörfern um, die Stellungen würden für Geheimwaffen gegen England gebaut.

»Dann werden wir viel Arbeit bekommen«, meinte Oberstleutnant Heidschuh, als er die Meldung erhielt, und so diktierte der Leiter der englischen Abwehrstelle eine Meldung mit der Forderung, das Abwehrpersonal für den gesamten Baubereich zu verdoppeln.

Was General von Axthelm vorausgesagt hatte, traf ein, die britische Luftaufklärung entdeckte zuerst die Großbaustellen für verbunkerte Stellungen. Bereits Anfang Oktober 1943 lagen scharfe Fotos auf den Tischen der englischen Abwehr. Am Donnerstag, den 28. Oktober, wurde der Bildaufklärereinheit in Benson (Oxfordshire) befohlen, das gesamte Gebiet von Nordwestfrankreich in einem Umkreis bis zu 250 km von London erneut zu fotografieren.
Die Mosquitos der 541. Squadron kehrten an diesem Tage unverrichteter Dinge zu ihrem Flugplatz zurück, eine dichte Wolkendecke lag über der französischen Kanalküste.
Erst sechs Tage später, in den frühen Morgenstunden des 3. November, besserte sich das Wetter. Einige Maschinen der schnellen Mosquito-Bildaufklärer hatten einen Spezialauftrag, sie sollten Gebiete fotografieren, die von französischen Agenten als besondere Baustellen bezeichnet wurden.
Als die Fotos in Medmenham ausgewertet wurden, fielen Baustellen auf, die sich in ihrer Konstruktion ähnlich waren. Das skiförmige Aussehen dieser Baustellen erleichterte den Auswertern ihre Arbeit sehr. Nach zwei Tagen hatte man neunzehn »Ski-Stellen« identifiziert. Die Fotos wurden nochmals vergrößert und in eine Karte geklebt. Der diensthabende Offizier verlängerte mit einem Bleistiftstrich die Mittelachsen der Objekte auf den Baustellen-Fotos. Sie trafen sich an der Tower-Bridge, im Zentrum Londons. Die umstehenden Auswerter sahen sich an, keiner sprach ein Wort.
Am 8. November 1943 sagte Adolf Hitler im Löwenbräukeller in München: »Die Stunde der Vergeltung ist nahe! Nie werden wir den Fehler von 1918 wiederholen, die Waffen Viertel vor zwölf zu strecken. Davon können Sie überzeugt sein!« (20)
Informiert durch einen Lagebericht des Sicherheits-Dienstes vom 18. Oktober 1943, hatte sich Hitler Notizen zur »Vergeltung« gemacht. In dem SD-Bericht hieß es:
»Die Parole von der Vergeltung wird wie kaum eine politische oder militärische Zielsetzung der Propaganda vom ganzen deutschen Volk mit einmütiger Zustimmung aufgenommen. Nachdem sich herausgestellt hat, daß die Flak und Nachtjäger einstweilen die Heimat vor dem feindlichen Luftterror nicht bewahren können, erscheint die Vergeltung als das einzige Mittel, den Feind zu zwingen, von diesen Angriffen abzulassen.

Nur Gegenschläge, welche die Wirkung der feindlichen Luftangriffe weit in den Schatten stellen, können – so die Ansicht der Volksgenossen –, diesen Terror endgültig brechen. Im Rahmen des gesamten Kriesgeschehens maß man der Vergeltung anfänglich zwar große, aber doch nicht entscheidende Bedeutung bei. In den letzten Monaten hat der Vergeltungsgedanke hierin aber einen Bedeutungswandel erfahren. Unter dem Eindruck der ganzen Entwicklung des Krieges seit Stalingrad hat sich der Volksgenossen das Gefühl bemächtigt, daß der Ring der Feinde um Deutschland und die besetzten Gebiete immer enger wird und die Entwicklung unaufhaltsam einer Krise entgegentreibt, aus der ein Ausweg nur durch ein Wunder möglich scheint. Und dieses Wunder, die entscheidende Wendung des Krieges, erwartet heute die Mehrzahl der Volksgenossen – in den vom Luftkrieg betroffenen Gebieten sogar nahezu die Gesamtheit – von der Vergeltung. Diese Hoffnungen gehen viel weiter als nur auf eine Unterbindung der Terrorangriffe. Dies ist das mindeste, was man von der Vergeltung erwartet. Vielmehr soll der Gegenschlag dazu führen, daß England binnen weniger Tage oder Wochen aus dem Krieg herausgeboxt wird. Dies stellt man sich so vor, daß durch immense Zerstörungen in den größeren englischen Städten die Voraussetzung für die Besetzung der Insel geschaffen werde, welche dann zum Waffenstillstand mit England führt.«
Amerika würde dann, so argumentierte man, kein besonderes Interesse an der Fortsetzung des Krieges haben. Die gesamte Kraft der deutschen Wehrmacht könne anschließend gegen Rußland gerichtet werden. Wie stark die Haltung der Bevölkerung von solchen Gedankengängen beeinflußt wurde, zeigte sich in den zahlreichen Äußerungen folgender Art: »Wenn die Vergeltung ausbleibt oder nicht so ausfällt, wie ich mir das denke, dann sehe auch ich keine Möglichkeit mehr, den Krieg zu gewinnen.«

Hitlers Münchner Rede über Vergeltung und der deutsche Propagandafeldzug für die Geheimwaffen wurden in England aufmerksam verfolgt. Britische Sachverständige aus dem Informationsministerium waren der Meinung, daß die Deutschen innerhalb von sechs Monaten ihre neuen Geheimwaffen einsetzen müßten, wenn sich nicht negative Auswirkungen auf den Kampfgeist der Wehrmacht einstellen sollten.
Unter diesen Aspekten hörten Lord Cherwell, Duncan Sandys und Sir Stafford Cripps sehr aufmerksam zu, als Oberstleutnant Kendall und Hauptmann Kenny in ihren Vorträgen über die skiförmigen Baustellen, deren Mittelachsen auf London zeigten, berichteten.
Cripps begriff als erster, daß dieses Beweismaterial von Bedeutung war; er brach die Diskussion ab und vertagte die Konferenz im Sitzungsraum des

Kriegskabinettsgebäudes um zwei Tage. Die Offiziere aus Medmenham sollten die Untersuchung der Luftaufnahmen nochmals mit größter Sorgfalt, insbesondere im Hinblick auf die unheimlichen Skistellen, durchführen. Bis zu den späten Nachtstunden vom 9. zum 10. November hatte die Zentralauswertungs-Einheit insgesamt 26 Skistellen entdeckt und vermutete noch mehr.
Es handelte sich zum Teil um Baustellen, die von den französischen Agenten detailliert beschrieben worden waren.

Staunend betrachtete Jones, stellvertretender Leiter der wissenschaftlichen Abwehr im britischen Luftfahrtministerium, ein Foto vom 28. November, von einer Mosquito über Peenemünde-West aufgenommen. Deutlich war die gleiche »Skistelle« zu sehen wie auf den Baustellen-Bildern aus Nordfrankreich. Oberstleutnant Kendall, mit der Bildauswertung der Aufnahmen von deutschen Geheimwaffen betraut, erklärte auf einer Abwehrbesprechung Anfang Dezember, er halte die Skistellen für Startrampen unbemannter Flugzeuge oder ferngelenkter Gleitbomben.
Die Bildauswerter in Medmenham erhielten zur gleichen Zeit den Auftrag, alle vorhandenen Luftaufnahmen von Peenemünde noch einmal sorgfältig auf Startrampen zu untersuchen. Eine Bildauswerterin vom weiblichen Hilfskorps der RAF entdeckte am Fuße einer Rampe ein kleines Flugzeug. Deutlich war zu sehen, daß der getarnte Flugkörper zwar Fügel, aber keine Kanzel besaß. Es war die gleiche Erprobungsrampe, die 6 Monate früher als »Schlammpumpe« identifiziert worden war.
Lord Cherwell wurde sofort informiert, der Professor schrieb Winston Churchill am 3. Dezember 1943 nach Kairo und machte auf die drohende Gefahr aufmerksam, die sich auf der anderen Seite des Kanals etablierte. Er rechnete mit einem konzentrierten Angriff. Rasches und gleichzeitiges Feuer von 100 Abschußrampen könne innerhalb von 24 Stunden 2000 t Sprengstoff nach London befördern.
Mit nur 1824 t Bomben hatte man im Oktober 43 bei einem RAF-Angriff auf Kassel 100000 Wohnungen und 9 Industrieanlagen zerstört, sowie 12000 Personen getötet.
Der Unterschied zu Kassel, so erklärte der Leiter der Abwehr, läge aber darin, daß die Deutschen Angriffe auf London ununterbrochen fortsetzen könnten, solange ihre Abschußstellen, das Nachschubsystem und die Produktionsstätten einsatzfähig blieben.
Unter dem neuen Decknamen »Crossbow« (Armbrust) traten nun die verschiedenen Abwehrorgane verstärkt in Aktion.

Anfang Oktober 1943 stellte die deutsche Abwehr aufgrund von Agentenmeldungen fest, daß die Engländer den Sinn der zahlreichen Bauvorhaben an der Kanalküste noch nicht erkannt hatten. Am 20. Oktober stellte die Luftflotte III. zwei Wachregimenter mit 7400 Mann für die Sicherung der Stellungen im Einsatzraum. Auch der Aufbau des Regiments-Wetterdienstes war zum Monatsende Oktober im vorgesehenen Flugbomben-Abschußgebiet abgeschlossen. Die Abteilung IW, bestehend aus einem Netz von 7 Radiosonden, führte bereits ihre Beobachtungen durch und meldete täglich die Ergebnisse der Regiments-Wetterwarte in Doullens, wo die Regierungsräte Dr. Heinz Lettau und Dr. Martin Kornrumpf die Meldungen für die bevorstehende Flugbombenoffensive auswerteten.
Die Luftwaffen-Meteorologen arbeiteten in folgender Weise, wie ein Bericht von Oberregierungsrat Dr. Blickhan erläutert, der längere Zeit Chefmetereologe im Regimentsstab war.

»A. Aufgaben:

Dem Wetterdienst bei der V1-Waffe oblagen in der Hauptsache zwei Aufgaben:

1. die taktische Wetterberatung, d. h. die laufende Wettervoraussage für Einsatz- und Zielräume. Sie setzt den Kommandeur in die Lage, durch Ausnutzung des zu erwartenden Wetters den Einsatz möglichst erfolgreich zu gestalten.
2. die ballistische Wetterberatung. Sie enthält a) die Voraussage des für die befohlenen Flughöhen zu erwartenden ballistischen Windes (Mittelwert der in den durchflogenen Höhenschichten auf den Flugkörper einwirkenden Windrichtungen und -geschwindigkeiten), b) die Voraussage des in der befohlenen Flughöhe herrschenden Luftdruckwertes.

Darüberhinaus wurde der Wetterdienst herangezogen zur wettermäßigen Sicherung von Nachschub und Verlegungen sowie zur Beratung bei Stellungsauswahl.

B. Aufbau der Wetterberatungsorganisation

Berater des Kommandeurs in allen Wetterdienst-Angelegenheiten war der Leiter der Abt. IW. Diesem unterstand eine Wetterberatungszentrale (Wetterwarte) am gleichen Standort wie der Regt.-Stab sowie eine Reihe von mot. Radiosonderzügen (Frankreicheinsatz sechs, Deutschlandeinsatz drei Raso-Züge); Aufgabe von Radiosonderstationen ist die Messung von Temperatur, Feuchtigkeit, Luftdruck und Wind in der Höhe mittels funkelektrischer Verfahren verschiedener Art. Die Raso-Einheiten wurden nach dem Gesichtspunkt verteilt, daß in den Einsatzräumen sowie in möglichst zielnahen und möglichst weit westlich gelegenen Gebieten das ohnehin bestehende Netz von Höhenaufstiegs- und Höhenwindmeß-Stellen von Luftwaffe, Marine und Heer (aerologisches Netz) ausreichend verdichtet wurde. So wurde im eigentlichen Einsatzraum der mittlere gegenseitige Abstand der Höhenaufstiegsstellen auf etwa 100 km, in den randlich gelegenen Gebieten auf 150 bis 200 km verringert.

C. Arbeitsweise des Wetterdienstes

1. Arbeitsunterlagen

Als Unterlagen standen der Wetterwarte neben den täglich zweimal gestarteten Radiosonde-Aufstiegen des eigenen aerologischen Netzes die gesamten Wetternachrichten des Reichswetterdienstes im Kriege zur Verfügung. Für die Beurteilung lokaler Wettererscheinungen, sowie zur Untermauerung kurzfristiger Wettervoraussagen für den Einsatz- und Zielraum erwies sich die gelegentliche fernmündliche Befragung vorgeschobener Beobachter, bzw. auch die Einrichtung eigener vorgeschobener Wetterbeobachtungsposten als zweckmäßig. Wetterbeobachtungen aus dem Zielraum stehen leider nicht zur Verfügung.

Die Wettermeldungen wurden auf dem üblichen Wetternachrichtenweg (Wetterrundschreibnetz der Luftwaffe und Wetterfunkausstrahlung der Luftwaffe) empfangen. Die Meldungen der unterstellten Wetter-Einheiten gingen fernmündlich ein, in Störungszeiten über Rgts.-Funkstern. Im letzten Fall mußten ab Jahreswende 1944/45 erhebliche Verzögerungen in der Funkübermittlung der Wettermeldungen des eigenen Netzes in Kauf genommen werden, aus leicht ersichtlichen Gründen.

2. Wetterabhängigkeit des Einsatzes und des Gerätes.

Das Fluggerät ist wetterabhängig

a) in taktischer Hinsicht

b) als Flugzeug

c) als Geschoß.

zu a): Wie bereits an anderer Stelle dargelegt, ist der Erfolg ausschlaggebend vom Wetter abhängig. Bei feindlicher Luftüberlegenheit im eigenen Einsatzraum kann gutes Flugwetter den V1-Einsatz verbieten durch Gefährdung der Abschußstellungen und Nachschubwege aus der Luft. – Nach dem Abschuß kann das Fluggerät nur dann durch die feindliche Abwehr (Jäger, Flak, Bord- und Floßabwehrwaffen, Ballonsperren, Scheinwerfer, Ortungsgeräte) gefährdet werden, wenn das Wetter in den Einsatzgebieten der feindlichen Abwehrwaffen dem Feind den Einsatz seiner Abwehr gestattet. Zum Beispiel müssen bei Sturm oder Nebel die Feindjäger zu Hause bleiben, bei Hochnebel ist es zwecklos zu leuchten, bei Überschreiten einer Grenzgeschwindigkeit des Windes (6–15 Metersekunden, je nach Ballongröße) müssen die Sperrballone eingebracht werden, bei hohem Seegang ist die Treffgenauigkeit der Bordflak reichlich ungenau usf.

Läßt das Wetter an sich jedoch die Tätigkeit von Jägern, Flak und Scheinwerfern zu, dann kann ein eine richtige und eingehende Wettervoraussage berücksichtigender Feuerplan Abschußverluste und Absturzverluste auf ein Mindestmaß zurückführen. Wichtig sind in diesem Zusammenhang Bedeckungsgrad, Höhe der Wolkenunter- und der Wolkenobergrenze, Sichtweite, Wetterscheidungen (Regen, Schneefall, Gewitter, Nebel, Sturm, Vereisung), Windrichtung und -stärke. Als günstig für den Einsatz können gelten: 8/10 und 10/10 Bedeckungsgrad, Mächtigkeit der Wolkendecke 300 m und mehr, horizontale Sichtweite unter 2 km. Neben der direkten Wettereinwirkung ist die physiologische Wetterbeeinflussung der feindlichen Abwehrmannschaften nicht außer acht zu lassen, wie Beleuchtungsverhältnisse, Dämmerungseinwirkungen, Dunstverteilung, Anflug aus der Sonne, bes. bei stärkerem Dunst.
Daß im Falle feindlicher Luftherrschaft bei Verlegung und Nachschubtransporten die Frage nach dem kommenden Wetter mit zuerst gestellt wird, ist erwiesen und sei nur der Vollständigkeit wegen erwähnt.
zu b und c):
Flugtechnisch und artilleristisch treten unmittelbare Wettereinwirkungen auf das Geschoß auf, die dem Flieger und Artilleristen bekannt sind!
Die Vereisung bildet sich am Flugkörper in Wolken oder in Nebel oder glasigem oder körnigem Eis. Am stärksten ist der Eisansatz an den dem Luftstrom besonders ausgesetzten Flugzeugteilen. Vereisung kann zum Absturz führen durch Gewichtszunahme, durch Änderung der aerodynamischen Eigenschaften und Blockierung von Steuerungsteilen. Sie wirken sich weiter aus in einer Verringerung des Logumlaufes. Wegen Temperaturerhöhung durch Luftstau und -reibung kann beim fliegenden Gerät Vereisung jedoch erst bei Minustemperaturen auftreten, und zwar im Steigflug erst ab etwa minus 4 Grad, im Horizontalflug erst ab etwa minus sieben Grad. – Mit Ausnahme eines Falles, wo nach Vereisung von Geräten am Boden bereits vor dem Start (leichter Frost und Regen) mehrere Körper gleich nach dem Verlassen der Schleuder abstürzten, liegen keine Erfahrungen hinsichtlich Vereisungseinwirkungen vor, besonders nicht hinsichtlich Vereisungen während des Fluges.
Bodenwind:
Auftriebsvermindernd wirken geringer Luftdruck und hohe Temperaturen (d. h. geringe Luftdichte) und Rückenwind beim Start. Während hies. Wissens keine Erfahrungen bekannt geworden sind hinsichtlich negativer Beeinflussung durch ungewöhnlich geringe Luftdichte, zeigt die Praxis im Frankreicheinsatz, daß Rückenwindkomponenten von 7 m/s und mehr infolge zu geringer Eigengeschwindigkeit gleich nach dem Start zum Absturz führten. Die Erfahrung lehrte weiter, daß bei abfallendem

Gelände, besonders aber bei Quertälern, im Abschußsektor nahe bei Geschützstellungen häufig Abstürze eintraten schon bei Rückenwindkomponenten zwischen 0 und 7 Metersekunde. Bei Rückenwind selbst hielt sich das Geschoß verständlicherweise nicht. Die Absturzursachen in diesem Falle sind weniger schräg nach unten geneigte Luftströmungen, dem Gelände etwa angepaßt, als vielmehr wahrscheinlich Luftwirbel, die durch das geneigte oder eingeschnittene Gelände verursacht werden. Inwieweit niedriger Luftdruck oder höhere Lage der Geschützstellungen (was ja auch geringen Luftdruck bedeutet) hierbei zur Auftriebsverminderung beigetragen haben, ließ sich noch nicht feststellen; offensichtlich verwischen die häufigeren technischen Absturzursachen die wetterbedingten Gründe, wie eine gelegentliche Untersuchung ergab.
Seitenwind beeinflußt die Fluglage des gerade abgeschossenen Flugkörpers. Je nach der Böigkeit, die in starkem Maße von örtlichen Verhältnissen (Lage der Stellung zu Hindernissen – Gebäuden, Wäldern, Bodenerhebungen usw. –) abhängt, tritt bei stärkerem Seitenwind eine Schräglage ein, die kurz nach dem Abschuß zum Absturz führen kann. Im Mittel zwang ein seitlicher Wind von mehr als 15 Metersekunden zur Einstellung des Feuers.
Der Höhenwind wirkt sich, sofern nicht besonders starke Böigkeit über hochgelegener Erdoberfläche, d. h. niedriger relativer Flughöhe auftritt, nicht absturzgefährdend aus; wohl aber führt seine Außerachtlassung zu mehr oder weniger großen Zielablagen. Ein mittlerer Höhenwind (aus ständig gleichbleibender Richtung) von 10 Metersekunden läßt beispielsweise das Geschoß bei einer Flugzeit von 30 Minuten in einem Abstand von 18 km vom Zielpunkt auftreffen. Mittlere Höhenwinde von 20 Metersekunden, die keine Seltenheit sind, würden also bei der gleichen Flugzeit windbedingte Zielablagen von 36 km bedingen, sofern sie nicht erfaßt und berücksichtigt werden. Hieraus erhellt ohne weiteres die große Bedeutung einer guten Voraussage des ballistischen Windes. Sie war die wesentlichste, zugleich oft aber auch die schwierigste Aufgabe des V1-Wetterdienstes.

### 3. Die Wetterberatung

Die taktische Wetterberatung wurde täglich zweimal schriftlich dem Kommandeur und dem Gefechtsstand übermittelt; außerdem wurde sie täglich eingangs der Lagebesprechung anhand von Karten mündlich vorgetragen. Sie enthielt in kurzer Form Wetterübersicht und -voraussage für die kommenden 24 bzw. 12 Stunden für Einsatz- und für Zielräume. Die Darstellung des zu erwartenden Wetters wurde durch schematische Schnittzeichnungen veranschaulicht. Zum Abschluß wurde festgestellt, ob die Wettermindestbedingungen als erfüllt angesehen werden mußten oder nicht. Als Wettermindestbedingung galten:

a) Keine Vereisungsmöglichkeit
b) Seitenwindkomponenten unter 15 m/s,
c) Rückenwindkomponenten unter 7 m/s
   b) und c) beziehen sich auf Wind an der Abschußrampe!
d) keine Wetterlage mit rasch ziehendem Tiefdruckkern

Zur Erklärung von d) ist zu ergänzen: Im Einflußbereich schnell ziehender Tiefdruckgebiete treten starke bis stürmische Winde auf, die das Tief umkreisen und somit räumlich und zeitlich meist stärker drehen. Die Einsatzvorbereitung verlangte jedoch, daß die Wetter- und Windvoraussagen auf mindestens 2–4 Stunden gegeben werden mußten. Bei der angeführten Wetterlage war es nicht möglich, auf 2–4 Stunden eine gute Höhenwindvorhersage aufzustellen, die als Unterlage für das Schießen mit einiger Erfolgsaussicht hätte dienen können. Die windbedingte Zielablage wäre zu groß geworden.
Die ballistische Wetterberatung wurde laufend alle 2 Stunden vom diensttuenden Meteorologen aufgestellt und der Auswertung übermittelt, die sie an die Batterien weiterleitete. Sie war gültig für die Zeit 2 bis 4 Stunden nach Herausgabe-Termin und enthielt die ballistischen Windwerte und die Luftdruckwerte für die geforderten Strecken und Flughöhen.«

Während die taktische Wetterberatung im wesentlichen eine eingehende Flugberatung darstellte und somit an die Wetterwarte Anforderungen gewohnter Art stellte, war die laufende präzise Höhenwindvorhersage im Rahmen des praktischen Wetterdienstes eine neuartige Aufgabe. Zu ihrer Bewältigung bedurfte es auch für den erfahrenen Meteorologen einiger Einarbeitung und geistiger Einstellung auf meteorologische Begriffe, die sonst weniger im Vordergrund synoptischer Tätigkeit stehen. Deshalb sei der Arbeitsgang ganz kurz mitgeteilt, der zur Vorhersage des ballistischen Windes führte: Nach dem Verfahren von V. Bjerknes wurden für die beiden aerologischen Termine 5 und 17 Uhr durch graphische Addition Karten der absoluten Topographie der 900 mbr- und der 800 mbr-Fläche gezeichnet. Aus ihnen wurden die Höhenwinde entnommen, die etwa den Höhen 1000 m und 2000 m NN entsprachen. Die Karten erfaßten Mittel- und Westeuropa. Zur Zeichnung der Karten wurden alle eingegangenen Höhenaufstiege und Höhenwinde – neben den Bodenwetterkarten natürlich – herangezogen und häufig auch Sonderaufstiege und zusätzliche Höhenwindmessungen angefordert. Die auf diese Weise berechneten Höhenwinde wurden verglichen mit den in den Einsatzräumen vorgenommenen gleichzeitigen Höhenwind-Messungen und mit den evtl. vorliegenden Bergwinden. Unter Berücksichtigung der bekannten Fehlergrenzen der aerologischen Meßwerte wurde sodann für die beiden Ausgangszeit-

A. Die für den Schießenden wichtigen 3 Schußwerte und a) [17] Steuerkurse 323,2° Gradzahl wurde am Magnetkompaß eingestellt. Magnetnadel beeinflußte über einen Kreiselkompaß das Steuerruder. b) [18] Logzahl 3034, Maß für die Entfernung. Logzahl - Einheit entsprach einem Flugweg von 60 - 65 m bei ruhender Luft. Bei Gegen- bzw. Mitwind war die Flugstrecke über Grund kleiner bzw. größer. Logzahl wurde an einem Zählwerk eingestellt, daß mit einem kleineren (an der Nase des Flugkörpers angebrachten) Propeller gekoppelt war. Umdrehungen des Popellers wurden auf Zählwerk übertragen. Nach Abwicklung der Logzahl erfolgte Blockierung des Höhenruders, sodaß der "Absturz" der V1 auf gekrümmter (etwar Viertelkreis) Bahn eingeleitet wurde. c) Flughöhe, hier 1000 m, wurde durch die an der barometrischen Höhendose eingestellte Millibarzahl vorprogrammiert. Bei dieser Zahl von 115 mb handelte es sich wahrscheinlich um die Differenz der Luftdrucke am Boden und in der Höhe von 1000 m. Barometrische Höhendose wirkte auf Höhenleitwerk ein und gewährleistete die vorgeschriebenen Höhe.

B. Gang der Schußwerte Ermittlung
Vom Wetterdienst erhielt der Leiter der Auswertung beim Regiment die meteorolog. Daten: Windrichtung, Windgeschwindigkeit und Luftdruck, die an die schießende Batterie weitergegeben wurden, dazu die vom Regiment festgelegten Werte für Kartenentfernung und Kurs, also die am Kopf des "Zettels" dick eingerahmten Daten. Aufgabe des Batterierechentrupps: Berechnung von [1] durch Subtraktion, der Winkelung an Skizze [13] ; Ablesen der "Windwerte" [3] , [4] und [5] aus einer Kurventafel (jede Batterie hatte davon ein Exemplar) einfache Subtraktion Windverl. Kurs um ca. 20° bedingt [9] und [10] . Durch einfache Addition erhält man nun [17] Steuerkurs und [12] Treffentfernung, Logzahl [18] wird einer Tabelle entnommen. Arbeitszeit im Batterietrupp: ca. 5 Minuten. Weitergabe an Geschützstellung durch Telefon.

## Schußwerte Rechenzettel

| | | |
|---|---|---|
| Schußwerte Rechenzettel | Stellung 163 [illegible]<br>Ziel 19 g. K. | Tag: 23.11.44<br>Zeit: $18^{45}$ 64 |
| Windrichtung 176° | Windgeschwindigk. 9 m/s | Höhe 1,0 Km / Millibar 115 |
| Kartenkurs 322,0° | Beschl. verb. Kurs 323,1° | Kartenentfernung 201,1 km. |
| [1] Windwinkel 146°<br>−180°/~~360°~~ 34° | [4] KV-Wind links/~~rechts~~ − + 1,9° | [5] EV-Wind mit/~~geg.~~ − 11,2 Km. |
| [2] 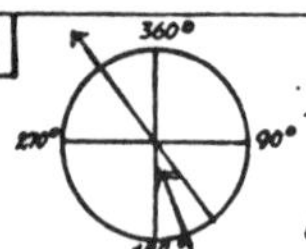 Mitwind / ~~Gegenwind~~<br>Wind von links - ~~rechts~~ | [6] Wind verb. Kurs 321,2°<br>Geschützrichtg. 301,1° | [7] Wind verb. Entf. 189,9 km. |
| | [8] Abwinkel 20,1°<br>— 360° | |
| [3] Hilfsquerwind 5,0 m/s<br>Hilfslängswind ± 7,1 m/s | [9] KV ∢ + 2,0° | [10] EV ∢ + 1,2 Km. |
| | [11] Drehwinkel 22,1° | [12] Treffentf. 191,1 Km. |
| [13] 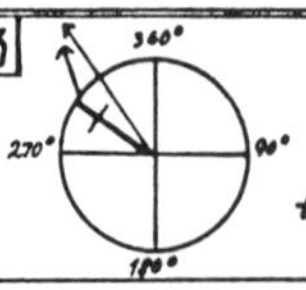 Winkelung nach ~~links~~ rechts | [14] Drehzeit 22 sec. rechts/~~links~~ | [18] Logzahl 3034 |
| | [15] Wind~~verb.~~Kurs 321,2°<br>[16] KV ∢ ~~links~~/rechts − + 2,0° | Gerechnet: / Geprüft: / Lfde. Nr. |
| Vergleichszeit: Uhr | [17] Steuerkurs 323,2° | |

punkte 5 und 17 Uhr für 1000 m und 2000 m NN aus berechneten und beobachteten Windwerten je ein Höhenwind festgelegt, der als nunmehr richtiger Höhenwind angesehen wurde. Nun galt es noch, eine laufende Änderung dieses »richtigen« Höhenwindes über alle Stunden des Tages zu erfassen. Hierzu wurde einmal der geostrophische Wind laufend aus den alle drei Stunden gezeichneten Bodenwetterkarten entnommen; unter Abschätzung der Änderung der relativen Topographie (d. h. der Änderung der Temperaturverteilung in der unteren Atmosphärenschicht bis zu 800 [etwa 2000 m NN]) wurde weiter die Änderung des relativen Windes (Windunterschied vom Boden bis 900, bzw. 800 mbr-Höhe) abgeschätzt. Addition von berechnetem geostrophischem und angenommenem relativen Wind ergab so laufend den neuen »richtigen« Höhenwind, wiederum jedoch nach vorheriger Angleichung an die mittlerweile vorliegenden gemessenen Höhenwindwerte der Aufstiegsstellen und Wetterwarten im Einsatzraum. Von diesen 1000- und 2000-m-Höhenwindwerten ausgehend, wurden die jeweiligen gültigen ballistischen Werte durch Mitteilung über die Höhe, natürlich unter Berücksichtigung des Verhältnisses der Zeitdauer von Steig- und Horizontalflug, gebildet. Nun wurde der letzte Schritt getan, der Schritt zur Vorhersage. Die laufende Verfolgung der Entwicklung der Wetterlage ergab die zu erwartende Höhenwindänderung und die zu erwartende Änderung des ballistischen Windes.
Untersuchungen in der Vorbereitungszeit hatten ergeben, daß bei dem während des Frankreicheinsatzes vorliegenden Wetternachrichtenmaterial und bei der vorhandenen Dichte des aerologischen Netzes die ballistischen Windvorhersagen auf 3 Metersekunden genau aufgestellt werden konnten. Das bedeutete beim Einsatz gegen London von den französischen Einsatzräumen aus, windbedingte Zielablagen bis zu 4–5 km um den Zielpunkt herum. Mit der Rückverlegung der Stellungen und dem Ausfall der westeuropäischen Wetter- und aerologischen Station vergrößerte sich dieser Fehler ständig.
Der zweite Teil der ballistischen Wetterberatung, die Voraussage des in den einzelnen Flughöhen zu erwartenden Luftdruckes, war wesentlich einfacher. Der Wert wurde dem Höhenaufstiegsdiagramm entnommen.
Die Voraussage ergab sich leicht aus der Abschätzung der Änderung von Bodendruck und Höhentemperaturverteilung.
Schließlich sei noch erwähnt, daß im Verlauf des Einsatzes die Angabe einer Grenzhöhe (kritischen Höhe) vom Wetterdienst verlangt wurde, die durch einen bestimmten Wert des Luftgewichtes definiert war. Luftdruck und Temperatur ergeben das Luftgewicht, seine Feststellung geschah rasch und mühelos auf grafischem Weg, seine Vorhersage erforderte ebenfalls geringen Aufwand.

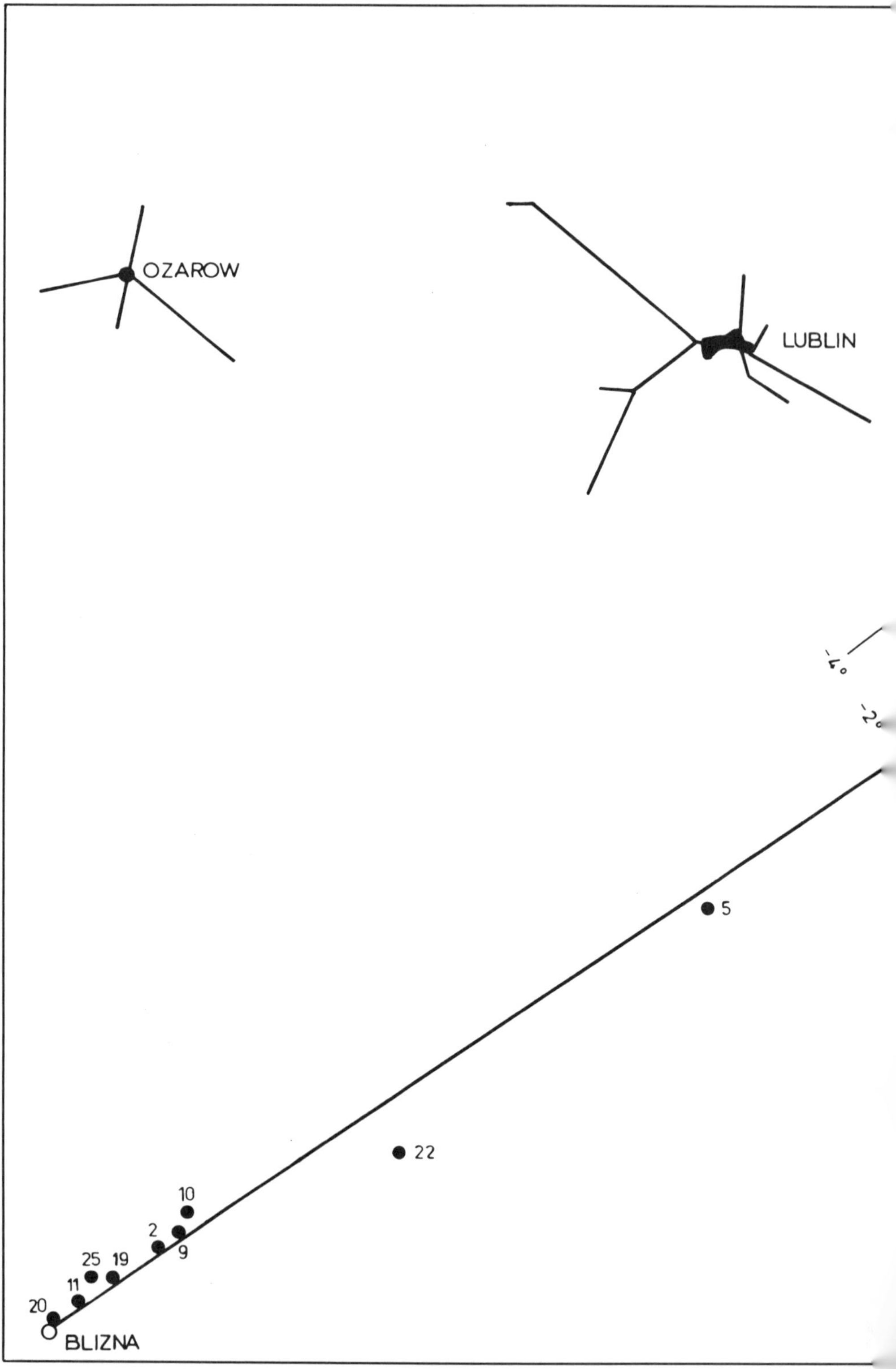
OZAROW
LUBLIN
-4°
-2°
5
22
10
2
9
25
19
11
20
BLIZNA

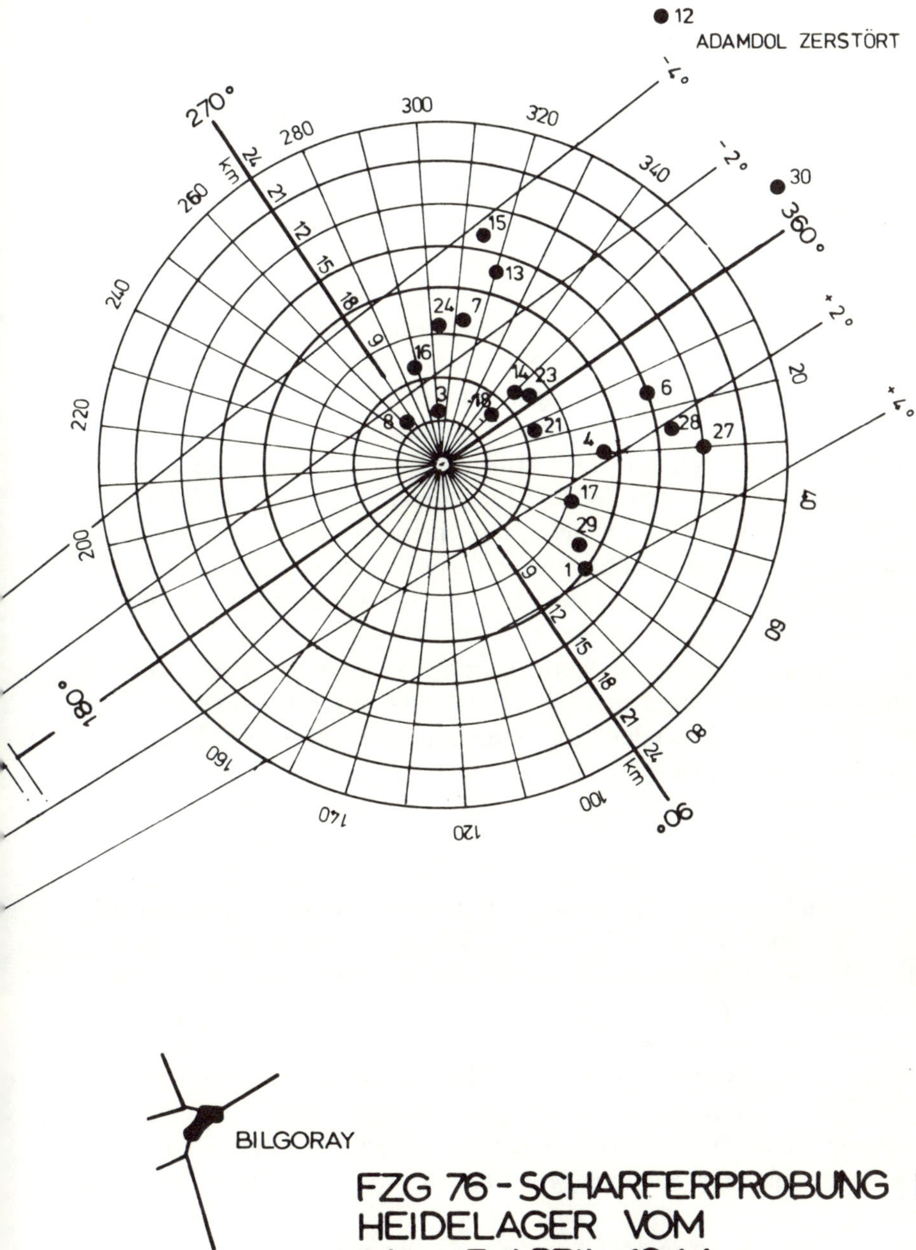


**FZG 76 - SCHARFERPROBUNG IN HEIDELAGER VOM 14. - 17. APRIL 1944**

TREFFERBILD DER ZIELSCHÜSSE
LOX KURS 44,3°
LOX ENTFERNUNG 170,5 KM

Für die Truppe war es naheliegend, die Gesamtwetterlage nur auf Grund ihrer eigenen Wettergegebenheiten zu beurteilen. Immer wieder verfiel der Beobachter in den verständlichen Fehler, vom eigenen Wetter auf das Wetter im gesamten Einsatz- und Zielraum zu schließen. Entscheidungen der Führung wurden so leicht einer negativen und unberechtigten Kritik unterzogen. Weiter waren die Wetterbeobachtungen der Truppe häufig unrichtig. Eine Schulung einzelner Soldaten in Wetterdingen wäre daher vorteilhaft gewesen, um Unklarheiten und sogar Unrichtigkeiten bei fernmündlichen Nachfragen, die gelegentlich gehalten wurden, oder bei Meldungen der Truppe von sich aus auszuschließen. Da Boden- und Seitenwind wegen weitgehender örtlicher Beeinflussung durch Hindernisse, Gebäude, Täler und Wälder für jede einzelne Stellung schwer zu geben waren, wurde jede Stellung mit einem Windmeßgerät einfacher Bauart ausgerüstet. Auch Thermometer wurden den einzelnen Stellungen zugewiesen, um die Gefahr einer Vereisung von Geräten bereits vor dem Start möglichst auszuschließen.

Ausgebildet mit der neuen Waffe wurde die Truppe in Brüsterort bei Königsberg. Neben dem Unterricht erfolgte in Brüsterort das »Bumskopfschießen«. Wegen fehlender Erprobungskörper wurde an Stelle des FZG 76 ein Betongeschoß abgefeuert.

Auf dem Wege nach Frankreich machte sie Zwischenstation in Peenemünde und feuerte von den Abschußrampen der Feldstellungen I und II in Zempin ihre scharfen Probeschüsse ab. Die Stimmung der Truppe war hervorragend, meldete die Ausbildungsleitung von Zempin dem Regimentskommandeur.

Am 5. November 1943 landete eine Heinkel He 111 auf dem Flugplatz in Peenemünde; neben einigen Luftwaffenoffizieren stieg der General der Flakwaffe, Generalleutnant von Axthelm, aus, begleitet von Oberst Gyldenfeld als Inspizient für FZG 76 und Hauptmann Heinemann. Um 9.45 trafen sie in Zempin ein. Von Axthelm wollte sich persönlich an Ort und Stelle vom Stand der Einsatzvorbereitungen überzeugen und in direkter Aussprache mit dem Kommandeur über die weiteren Maßnahmen beraten.

Das besondere Interesse des Generals galt den einsatzmäßig ausgebauten Stellungen, die er eingehend besichtigte. Um 11.30 wohnte von Axthelm und Gyldenfeld einem Abschuß bei. Schießende Batterie war die 6 II/155 (W), von der man ein Restkommando zurückbehalten hatte, um bei dem General einen guten Eindruck zu hinterlassen.

Die abgeschossene Flugbombe ging schon mit leichter Rechtsneigung von

der Schleuder und behielt die Schräglage bei bis zum Aufschlag, der nach 14 km Flug von einem Radargerät gemessen wurde.
Die anschließende Besprechung im Meßhaus nahm den ganzen Tag in Anspruch. Anwesend waren vom Regiment 155 (W): (15)

Oberst Wachtel
Major Czychy
Major Dr. Sommerfeld
Flieger Oberstabs-Ingenieur Eberhardt
Hauptmann Dahms
Hauptmann Grothues
Hauptmann Schwennesen
Oberleutnant Schuchardt
Oberleutnant Dr. Krantz

Es wurden mit dem Einsatz zusammenhängende Fragen besprochen. Man rechnete damit, daß die Erprobung bis zum 15. Januar 1944 abgeschlossen sein würde. Bedenken bestanden, daß die zur Erschießung der Schußtafeln weiter notwendigen 200 Flugbomben nicht pünktlich eintreffen würden, und daß damit nicht vor Anfang Februar 1944 gerechnet werden könne.
Oberst Gyldenfeld informierte über die Änderung des Aufstellungsvorhabens, bedingt durch die Zeitverschiebung wegen Fehlens der Erprobungsbomben.
In den nächsten Tagen gingen 120 Spezialisten aus der Industrie dem Regiment zu, sowie 700 Rekruten (am 15. November 1943).
Bezüglich der Verlegung von Batterien in den Einsatzraum nach Frankreich entschied General Axthelm, daß aus Geheimhaltungsgründen keine weiteren als die bereits in den Einsatzraum verlegten 6 Batterien in Marsch gesetzt werden sollten.
Wachtel selbst war mit seinem Stab im Chateau Merlemont eingezogen, einem Schlößchen etwa anderthalb Kilometer von der Straße Paris-Beauvais. Merlemont sollte als Zwischenunterkunft dienen, bis das endgültige Stabsquartier in Doullens fertig war. Merlemont (Amselberg) liegt am sanftabfallenden Nordhang, umgeben von schönen alten Buchen, und ist seit Generationen Besitztum der Grafen von Merlemont, eines alten nordfranzösischen Adelsgeschlechts. Es gehört zum Departement Oise, 8 km südöstlich der Kreisstadt Beauvais mit 20000 Einwohnern. Auf die kleine Stadt wurde im Jahre 1940 ein Angriff der deutschen Luftwaffe geflogen, als Vergeltung eines Angriffes französischer Bomber auf Freiburg. So schrieb Leutnant Pohl am 15. Dezember 1943 in das Kriegstagebuch seines Regimentes 155 (W). Nur wenige wußten zu dieser Zeit, daß es deutsche Heinkelbomber waren, die versehentlich ihre Bomben auf Freiburg abgeladen hatten.

Die Bevölkerung verhielt sich höflich, aber zurückhaltend, berichtete Pohl weiter.
Außer dem Schloß, in dem der Kommandeur und der Führungsstab wohnten, bestand das Lager Merlemont aus 9 Baracken und einer großen Fahrzeughalle.
Für die Offiziere des Stabes wurde ein Quartier in Paris in der Avenue Hoche No. 56 eingerichtet, in dem sie bei Dienstbesprechungen in Paris übernachten sollten.
Oberst »Wolf« trug aus Tarnungsgründen unterschiedliche Uniformen des Heeres und der Organisation Todt. Als er mit der ersten feldgrauen Uniform, die in der Avenue des Champs-Elysées angepaßt wurde, im Chateau erschien, erfolgte zur Begrüßung ein Jagdbomberangriff alliierter Tiefflieger. Die Abwehr in Arras war ratlos und konnte nicht feststellen, ob es sich um einen gezielten Fliegerangriff handelte. Ein bei diesem Angriff abgeschossener englischer Fliegeroffizier fragte ganz harmlos, wann die »Beschießung Englands« beginne und ob das die deutsche Vergeltung sei. Auf die Frage des erstaunten deutschen Vernehmungsoffiziers, was er mit der Beschießung Englands meine, sagte er, daß sie bei ihren Flügen über das Küstengebiet den Ausbau der Geschützstände der »rocket guns« beobachten könnten, hauptsächlich bei Letouquet bis Calais herauf.
Daraufhin wurde vom Korps der Umzug in das acht Kilometer entfernte Schloß Auteuil angeordnet. Nur die Nachschubabteilung blieb in Merlemont zurück. Am Eingang des neuen Führungsstabes prangte nun ein Schild mit der Aufschrift »Organisation Todt, Oberbauleitung-Schmidt«. Aber das blieb nicht die einzige Wandlung in der Flakgruppe Creil. Die Stabsoffiziere, Unteroffiziere und Mannschaften mußten ihr Fliegergrau abgeben und empfingen in Paris die braunen Uniformen der Frontarbeiter OT. Oberst Max Wachtel, als Chef der Oberbauleitung Schmidt, hatte nun ein OT-Dienstbuch, ausgestellt auf Hauptfrontführer Martin Wolf von der »Einsatzgruppe West«. Kein Besucher, auch nicht die Generäle Heinemann und von Axthelm, durfte die Oberbauleitung in Uniform besuchen. Alle Fahrzeuge wurden mit französischen Kennzeichen versehen oder Schildern der OT. Wachtel saß längst in Auteuil, als vierzig zweimotorige Bomber der U.S.Air Force das Schloß Merlemont zerstörten.

Crossbow war in Aktion getreten. Zunächst griffen Jagdbomber und leichte Bomber der zweiten taktischen Luftflotte und der amerikanischen IX. Luftflotte die erkannten »Skistellen« an. Die Erfahrung zeigte jedoch den Engländern und Amerikanern bald, daß nur ein geringer Grad an Zerstörung durch den Einsatz derartiger Flugzeuge erwartet werden konnte.

Britische und amerikanische Kommandobehörden stimmten daher darin überein, daß ausnahmsweise schwere viermotorige Bomber der amerikanischen VIII. Luftflotte dafür verwendet werden sollten, einen schweren Angriff bei Tageslicht auf möglichst viele Abschußstellen durchzuführen, obwohl der VIII. Luftflotte im Rahmen der englisch-amerikanischen Luftstrategie die Aufgabe zugeteilt war, die deutsche Luftfahrtindustrie anzugreifen, als Vorbereitung der bevorstehenden Invasion in Frankreich.
Am 24. Dezember 1943 griffen daraufhin 672 schwere Bomber 24 Abschußstellungen an und warfen mehr als 1400 t Bomben. Der Erfolg bei diesem Großangriff war mager, es wurden lediglich 3 Abschußrampen total zerstört und 13 Leute getötet.
Auch die Engländer gingen mit ihren 4motorigen Lancaster-Bombern zu Tagesangriffen über. Die mit 6000 kg schweren Tallboy-Bomben beladenen Maschinen flogen unter Einweisung von Mosquito-Schnellbombern. (21)
Mit diesen Spezialbomben griffen sie vorwiegend die von Milch befürworteten »Wasserwerke« an, von denen die Mehrzahl noch im Bau war. Die Engländer bedienten sich dazu einer neuen Angriffstaktik, die hervorragendes fliegerisches Können voraussetzte. Die RAF-Piloten griffen in Gaggle-Formation (Gänseherde) an, sie flogen zu fünft nebeneinander mit etwa 180 m Zwischenraum und 250 m in der Tiefe gestaffelt, jedes Flugzeug hielt dabei eine andere Höhe ein. Kurz vor dem Ziel schloß der Verband blitzschnell auf und bombardierte fast geschlossen. Diese Präzisionsangriffe wurden mit geringen Verlusten durchgeführt, weil die Formation für die Flak ein zu weit verstreutes Ziel bildete.
Der nur 25 Jahre alte Group Captain Leonhard Cheshire, jüngster Group Captain der RAF, hatte diese Taktik mit Angehörigen der 5. Bombergruppe eingeübt.
Insgesamt wurden im Dezember 1943 (laut THE DEFENCE OF THE UNITED KINGDOM) auf 52 Abschußstellen in Nordfrankreich mehr als 3000 t Bomben abgeworfen:

| | Angegriffene Abschußstellen | Bombenmenge in Tonnen |
|---|---|---|
| Zweite taktische Luftflotte und IX. Bomber-Kommando | 23 | 1398 |
| VIII. Bomber-Kommando | 24 | 1472 |
| Britisches Bomber-Kommando | 5 | 346 |
| Insgesamt: | 52 | 3216 |

Viele französische Bauarbeiter verließen fluchtartig die Baustellen der

Abschußbasen, als die Bombardierungen stärker wurden, und kehrten nicht zurück.
Aus Tarnungsgründen wurden die beschädigten Rampen von den verbliebenen Arbeitern repariert und zerstörte Stellungen wieder aufgebaut.
Auch die Luftwaffen-Wachmannschaften taten ihren Dienst wie gewohnt weiter. Man wollte alles vermeiden, was in England den Eindruck erwekken könnte, die Stellungen habe man aufgegeben.
Die Täuschung glückte, die von General von Axthelm bei dem Entscheidungsvortrag bei Reichsmarschall Göring vorgeschlagene Lösung von Ausweichstellungen wurde ausgeführt. Unter großer Geheimhaltung und schärfster Absperrung sollten Fundamente für etwa 100 neue Abschußrampen gegossen werden. Bei den vorgesehenen Rampen handelte es sich um eine Neuentwicklung der Walter-Werke, mit der Bezeichnung Geschütz 76. Die neuen Geschütze sollten in einer Montagezeit von 6–8 Tagen pro Geschütz auf ein vorbereitetes Fundament montiert werden. Aus Geheimhaltungsgründen sollten die bis zum 25. Februar 1944 fertiggestellten Stahlrampen nicht in den Einsatzraum gebracht, sondern in Deutschland bis 4 Wochen vor dem X-Tage gelagert werden.
Die neuen vereinfachten Abschußstellen lagen zwischen 10 bis 15 km hinter den alten Stellungen, französische Arbeiter durften das Gelände nicht betreten. Einheiten der OT und Luftwaffen-Baubataillone begannen mit den Arbeiten zu Beginn des neuen Jahres.
Die Geheimhaltung der neuen Waffe im Westen war so strikt, daß selbst Generalfeldmarschall Rommel überrascht war, daß es doch Geheimwaffen gab, als er am Heilig-Abend mit Generaloberst von Salmuth eine Besichtigung in Nordfrankreich durchführte.
Noch geheimer war die Entwicklung der bemannten Flugbombe Fi. 103 Reichenberg, die von dem Flugkapitän Hanna Reitsch vorgeschlagen und 1943/44 erprobt wurde. Frau Reitsch schreibt dazu nach dem Krieg: (22)

# Hanna Reitsch: Ich fliege die V 1 – Reichenberg

»Über das Fliegen der bemannten V 1 ist viel geschrieben und noch mehr geredet worden. Jahre hindurch, bis auf den heutigen Tag sind immer wieder Sensationsnachrichten durch die Presse der ganzen Welt gegangen. Man überbot sich in Berichten über die aufregende Form der Erprobung und über den Einsatz und den Zweck dieser Waffe, die von Freund und Feind als Wunderwaffe angesehen wurde. Die wahren Gründe, die zum bemannten Fliegen der V 1 führten, wurden jedoch nie berührt. Bis heute hat die Öffentlichkeit noch keinen Bericht erhalten, der die Voraussetzungen dieses Einsatzes wirklichkeitsgetreu dargestellt hatte.
Es war im August 1943, nach meiner Genesungszeit in Saalberg, als ich nach Berlin zurückgekehrt, dort eines Tages im Haus der Flieger beim Mittagessen zwei alte Freunde traf, von denen der eine in der Forschung der Luftfahrtmedizin tätig, der andere ein bewährter und erfolgreicher Segelflieger war.
Unser Gespräch galt der Sorge um unser Land. Die Entwicklung der Kriegsgeschehnisse war immer mehr ein Grund tiefster Beunruhigung für jeden Deutschen, der um das Schicksal seines Volkes bangte. Wir waren uns darin einig, daß die Zeit nicht Deutschlands Verbündete sein würde. Täglich sahen und erlebten wir, wie das Land langsam ausblutete, eine Stadt nach der anderen den Bomben zum Opfer fiel, die Produktionsstätten und das Verkehrsnetz von der überlegenen feindlichen Luftwaffe systematisch zerstört wurden, das Material sich immer mehr verknappte und der Tod unter den deutschen Menschen eine fürchterliche Ernte hielt. Wir waren uns aber auch mit vielen Deutschen nüchtern klar, was uns ein total verlorener Krieg bringen würde. Der Morgenthauplan war in Deutschland nicht unbekannt geblieben, und so ahnten wir die kommende Tragödie, in der Schuldige und Unschuldige das gleiche Schicksal teilen würden.
Was in unserer Macht stand, wollten wir tun, um Deutschland davor zu bewahren. Wieviel aber stand in unserer Macht?
Das war die Frage, die mich nun schon seit Monaten bewegte. In den langen Tagen meines Krankenlagers in Regensburg, in den Wochen meiner Einsamkeit in Saalberg hatte auch ich sie mir immer wieder vorgelegt. Uns war bewußt geworden, daß in diesem Krieg, der zu einem Ungeheuer der

410 ø
710 ø
80
450
1155

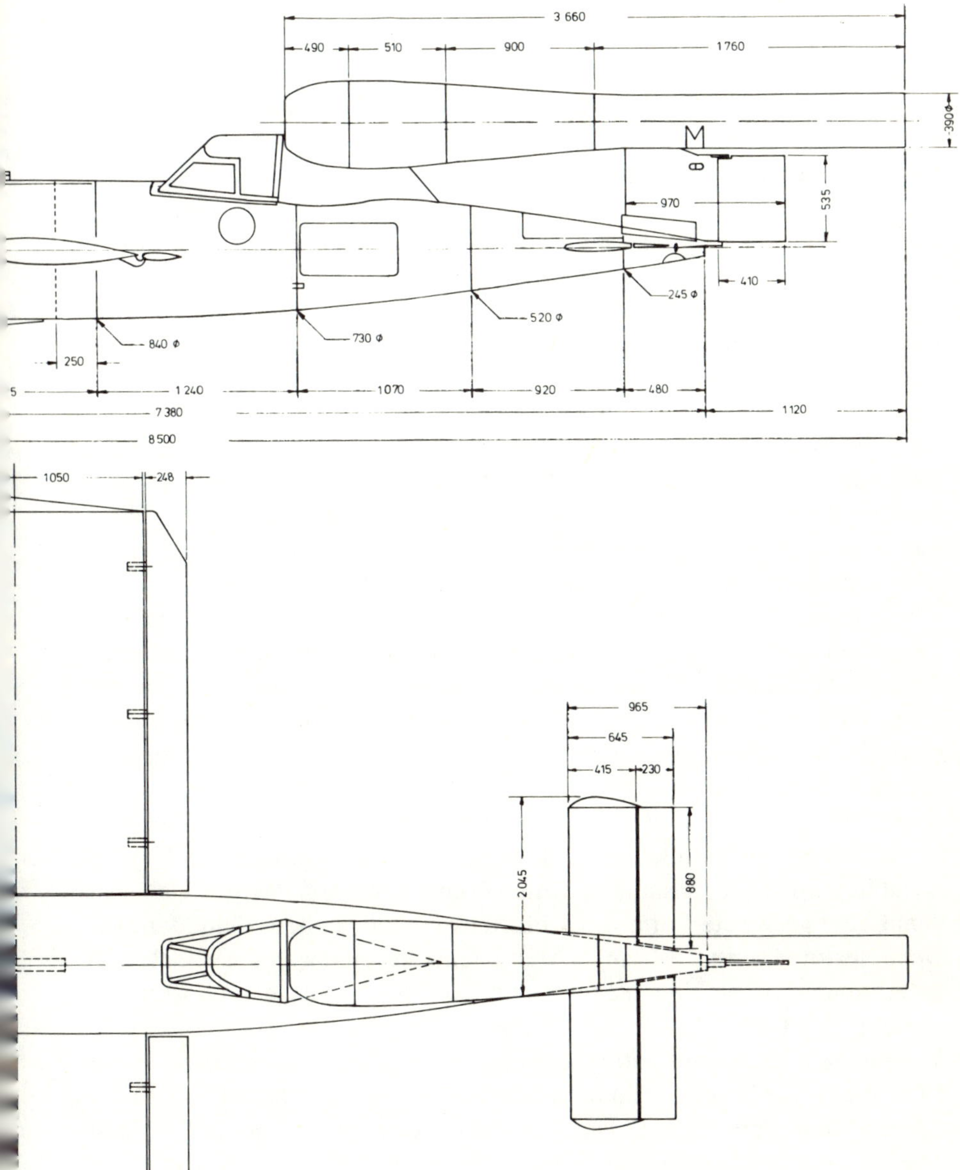


**BEMANNTE FLUGBOMBE V1**
**Fi. 103 "REICHENBERG" R III**

**M.: 1 : 20**

VERMESSEN, HELLMOLD-GERMANY

Technik geworden war, eine Wende nur möglich war, wenn wir dieses Ungeheuer mit seiner eigenen Kraft und dem Einsatz unseres eigenen Lebens überwinden konnten. Wieviel aber lag dabei in unserer Macht? Die Frage hatte einer von uns aufgeworfen. Aber als wir uns anblickten, wußte plötzlich jeder vom anderen, daß er die gleiche Antwort hatte. Es gibt unter Menschen Vorgänge des gegenseitigen Erfühlens und Erahnens, die schließlich zu einem gemeinsamen gleichen Erkennen führen. Hier war es so. Wir setzten uns zusammen, und jeder sprach aus, was er vorher tastend angedeutet hatte.

Deutschland war nach unserer damaligen Meinung aus seiner ausweglosen Situation nur dann zu retten, wenn es gelingen würde, eine günstige Verhandlungsbasis für ein schnelles Kriegsende dadurch zu schaffen, daß man die wichtigsten Schlüsselpositionen des Gegners und die Zentren seiner Widerstandskraft in schnell aufeinander folgenden Schlägen unter Schonung der feindlichen Zivilbevölkerung zerstörte. In Frage kamen unter anderem große Elektrizitätsanlagen, Wasserkraftwerke, wichtigste Produktionsstätten und, im Falle einer Invasion, Schiffseinheiten. Unsere Überlegungen sagten uns, daß das nur zu erreichen war, wenn sich Menschen fanden, die bereit waren, sich mit einem technisch geeigneten Mittel auf das Punktziel zu stürzen, um es in sein Zentrum zu treffen und damit jede Ausbesserung und Wiederinstandsetzung unmöglich zu machen. Bei einem solchen Einsatz würde es keinerlei Chance für das eigene Leben geben.

Dieser Einsatz durfte weder ein Opfer von »reinen Toren« sein, welche die tatsächlichen Verhältnisse mißachteten, noch ein Einsatz von blinden Fanatikern oder lebensmüden resignierenden Menschen, die vielleicht damit eine geeignete Form des Abtretens von der Lebensbühne fänden. Der Selbstopfereinsatz verlangte Menschen, die bereit waren, sich selbst zu opfern in der klaren Überzeugung, daß kein anderes Mittel mehr Rettung bringen konnte.

Mit falschem Idealismus hatte diese Einstellung nichts zu tun, denn sie war nicht allein eine Frage der inneren Bereitschaft, sondern zugleich auch der nüchternsten Berechnung. Der Gedanke durfte nur dann verwirklicht werden, und allein von dieser Voraussetzung ging jeder von uns aus, wenn erwiesenermaßen eine Waffe vorhanden war, die den Erfolg garantierte. Es hätte der Idee dieses Einsatzes widersprochen, wenn nur ein einziges Menschenleben leichtfertig und sinnlos aufs Spiel gesetzt worden wäre.

Ich muß an dieser Stelle darauf hinweisen, daß zu diesem Zeitpunkt in Deutschland noch nichts über die japanischen Kamicace-Flieger bekannt war. Doch es zeigte sich, daß die Gedanken, die wir an jenem Augusttag in meinem Zimmer miteinander besprochen hatten, im deutschen Volk weit mehr lebendig waren, als wir es ahnten. Überall gab es Menschen, die wie wir zu diesem Einsatz bereit waren. Die meisten von ihnen waren glückliche Familienväter, kerngesund in ihrer Lebenseinstellung. Ihnen lag deshalb nichts ferner als eine Lebensflucht. Doch waren sie überzeugt, daß nur durch diesen Einsatz ihre Frauen und Kinder und ihr Land gerettet werden konnten. Auch wenn die Zahl der Freiwilligen, die dabei den Tod finden würden, in die Tausende ginge, so würde dies nur eine geringe sein gegen die Verlustzahlen an der Front und in der Heimat, welche die Weiterführung des Krieges bringen würde.

Wir hielten unsere Gedanken vor Fremden und Außenstehenden verborgen. Trotzdem bildete sich durch mündliche Übermittlung rasch eine Gemeinschaft. Daß wir oft nicht verstanden wurden, ist nur natürlich, denn hier lockte weder ein ehrgeiziges Ziel noch Ruhm und auch kein spannender Kampf mit der Chance eines guten Ausganges. Hier wurde die völlige Überwindung des eigenen Ichs gefordert.

Von der Führung erwarteten und erhofften wir ohne Zeitverlust eine schnelle Prüfung unserer Gedanken auf ihre Brauchbarkeit hin. Wenn der Einsatz im großen Stil zu einer gut vorbereiteten Durchführung kommen würde, mußte es gelingen, die kriegswichtigen Schlüsselstellungen des Gegners zu zerstören.

Wir ahnten aber nicht, welchen Schwierigkeiten und Widerständen wir begegnen würden.

Bevor wir den Plan Hitler vortrugen, sollte er genauestens bis in die technischen Einzelheiten geprüft werden.

Ich trug Feldmarschall Milch unsere Gedanken vor. Milch lehnte den Einsatz ab. Nach seiner Ansicht widersprach ein soldatischer Einsatz ohne eine Chance zum Weiterleben der Mentalität des deutschen Volkes. Da ich ihm die Berechtigung einer Selbstaufopferung für die Rettung anderer in unserer mündlichen Auseinandersetzung nicht beweisen konnte, bat ich ihn, die Frage den Beteiligten selbst zu überlassen, da sie ja nur das eigene Gewissen anginge.

Wir wandten uns dann an die Akademie der Luftfahrtforschung, die alle in Frage kommenden Wissenschaftler, Techniker und Taktiker zusammenrufen konnte.

Die erste Sitzung, die unseren Plan zum Gegenstand hatte, fand im Winter 1943/44 im Beisein des Kanzlers der Akademie statt. Anwesend waren Sachverständige aus allen kriegstechnischen Gebieten, Sprengstoff- und Torpedosachverständige, Navigations- und Funkfachkräfte, Schiffsingenieure, Marineoffiziere und erfahrene Flugzeugkonstrukteure. Der General der Jagdflieger und der General der Kampfflieger hatten ebenfalls Vertreter entsandt. Auch Luftfahrtmediziner waren vertreten.

Der Plan wurde grundsätzlich für durchführbar und erfolgversprechend gehalten. Als Gerät sollte eine bemannte Gleitbombe Verwendung finden, und zwar, um Zeit zu sparen, eine bereits vorhandene Konstruktion, die Me 328. Als zweite Möglichkeit wurde die Verwendung der bemannten V 1 erwogen. Je nach Angriffsart und Ziel sollte in die Rumpfspitze eine Spezialbombe oder ein Bombentorpedo eingebaut werden.
Die höchste Stelle mußte nun den Auftrag zur Entwicklung dieser Waffe geben. Wir mußten darum versuchen, Hitler selbst für unseren Plan zu gewinnen. Aber wie vorauszusehen war, gelang es keinem aus dem Kreis meiner Kameraden, bis zu ihm vorzudringen. Da kam mir unerwarteter Zufall zu Hilfe. Am 28. Februar 1944 wurde ich auf den Berghof gerufen, wo mir Hitler eine von Frau Troost entworfene Urkunde zur Verleihung des Ek I nachträglich überreichte.
Wir nahmen in dem Raum mit dem Blick auf die Landschaft von Berchtesgaden den Tee ein. Anwesend war nur Hitlers Luftwaffenadjutant, Oberst v. Below. Eine günstigere Gelegenheit, unser Anliegen vorzubringen, konnte es nicht geben. Ich zögerte auch nicht, es zu tun. Das Gespräch, welches sich dann zwischen uns entspann, nahm einen beinahe dramatischen Verlauf. Zunächst erwies sich, daß auch Hitler dem Gedanken des Selbstopfereinsatzes völlig ablehnend gegenüberstand. Er hielt weder die deutsche Situation für so hoffnungslos, noch den Zeitpunkt für gekommen, um einen derartigen Einsatz zu rechtfertigen. Diesen Zeitpunkt zu bestimmen, wollte er sich selbst vorbehalten.
In langen monologartigen Ausführungen legte er seine Ansicht dar und begründete sie eingehend mit geschichtlichen Beispielen, die er von weit her holte. Ich merkte, daß trotz der augenscheinlich zwingenden Logik in seinen Gedankengängen, die er in klarer und prägnanter Formulierung vortrug, ein Trugschluß lag, und wandte deshalb ein, daß die Lage, in der sich Deutschland jetzt befand, meines Erachtens nicht damit vergleichbar sei und nur noch mit besonderen Mitteln gemeistert werden könnte.
Meine Bemerkung veranlaßte Hitler, in seinen weiteren Ausführungen mit Plänen über den Einsatz von Spezial-Düsenbombern zu operieren, von denen ich mit Gewißheit wußte, daß sie erst in der Entwicklung standen und dann noch lange Zeit vergehen würde, ehe sie serienmäßig hergestellt und danach eingesetzt werden könnten. Während ich ihm zuhörte, wurde mir die verhängnisvolle Tragweite dieser unwirklichen, von Wunschträumen genährten Vorstellungswelt klar. Ich vergaß in diesem Augenblick Hitlers Autorität, mein Temperament ging mit mir durch. Ich unterbrach einfach seine Rede. »Mein Führer«, rief ich laut, »Sie sprechen von den Enkeln eines Embryo.« Überrascht sah Hitler auf und blickte mich fragend an.

Das Ende der peinlichen Pause, die nun zwangsläufig eintrat – ich sah das erstarrte Gesicht von Oberst v. Below – wartete ich gar nicht erst ab, sondern fuhr fort, Hitler an Hand von Tatsachen, deren ich ganz sicher war, zu beweisen, daß er sich im Irrtum befinde.
Ich hatte die gute Stimmung Hitlers zerstört. Sein Gesicht zeigte jetzt einen verärgerten Ausdruck, und seine Stimme klang gereizt, obwohl er immer noch konventionell höflich blieb, als er mir zu verstehen gab, daß ich genügend unterrichtet sei, um die Lage richtig beurteilen zu können. Damit drohte das Gespräch, auf das ich meine ganze Hoffnung gesetzt hatte, ergebnislos zu verlaufen. Das aber durfte um der Sache willen nicht sein. Ich nahm mir deshalb ein Herz und brachte die Sprache noch einmal auf den Selbstopfereinsatz. Dabei griff ich auf seine zu Anfang unseres Gesprächs gemachte Äußerung zurück und bat ihn, daß wir diese Waffe vorbereiten dürften, damit sie zu dem von ihm zu bestimmenden Zeitpunkt zum Einsatz bereit stünde. Hitler willigte ein, wollte jedoch selbst vorerst nicht damit belastet werden.
Zehn Minuten später trug mich der Wagen vom Berghof zurück nach Berchtesgaden, wo mich meine Kameraden erwarteten.
Das Weitere lag nun in der Hand des Chefs des Generalstabes der Luftwaffe, General Korten. Er teilte die Männer des Selbstopfer-Einsatzes einem Geschwader zu, das sie als Sondergruppe aufnehmen und betreuen sollte. Von den Tausenden, die zum Einsatz bereit waren, wurde zunächst nur eine kleine Gruppe von etwa siebzig Mann eingezogen. Später, wenn das technische Gerät einsatzbereit und erprobt wäre und auch Form und Führer des Einsatzes feststünden, sollten die anderen Männer einberufen werden. Die schriftliche Meldung zum Selbstopfer-Einsatz hatte folgenden Wortlaut:
»Ich melde mich hiermit zum SO-Einsatz als Führer der bemannten Gleitbombe. Ich bin mir bewußt, daß dieser Einsatz mit dem Tod endigt. (Unterschrift)«
Selbstverständlich gab auch ich sofort meine Meldung ab, hielt mich jedoch zunächst nach Rücksprache mit meinen Kameraden der Formation selbst fern, um nicht der militärischen Befehlsgewalt zu unterstehen. Daß diese Entscheidung richtig war, sollte sich später zeigen, als sich Führung und Form des Einsatzes nicht in unserem Sinne entwickelten und für mich auf diese Weise eine Intervention außerhalb der Formation möglich war.
Mit der technischen Vorbereitung wurde das Reichsluftfahrtministerium beauftragt. Glücklicherweise lag sie dort in den besten und gewissenhaftesten Händen, denn der Leiter der Abteilung, Heinz Kensche, gehörte selbst zu den einsatzbereiten Männern. Ich wurde gebeten, mit ihm zusammen die fliegerische Erprobung der Geräte zu übernehmen.

Sie fand zunächst in Hörsching bei Linz mit der Me 328 statt, die wir anfänglich für diesen Zweck vorgesehen hatten. Die Me 328 war ursprünglich als Jäger oder Zerstörer geplant gewesen. Sie war in Gemeinschaftsarbeit der Firma Messerschmitt und einer Luftfahrtforschungsanstalt konstruiert worden und sollte von zwei Argus-Schmitt-Rohren angetrieben werden. Nach den ersten Versuchsflügen war jedoch diese Entwicklung vom Ministerium abgestoppt worden.
Nun sollte sie von uns ohne Triebwerk als eine Art bemannte Gleitbombe für den SO-Einsatz Verwendung finden. Sie war ein Einsitzer mit ganz kurzen Flügeln, etwa vier bis fünf Meter Spannweite. Gleitzahl war bei zweihundertundfünfzig Kilometer je Stunde rund eins zu zwölf, bei siebenhundertundfünfzig Kilometer je Stunde rund eins zu fünf. Die Me 328 konnte nicht selbständig starten, sondern wurde im Huckepack-Schlepp auf der Tragfläche des Bombers Do 217 zur Erprobung auf eine Höhe von dreitausend bis sechstausend Metern getragen. Man konnte sich im Führersitz der Me 328 von der Do 217 selbst entkuppeln und ohne irgendwelche Schwierigkeiten die Maschine während des Fluges von den Tragflächen abheben. Die Flugeigenschaften reichten für den vorgesehenen Zweck aus. Wir mußten gute Sicht, Bequemlichkeit, große Wendigkeit, Längsstabilität und Kursstabilität fordern. Diese Bedingungen wurden erfüllt.
Die Erprobungen waren im April 1944 abgeschlossen. Im Auftrage des Ministeriums sollte nun ein Thüringer Werk den Serienbau übernehmen. Aus mir bis heute nicht ersichtlichen Gründen ist die Serie jedoch niemals richtig angelaufen. Nicht eine einzige Serienmaschine ist in unsere Hände gelangt.
Wie sehr bedauerten wir, daß wir nicht von vornherein auch den zweiten Vorschlag vorbereitet hatten, nämlich die bemannte V 1 zu verwenden. Doch wer konnte uns jetzt eine Hilfe bringen, die zu diesem Zeitpunkt und dieser Kriegslage noch einen Sinn hatte?
Sie kam uns dennoch unerwartet. In diesen Tagen sagte sich bei mir im Haus der Flieger überraschend Otto Skorzeny, der Mussolini-Befreier, telefonisch an. Bisher kannte ich ihn nur von Bildern und von dem, was man sich von seinem abenteuerlichen Einsatz erzählte. Zur verabredeten Stunde stand er vor mir. Seine große, breite Gestalt füllte fast den Rahmen meiner Tür. Seine warmen und freundlichen Augen verrieten nicht, daß sich hier Herz mit soviel männlicher Härte und Tapferkeit paarte. Die erste Verbindung schuf schnell der österreichische Dialekt, den Skorzeny sprach – für mich heimatlich vertraut. Skorzeny kam von Himmler, der ihm von unserem Plan berichtet hatte. Er selbst hatte sich mit dem Einsatz von Sonderwaffen eingehend beschäftigt und stand bereits in Verbindung mit der Marine, die mit Einmanntorpedos und Tauchern ebenfalls einen Weg

suchte, um eine Wende in der Entwicklung des Krieges zugunsten Deutschlands in letzter Stunde herbeizuführen. Unabhängig von uns war ihm der Gedanke der Verwendung der V 1 gekommen.
Nun war er hier, um mit mir die Durchführbarkeit des Planes zu beraten. Er konnte nicht ahnen, daß wir deswegen bereits in Besprechungen mit den maßgeblichen Fachleuten standen. Doch sollte es dann ausschließlich Skorzenys Hilfe sein, die den Plan in kürzester Zeit Wirklichkeit werden ließ. Er ging dabei ebenso großzügig wie abenteuerlich vor, indem er bei den entscheidenden Stellen alle Bedenken und Hindernisse einfach mit dem Vorwand hinwegfegte, daß er die Vollmachten besitze und angehalten sei, darüber Hitler laufend Bericht zu erstatten. Es scheint mir selbst heute fast unglaublich, daß es einem Stab von Konstrukteuren und Luftfahrtingenieuren tatsächlich gelang, die V 1 in wenigen Tagen umzukonstruieren und umzubauen. Die bemannte V 1 erhielt die Tarnbezeichnung »Reichenberg«. Sie wurde streng geheim gehalten. Mit Ausnahme von wenigen Männern wußte niemand von ihrer Existenz, selbst jene nicht, die an der normalen V 1 arbeiteten. Die V 1 wurde in verschiedenen Ausführungen konstruiert und mit den bereits vorhandenen Serienteilen der V 1 zum Einfliegen fertiggestellt.
Die erste Ausführung war eine einsitzige V 1 mit abgefederter Kufe und Landeklappe, um landen zu können, mit Triebwerk versehen und diente zum Trainieren. Der Führersitz befand sich direkt hinter dem Flügel.
Die zweite Ausführung war eine doppelsitzige V 1, bei der ein Sitz vor der Fläche, der andere hinter der Fläche lag. Sie hatte Doppelsteuer, war ohne Triebwerk und sollte den SO-Männern als Schulmaschine dienen. Da jede Landung mit der V 1 besonders schwierig war, sollten aus den Reihen dieser Männer die besten als Fluglehrer ausgebildet werden, die dann auch jeweils die Landung nach dem Training durchführen sollten. Bei der Gesamtheit der SO-Männer durfte man nicht ohne weiteres voraussetzen, daß sie eine Landung ohne Gefährdung ihres Lebens durchführen konnten.
Die dritte Ausführung war die sogenannte Einsatzmaschine, einsitzig, mit Triebwerk, ohne Landemöglichkeit, das heißt, ohne Kufe und ohne Landeklappen.
Ich stellte mich für die Erprobung zur Verfügung. Die Militärerprobungsstelle Echlin wollte jedoch die Erprobung mit eigenen Piloten durchführen. An einem sommerwarmen Tag flog ich mit meiner Bücker 181, begleitet von dem baumlangen Otto Skorzeny nach Lärz, um den Versuchen beizuwohnen. Als wir in Lärz landeten, war schon alles für den Versuchsflug vorbereitet. Die V 1 hing unter der rechten Tragfläche des Bombers He 111. Der Start der bemannten V 1 erfolgte im Tragschlepp der He 111, und zwar in der gleichen Weise, in der die unbemannte V 1

gestartet wurde, nachdem die eigentlichen Katapultschleudern in Feindeshand gefallen waren. Der Aktionsradius der unbemannten V 1 hätte nicht mehr ausgereicht, um von deutschen Plätzen aus die englischen Ziele zu erreichen*). Bei der bemannten V 1 kam ein Katapultstart wegen der auftretenden hohen Beschleunigungen (etwa siebzehn g**) nicht in Frage.
Die He 111 hatte sich längst vom Boden abgehoben. Fasziniert folgte ihr unser Blick, wie sie nun mit ihrer Last höher und höher stieg bis zu dem Augenblick, in dem sich die bemannte V 1 selbständig machte, um wie ein kleiner, schneller Vogel dem Schutz der He 111 zu enteilen. Der Pilot flog einige Kurven. Dann blieb er in kerzengeradem Kurs, verlor unaufhaltsam in ständig steiler werdendem Gleitflug an Höhe. Wir hatten atemlos zusehend längst erkannt, daß in dem Verhalten der Maschine keine Absicht des Piloten lag.
Die Maschine war unserm Blick entschwunden. Eine Rauchwolke in der Ferne und eine Detonation schienen das Ende zu sein. Es folgte eine lähmende halbe Stunde, bis wir erlöst die Nachricht erhielten, daß der Pilot nicht tot, sondern nur schwer verletzt war.
Man stellte fest, daß nicht ein Konstruktionsfehler die Ursache für den Absturz war. Der Pilot hatte versehentlich den Verschluß des Kabinendaches gelöst. Die Kabine flog davon und, benommen von der Stärke des Luftzuges, verlor der Pilot die Gewalt über die V 1. Am andern Tag startete ein zweiter Pilot. Auch er verunglückte, kam jedoch ebenfalls mit dem Leben davon.
Danach übernahmen Heinz Kensche und ich zunächst die weitere Erprobung.
Mein erster Flug glückte und die anderen acht oder zehn, die ich nachher machte, auch. Natürlich gab es dabei einige recht schwierige Situationen. So streifte zum Beispiel bei einem meiner Flüge der Bomber, der mich trug, nachdem mich der Pilot abgehängt hatte, den Rumpf meiner Maschine. Es krachte dabei erheblich, als wenn der Schwanz der V 1 abgesägt worden wäre. Nur mit großer Mühe konnte ich die V 1 mit den vorhandenen Steuerwegen halten. Trotzdem gelang es, glatt zu landen. Wir stellten fest, daß der Schwanz angebrochen und fast um dreißig Grad nach rechts verdreht war. Es schien ein Wunder, daß er nicht abgebrochen und die Maschine abgestürzt war.
Bei einem anderen Versuch wollte ich in einem Bahnneigungsflug die Eigenschaften der V 1 bei den verschiedensten Geschwindigkeiten feststel-

*) Daher mußte die unbemannte V 1 im Tragschlepp der He 111 näher an das feindliche Ziel herangetragen werden.
**) g = Einheitsmaß der Beschleunigung.

len, wobei ich sie bis achthundertundfünfzig Kilometer je Stunde ausflog. Während des Versuchs löste sich, von mir unbemerkt, ein im Rumpf verzurrter Sandsack, den ich als zusätzliches Gewicht in den vorderen Sitz der doppelsitzigen V 1 hatte einbauen lassen. Als ich nun die Maschine aus großer Fahrt abfangen wollte, blockierte er das Höhenruder. Ich hatte nicht mehr genug Höhe und auch nicht genug Zeit, um mit dem Fallschirm aussteigen zu können. Ich mußte jetzt alles riskieren, um noch eine kleinste Chance der Rettung zu gewinnen. Ich stellte deshalb die Maschine kurz vor Erreichen des Bodens auf den Kopf und riß sie mit dem geringen mir zur Verfügung stehenden Steuerweg des Höhenruders dicht über dem Boden wieder heraus. Das Aufbäumen genügte tatsächlich, um die Maschine abzufangen. Sie setzte hart auf. Kufe und Rumpf splitterten. Ich blieb unverletzt. Ein anderes Mal sollte ich hohe Geschwindigkeiten bei voller Last erproben. Zu diesem Zweck hatten wir einen Tank mit Wasser eingebaut. Da aber die provisorische Landekufe nicht für eine Landung mit solcher Last berechnet war (die Einsatzmaschine brauchte ja nicht zu landen, sondern stürzte sich in das Ziel); mußte das Wasser vor der Landung aus dem Tank herausgelassen werden, da sich sonst bei der geringen Federung der Pilot unweigerlich beim Landen das Rückgrat verletzen mußte. Ich begann die Versuche in etwa sechstausend Meter Höhe, was zur Folge hatte, daß die Tanköffnung zum Ablassen des Wassers vereiste. Als ich nun in fünfzehnhundert Meter Höhe, im Horizontalflug den Tank öffnen wollte, ließ sich die Auslösung infolge der Vereisung nicht mehr bewegen. Da aber der Flug ohne Triebwerk im Gleitflug vor sich ging, und die Maschine sich mit hoher Sinkgeschwindigkeit rasch dem Boden näherte, wurde jede Sekunde entscheidend. Meine Hände rissen sich in verzweifelter Anstrengung an dem Auslösegriff, der sich nicht bewegen wollte, blutig. Die Erde kam immer näher. Endlich, wenige hundert Meter über dem Boden ließ sich die Öffnung lösen, und es gelang noch eben, den größten Teil des Wassers aus dem Tank zu lassen. Die Maschine war gerettet. Ich hatte Glück gehabt.

Die V 1 war fliegerisch leicht zu beherrschen und hätte flugeigenschaftsmäßig von Durchschnittspiloten einwandfrei geflogen werden können. Schwierig war lediglich die Landung, da die Landegeschwindigkeit sehr hoch war und meist ohne Triebwerk gelandet werden mußte. Inzwischen begannen wir in der doppelsitzigen V 1 die Männer zu schulen, die später selbst wieder als Lehrer die übrigen SO-Männer ausbilden sollten. Wir ließen uns Rauchziele, die wir systematisch anflogen, in großer Höhe schießen. Wir studierten alle maßstabgetreuen Modelle der Schlüsselstellungen des Gegners und bereiteten in dieser Form unter anderem den Einsatz ganz nüchtern fliegerisch und technisch vor.

Doch die Zeit rollte über alle diese Anstrengungen hinweg und veränderte das Bild immer eindeutiger zuungunsten Deutschlands.
Inzwischen hatte die Invasion begonnen. Weder die Me 328 noch die bemannte V 1 konnten jemals eingesetzt werden. Jetzt wurde es zum erstenmal offensichtlich, daß der entscheidende Augenblick verpaßt worden war. Die Schwierigkeiten, die sich von Beginn an unserem Plan entgegengestellt hatten, waren größer gewesen als unser Wille. Und hier beginnt dann die Reihe der persönlichen und sachlichen Mißverständnisse, die auch innerhalb der Formation zu großen Schwierigkeiten geführt haben. Sie aufzuzeigen lohnt sich heute nicht mehr, denn sie müssen im Schmelztiegel der großen geschichtlichen Ereignisse, die sich seitdem begeben haben, klein und unbedeutend erscheinen. Eines jedoch muß festgestellt werden: die Männer des Selbstopfer-Einsatzes lebten während der ganzen Zeit nur dem einen hohen Ziel, das sie sich gesetzt hatten. Dieses Ziel mußte notwendig alles ausschließen, was der Idee hätte Abbruch tun können. Dazu gehörte zum Beispiel Himmlers Vorschlag, für den Selbstopfer-Einsatz nur Lebensmüde, Kranke oder Verbrecher vorzusehen, die mit ihrem freiwilligen Tod ihre »Ehre« wiedergewinnen sollten. Dazu gehörte aber auch jegliche Herausstellung der Männer durch die Propaganda, wie es durch Goebbels geschah, der sie eines Tages zu sich rief, um ihnen eine vorzeitige Heldenehrung zu bereiten, die unterschiedslos bei jedem einzelnen nur peinlichste Betroffenheit auslöste. Solche Vorgänge zeigten nur die völlige Verkennung unseres Planes. Man verkannte die Haltung, aus der bei uns der Gedanke des Selbstopfer-Einsatzes geboren worden war.
Wir hatten jedoch wenig Möglichkeiten, uns dagegen zu wehren, denn die Verhältnisse waren stärker. Meine Kameraden lebten weiter eingeschlossen in dem engen Kreis ihrer militärischen Einordnung, während die Zeit verrann. Die militärische und politische Entwicklung machte unsere Einsatzbereitschaft gegenstandslos.
Es war zu spät!«
Gerhard Fieseler hörte von diesem Projekt erst, als Lusser schon einen Führersitz hatte einbauen lassen. Das RLM hatte diesen Auftrag direkt an Lusser gegeben, ohne die Firmenleitung zu verständigen.

In persönlichen Gesprächen mit dem Verfasser über die Entwicklung der V 1-Flugbombe berichtete Herr Dipl.-Ing. W. A. Fiedler, der die Erprobung in Peenemünde leitete, über Tatsachen im Zusammenhang mit der bemannten Flugbombe.
Mit Dipl.-Ing. Lusser war er vom RLM nach Berlin eingeladen worden.

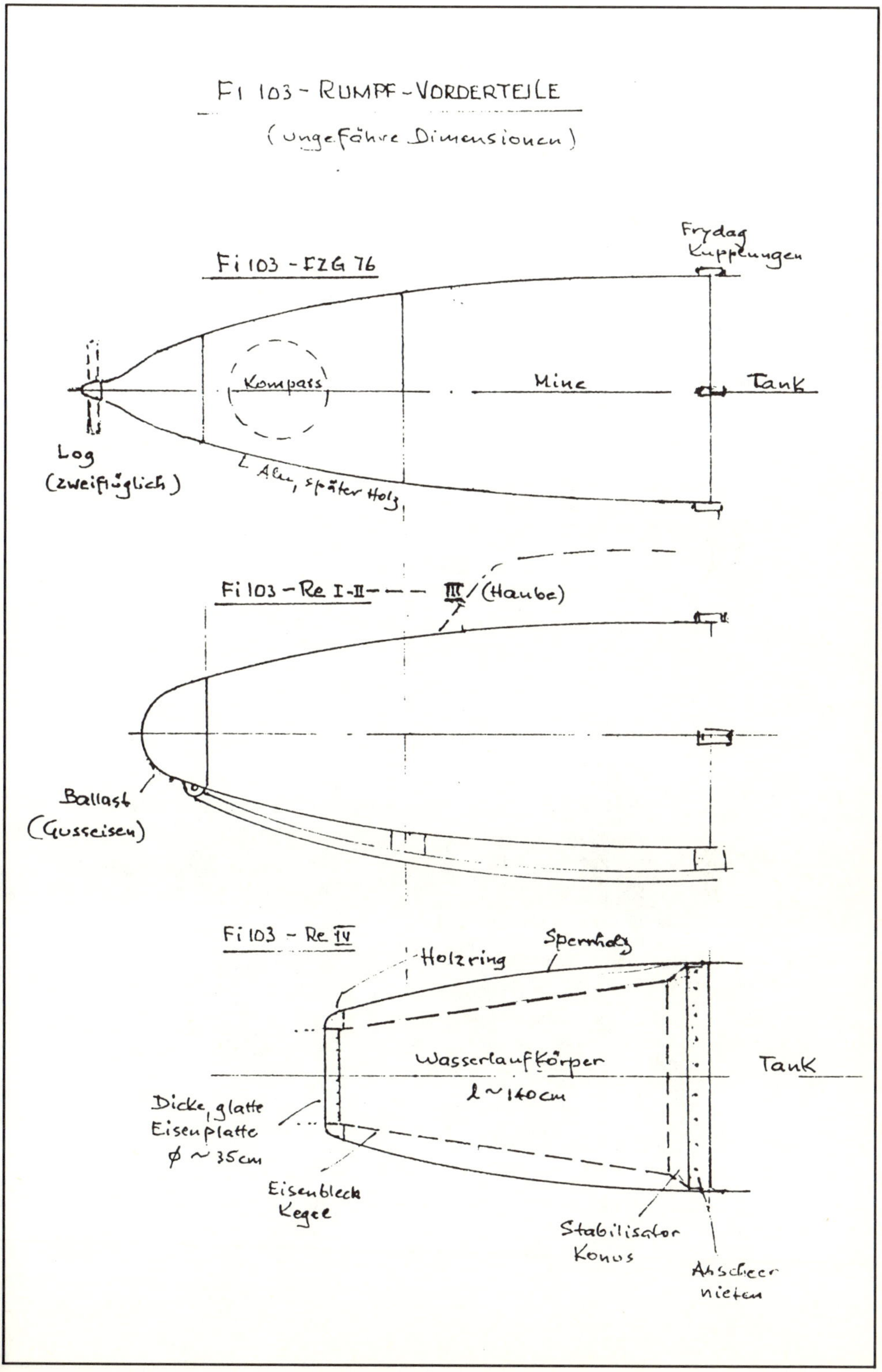
Fi 103 - RUMPF - VORDERTEILE
(ungefähre Dimensionen)
Fi 103 - FZG 76
Frydag Kupplungen
Kompass
Mine
Tank
Log
(zweiflüglich)
Alu, später Holz
Fi 103 - Re I-II - - - III (Haube)
Ballast
(Gusseisen)
Fi 103 - Re IV
Holzring
Sperrholz
Wasserlaufkörper
l ~ 140cm
Tank
Dicke, glatte
Eisenplatte
ø ~ 35cm
Eisenblech
Kegel
Stabilisator
Konus
Abscheer
nieten

Übersicht der Tätigkeit von Dipl.-Ing. Willy Achim Fiedler, geboren am 23. Januar 1908 in Freudenstadt im Schwarzwald.

Herr Fiedler war maßgeblich an der Entwicklung und Erprobung der deutschen Flugbombe V-1 beteiligt und flog selbst die bemannte Flugbombe V-1 Reichenberg.

In über 30-jähriger Tätigkeit in den USA entwickelte er zunächst die V1 weiter, um sie von U-Booten abzuschießen, und arbeitete an mehreren Generationen von Raketen bis hin zum heutigen Marschflugkörper.

WILLY ACHIM FIEDLER, geboren 23.01.1908 in Freudenstadt

Studium / Schulung

| | |
|---|---|
| 1926 | Abitur, Freudenstadt |
| 1928 | Segelflugschule, Rhön |
| 1930 | Motor- u. Kunstflug, Akaflieg, Stuttgart |
| 1934 | Dipl.-Ing., Stuttgart |
| 1937 | Mehrmotorige, DVL Berlin, zugleich Fluglehrer |
| 1938 | Flugbaumeister, Berlin |
| 1942 | Flugkapitän, Kassel |

Berufsweg

| | |
|---|---|
| 1934 | Ruhrthaler M. F. Mülheim/Ruhr: Entwurf/Bau Übgs. einsitzer |
| 1936 | British Aircraft Feltham Mx.: Projektstudien |
| 1937 | DVL Berlin und EdL Rechlin: Flugbauführer |
| 1938 | Gerhard Fieseler Werke Kassel: Leiter d. Musterflugabtl. |
| 1940 | Chefpilot, Leiter d. Muster u. Serienflugabteilung: Erprobung Fi 99, 158, 167, 256, Spatz. Erstflüge. Serieberprobung Me 109, Fi 156, FW Weihe. |
| 1942 | Firmenerprobungsleiter Fi 103 "V 1"), EdL Peenemünde: Zusammenarbeit mit Argus, Askania, Rheinmetall; Entwicklung des Lufteinsatzes Fi 103/He 111 |
| 1944 | Projektleiter Reichenberg (Bemannte V 1) : Konstruktion und Bau in Berlin-Schönefeld, Erprobung in Lärz |
| 1945 | Bachem Werk Waldsee (Teilhaber seit Gründung): BP Natter |
| 1946 | Ingenieurbüro Nabern-Teck |
| 1948 | Naval Air Missile Center Pt. Mugu: U-boot einsatz Loon |
| 1953 | Division head: Raketenerprobung und Entwicklung von Start- und Strahlensteuermethoden. Zugleich bei Northrop Berater:Snark Startmethode |
| 1956 | Lockheed Missile and Space Division Sunnyvale<br>Manager Technical Staff: FBM Polaris einschl. UW start |
| 1963 | Manager Scientific Staff: Weiterentwicklung FBM-Poseidon |
| 1966 | US Defense Dep./IDA Washington: Definition des Trident FBM systems |
| 1967 | Lockheed Missile Division Sunnyvale |
| 1974 | Chief Scientist and Advanced Design Manager<br>Zugleich US Defense Dep./ Defence Science Board, Strategic Systems. |

In einem Gästehaus des RLM am Wannsee informierte man sie über den Selbstopferplan. Anwesend war der Initiator dieses Planes, Flugkapitän Hanna Reitsch. Beide Ingenieure wurden gefragt, ob die Fi 103 dafür geeignet wäre, was nach einigen Überlegungen bejaht wurde.

Die Arbeiten wurden unter größter Geheimhaltung in einem Attrappenraum der Henschel-Flugzeugwerke begonnen. Die Tarnbezeichnung des GFW-Entwicklungsbüros für dieses Projekt lautete Fa. Kleinschmidt. Fiedlers Abteilung in Schönfeld nannte sich Segelflug Reichenberg GmbH. Daher stammte auch der Name Fi 103-Reichenberg oder auch je nach Typ Fi 103 Re I-IV. Fiedler bekam jede Unterstützung, um den Umbau der Standard-Flugbombe zügig voranzutreiben. Gearbeitet wurde rund um die Uhr. Die Umgebung war abgesperrt, und keiner durfte das Gelände verlassen, geschlafen wurde in der Werkstatt.

Eine von der Lufthansa in Böblingen umgerüstete Heinkel He 111 warf die erste bemannte Flugbombe über dem Flugplatz Lärz, einem Außenplatz von Rechlin, ab.

Am Steuerknüppel in der engen Kabine der Fi 103 Reichenberg saß Dipl.-Ing. Fiedler, der die Maschine in 3500 m Höhe ausklinken ließ und in Platznähe kreiste. Es war eine Freude, die Flugbombe zu fliegen, die Flugeigenschaften waren sehr gut, berichtet Fiedler, nur das Querruder war zu empfindlich. Unangenehm dagegen war die Lage im Start unter der Trägermaschine He 111. Im gedrückten Gleitflug erreichte er eine Geschwindigkeit von 650 km/h, nach etwa 6 Minuten war der erste Flug erfolgreich beendet.

Die Landegeschwindigkeit war für die damalige Zeit sehr hoch, aber Fiedler verfügte über vielseitige Erfahrungen im Einfliegen neuer Flugzeugtypen. Bei weiteren Erprobungsflügen wurden zwei Piloten schwer verletzt, die selbstverschuldet Bruch gemacht hatten.

Für die schnelle und erfolgreiche Entwicklung der bemannten fliegenden Bombe erhielt W. A. Fiedler einen Dankesbrief von dem Reichsführer SS Heinrich Himmler, der von Otto Skorzeny überbracht wurde.

In Zusammenarbeit mit der Kriegsmarine schwebte dem RLM der Einsatz gegen Großkampfschiffe vor, die bemannte Flugbombe sollte unterhalb der Wasseroberfläche den Schiffskörper treffen. Die Detonation würde das Schiff um einige Millimeter anheben, um es dann auseinanderbrechen zu lassen; die Tragflächen der Flugbombe würden beim Aufschlag auf das Wasser abgerissen werden.

Gemeinsam mit Professor Wagner wurden in einem Wassertank bei Henschel Versuche mit dem Rumpf durchgeführt, um die beste Form für den Geradelauf zu ermitteln. Diese Idee stammte von Professor Madelung, der an der Technischen Hochschule Stuttgart tätig war.

In der beigefügten Originalskizze von Herrn Fiedler sind die verschiedenen Rumpf-Vorderteile der Fi 103 aufgezeichnet.

# Wachtels Regiment in Nordfrankreich

Zurück an die Kanalküste nach Frankreich. Es war das Jahresende 1943. Am 30. Dezember 1943 fand eine Besprechung beim Generalkommando des LXV. Armeekorps statt, ausgelöst durch ein Fernschreiben des Wehrmachts-Führungs-Stabes vom 24. Dezember, in dem angeordnet wurde, daß die Vorbereitungen des Einsatzes gegen London in der ersten Januarhälfte 1944 beginnen sollten. Es wurde offenbar, welche Unklarheit über den wirklichen Entwicklungsstand der neuen Waffe, insbesondere in den oberen Führungsstäben, herrschte. Ein Teilnehmer der Besprechung wies auf eine Vorführung hin, die im November 1943 in Insterburg (Ostpreußen) stattgefunden hatte. Die Luftrüstungsindustrie führte damals ihre neuesten Entwicklungen vor. Hitler erschien in Begleitung von Reichsführer SS Heinrich Himmler gegen Mittag des 26. November. Dabei sah er zum erstenmal die Flugbombe FZG 76. Obwohl es nur eine statische Ausstellung war, beeindruckte ihn die Größe des Projektils. Der Chef der Flugbombenerprobungsstelle in Peenemünde-West, Gruppenleiter Kröger, erklärte dem Führer, wie die Waffe funktionierte. Hitler hörte interessiert zu und fragte am Ende des Vortrages den Ingenieur, wann das Gerät nach seiner Meinung einsatzbereit sei. Kröger antwortete kurz: »Ende März, mein Führer.« Hitler nickte und schwieg. General Bodenschatz, der ständige Vertreter der Luftwaffe im Führerhauptquartier, fragte Oberst Petersen, den Kommandeur der Erprobungsstelle der Luftwaffe, wer denn der Pessimist gewesen sei, der diesen Vortrag gehalten habe. Hitler, über die ständige Verzögerung verärgert, fuhr zurück nach Rastenburg in sein Hauptquartier.

Alle bei der Besprechung Anwesenden hatten zugehört und stimmten der Antwort Krögers an Hitler nicht nur zu, sondern waren sogar der Meinung, daß vor April-Mai 1944 nicht geschossen werden könne. Die an diesem 30. Dezember gehaltenen Vorträge über Erprobungsstand, Produktion, Ausbau der Feuerstellungen, Einsatz und Nachschubfragen bestätigten, daß der Einsatz erst später zu erwarten war. Nachdem das Protokoll dieser Besprechung in Paris dem Wehrmachtsführungsstab zugeschickt worden war, erhielten General von Axthelm und der Bearbeiter im Technischen Amt, Bree, den Befehl, sich am 3. Januar 1944 zu einem Vortrag bei General Jodl und dem Chef des Informationsdienstes, General Warlimont, im Oberkommando der Wehrmacht zu melden.

Jodl, ein ungewöhnlich kluger, vielseitig gebildeter und interessierter Offizier, dessen Kenntnisse und Ambitionen weit über das militärische Gebiet hinausgingen, wurde im Laufe des Krieges in allen strategischen und operativen Fragen als Berater von Hitler sehr geschätzt.
General von Axthelm erwähnte am Ende seines Vortrages über den Stand der Waffe noch einmal seine früheren Forderungen und Bedenken. Die bisher geplanten Stückzahlen von 3000 Flugkörpern pro Monat reichten nicht einmal für eine Nadelstich-Taktik aus. Es sei unumgänglich, monatlich 30 000–36 000 Stück zu fertigen. Nur mit solchem Masseneinsatz sei es möglich, auch die Invasionsvorbereitungen wirksam zu zerschlagen.
Nur bei sofortiger Genehmigung, so Axthelm, könne die geforderte Produktion erreicht werden. Das Programm sei mit den Fertigungsstätten abgesprochen, benötige aber 4 Monate, um voll anzulaufen.
Jodl hatte aufmerksam zugehört und bedankte sich bei Axthelm. Nach diesem Vortrag Axthelms und Brees muß der Eindruck entstanden sein, die neue Waffe sei in wenigen Wochen einsatzbereit, denn die Folge war, daß sich Hitler persönlich einschaltete und den Einsatz der Flugbomben für den 15. Februar 1944 befahl.
Von seiten der Luftwaffe mußte aber gemeldet werden, daß es nicht möglich sei, diesen Termin einzuhalten, da bis dahin weder genügend Geräte noch Schleudern vorhanden seien. In einer Sitzung am 27. Januar 1944 entwickelte sich zwischen Generalfeldmarschall Milch, seinem Vertreter im technischen Amt, General Vorwald, und Flieger-Stabs-Ingenieur Bree folgendes Gespräch:
*Vorwald:* Der Vortrag hat nicht bei General Korten, sondern bei den Generälen Jodl und Warlimont stattgefunden.
*Milch:* Dabei war doch eins klar, daß im Januar 1944 keine 1400 Geräte herauskommen können.
*Bree:* Das habe ich auch nicht gesagt.
*Milch:* Es ist aber so aufgefaßt worden. Sie sehen, welche Mißverständnisse vorkommen, wenn ein Techniker mit einem Nichttechniker spricht. Keitel hat mir deswegen geschrieben und ich habe ihm erwidert, daß der Vortrag nichts mit mir zu tun hätte; denn den General der Flakwaffe ginge es nichts an. Es handelt sich um ein Gerät, das noch absolut in der Entwicklung ist, in die Erprobung genommen wurde, die aber noch nicht abgeschlossen ist. Ein Serienanlauf ist von uns bereits vorbereitet, so daß wir, sobald alles klar ist, sofort in die Serie gehen können. Wir machen bei diesem Serienanlauf natürlich noch sehr viele Arbeiten ins Ungewisse.

Zum Abschluß des Jahres am 31. Dezember 1943 erließ der Kommandeur folgenden Tagesbefehl: (15)

»Soldaten! Wieder stehen wir an der Schwelle eines neuen Jahres! Hart und unerbittlich tobt der Krieg noch um uns. Ein Krieg, der uns von den Völkern aufgezwungen wurde, die genau wie 1914 den Aufstieg unserer Nation nicht glaubten hinnehmen zu können. Jeder Versuch, der vor dem Kriege vom Führer unternommen wurde, das Ringen zu vermeiden, schlug fehl, ebenso wie die mehrmaligen Angebote an England im Jahre 1939 und 1940, den Krieg zu beenden, wirkungslos verhallten. Also muß und wird der gigantische Kampf bis zu seinem Ende durchgeführt werden, und dieses Ende muß und wird ein deutscher Sieg sein, wenn wir nicht uns selbst und unsere Zukunft aufgeben wollen. In diesem Kampf sind wir vor eine bedeutende Aufgabe gestellt worden, und sie zu erfüllen wird im neuen Jahr unsere schönste und höchste Pflicht sein.
In diesem Sinne wünsche ich allen meinen Offizieren, Unteroffizieren und Mannschaften meines Regiments Soldatenglück für das kommende Jahr, das uns dem Endsieg und damit dem Frieden einen gewaltigen Schritt näher bringen wird.

Gezeichnet: Wachtel
Oberst und Regimentskommandeur«

Die gefürchteten Bombenangriffe nahmen im Januar 1944 an Intensität zu. Insbesondere die »Wasserwerke«, betonierte Flugbombenlager, waren von den feindlichen Aufklärern schnell erkannt und zogen die schweren Bomberverbände magnetisch an.
Der Stand der Ausweichlager zu diesem Zeitpunkt sah folgendermaßen aus:

Feldmuna Nordpol für 1500 Zellen,
bezugsfähig ca. Mitte März.
Feldmuna Besancourt für 1500 Zellen,
bezugsfähig ca. Mitte März.
Feldmuna Cambrai für 1200–1800 Zellen,
bezugsfähig nicht vor Mai.

In der Nähe von Creil wurde eine Höhle für 1200 Geräte vorbereitet. Für Westfrankreich war bei Chartres ab 1. Februar eine Lagermöglichkeit für 1500 Geräte. Eine größere Höhle bei Le Mans konnte sofort 300 Geräte, ab 1. Mai weitere 1000 Geräte aufnehmen. Obwohl der Wehrmachtsführungsstab sich einseitig für Betonbauten entschieden hatte, versuchte das General-Kommando einfachere Lagermöglichkeiten zu finden und die Großbauten einzustellen oder zu vernachlässigen. Offenbar war die Meinung des WFST beeinflußt durch die OT, die der Ansicht war, daß Beton das Allheilmittel gegen Bomben sei, ohne aber die Neuentwicklung bei Bomben und Flugzeugen zu berücksichtigen.

Die Arbeit an dem nach rückwärts verlagerten neuen, vereinfachten Stellungssystem begann zügig. Alle bisher gebauten Stellungen und Versorgungsstellen wurden für den Einsatz aufgegeben. Trotzdem wurde an den bisherigen Stellen unter langsamer, unauffälliger Herauslösung französischer Arbeiter weiter gearbeitet. Alle neuen Gefechtsbauten durften nur mit eigenen Truppen und schnell herangeführten Luftwaffen-Baubataillonen errichtet werden.
Als die Arbeiten wegen fehlenden Personals zu stocken begannen, wendete man sich an das SS-Wirtschafts-Verwaltungshauptamt in Berlin. SS-Gruppenführer Dr. Ing. Kammler faßte in einem Bericht vom 29. Juli 1944 den Einsatz wie folgt zusammen: (Auszüge) (23)

*»5. SS-Baubrigade*

Am 8. 2. 1944 wurde auf Befehl von SS-Gruppenführer Dr. Ing. Kammler SS-Sturmbannführer Weigel zu Einsatzbesprechungen für die Aufstellung und Inmarschsetzung der 5. SS-Baubrigade beim Generalkommando LXV A. K. AKO 15 zum Einsatz bei Stellungsanlagen V 1 befohlen. Die 5. SS-Baubrigade wurde disziplinär dem zuständigen höheren SS- und Polizeiführer im Bezug auf Einsatz und in wirtschaftlicher Hinsicht den obigen Wehrmachtsdienststellen, befristet zunächst bis zum 1. 9. 45, unterstellt. Laut Befehl vom 28. 2. 1944, Chef des SS-Wirtschafts-Verwaltungshauptamtes, SS-Obergruppenführer und General der Waffen-SS Pohl, wurde die Inmarschsetzung der 5. SS-Baubrigade in Stärke von 2526 Häftlingen befohlen. Die Häftlinge aus dem Konzentrationslager Buchenwald wurden nach Rouen, – die aus dem Zuchthaus in Köln nach Aumale in Marsch gesetzt, beide Orte lagen in Nordfrankreich.
Der Einsatz für V1-Stellungen, lautete WL-Sonderbauten. Die Übernahmestärke betrug 2518 Mann, acht Häftlinge waren auf dem Transport geflüchtet.
Für die Bewachung wurden 99 SS- und 211 WL-Wachmannschaften eingesetzt; sie stößt besonders bei den KZ-Häftlingen, trotz fortgesetzter und eingehender Belehrung auf besondere Schwierigkeiten.
Wachvergehen und Fluchtfälle werden immer wieder gemeldet. Die dem Generalkommando LXV A. K. unterstellten Wachmannschaften sind nach eingehender Rücksprache nochmals belehrt worden. Die zuständigen Kriegsgerichte haben bei Wachvergehen strenge Strafen ausgesprochen. Unter den Häftlingen befanden sich 5,1 % Deutsche, 29,8 % Polen, 60,7 % Russen und 4,4 % Tschechen.«
Generalleutnant Kammler berichtet weiter: »In den letzten Wochen haben

die Männer mehrere schwere Bomben- und Tieffliegerangriffe sowohl auf den Arbeitsplätzen als auch in den Standquartieren durchmachen müssen. Der Dienst war infolge der kurzen Fertigstellungstermine für die Sonderbauten anstrengend.
Die Verpflegung der Häftlinge ist reichlich und gut. Für besonders schwere Arbeiten wird Zusatzverpflegung gewährt. Rauchwaren werden je nach Arbeitsleistung an die Häftlinge abgegeben. Die Bekleidung ist nicht ausreichend, die Komandos brachten keine Wechselwäsche mit. Besonders schlecht ist das Schuhwerk, ein Teil der Häftlinge muß infolge Nichtvorhanden-seins barfuß gehen.
Die Unterkünfte der Häftlinge sind in allen Standorten verhältnismäßig gut und sauber, die ärztliche Betreuung erfolgt bei Wachmannschaften und Häftlingen durch die zuständigen Standortärzte. Bei dem überwiegenden Prozentsatz fremdländischer Häftlinge ist ein Arbeiten für die Sonderbauten sehr erschwert durch den Mangel an deutschen Vor- und Facharbeitern. Die termingemäße Fertigstellung dieser WL-Sonderbauten war nur dadurch möglich, daß die Häftlinge dauernd zur Arbeit scharf angehalten wurden. Durch die Fliegerangriffe zeigten sich die Häftlinge sehr arbeitsunwillig und undiszipliniert. Insbesondere bei den polnischen Häftlingen mußte scharf durchgegriffen werden, da sie andere zur Verweigerung der Arbeit in mehreren Fällen aufwiegelten und auch zum größten Teil die Urheber von Fluchtfällen und vor allem des größeren Überfalls auf die Wehrmachtsposten sind.«
SS-Gruppenführer und Generalleutnant der Waffen-SS Kammler schließt seinen Bericht am 29. 7. 1944 mit einer Aufstellung der Häftlingsbewegung vom 30. 6. 1944:

| Übernahme | |
|---|---|
| Nach KZ-Lager Buchenwald überstellte Häftlinge | 2518 |
| Kranke und Verletzte | 56 |
| Gestorben | 28 |
| Geflüchtete | 94 |
| Auf der Flucht erschossen | 11 |
| Durch Bombenangriffe vermißt | 39 |
| | 2293 |

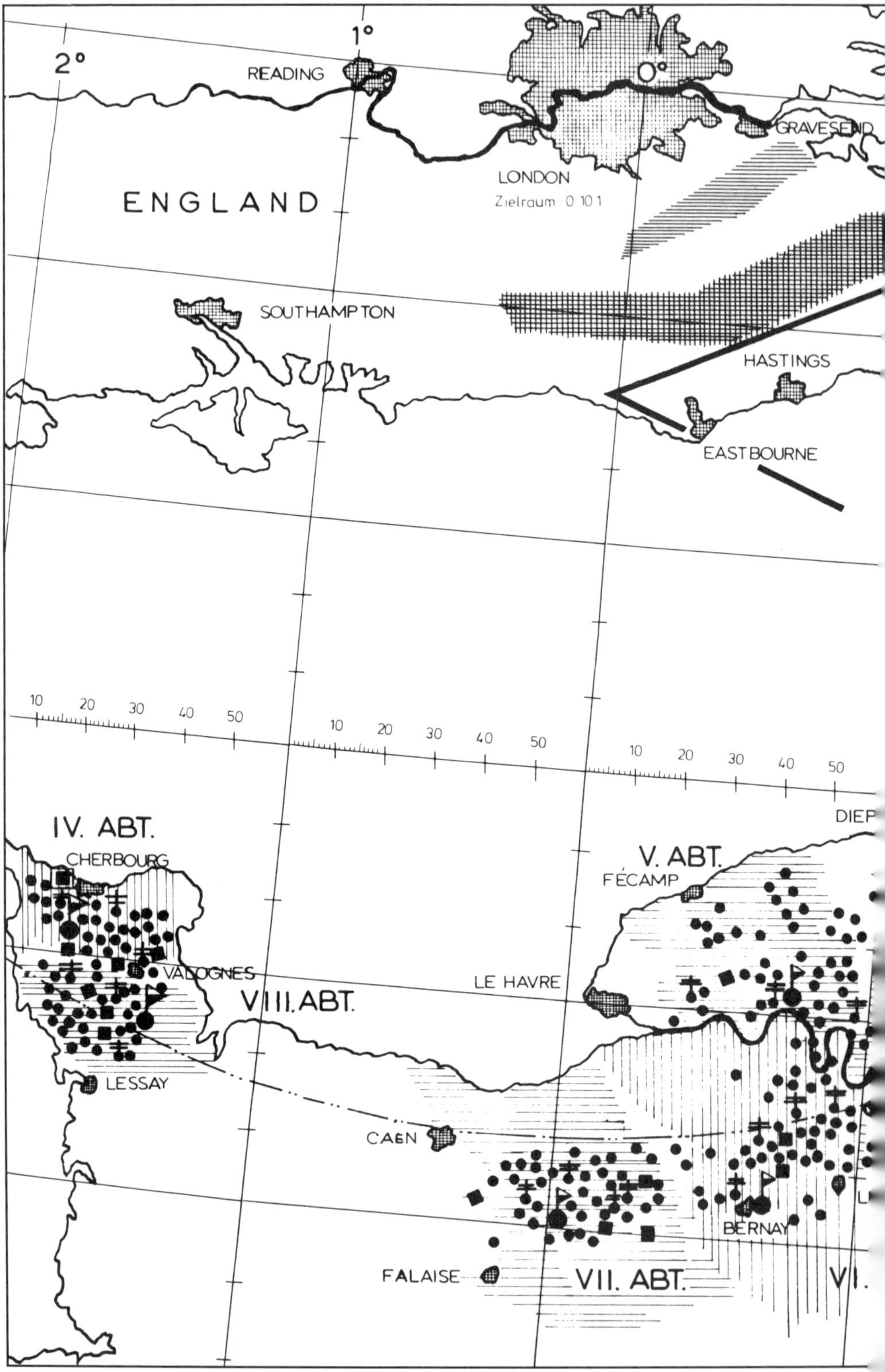
2°
1°
0°
READING
LONDON
Zielraum 0 10 1
GRAVESEND
ENGLAND
SOUTHAMPTON
HASTINGS
EASTBOURNE
10 20 30 40 50
10 20 30 40 50
10 20 30 40 50
IV. ABT.
CHERBOURG
VALOGNES
LESSAY
VIII. ABT.
V. ABT.
FÉCAMP
LE HAVRE
DIEP
CAEN
BERNAY
FALAISE
VII. ABT.
VI.

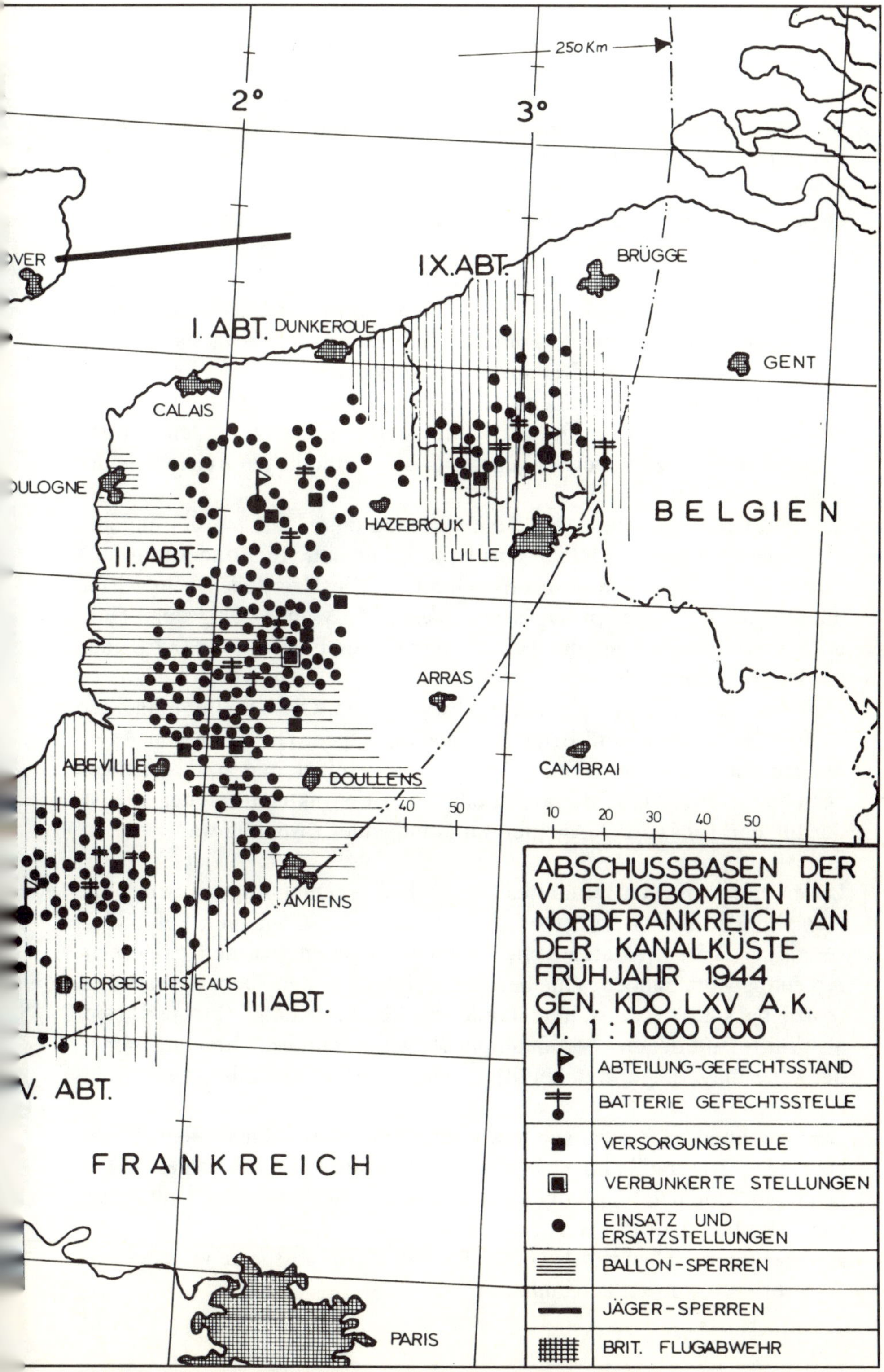

250 Km
2°
3°
DOVER
IX. ABT.
BRÜGGE
I. ABT.
DUNKERQUE
GENT
CALAIS
BOULOGNE
HAZEBROUK
BELGIEN
LILLE
II. ABT.
ARRAS
CAMBRAI
ABEVILLE
DOULLENS
40
50
10
20
30
40
50
AMIENS
FORGES LES EAUS
III ABT.
IV. ABT.
FRANKREICH
PARIS
ABSCHUSSBASEN DER V1 FLUGBOMBEN IN NORDFRANKREICH AN DER KANALKÜSTE FRÜHJAHR 1944
GEN. KDO. LXV A.K.
M. 1 : 1000 000
ABTEILUNG-GEFECHTSSTAND
BATTERIE GEFECHTSSTELLE
VERSORGUNGSTELLE
VERBUNKERTE STELLUNGEN
EINSATZ UND ERSATZSTELLUNGEN
BALLON-SPERREN
JÄGER-SPERREN
BRIT. FLUGABWEHR

Ende Januar 1944 versuchten die Engländer abzuschätzen, in welchem Umfang sie der deutsche Raketenangriff treffen könnte. Die britischen Stabschefs, von Sandys und Cherwell bei ihren Studien unterstützt, rechneten mit zehnstündigen Angriffen, bei denen bis zu 1000 to Sprengstoff fallen könnten, und mit täglichen kurzen Feuerüberfällen von 150 to (das entspräche dem Einsatz von ca. 1200 bzw. 1800 Flugbomben).
Als der Bericht mit dem Oberkommando der alliierten Truppen erörtert wurde, schlugen insbesondere die Amerikaner vor, die Pläne für Overlord, die bevorstehende Invasion, zu überprüfen. Konzentriertere Feuerschläge auf die englischen Invasions-Häfen und auf das Aufmarschgebiet würden höchste Verwirrung zu dem kritischen Zeitpunkt des Invasionsbeginns hervorrufen, die sogar zur Zerschlagung des ganzen Unternehmens führen könne. Es wurde sogar erörtert, die Vorbereitungen in den Westen Großbritanniens zu verlegen, außerhalb der vermutlichen Reichweite der deutschen Geheimwaffe.
Um endlich zu erfahren, was die Deutschen tatsächlich auf der anderen Kanalseite planten, startete das britische Kommando für Sonderunternehmen (Special Operations Executive) forcierte Einsätze. Jede Nacht warfen die schwarz gestrichenen englischen Westland Lysander Flugzeuge Hunderte von Abwurftrommeln über den vermuteten Flugbomben-Startzonen ab. Die Maschinen flogen in großer Höhe ein, stellten den Motor ab und glitten lautlos zu den vereinbarten Abwurfstellen. Die Behälter enthielten Waffen, Funkgeräte und Brieftaubenausrüstungen. Dutzende von Agenten sprangen mit dem Fallschirm ab, ausgebildet und mit Aufträgen versehen von der MI 6 (Military Intelligence), dem aktiven Spionagedienst, der für den Einsatz der Agenten im Feindgebiet zuständig war.

Unter dem massiven Druck der feindlichen Agententätigkeit wurde die Abwehrstelle Arras erneut durch Einheiten der Geheimen Feldpolizei verstärkt. Auch Soldaten von Wachtels Regiment wurden eingesetzt. Abteilungskommandeur Aue berichtete: »Als ich in meinem Bereich eine plötzliche Razzia veranstaltete, fanden wir bei einem Lehrer kleine Kartenabschnitte, auf denen koordinatenmäßig genau sämtliche Stellungen meiner Abteilung, die im Bau begriffenen und die fertiggestellten eingezeichnet waren.
Bei einer anderen Razzia fanden wir bei einem Friseur eine für seinen Sohn gebastelte Abschußbahn einer Flugbombe, wie das Originalgeschoß in Form eines kleinen Flugzeuges, das durch eine Gewehrpatrone mit Pulver zum Abschuß gebracht werden konnte.«
Für die Truppe selbst wurde völlige Post- und Urlaubssperre verhängt und Abwehrleute wurden eingemischt.

Beim Generalkommando LXV. AK wurde als Abschreckung ab 19. Januar 44 ein Sondergericht konstituiert, das ab sofort alle Verstöße gegen die Geheimhaltung ahnden sollte.
Ein großer Erfolg gelang der Abwehrstelle des Gen. Kdos. durch Abfangen eines umfangreichen Paketes mit Schriftmaterial, das alle bisherigen Aufklärungsergebnisse der gegnerischen Agenten enthielt. (15)
Bei der gleichen Aktion fielen fast sämtliche Führer der eingesetzten Gegenspionage in deutsche Hand, die dadurch für längere Zeit völlig lahm gelegt wurde.
Offenbar entging dadurch der MI 6 in England auch, daß alle Flugbomben-Bauten von der Cherbourg-Halbinsel bis zur Seine nach Norden eingestellt bzw. nur zu Scheinzwecken fortgeführt wurden.

Der Leiter der Abwehrstelle Arras, Major Heidschuh, schickte am 19. Mai 1944 einen Kurier zu Oberst Wachtel (Wolf) mit einer Karte, in der die Abschußrampen mit der jeweiligen Stellungsnummer eingetragen waren; eines der bestgehüteten Geheimnisse im Frühjahr des Jahres 1944 – so glaubte die militärische Führung auf deutscher Seite.

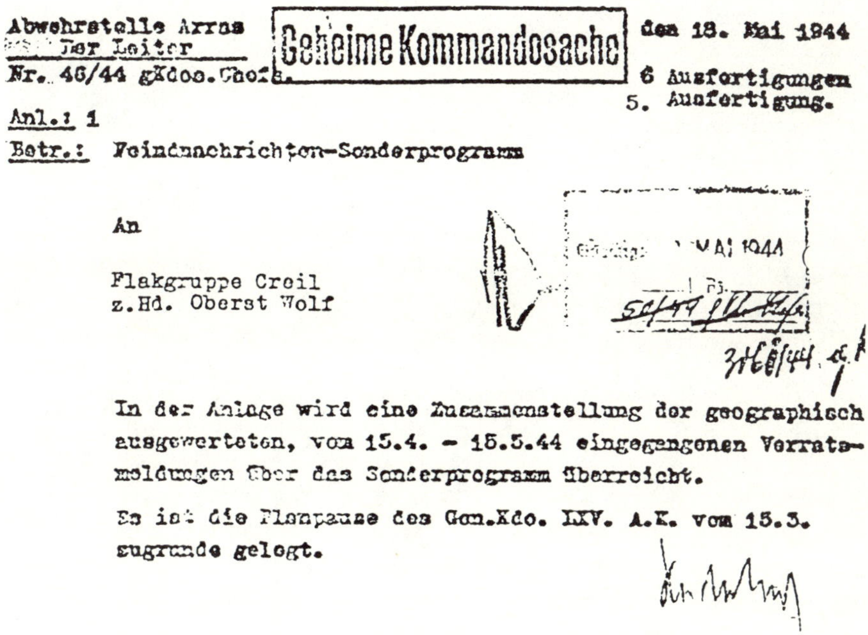
Abwehrstelle Arras
Der Leiter
Nr. 46/44 gKdos.Chefs.

Geheime Kommandosache

den 18. Mai 1944
6 Ausfertigungen
5. Ausfertigung.

Anl.: 1
Betr.: Feindnachrichten-Sonderprogramm

An

Flakgruppe Creil
z.Hd. Oberst Wolf

MAI 1944

In der Anlage wird eine Zusammenstellung der geographisch ausgewerteten, vom 15.4. - 15.5.44 eingegangenen Verratsmeldungen über das Sonderprogramm überreicht.

Es ist die Planpause des Gen.Kdo. LXV. A.K. vom 15.3. zugrunde gelegt.

Der Major der deutschen Abwehr hatte sorgfältig alle Aktivitäten der englischen Spionage in die Karte eintragen lassen, die zwischen dem 15. April und 15. Mai 1944 ermittelt wurden. Fast alle V 1-Feuerstellungen waren erkannt und zum Teil mehrfach in Feindmeldungen und Aufträgen genannt worden. Zu diesem Zeitpunkt liefen die Vorbereitungen der Flugbomben-offensive noch unter dem Namen Sonderprogramm.

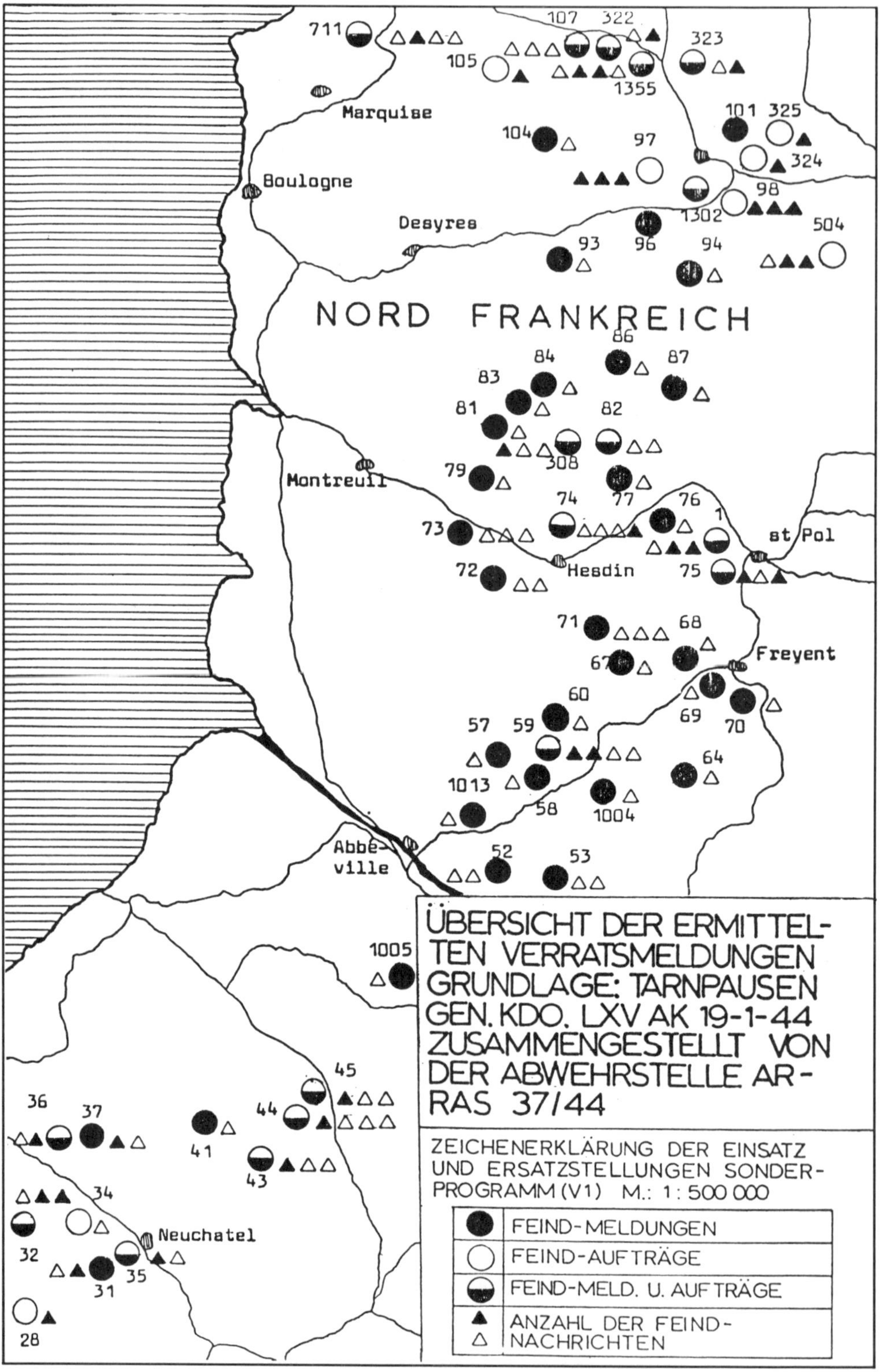
NORD FRANKREICH
Marquise
Boulogne
Desyres
Montreuil
Hesdin
St. Pol
Freyent
Abbé-ville
Neuchatel
ÜBERSICHT DER ERMITTELTEN VERRATSMELDUNGEN
GRUNDLAGE: TARNPAUSEN
GEN. KDO. LXV AK 19-1-44
ZUSAMMENGESTELLT VON DER ABWEHRSTELLE ARRAS 37/44
ZEICHENERKLÄRUNG DER EINSATZ UND ERSATZSTELLUNGEN SONDER-PROGRAMM (V1) M.: 1 : 500 000
FEIND-MELDUNGEN
FEIND-AUFTRÄGE
FEIND-MELD. U. AUFTRÄGE
ANZAHL DER FEIND-NACHRICHTEN

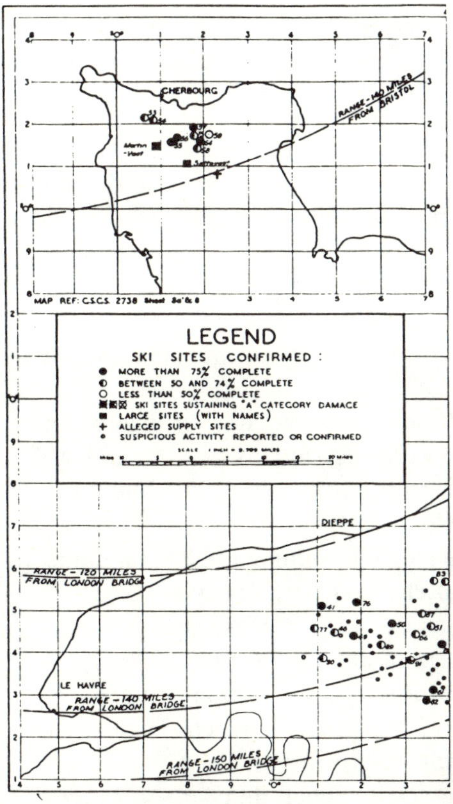


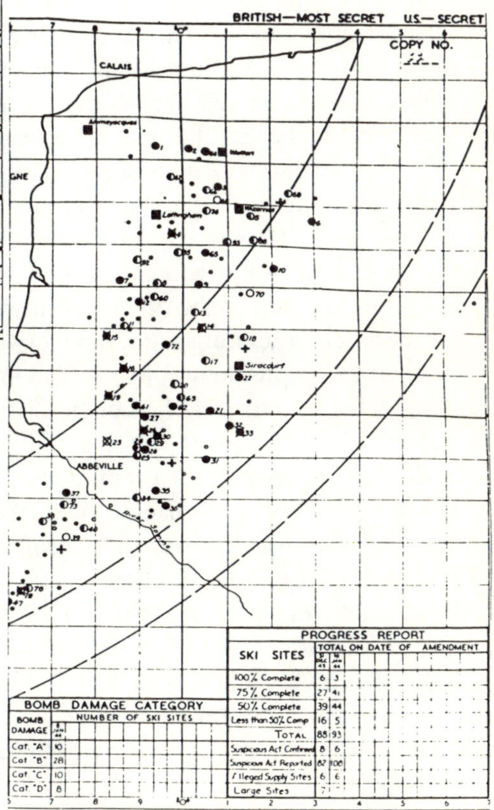


BRITISH MOST SECRET, stand auf diesen Karten die nach Aufklärungsfotos der RAF und nach Informationen der alliierten Spionage zusammengestellt waren.

Die Unterlagen zu dieser Aufstellung hatte die Abwehr bei Feindagenten gefunden, die man in großer Zahl festgenommen hatte. Auch von der eingeschleusten Gegenspionage beim französischen Widerstand waren zahlreiche Unterlagen eingegangen.
Oberst Wachtel war erstaunt über die Verratsmeldungen des Gegners, hoffte aber, daß der größte Teil der Agentenmeldungen nicht bis nach England kamen. Er kannte auch die Schwierigkeiten der RAF, seine gut getarnten Stellungen aus der Luft zu erkennen.

Die materielle Überlegenheit der Alliierten kam den Deutschen täglich zu Bewußtsein, wenn britische und amerikanische Bomberverbände mit zunehmender Wucht Raketenstellungen, Nachschublager und Eisenbahnknotenpunkte angriffen. Die Offiziere in den Luftwaffenführungsstäben fragten sich: wann kommen genügend Flugbomben, wann können wir endlich zurückschlagen? Warum versagt unsere Rüstungsindustrie?
Hinter den Kulissen des Dritten Reiches spielte sich ein Machtkampf um Industriekapazitäten und Arbeitskräfte ab.
Albert Speer wurde am 8. Februar 1942 zum Nachfolger des verunglückten Fritz Todt, als Reichsminister für Bewaffnung und Munition, und ab 2. September 1943 für Rüstung und Kriegsproduktion ernannt. Damit war er einer der mächtigsten Männer des Reiches.
Schon seit Winter 1939 stand Speer in enger Verbindung mit Peenemünde und war für die Erfüllung der Bauwünsche von dort verantwortlich. Er fühlte sich wohl in diesem Kreis unpolitischer junger Wissenschaftler und Erfinder, an deren Spitze Wernher von Braun stand, siebenundzwanzigjährig. Noch nie hatte ein so junges unerprobtes Team Gelegenheit gehabt, mit einem Aufwand von Hunderten von Millionen Mark ein Projekt zu verfolgen, dessen Verwirklichung in weiter Ferne lag.
Nach seiner Ernennung zum Minister versuchte Speer, den der A4-Rakete gegenüber skeptischen Hitler mit allen Mitteln umzustimmen.
Am 22. Dezember 1942 ließ er sich von Hitler den Befehl zur Serienproduktion der A4-Rakete unterschreiben, obwohl die Rakete weit davon entfernt war, serienreif zu sein. Dieser Befehl ermächtigte die beteiligten Firmen unter höchster Dringlichkeit, Werkzeugmaschinen zu bestellen und Materialkontingente abzurufen, die in anderen Rüstungswerken, z. B. der Flugbombenfertigung, fehlten.
Reichsminister Speer war von der A4-Rakete so fasziniert, daß er es bei Hitler durchsetzte, daß Dornberger und von Braun am 7. Juli 1943 in das Führerhauptquartier eingeladen wurden. Hitler sollte über Einzelheiten der A4-Rakete informiert werden.
Albert Speer schreibt in seinen Erinnerungen: »Gemeinsam gingen wir, als Hitler eine Konferenz beendet hatte, zur Filmhalle hinüber, wo einige Mitarbeiter Wernher v. Brauns alles zur Demonstration des Projektes vorbereitet hatten. Nach einer kurzen Einführung wurde der Raum

verdunkelt und ein Farbfilm lief ab, in dem Hitler zum ersten Mal das majestätische Schauspiel einer sich abhebenden und in die Stratosphäre verschwindenden Großrakete sah. Ohne jede Scheu, mit einem jungenhaft wirkenden Enthusiasmus, erläuterte v. Braun seine Pläne, und kein Zweifel: von dieser Stunde an war Hitler endgültig gewonnen. Dornberger erklärte einige organisatorische Fragen, während ich Hitler vorschlug, v. Braun zum Professor zu ernennen.
›Ja, veranlassen Sie das gleich bei Meissner‹, meinte er lebhaft. ›In diesem Falle werde ich die Urkunde sogar persönlich unterschreiben.‹ Hitler verabschiedete sich überaus herzlich von den Peenemündern. Er war stark beeindruckt und entflammt zugleich. In seinen Bunker zurückgekehrt, berauschte er sich vollends an den Aussichten dieses Projektes. ›Die A4, das ist eine kriegsentscheidende Maßnahme. Und wie wird die Heimat entlastet, wenn wir die Engländer damit angreifen! Das ist die kriegsentscheidende Waffe und dabei mit verhältnismäßig geringen Mitteln zu produzieren. Sie, Speer, müssen die A4 mit allem Nachdruck fördern! Alles, was an Arbeitskräften und Material gebraucht wird, muß denen augenblicklich gestellt werden. Ich wollte doch den Erlaß für das Panzerprogramm schon unterschreiben. Doch ich finde: Ändern Sie die Sache um und legen Sie ihn so vor, daß die A4-Fertigung genauso wichtig wird wie die Panzerproduktion.‹«
Diese für die Rüstungsindustrie einschneidenden Maßnahmen Hitlers, von Speer forciert, bedeuteten für die fast fertig erprobten Flugbomben unzureichende Fertigungskapazitäten, Verzögerungen von Material und Arbeitskräften.
Am 1. August 1943 lud Generalluftzeugmeister Milch Albert Speer zu einer GL-Besprechung ein. Versammelt waren die führenden Luftwaffenoffiziere. In einem erregten Gespräch zählten sie dem Rüstungsminister die Übergriffe seiner Mitarbeiter auf die Kapazitäten der Luftwaffe auf.
*Speer:* »Das kommt nicht in Frage. Die Kräfte für A4 müssen alle aus der Heeresfertigung genommen werden und aus dem allgemeinen Wehrmachtsgerät, nicht aus der Luftwaffenfertigung. Das hatte ich damals abgelehnt, weil die Luftwaffe sowieso mit der Fi 103 belastet ist.«
*Mahnke:* »In der vorigen Woche hat man mir zwei Modellfabriken weggenommen.«
*Speer:* »Ich bin der Meinung, daß die Luft kräftig genug ist, um denen eins ins Gesicht zu hauen.«
*Milch:* »Wir sind zu höflich!«

Doch auch diese Unterredung zeitigte bei Speer keine Früchte. Schon einige Monate später stellte sich heraus, daß trotz aller Hilfe für das A4-

Programm die neue Waffe noch lange nicht einsatzbereit war. Obwohl Speer und seine Mitarbeiter das A4-Programm zu keiner Zeit als letzten Ausweg betrachteten, schrieb er nach dem Krieg: »Es dürfte wohl einer meiner schwerwiegendsten Fehler in der Leitung der deutschen Rüstung gewesen sein, dieser Entscheidung Hitlers nicht nur zugestimmt, sondern sie befürwortet zu haben.«

Zurück nach Nordfrankreich in die Stellungsgebiete der Raketeneinheiten. Am 12. Dezember 1943 wurde Oberst Eugen Walter zum Chef des Generalstabes des LXV. Armee-Korps (Vergeltungs-Waffen-Korps) ernannt. Walter war sich insbesondere der Nachschubschwierigkeiten bewußt, die die kurz vor dem Einsatz anrollende Welle von Geräten und Munitionszügen bedeutete. Denn aus Geheimhaltungsgründen durften Flugbomben und Abschußrampen nur wenige Tage vor Einsatzbeginn das Reich verlassen. Oberst Walter stellte zur Bewältigung seiner Aufgabe folgende Forderungen: (25)

1. Zuführung weiterer Baukräfte zum Bau von mehr Ausweichstellungen.
2. Nachschub von den Heimatmunitionsanstalten bis zu den Feuerstellungen muß zwecks sinnvollem Abruf der Geräte und Munition in alleiniger Hand des Generalkommandos liegen; das hierzu auf enge Zusammenarbeit mit der Wehrmachts-Transport-Kommandantur West anzuweisen ist.
3. Die Abwehr ist auch auf die Transporte bis zu ihren Abgangsorten auszudehnen. Von seiten der Transportdienststellen und der Heimat-Munitionsanstalten, sowie der Luftzeugämter sind geeignete Maßnahmen zur Tarnung der Transporte, des Wagenmaterials, der Verpackung und der Fahrpläne vorzuschlagen.
4. Transportzüge FZG 76 und wesentliches Stellungsgerät müssen vorfahrtsberechtigt sein und so ausgerüstet und geführt werden, daß sie rasch umgeleitet ggf. bis kurz vor die Stellungen gefahren bzw. auf freier Strecke ausgeladen werden können. Die Ankunftszeiten im Stellungsraum dürfen nicht später als 3 Stunden vor Tagesanbruch liegen, andernfalls sind die Transporte an besonders erkundeten Abstellplätzen bis zur folgenden Nacht zurückzuhalten.
5. In Stellungsnähe sind überall sogenannte Ausweich-Entladeplätze zu erkunden, an denen Entladungen und das erforderliche Rangieren möglich ist.
6. Es ist eine eigene Transport-Instandsetzungs-Abt. zu schaffen, die dem Generalkommando einsatzmäßig unterstellt wird und bei Bedarf in der Lage ist, durch Bombenangriffe etc. unterbrochene Eisenbahnstrecken und -knotenpunkte unverzüglich zum Durchschleusen der Züge des Gen. Kdos. instandzusetzen.

7. Zur Aufrechterhaltung des von A. Hitler geforderten »ununterbrochenen laufenden Feuers« und zur Erteilung der gewünschten Wirkung ist es notwendig, daß bereits vor Einsatzbeginn wenigstens 1000 Schuß in den Einsatzraum herangebracht sind und die weitere Zuführung von mindestens 300 Schuß je 24 Stunden fertigungs- und transportmäßig gesichert ist. Diese Mengen werden vom Gen.Kdo. als das äußerste Minimum angesehen, es rechnet bei der zu erwartenden Abwehr des Gegners sogar mit notwendig werdender wesentlicher Erhöhung dieser Forderung.

Mitte Februar 1944 erhielten die Luftmunas in Bromberg, Kittlitztreben, Bunzlau in Schlesien, Pulverhof in Mecklenburg, Karlwitz bei Tannenberg und Schinau im Protektorat, Befehl zu Verladeübungen auf Eisenbahnwagen. Jede Heimatmuna war für die Lagerung von 2000 Flugbomben eingerichtet. Das Gen. Kdo. rechnete, daß pro Tag ein Zug mit 40 Wagen pro Luftmuna verladen werden konnte. Die Transportzeit bis zur Stellung wurde mit 6–7 Tagen angegeben. Es war Vorsorge getroffen, daß alle Züge geschlossen im Umlauf bleiben konnten.

### *Planspiele und Versuche*

Anfang März 1944 fand eine Übung statt, die im Kriegstagebuch des Flakregimentes 155 (W) wie folgt beschrieben wird:

»Beim Gen.Kdo. LXV. Armeekorps fand am 1. 5. eine Planspiel in Paris statt mit dem Zweck, die Befehlsgebung des Regimentes für das Korps festzulegen und zu erproben, worauf sich diese beim Gen.Kdo. zu beschränken hat und inwieweit sich die Befehlsgebung des Regimentes, der Abteilungen und Batterien zu erstrecken hat. Darüberhinaus brachte das Planspiel den Ablauf der Tätigkeiten der am Einsatz beteiligten Dienststellen des Regimentes und der unterstellten Einheiten. In der Hauptsache aber diente es dazu, innerhalb des Regimentes eine einheitliche Auffassung über die aufgrund des gegenwärtigen Entwicklungsstandes gegebenen Einsatzmöglichkeiten zu schaffen.

Leiter des Planspiels war Oberst Wolf.
Teilnehmer waren:
Oberstlt. Dittrich mit der Funktion des Regts.Kods.
Oblt. Schuchardt (Adjutant)
Major Dr. Sommerfeld (Ia/A)
Reg.-Rat. Dr. Lettau (IW)
Hptm. Schwennesen (Ib)

Hptm. Neubert (Nafü)
Major Aue (Kdr. I. Abtlg.)
Hptm. Sack (Kdr. II. Abtlg.)
Hptm. Schindler (Kdr. IV Abtlg.)
Hptm. Singer (Batterie-Chef I. Batterie)
Ltnt. Wengerin (Gesch. Führer).

Dem Planspiel lag folgender Korpsbefehl des Gen. Kdos. LXV. Armeekorps für den Einsatz in der Nacht vom 1. zum 2. März zugrunde, der vom Chef des Generalstabes LXV. Armeekorps, Oberst i. G. Walter, mündlich an den Kommandeur des Flakregiments 155 (W) gegeben wurde:

1. Die allgemeine Großlage ist Ihnen bekannt. In der Nacht vom 29. Februar 1944 zum 1. März 1944 haben starke feindliche Fliegerverbände Terrorangriffe gegen mitteldeutsche Städte, insbesondere gegen Leipzig und Dresden, durchgeführt. In der letzten Zeit griff der Feind nur einzelne Stellungen des Regiments ohne Erfolg an, verstärkte aber seine Tagesangriffe gegen die Eisenbahnknotenpunkte in Nordfrankreich. Nachts überflogen wegen der schlechten Wetterlage nur einzelne Störflugzeuge den Einsatzraum des Regiments. In der letzten Woche führten eigene starke Kampffliegerverbände drei Großangriffe gegen London durch.
2. Als Vergeltung für die Terrorangriffe hat das LXV. Armeekorps in Zusammenarbeit mit der Luftflotte 3 den Auftrag, mit den ihnen unterstellten Einheiten London und Bristol mit allen zur Verfügung stehenden Mitteln anzugreifen. Flakregiment 155 (W) wird in der Nacht vom 1. März zum 2. März 1944 in Verbindung mit anderen Teilen des LXV. Armeekorps und Kampfgeschwader 52 auf seine Hauptziele eingesetzt.
3. Auftrag: Regiment schießt mit allen zur Verfügung stehenden Geschützen von 0.00 Uhr – 6.00 Uhr am 2. März 1944 in folgenden Feuerarten:
   0.00 Uhr Feuerschlag, anschließend Dauerfeuer bis 2.30 Uhr.
   3.00 Uhr Feuerschlag, anschließend Dauerfeuer bis 5.00 Uhr.
   5.30 Uhr Feuerschlag.
   Munitionseinsatz nach Bedarf.
4. Einsatz am 3. Februar bisher nicht vorgesehen (muß 3. März heißen).
   10.15 Uhr. Dieser Befehl des Korps wird um 10.15 Uhr entgegengenommen. 10.30 Uhr gibt der Regiments-Adjutant folgenden Spruch fernmündlich verschlüsselt zur Vororientierung an 1. Ordonnanzoffizier des Regiments: Am 2. März schießt das Regiment von 0.00 Uhr bis 6.00 Uhr auf beide Ziele.
   Wetterbericht vorbereiten.
   Wie setzt sich IW mit seinen Sonden in Verbindung?

Fernsprechleitung gestört!
Durch Kurier Verständigung?
Bei Ausfall der Drahtverbindung müssen Fliegerhorste die Wettermeldung ausstrahlen.
Weg vom Sonden- zum Fliegerhorst etwa 3 km.
Fliegerhorste müssen Befehl erhalten (Korps), die Wettermeldungen vordringlich durchzugeben.
11.45 Uhr. Eintreffen des Regimentskommandeurs auf seinem Gefechtsstand.
12.00 Uhr. Adjutant gibt folgenden Vorbefehl an den Leiter der Wetterwarte: »Regiment schießt in der Nacht vom 1. zum 2. März mit allen Geschützen der I. – III. Abteilung auf London, der IV. Abteilung auf Bristol.« Wetterübersicht bis 13.00 Uhr zur Einsatzbesprechung.
Um 12.10 Uhr gibt der Adjutant an I. bis IV. Abteilung unter Benützung der Verfügungssignaltafel fernmündlich verschlüsselt durch:
Abteilung schießt in der Nacht vom 1. März zum 2. März ab 0.00 Uhr bis 6.00 Uhr.
15.00 Uhr. Besprechung auf dem Regimentsgefechtsstand. Teilnehmer: Ia/4 IW, Ib, Ic, 1. Ordonnanzoffizier, Nachrichtenführer (Abteilungskommandeure kommen nicht zum Regimentsgefechtsstand, sie erhalten den Einsatzbefehl durch Funk). Bekanntgabe des Korpsbefehls und des Auftrages des Regiments an die Besprechungsteilnehmer. Auf der Einsatzbesprechung werden Luftlage und Feindlage erörtert. Nach Beurteilung der Lage für den Einsatz durch den Regimentskommandeur wird der Auftrag des Regiments festgelegt:
»Bekämpfung der beiden Hauptziele London und Bristol mit allen zur Verfügung stehenden Geschützen in der Zeit von 0.00 bis 6.00 Uhr am 2. März 1944 in folgenden Feuerarten:

0.00 Uhr Feuerschlag, anschließend Dauerfeuer bis 2.30 Uhr
3.00 Uhr Feuerschlag, anschließend Dauerfeuer bis 5.00 Uhr
5.30 Uhr Feuerschlag, anschließend Dauerfeuer.
Größtmöglicher Munitionseinsatz.«

An eigenen Kräften stehen dem Regiment zur Verfügung
a) für London 56 Geschützstellungen mit je 12–15 Schüssen, d. h. 672–840 Schuß.
b) für Bristol 6 Geschützstellungen mit je 12–15 Schuß, d. h. 96–120 Schuß.
Welche Angriffsmittel kann der Feind entgegenstellen?
a) Einsatz von Ballonsperren oder schneller Jäger an den Hauptzielen. Die Jäger werden nicht zum Tragen kommen wegen der geschlossenen Wolkendecke.

b) Angriffe feindlicher Flugzeugverbände mit Bombenteppichen auf die Stellungen durch die geschlossene Wolkendecke.

Die Treffmöglichkeit von Bombenwürfen durch die geschlossene Wolkendecke auf eine Stellung mit einer Ausdehnung von etwa 100 m ist sehr gering (100x100 m). Aus diesem Grunde wird bei feindlichen Angriffen auf die Stellungen grundsätzlich weitergeschossen.

Die Einsatzwetterberatung ergibt als allgemeine Wetterlage: Südwest-Wetterlage mit herannahender Störungsfront mit folgenden Bewölkungsverhältnissen: Schichtbewölkung 8–10/10 mit Untergrenze 1000 m, darüber weitere Wolkenschichten. Im Laufe der Nacht Zunahme der Bewölkung. Die Wettermindestbedingungen sind erfüllt für Flughöhen bis 2000 m.

Im Verlaufe des Planspiels wurden nachstehende Themen erörtert: . . .

Die Frage, ob der Einsatzbefehl rechtzeitig kam, wurde bejaht. Korpsbefehl kam ca. 12 Stunden vor dem Einsatz, die Befehlsübermittlung vom Regiment bis zu den Geschützführern dauert ca. 3 Stunden. Die Einsatzbefehle gehen an die Abteilung durch Funk, an die Batterien schriftlich durch Tragmelder, an die Geschützstellungen fermündlich verschlüsselt und persönlich durch Batterie-Chefs.
Besetzung der Stellungen etwa 2 Stunden vor X-Zeit, Räumung der Stellungen bei Tagesanbruch.

Abschließend kann festgestellt werden, daß die Planübung ihren Zweck erfüllt hat. Es ist selbstverständlich, daß bei der Neuartigkeit der Waffe und der Tatsache, daß sich auf dem einen oder anderen Gebiet bis zum Einsatzbeginn noch mancherlei Änderungen ergeben werden und der durchgespielte Übungsverlauf von der Wirklichkeit in manchen Punkten abweichen wird. Aus diesem Grunde sollen die Planübungen sowohl beim Regiment als auch in den Abteilungen in kurzem Abstand wiederholt werden.«

Das erste Planspiel zeigte erneut die schlechte Zusammenarbeit zwischen der Truppe und dem unbeweglichen Armeekorps. Der Kommandant der Raketeneinheit, Oberst Max Wachtel, sagt dazu: »Meine Männer und ich standen nicht nur im Abwehrkampf gegen alliierte Bomber und feindliche Agenten. Neben den Engländern hatten wir den zweiten gefährlichen Gegner: Das LXV. Armeekorps.
In den Beziehungen zum Korps- und besonders zum Stabschef Oberst

Walter, entstanden in diesem Frühjahr 1944 unerträgliche Spannungen. Und nach jeder Auseinandersetzung mit dem Korps wußte ich, daß am nächsten Morgen wieder Kriegsgerichtsräte an meinem Bett stehen würden.«
»Die ersten kamen im Februar 1944.« Leutnant Busse von der 1. Abteilung war nach Deutschland in Urlaub gefahren. Bei seinen französischen Wirtsleuten, wo er wohnte, fanden deutsche Abwehrleute bei einer Razzia Aufzeichnungen, die der LSV 91 unterlagen. Busse hatte die Papiere leichtfertigerweise in seinem Quartier unverschlossen liegen lassen. Obwohl er nicht in der Absicht gehandelt hatte, dem Feind Nachrichten in die Hände zu spielen, wurde er verhaftet und angeklagt. Am 3. Februar 1944 trat in Paris beim LXV. Armeekorps ein Sondergericht zusammen und fällte nach zweitägiger Verhandlung das Todesurteil gegen den Leutnant. Wachtel intervenierte, daraufhin wurde Busse begnadigt, degradiert und an die Ostfront versetzt.

Das Planspiel war noch nicht ganz beendet, als die alliierte Luftwaffe in bisher noch nicht beobachtetem Umfang versuchte, Agenten, Waffen und Munition, sowie Sprengstoffe in den Bereichen des Flakregimentes 155 (W) abzusetzen. In den Tagen vom 1.–5. März 1944 wurden nach einer Mitteilung der Feldkommandantur Beauvais 11 englische Offiziere, 1205 Abwurftrommeln mit Waffen und Munition, sowie 61 Abwurftrommeln mit persönlichen Effekten der Agenten und Funkgeräte sichergestellt. Die Feldkommandantur Beauvais forderte aus diesem Grund verstärkten Sicherheitsdienst im Departement. Daraufhin wurden Offiziersstreifen in Stärken von 1 Offizier, 2 Unteroffizieren und 4 Mannschaften durchgeführt. Die Kontrollen erstreckten sich auf Ortschaften, die zum Teil von der Zivilbevölkerung wegen der Bombardierung schon verlassen waren, Straßen und Nebenwege wurden stets zu verschiedenen Nachtzeiten zwischen 23.00 Uhr – 5.00 Uhr abgeschritten.
Die Offiziere und Mannschaften des Flugbombenregimentes, die noch in diesen Märztagen an eine erfolgreiche Vergeltung mit ihrer Geheimwaffe glaubten, ahnten nicht, daß zur gleichen Zeit auf der anderen Seite des Kanals bereits Besatzungsoffiziere für das geschlagene Deutschland ausgebildet wurden.
Über 2000 ausgesuchte Offiziere waren in Shrivenham in Südwestengland zusammengezogen worden, um mit deutscher Geschichte, Verwaltungsstruktur, Polizeisystem und NSDAP-Aufbau vertraut gemacht zu werden. Ausführliche Studien des amerikanischen Geheimdienstes dienten ihnen dabei ebenso als Unterrichtsmaterial, wie das damalige Handbuch der »Political Intelligence Division« des britischen Außenministeriums.

Im Anschluß an das Planspiel vom 1. März 1944 wurde vom 22. März bis 3. April die Transportübung FZG 76 befohlen. Diese Übung hatte den Zweck, mit 90 Flugbomben den Gesamtdurchlauf von der Industrie über die Luftwaffen-Munas bis zu den Feuerstellungen zu proben. (25)
Es sollte dabei geprüft werden, wie sich das Gerät beim Transport und bei wiederholtem Verladen verhielt, wie sich die Bodenorganisation sowie die Transportmittel bewährten und welchen Stand die Ausbildung des Personals erreicht hatte. Gesammelte Erfahrungen sollten alle noch vorhandenen Schwierigkeiten aufzeigen. Die zum Abschuß kommende Flugbombe sollte der Truppe in absolut einsatzklarem Zustand übergeben werden. Neben Oberst v. Gyldenfeld, Gen. d. Flkw. Inspizient FZG 76, setzten sich die Teilnehmer aus Ingenieuren des Büros Lusser von den Fieseler-Werken, mehreren Majoren des Nachschubwesens des Luftgaues, sowie Reichsbahninspektoren zusammen. Insgesamt bestand der Übungsstab aus 19 Teilnehmern.
Unter strenger Geheimhaltung wurden die Flugkörper im Montagewerk CHAM nach der Luftmuna Bromberg verladen und von dort ging es über Tarthun, Egeln, Staßfurt, Leopoldshall, Magdeburg, Stendal, Wittenberge, Neustrelitz, Neubrandenburg, Pasewalk, Ducherow weiter. In Anklam wurde als frontmäßige Einlage eine Strecken-Zerstörung angenommen, so daß die Umladung der Geräte mit behelfsmäßigen Truppenmitteln auf LKW erfolgte und die Weiterbeförderung im Landmarsch vollzogen wurde. Die Flugbomben rumpelten auf schlechten Landstraßen, Tieffliegerangriffe und Partisanenangriffe wurden ebenso simuliert wie Notsprengungen für den Fall, daß die Geheimwaffen in Feindeshand fallen sollten.
Sogar das Lok-Personal und begleitende Bahnbedienstete wurden ausweismäßig auf ihre deutsche Staatsbürgerschaft überprüft. Obwohl die Wagen des Zuges als Munitionszug deklariert waren, ahnte keiner, welche Last unter den Planen befördert wurde.
Ziel des Transportes waren die frontmäßig ausgebauten Feldstellungen 2 in Zempin. Alle zum Scharfschießen ausgesuchten Flugkörper des Transportes wurden von dem Industriehilfstrupp Gelhaar sorgfältig auf Beschädigungen überprüft. Die stark verbeulten und zum Teil angerosteten Raketen hatten den 1606 km langen Transport gut überstanden. »Nur unwesentliche Ausbesserungen waren notwendig«, heißt es im Abschlußbericht der Transportübung FZG 76. Als in den ersten Apriltagen 1944 die plumpen Projektile fauchend die Rampen verließen, mit 640 km/h über die Ostsee dröhnten und bis zu 250 km weit flogen, hofften alle auf einen baldigen Beginn der Vergeltung.
Aber bei den zu diesem Zeitpunkt zur Verfügung stehenden 700 Flugbom-

Gefechtsmäßige Flugkörper-Erprobung im April 1944 in der Zempiner Feldstellung 2 nach einer einsatzmäßigen Transportübung. (Vom Herstellerwerk zur Luftmuna und von dort zur Feldstellung. Transportmittel Eisenbahn, Lastwagen, Transportwagen. (76)

| Werk Nr. | Programm | Abschuß-Datum | Kurs-Abweichung | Ziel-Abweichung / km | Abgang von Schleuder | Geschw.-keit km/h. | Bedingung erfüllt? | Bemerkungen |
|---|---|---|---|---|---|---|---|---|
| 110437 E 310 | Zielschuß 186 km 1500 m F. H. | 2.4. | $-3,5^0$ | 14,6 | leicht links hängend | V Reise = 640 km | ja | |
| 110 438 E 311 | Zielschuß | 3.4. | $-10,5^0$ | 33 | links hängend Wind 8m/s von rechts | V Reise = 620 km | nein | mögliche Ursache: Kompaß falsch eingestellt |
| 110 380 E 312 | Zielschuß | 3.4. | nicht | vermessen | stark links hängend Wind a. 11m/s, $160^0$ | – | nein | Ursache ungeklärt |
| 110 475 E 313 | Zielschuß | 4.4. | $-1^0$ | 8 | stark links hängend Wind aus $160^0$ | V Reise = 600 km | ja | |
| 110 431 E 314 | Zielschuß | 4.4. | $+1,5^0$ | 10 | links hängend Wind aus $140^0$ | noch nicht ausgewertet | ja | |
| 110 409 E 315 | Zielschuß | 5.4. | $+1^0$ | 10 | leicht links hängend | V Reise = 600 km | ja | |
| 110 010 E 316 | Kompaß Weitschuß | 7.4. | $0^0$ | Ges. Flugstrecke 251 km | leicht links hängend | V Reise = 575 km | ja | Steuergerät ausgewechselt Flächen nachgestellt |

| | | | | | | | | |
|---|---|---|---|---|---|---|---|---|
| 110 024 E 318 | Kompaß Weit-schuß | 7.4. | nicht ver-mess. | Einschl. bis 20 km | nicht hängend | – | nein | Nach 2′40″ pendeln um Längsachse, Höhenver-lust, Absturz, Aussetzer des Triebwerks wahr-scheinlich |
| 110 515 E 317 | Kompaß Weit-schuß | 8.4. | $+0{,}5^0$ | Ges. Flug-strecke 218 km | leicht links hängend | V mittel über Gesamt-strecke 490 (540 Soll) | teils | Strecke zu kurz, Geschw.-keit zu niedrig Auswertung folgt. Steuer-gerät ausgewechselt. |

ben hätte die Vergeltung, vom Überraschungseffekt abgesehen, nicht einmal die Wirkung eines mittleren konventionellen Bombenangriffes gehabt.

Generalfeldmarschall Milch drängte, mit dem Flugbomben-Angriff auf London unter allen Umständen gegen Ende April zu beginnen. Seine Sorge war, daß die Abschußstellen seiner Projektile Kampfgebiet werden könnten und der Einsatz der Geheimwaffe unmöglich wurde. Sein Kontrahent Axthelm, dem als General der Flak das Flakregiment 155 (W) unterstand, wollte bei der geringen Anzahl von fertiggestellten Flugkörpern noch nichts von einem Angriff wissen. General Heinemann, Chef des Generalkommandos LXV. AK, unterstützte von Axthelm bei seiner Auseinandersetzung mit Milch.

Der 20. April, Hitlers Geburtstag, erschien Milch als besonders geeignet, den Engländern seine neuartige Waffe vorzuführen. Am 29. März 1944 sandte der Chef des Luftwaffenführungsstabes, General Koller, dem Generalstab der Luftwaffe folgendes Fernschreiben: (Kopie des Originals)
Für Hitlers Vertraute im Führerhauptquartier stand wohl fest, daß mit einem Einsatz der Flugbomben gegen England zu »Führers Geburtstag« nicht gerechnet werden durfte, obwohl er seit Monaten auf die Einsatzfähigkeit der Vergeltungswaffe gewartet hatte.
Aus Besprechungen mit Dr. Goebbels geht hervor, daß der neue Einsatz erst mit der erwarteten Invasion beginnen sollte. Ähnliches befürchtete die amerikanische Luftwaffenführung schon Anfang Januar 1944, sie warnte in einer Erklärung vor der Bombardierung der Landeflotten am D-Tag durch den massiven Einsatz von Flugbomben.
Auch Oberst Wachtel drängte darauf, einen Teil der Abschußrampen auf

CHEFSACHE 29.III.1944

Nur durch Offizier

KR - Fernschreiben

an

Chef Genst. (Rob.4),

Adj.Reichsmarschall (nachr.)

---

Betr.: Einsatz Fzg. 76

Nach vorliegenden Unterlagen wird folgende Munitionslage Fzg.76 gemeldet:

I.) Munitionslage

1.) Es stehen für Fzg.76 zur Verfügung:

a) z.Zt. 500 Schuss,
b) bis Ende März 700 Schuss (insgesamt).

2.) Es werden ausgeliefert:

a) im Monat April 1500 Schuss,
b) im Monat Mai 2000 Schuss.

Monatliche Erhöhung der Munistionsfertigung um 500 Schuss ist zu erwarten.

II.) Geschützlage

Z.Zt. sind etwa 70 Geschütze 76 (W) (= Schleudern) vorhanden. Bis Ende März stehen etwa 100 Geschütze zur Verfügung.

III.) Diese Munitionslage erlaubt es Ende April mit dem Einsatz zu beginnen, vorausgesetzt, dass nicht so lange gewartet werden soll, bis ein längerdauernder Masseneinsatz möglich ist.

Da auch mit den vorhandenen Munitionsmengen bereits eine empfindliche Störung im Hauptziel möglich ist, wird vorgeschlagen, mit dem Einsatz sobald möglich zu beginnen,und anzustreben den ersten Einsatz zu Führers Geburtstag durchzuführen. Wenn darüber sofort entschieden wird, besteht Aussic die Stellungen bis dahin schussfertig zu machen. Wenn Feuerbereitschaft bis dahin hergestellt, wird für diesen Tag folgender Ablauf vorgeschlagen:

1.) Ziel: Hauptziel.

2.) Kampfführung:

a) Stichwort: "Grosses Wecken" = Feuereröffnung am Morgen des 20.4.44, 1 1/2 - 2 Stunden vor Beginn der Dämmerung durch zusammengefassten Feuerschlag von 300 Schuss mit größtmöglicher Feuergeschwindegkeit.

b) Stichwort: " Salut " = Tagsüber laufend Störungsfeuer mit 2 - 3 Schuss je Stunde oder zusammengefasster Feuerschlag in der Mittagszeit in Stärke von 100 Schuß.

c) Stichwort: "Grosser Zapfenstreich" = am Abend des 20.4. zusammengefasster Feuerschlag von 200 Schuß mit größtmöglicher Feuergeschwindigkeit.

3.) Kampfführung ab 21.4.44:

a) Im Anschluss daran in den folgenden Tagen laufend Störungsfeuer mit etwa 3 Schuss je Stunde beabsichtigt.

b) Sollte die Gefechtstätigkeit durch feindl. Luftangriffe zu stark beeinträchtigt werden, ist das Feuer in der Nacht zusammenzudrängen.

IV.) Munitionsverbrauch:

Die im Abschnitt III vorgeschlagene Kampfführung bedeutet einen Munitionsverbrauch von etwa 600 Schuß am 20.4. und 720 Schuß in der Zeit vom 21. - 30.4.44.

Es stehen demnach für besondere Kampfaufträge bis Ende April noch 1000 Schuß zur Verfügung.

V.) Führ.Stab bittet, über OKW/WFSt die Genehmigung des Führers zu vorgeschlagener Kampfführung und zur Eröffnung der Feuertätigkeit zum baldmöglichsten Zeitpunkt (frühestens 20.4.44) herbeiführen zu wollen.

Der Chef des Luftwaffenführungsstabes
Ia (Robinson) Nr. 9427/44 g.Kdos.
Chefsache (op 2)

[Unterschrift]

Verteiler:

I 2. Ausf.
Ia/Flak 1. "
K.T.B. 3. "

Portsmouth und Southampton zu richten, die Ausgangshäfen der zu erwartenden Invasionsflotte.
Aus der Wolfsschanze kam die Antwort: »Vergeltungsschläge ausschließlich auf London«.

Als im April 1944 ein PKW vom Regimentsstab im Schloß Auteuil den gewohnten Weg zur Avenue Hoche nach Paris nahm, blieb der Wagen kurz vor dem Ziel stecken. Eine riesige Menschenmenge blockierte die Pariser Straßen. Ein Offizier in der Uniform eines OT-Führers stieg aus und erkundigte sich bei einem Polizisten. Dieser erklärte ihm, Marschall Philippe Pétain von Vichy sei in die Hauptstadt gekommen.
Nach dem Krieg schrieb der kommunistische Widerstandsführer Auguste Lecœur, er habe im Leben an vielen Kundgebungen teilgenommen, selten jedoch mehr Begeisterung gesehen als an jenem Tag.
Schon vier Monate danach jubelten die Pariser erneut, diesmal für General Charles de Gaulle. »Beide Male waren es zwei Millionen. Und wenn sich die Bevölkerung zwischen beiden Besuchen nicht verdoppelt hat«, so ein de-Gaulle-Gefährte verbittert, »waren es dieselben.«

Um die Befehlsgrenzen zwischen Gen. Kdo. und Regiment festzulegen, wurde am 11. und 12. April in der Deputiertenkammer in Paris der Ernstfall erneut geprobt. Leiter dieses Planspiels war dieses Mal der Chef des Stabes Oberst i. G. Walter. Teilnehmer der kommandierende General des LXV. Armeekorps General der Artillerie Heinemann, Oberst von Gyldenfeld als Inspizient, sowie Oberst Wachtel mit den Herren des Führungsstabes. Nachschub und Einsatz wurden in einer kombinierten Planübung durchgespielt. Alle Teilnehmer waren sich einig, daß die Bezeichnung FZG 76 allgemein bekannt geworden sei und kein Geheimschutz für das Sondergerät mehr gewährleistet sei.
Die Bezeichnung FZG 76 wurde verboten und für den Bereich des Gen. Kdos. und des Luftgaues Belgien/Nordfrankreich der Tarnname »Maikäfer« eingeführt.
Große Sorgen bereitete General von Axthelm die Immobilität der Abschußrampen. Die sich immer wiederholende Flugbahn seiner Projektile würde natürlich feindliche Jäger anlocken und auch der Flak durch ein entsprechendes Stellungssystem die Möglichkeit geben, die Robotbomben erfolgreich zu bekämpfen.
Deutsche Aufklärungsflugzeuge legten Bilder vor von einer starken Zusammenfassung britischer Flak vor und in den Vororten von London.
Die Ballonsperren dagegen bereiteten ihm weniger Kopfschmerzen. Bei einer Erprobung von eingebauten Kappmessern in die Tragflächen der

Flugbomben hatte sich gezeigt, daß bei hoher Geschwindigkeit die Stahlseile der Sperrballons leicht durchschnitten wurden.
Die Peenemünder waren erstaunt, als eines Vormittags ein Heinkel 111-Bomber mit einer zwischen Rumpf und Fahrwerk aufgehängten Flugbombe im Tiefflug in Richtung Ostsee verschwand.
Ausgesuchte Piloten mit großer Erfahrung im präzisen Navigieren erprobten die »fliegenden Abschußbasen«. Nach dem Abwurf verfolgte die Besatzung den schnellen Steigflug und die hohe Geschwindigkeit, mit der die neue Geheimwaffe bald außer Sicht war. Die Trefferauswertung lag zwar noch unter den gestellten Forderungen, aber London würde sie auf jeden Fall treffen.
Durch falsches Navigieren passierte einer Bomberbesatzung am 22. August 1943 ein Mißgeschick bei der Erprobung. Eine Flugbombe flog nach dem Abwurf weiter als vorgesehen und schlug auf der Insel Bornholm in ein Tulpenfeld bei Bodilsker auf, wo sie zertrümmert liegen blieb.
Im besetzten Dänemark hatte man die Polizei im Amt belassen. Sie bearbeitete gemeinsam mit den deutschen Behörden die kriminellen Fälle. Polizeiinspektor John Hansen, der zufällig in der Nähe der Bombenaufschlagstelle war, entdeckte den Flugkörper. Gemeinsam mit seinem Freund, dem dänischen Kapitän Hasagar Christiansen, fertigte er Fotos an und eine Skizze.
Einzelteile der Bombe konnten vor Eintreffen der Deutschen versteckt werden. Ein Bericht mit Fotos wurde in mehreren Kopien angefertigt, die nach London gebracht werden sollten. Schon wenige Tage danach verhaftete die Geheime Feldpolizei einen der Kuriere, der das Material bei sich trug. (26)

Die nach England gelangten Unterlagen reichten aber nicht aus, um den geheimnisvollen Flugkörper zu identifizieren.

Nach und nach wurden immer mehr Piloten, vorwiegend des Kampfgeschwaders 3, abkommandiert, um einen Kursus für den Abwurf dieser fliegenden Spezialbombe zu absolvieren.

Generalfeldmarschall Milch, der einer Vorführung im Januar 1944 beiwohnte, war begeistert, als drei Heinkelbomber in 2000 m Höhe die Flugbomben ausklinkten, die mit röhrenden Triebwerken schnell am Horizont verschwanden.

Nur der technische Offizier des Reichsmarschalls Göring, der spätere General Diesing, hatte Einwände, seine wenigen Bomber für diesen Zweck einzusetzen. Milch war davon überzeugt, daß Hitler seine Zustimmung geben würde, wenn das große Vergeltungsschießen gegen England begann.

Am 4. Mai 1944 lagen die navigatorischen Richtlinien für den Flugzeugeinsatz mit FZG 76 vor und wurden den Übungsstaffeln zugeleitet.

Oberleutnant Altenburg trat in das Dienstzimmer seines Regimentskommandeurs und meldete sich mit der 1. und 7. Batterie vom Probeschießen in Zempin zurück. Interessiert las Wachtel den Bericht und betrachtete nachdenklich die beigefügte Skizze. »Das sieht hervorragend aus, Altenburg.« Dann ließ er einen Stadtplan von London holen und legte die Skizze aus Transparentpapier mit dem eingezeichneten Zielpunkt auf die Londoner Tower Bridge. »Das wird da drüben ja ein böses Erwachen geben, wenn die ersten Maikäfer runterkommen, ich danke Ihnen, Oberleutnant.«

Altenburg, Oberleutnant
*Stab/Flakgruppe Creil* O.U.; 20. 5. 44

*Bericht über die Auswertung des Schießens der 1. und 7. Flakgruppe Creil vom 10.–13. 5. 44 in Zempin (27)*

1.) *Schießbedingungen*
Das Schießen wurde vorwiegend als Tagesschießen bei einer Flughöhe von 1500 m auf 225 bzw. 185 km Zielentfernung durchgeführt.
5 Zellen wurden zur besonderen Schulung der Truppe bei Nacht zwischen 22.00 und 01.00 Uhr auf 90 km Entfernung mit 1000 m Flughöhe verschossen.
Bei sämtlichen Schüssen kam Winkelschuß mit Kompaßstützung zur Anwendung, der Abwinkel betrug dabei im Durchschnitt 15°.
Die Wetterlage kann für die Durchführung und das Ergebnis des Schießens als günstig bezeichnet werden. Die ballistischen Windwerte lagen am 10. und 11. zwischen 6 und 11 m/sec. Geschwindigkeit und Windrichtung von 269–292°. Lediglich am 12. 5. waren starke Änderungen in der Windrichtung (von 287° auf 120°) bei Windgeschwindigkeiten von 2–7 m/sec., zu verzeichnen.

2.) *Berechnungen der Schußwerte*
Die Berechnung der Schußwerte erfolgte nach Methode Sommerfeld unter Benutzung der von der Flakgrupe Creil (Ia/Auswertung) an die Batterien herausgegebenen Schußtafeln. Zugrunde gelegt wurde eine Logzahl von 64 und für den Winkelschuß eine Stützgeschwindigkeit von 7°/min. Die Schußwerte wurden von 2 Angehörigen des Rechentrupps der 1. Batterie

sicher und ohne Schwierigkeiten in ca. 8 Minuten berechnet. Dies kann sowohl als Beweis für den guten Ausbildungsstand dieser Rechner wie auch die Truppenbrauchbarkeit der benutzten Rechenmethode gewertet werden. Das verhältnismäßig günstige Trefferbild brachte ferner die Bestätigung, daß die vom Regiment an die Batterien herausgegebenen Schußtafeln, die zunächst nur für Übungszwecke bestimmt waren, für den Einsatz verwendet werden können.

Ein Vergleich der Methode Sommerfeld mit der gleichzeitig durchgeführten Berechnung nach dem graphischen Verfahren erwies für dieses wohl den Vorteil der größeren Schnelligkeit; brachte jedoch auch Abweichungen von den genau berechneten Werten bis zu 45 Logeinheiten (5 km) in der Entfernung und 0,5° im Kurs mit sich.

Bei 90 km Zielentfernung traten sogar Differenzen von 3° im Kurs auf, die jedoch nicht in einer Ungenauigkeit des graphischen Verfahrens an sich beruhen, sondern es stellte sich heraus, daß die benutzten Verbesserungskurven für Winkelschuß nach einer Näherungsformel berechnet sind, die für kleinere Entfernungen nicht mehr angewendet werden darf.

3.) *Auswertung des Schießens*

Die Vermessung des Flugweges und Einschlages erfolgte durch Freya-Geräte der Auswertung Karlshagen. Die im folgenden zusammengestellten Ergebnisse des Schießens sind als *vorläufige* zu betrachten, die bei der endgültigen genauen Auswertung durch die E-Stelle Karlshagen noch geringe Änderungen der Trefferlage im einzelnen erfahren können. An dem Gesamtbild und Lage des mittleren Treffpunktes dürfte sich dabei jedoch nichts Wesentliches ändern.

Um im Funkverkehr bei der Durchgabe der von den Freya-Geräten vermessenen Werten kein Durcheinander hervorzurufen, mußte mit dem Abschuß einer Zelle so lange gewartet werden, bis von der vorherigen das Einschlagergebnis vorlag, so daß bei Schüssen auf 225 km Entfernung höchstens in Abständen von etwa 45 Minuten geschossen werden konnte. Hinzu kam, daß die Auswertung zwischendurch durch andere Dienststellen beansprucht wurde. Dadurch ergaben sich manchmal derartige Verzögerungen der Abschußzeit, daß die für die Berechnung der Schußwerte zugrunde gelegten ballistischen Windwerte im Augenblick des Abschusses überholt waren. Dies war z. B. bei den Schüssen Nr. 1–4, 10 und 17 der Fall.

4.) *Vorläufiges Schießergebnis*

| | |
|---|---|
| Insgesamt verschossen | *29 Zellen*, davon |
| a) bei Tage | 24 Zellen |
| b) bei Nacht | 5 Zellen |

| | | |
|---|---|---|
| zu a) Von den bei Tage verschossenen Zellen kommen auf | | |
| I. Zielentfernung 225 km, Höhe 1500 m | 18 Zellen | |
| II. Zielentfernung 185 km, Höhe 1500 m | 6 Zellen | |
| zusammen | 24 Zellen | |
| Hiervon nicht vermessen | 2 Zellen | |
| bleiben für Auswertung | 22 Zellen | |
| davon im Kreis mit r = 7,5 km | 9 Zellen | = 40,9 % |
| davon im Kreis mit r = 15 km | 19 Zellen | = 86,4 % (erfüllt) |
| davon außerhalb des Kreises mit r = 15 km | 1 Zelle | = 13,6R (nicht erfüllt) |
| davon vorzeitig abgestürzt | 2 Zellen | |
| zu b) Bei Nacht war die Zielentfernung 90 km, Höhe 1000 m | | |
| Von 5 verschossenen Zellen | | |
| wurden vermessen | 4 Zellen | |
| davon im Kreis mit r = 7,5 km | 3 Zellen (erfüllt) | |
| außerhalb des Kreises mit r = 15 km | 1 Zelle (nicht erfüllt) | |

Erprobungspiloten mit Messerschmitt BF 109 und Focke Wulf FW-190-Jägern hatten über der Ostsee versucht, Erprobungs-Flugbomben abzuschießen. Aus überhöhter Flugposition griffen sie an und erreichten dadurch die schnell fliegenden Projektile. Bei Bordwaffenbeschuß waren die ungeschützten Preßluft- und Treibstoffbehälter schon bei kleinen Kalibern empfindlich. Eine Panzerung dieser Teile war nicht nur wegen der Materialknappheit ausgeschlossen, sondern größeres Gewicht hätte die Reichweite und Sprengkraft zu stark reduziert.
Die Forderung des Erprobungskommandos lautete: höhere Geschwindigkeit des Flugkörpers um jeden Preis.
Die Entwicklungsabteilung der Dr. Ing. Porsche AG in Stuttgart-Zuffenhausen wurde beauftragt, mit der Firma Dipl.-Ing. Paul Schmidt, München, das Rückstoßtriebwerk AS 014 weiter zu entwickeln. (29)
Der bereits in der Serienfabrikation befindliche Antrieb von 3,5–4 kg/kg Schub, sollte auf Verbesserungsmöglichkeiten untersucht werden.

Die Versuche fanden bei Schmidt in München statt. Der zur Verfügung stehende Prüfstand wurde so umgebaut, daß alle Vorgänge im Rohr abgelesen werden konnten.
Zuerst wurde untersucht, ob eine Kombination von Brenn- und Saugraumeinspritzung, sowie eine reine Saugraumeinspritzung eine Verbesserung der Gemischaufbereitung brachte. Als Brennraumeinspritzung wurde die serienmäßig eingebaute beibehalten. Die Saugraumeinspritzung wurde durch die Anordnung der Düsen im Saugraum des Schubrohres hergestellt.

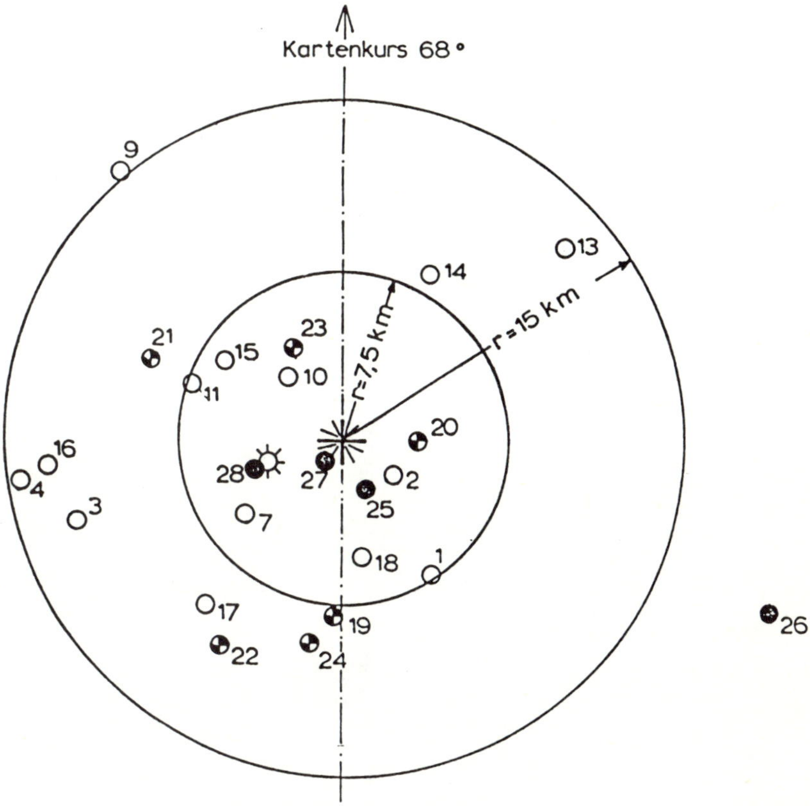


# ÜBUNGSSCHIESSEN MIT FLUGBOMBEN IN PEENEMÜNDE-ZEMPIN MAI 1944 TREFFERBILD VOM SCHIESSEN DER 1. UND 7. BATTERIE

ZIEL — MITTL. TREFFPUNKT

ZEICHENERKLÄRUNG: M.: 1 : 250 000

| | ZIELENTFERNUG: | SCHUSS: | ZEIT: |
|---|---|---|---|
| ○ | 225 km | 1 - 18 | TAG |
| ◐ | 185 km | 19 - 24 | TAG |
| ● | 90 km | 25 28 | NACHT |

VERMESSEN : 22 FLUGBOMBEN
DAVON IM KREIS(r=7,5 km) 9 FLUGBOMBEN = 40,9 %
" " KREIS(r=15. km) 19 " = 86,4 %
NICHT ERFÜLLT 3 " = 13'6 %

# FZG 76 SCHARFERPROBUNG IN HEIDELAGER VOM 14.-17. APRIL 1944 (28)

Trefferbild der gelungenen Zielschüsse
LOX-Kurs 44,3° LOX-Entfernung 170,500 KM

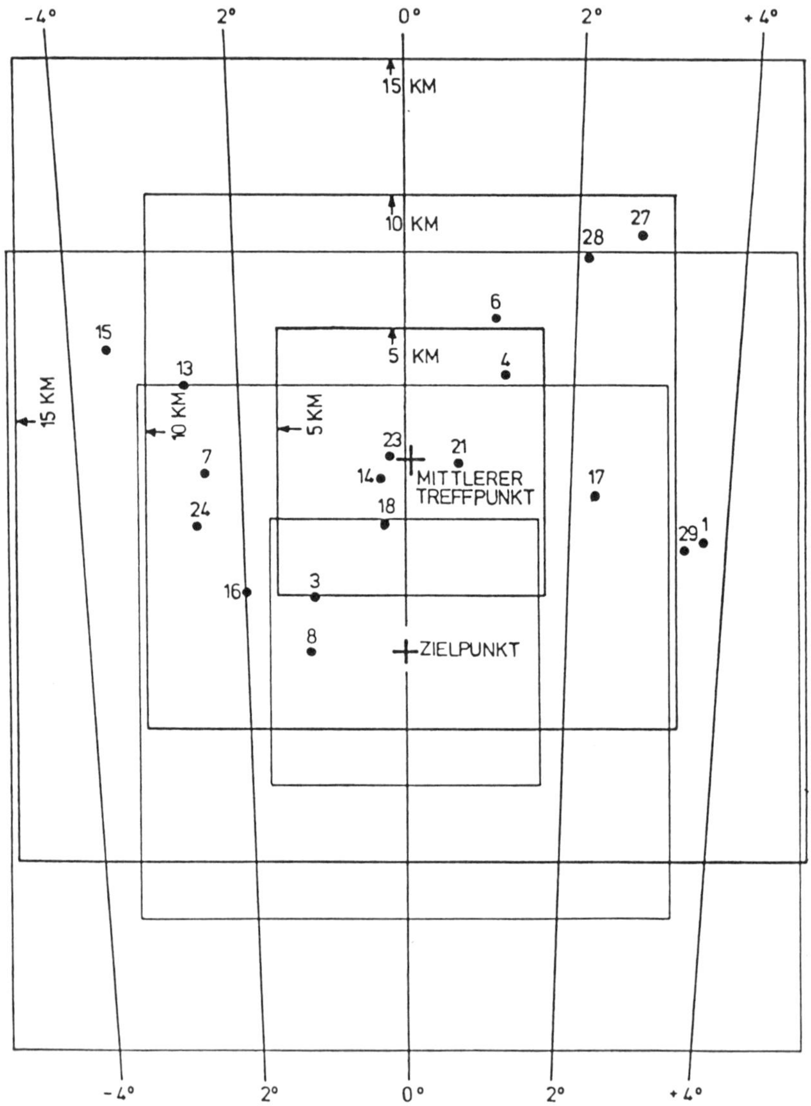


Der mittlere Treffpunkt der gelungenen 18 Zielschüsse liegt zum Zielpunkt 7,1 KM zu weit und o,2 KM nach rechts.
Zweite, verbesserte Anfertigung

Zur Verwendung kamen 9 Düsen der Firma Schlick mit 2,5 mm Ø Ausflußöffnung und 60° Strahlwinkel in Anordnung für Gegenstromeinspritzung. Bei gleichbleibendem Kraftstoffverbrauch brachte die kombinierte Saug- und Brennraumeinspritzung ca. 10% mehr Schubkraft.
Die Menge der noch immer ungeklärten Fragen bei der pulsierenden Verbrennung im Flugbomben-Antrieb regte die Porsche-Ingenieure schon zu diesem Zeitpunkt an, ein leistungsfähiges Turbinen-Luftstrahlwerk in billigster Bauart zu entwickeln.
In einem späteren Kapitel wird dieser neuartige Antrieb noch behandelt.
Neben der Triebwerksverbesserung hatten die Aerodynamiker zur Steigerung der Fluggeschwindigkeit vorgeschlagen, eine Untersuchung der Tragflächen des Projektils durchzuführen. Den Auftrag dafür erhielt die DEUTSCHE VERSUCHSANSTALT FÜR LUFTFAHRT in Berlin-Adlershof.

Zu diesem Zeitpunkt waren folgende Tragflächen im Serienbau:

| Flügeltyp: | Bezeichnung FIESELER | Spannweite in mm | Flügeltiefe in mm | Fläche in $m^2$ | |
|---|---|---|---|---|---|
| Serienflügel Stahlbauweise | $014B\text{-}A_1$ | 4360 | 1050 | 4,58 | 4,15 |
| Serienflügel Holzbauweise | Kurt 505 | 4690 | 1050 | 4,92 | 4,47 |
| Serienflügel Holzbauweise | Kurt Lam | 4715 | 1050 | 4,95 | 4,49 |

Als günstigste Tragfläche bei den Versuchen im Windkanal wurde der FIESELER-Flügel KURT LAM ermittelt und in Holzbauweise hergestellt. Die brauchbarsten Werte ergaben sich, wenn die Oberfläche in verschiedenen Arbeitsgängen behandelt wurde:

2 mal getaucht mit FG 7/560
1 mal geschliffen
1 mal getaucht mit FG 7/596
1 mal schadhafte Stellen vorgespachtelt
2 mal ganz gespachtelt
1 mal naß geschliffen

1 mal gespritzt mit FG 7/559. 65 + 71
1 mal Farbe naß geschliffen

Dadurch ließ sich eine Geschwindigkeitsverbesserung von 3,15 % erreichen, was etwa 20 km/h ausmachte.
Die Aerodynamiker in Berlin ahnten aber schon, daß diese Forderung zu starken Belastungen in den Fabrikationsbetrieben und auf den Transportwegen zur Front führen würde. Als Vergleich zur Flugbombentragfläche testete man die Flügel eines abgeschossenen amerikanischen Flugzeuges, das vor wenigen Tagen zur Untersuchung eingeliefert war. Es handelte sich um einen Fernbegleitjäger NORTH AMERICAN P 51 B, Mustang.

Die vom Entwicklungsteam Raymond Rice konstruierte Maschine war einer der besten Jäger, die je gebaut wurden, der Profilwiderstand seiner Tragflächen lag 27 % unter den Werten von FIESELER.

Die Wissenschaftler rechneten ferner mit einem starken Einfluß des pulsierenden Triebwerkes auf die Flügel, durch direkte Erschütterungen und durch Schallbeeinflussung.
Die Komponentenmessungen, die bei 50 m/sec. durchgeführt wurden, ergaben aber keine nennenswerten Veränderungen.

Die schießende Truppe, das Regiment 155 (W), war aus Einheiten der Flak zusammengestellt. Diese Soldaten kannten die Wirkung eines konzentrierten Abwehrfeuers, insbesondere wenn es für den Flugkörper keine Ausweichmanöver gab. Und dies war bei der Robotbombe der Fall.
Als dann Meldungen des deutschen Geheimdienstes eintrafen, daß in den Vereinigten Staaten ein Annäherungszünder in der Entwicklung sei, wurden Überlegungen angestellt, die gegnerischen Flakstellungen zu umfliegen bzw. den Gegner zu zwingen, mit seinen leichten und mittleren Flugabwehrgeschützen ständigen Stellungswechsel vorzunehmen.
Diese Forderung führte zur Erprobung des Winkelschusses, einer Steuerungsmöglichkeit der Flugbombe. Ein Uhrwerk sollte in festgelegten Zeitabständen die Flugbahn seitlich verändern.
In der am 15. Dezember 1943 von den GERHARD FIESELER-WERKEN freigegebenen Schießlehre für FZG 76 waren die Erfahrungen mit dem neuen Winkelschußverfahren schon berücksichtigt.

Die ständig zunehmenden Luftangriffe der Alliierten auf die deutsche Industrie lösten im Reichsministerium für Bewaffnung und Munition Überlegungen aus, kriegswichtige Fertigungen möglichst unter die Erde zu

verlagern. Zumal die gesteigerten Reichweiten den feindlichen Bomberverbänden ermöglichte, auch verlagerte Betriebe im Osten des Reiches anzugreifen.
Im August 1943 wurde von Vertretern des Zentralamtes, des Amtes für Wirtschaft und Finanzen und des technischen Amtes die Durchführung des Geheimwaffenprogramms im unterirdischen Fertigungswerk bei Nordhausen diskutiert. Die Leitung der Unterredung hatte Professor Karl-Maria Hettlage, Chef des Amtes für Wirtschaft und Finanzen. Die Geschäfte des neuen Werkes sollten von einer GmbH geführt werden, Geschäftsführer wurde Reichsbahnrat Dr. Kurt Kettler. Man einigte sich, der unterirdischen Produktionsstätte entsprechend ihrer geographischen Lage im damaligen Reichsgebiet die neutrale Bezeichnung Mittelwerk zu geben und die Gesellschaft Mittelwerk GmbH zu nennen, mit Sitz in Berlin-Charlottenburg, Bismarckstr. 112. Schon in den achtziger Jahren des vorigen Jahrhunderts war Gips und Anhydrit für die sich entwickelnde Südharzer Gipsindustrie abgebaut worden. Die durch den Abbau des weichen Gesteins entstandenen Stollen boten beste Möglichkeiten für die Anlage unterirdischer Produktionsräume. In Kohnstein bei Niedersachswerfen befand sich bereits eine fast 100 000 $m^2$ große Untertageanlage. So überrascht es nicht, daß Kohnstein zum Herzstück der unterirdischen Geheimwaffenschmiede des 3. Reiches wurde.
Schon gegen Ende des Ersten Weltkrieges förderten Kriegsgefangene und weibliche Arbeitskräfte 32 000 t Rohgips im Auftrage der BASF zur Versorgung des Stammwerkes in Merseburg, wo Sprengstoff hergestellt wurde.

Einen Tag nach dem britischen Luftangriff auf Peenemünde erschien Speer am 19. August 1943 bei Hitler im Führerhauptquartier »Wolfsschanze«. Besprochen wurden die Weiterentwicklung der A4-Rakete und die Vorbereitungen des Ausbaues Mittelwerk-Projekt. Anwesend waren auch Himmler und Sauer. Als das Problem der Beschaffung von Arbeitskräften zur Sprache kam, erklärte sich Himmler bereit, unter Einsatz von Häftlingen den Ausbau des unterirdischen Werkes in kürzester Zeit durchzuführen. Hitler war mit Himmlers Vorschlag einverstanden. Damit hatte die SS Einfluß auf die Fertigung von Geheimwaffen bekommen.
Die Konferenz dauerte bis zum 22. August, und ungewöhnlich schnell ging man an die festgelegten Aufgaben heran. Einzelheiten wurden von dem Sonderausschuß A4 und der Amtsgruppe C des Wirtschaftsverwaltungs-Hauptamtes der SS in Oranienburg in Angriff genommen. Direktor Gerd Degenkolb, Leiter des Sonderausschusses A4, beauftragte Dr. Ing. Hans Kammler, SS-Brigadeführer und als Amtsgruppenchef verantwortlich für

das gesamte Bauwesen der SS, mit der Durchführung der zunächst dringendsten Arbeiten.
Nach den Plänen der Wirtschaftlichen Forschungsgesellschaft (Wifo) wurden unter Einschaltung der bereits eingesetzten Bergbaufirmen die Untertunnelungsarbeiten fertig ausgeführt. Gleichzeitig wurde mit der Errichtung eines Arbeitslagers auf der Südseite des Berges begonnen, das ca. 30 000 Gefangene aufnehmen sollte. Schon eine Woche nach den Gesprächen im Führerhauptquartier wurden die ersten Häftlinge im Konzentrationslager Buchenwald zu einem Transport zusammengestellt und nach Niedersachswerfen befördert. 4 Monate später lief die erste Fernrakete im Mittelwerk vom Band.
Die Fertigungsplanung im neuen unterirdischen Mammut-Werk leitete Dipl.-Ing. Alwin Sawatzki, der mit seinen Leuten ein »Rüstungswunder« allerersten Ranges schuf.
KVK-Ritterkreuzträger Sawatzki, Henschel-Beauftragter für die Panzer-Fertigung, hatte sich bei der Serienfertigung von Tiger-Panzern einen Namen gemacht und wurde auf Grund seiner Leistungen nach Peenemünde geschickt, wo er sich mit den Problemen und Schwierigkeiten der Raketenfertigung vertraut machen konnte.

Als der Chefarzt der Organisation Todt, Dr. med. A. Poschmann, Minister Speer die Gesundheitslage im Mittelwerk in der schwärzesten Farben darstellte, besuchte Speer die Produktionsstätte. Begleitet wurde er von Direktor Degenkolb und SS-Brigadeführer Kammler. Es erfolgte zunächst eine Besichtigung aus der Luft, dann wurden die Produktionsstollen aufgesucht. Verbrauchte und nach Fäkalien stinkende feuchte Höhlenluft schlug den Besuchern entgegen. Die Häftlinge waren unterernährt und übermüdet. Ausdruckslose Gesichter und stumpfe Augen, in denen noch nicht einmal Haß zu erkennen war, blickten die Besuchergruppe an. Ermüdete Körper in schmutzig-blaugrauen Anzügen. Beim Nahen der Gruppe nahmen sie auf ein schneidendes Kommando Habacht-Stellung ein, die blaßblauen Mützen in ihren Händen. Sie schienen keiner Reaktion mehr fähig zu sein, berichtete Speer später.
In der Baubaracke ließ sich der Minister die Statistiken über die hohe Sterblichkeitsrate der Häftlinge im Lager zeigen, über die ungenügende ärztliche Betreuung berichten und über die Schlafsäle in den ungelüfteten Höhlen. Abschließend ordnete er den Bau einer Barackenstadt für 10 000 Häftlinge an. Auch Dr. Poschmann versuchte mit Speers Rückendeckung, Nahrungsmittel, Medikamente und Vitaminpräparate aus Beständen des Rüstungsministeriums und der Organisation Todt in das Lager Dora zu schaffen, unter Protest von Kammler und Ley.

Reichsrüstungsministerium und Reichsluftfahrtministerium setzten am 1. März 1944 einen Jägerstab ein. Um der ernsten Situation zu begegnen, hatten Speer und Milch sich geeinigt, den Bau von genügend Jagdflugzeugen gemeinsam zu forcieren.
Angesichts der dominierenden A4-Produktion ging es Milch darum, mit seinem Flugzeugbau und dem Flugbombenprogramm nicht gänzlich ins Hintertreffen zu geraten. Ein Tauziehen um die begehrten bombensicheren Räume in Kohnstein begann. Die Mittelwerk GmbH gab im April 1944 die Hälfte der von ihr unterirdisch genutzten Räume an den Flugmotorenbau ab.
Das OKL machte seinen Einfluß im Führerhauptquartier geltend, das Rüstungsministerium anzuweisen, einen Teil der FZG 76-Produktion des Volkswagenwerkes in das Mittelwerk zu verlagern.
Erst nach dem erfolgreichen Einsatz der Flugbomben an der Atlantikküste ordnete Hitler die Fertigung unter Tage im Mittelwerk an. Die A4-Produktion mußte erneut zusammenrücken und einige Hallen für das Luftwaffengerät »Richard« (FZG 76) räumen.
Die Hallen 43–46 nahe den Südportalen wurden als Werk II deklariert und mit Maschinen für den Fernbombenbau ausgerüstet.
Nach einem Kriegsfertigungs-Vorbescheid, den das OKL als Auftraggeber an die Mittelwerk GmbH einreichte, sollte die Firma folgende Stückzahlen des Gerätes »Richard« fertigen.

| | |
|---|---|
| September 1944 | = 400 Stück |
| Oktober 1944 | = 1000 Stück |
| November 1944 | = 2000 Stück |
| Dezember 1944 | = 3000 Stück |

Der Ausstoß von monatlich 3000 Geräten sollte für 1945 gehalten werden. Der Fertigungsauftrag lief unter der Auftragsnummer SS 4902 – 9900 – 0923/44.

Bei der Truppe und auch beim Generalkommando herrschte im Frühjahr 1944 immer noch Unklarheit über die Feststellung der Flugbomben-Einschläge im Zielgebiet. Im Herbst 1943 wurden auf Falster (Dänemark) seismische Schallmeßversuche durchgeführt, die jedoch zu keinem zufriedenstellenden Resultat führten. Das Generalkommando forderte deshalb beim OKW den Einsatz von geeigneten Agenten, die vom Zielort aus die Lage der Schüsse und ihre Wirkung melden sollten.
Im Zusammenwirken mit dem »General der Flakwaffe« und Chef des Nachrichtenwesens der Luftwaffe wurden Versuche mit einem im FZG 76 eingebauten Kleinfunkgerät FUG. 23 durchgeführt, das während des Fluges bis zum Aufschlag selbständig funken sollte. Eine eigene Peilorgani-

sation konnte hierdurch das Gerät während der gesamten Flugdauer eindeutig orten und den Einschlag genau festlegen.
Mit dem Luftgaukommando 3 Paris und dem IX. Fliegerkorps (Angriffsführer England) wurden alle notwendigen Abmachungen über Beobachtungen der FZG 76-Flugwege durch den eingesetzten Flugmeldedienst getroffen.
Die Luftaufklärung im Zielraum London konnte jedoch wegen der starken Flugabwehr nicht garantiert werden. Die schnellen düsengetriebenen Arado Ar 234 B Aufklärer, die mit ihrer Geschwindigkeit von 740 km/h die britische Abwehr durchbrechen konnten, wurden zum Einsatz noch nicht freigegeben. Neben Luftwaffe und Marine befaßte sich auch die SS mit neuartigen Meßversuchen. Es wurde ein akustisches Verfahren auf der Basis der sogenannten relativen Ortung entwickelt, mit der schon Erfolge erzielt worden waren. Das Gen. Kdo. LXV. Armeekorps veranlaßte Verhandlungen mit SS-Obergruppenführer Jüttner vom SS-Führungshauptamt und den Besuch des SS-Hauptsturmführers Richter beim Regiment, der mit seiner Schallmeßabteilung nach Frankreich verlegt worden war.
Das von der SS entwickelte Meßverfahren beruhte auf der Ortung indirekter Schallwellen jenseits des toten Raumes, die eine Messung bis zu 300 km möglich machte. Am Vormittag des 11. Mai 1944 fanden im Regimentsstab Besprechungen mit Richter statt. Anwesend war neben Oberst Wachtel Major Sommerfeld, Major Helmke (Nachschub-Führer beim LXV. Armeekorps) und Hauptmann Neubert. Im Verlaufe der Besprechungen begrüßte Oberst Wachtel das durch SS-Hauptsturmführer Richter erläuterte Verfahren der SS, mit der Major Sommerfeld bereits einige Monate vorher Verbindung aufgenommen hatte.
Der Oberst betonte, daß das Regiment auf der Suche nach dem geeigneten System jeder Anregung mit Interesse begegne. Er äußerte jedoch generelle Bedenken bezüglich des Wertes der relativen Ortung, zumal ein sehr umfangreiches Nachrichtennetz hierzu erstellt werden müßte.
Oberst Wachtel empfahl daher, daß Major Helmke dem kommandierenden General Heinemann am gleichen Abend noch einen Vortrag halten sollte, damit nach Prüfung dieser Einwände eine Entscheidung gefällt werden könne. Am späten Abend rief der Chef des Stabes, Oberst i. G. Walter, sehr erregt an und warf dem Kommandeur vor, er befolge Anordnungen des Korps nicht. Eine Verschärfung der Spannungen zwischen Wachtel und Walter war eingetreten. (15)

Ende März 1944 glaubten die Engländer, durch ihre ständigen Bombardierungen die »Schlacht gegen die Skistellungen gewonnen zu haben«.

Die Stabschefs in London meldeten, bis auf etwa zwanzig Abschußrampen seien alle Flugbombenschleudern vernichtet, der verbliebene Rest werde aber im Laufe des Monats April angegriffen und unschädlich gemacht sein.

Am 16. Mai 1944 hatte Hitler den Befehl gegeben, Mitte des kommenden Monats mit dem Flugbombenangriff auf London zu beginnen.
Am 18. Mai erschien der Sonderbeauftragte für FZG 76, General der Flakartillerie von Axthelm, überraschend im Einsatzgebiet. Der General betonte die Leistungen der Flakgruppe bezüglich Schnelligkeit der Aufstellung und Gründlichkeit der Ausbildung und sprach dem Kommandeur Oberst Wachtel seine vollste Anerkennung aus.

Axthelm war schon weitergeflogen zum Chef der Luftflotte 3, Feldmarschall Sperrle, als am 20. Mai 1944 der Regimentsbefehl für den Einsatz Nr. 1/44 bekanntgegeben wurde. Alle Flugbomben-Abteilungen hatten mit sofortiger Wirkung ihre Einheiten aus dem Stellungssystem I in das Einsatzstellungssystem zu verlegen.

Am darauffolgenden Tage erschien eine Pioniereinheit, um die verlassenen Stellungen zu verminen.

Unter strengster Geheimhaltung waren 108 neue Stellungen erkundet worden, die zwischen Flandern und der Normandie lagen. Für jede Batterie waren 4 Abschußrampen und eine Ersatzrampe vorgesehen.

Aufgrund von eingehenden Agentenmeldungen drängte das Gen. Kdo. LXV. Armeekorps auf eine schnelle Verlegung des Regimentsstabes.

Als Oberst Wachtel am 21. Mai mit seinen Hauptmännern Dahms, Grothes und Schwennesen den im Bau befindlichen neuen Regimentsgefechtsstand Saleux besichtigte, stellte er fest, daß der befohlene Stellungswechsel nicht für den 24. Mai stattfinden konnte. Den Feindagenten konnte es nicht verborgen bleiben, daß plötzlich Leben in das Spezial-Flakregiment gekommen war.

Das General-Kommando schlug eine Umbenennung in Flaktransportgruppe – West vor, die Fernsprechdecknamen und KFZ-Zeichen sollten geändert werden, ebenso die Feldpostnummer.

Am 22. Mai wurde Oberst Wachtel mündlich informiert über eine Vereinbarung, die am Vortage bei der Luftflotte 3 getroffen worden war. Der

Maikäfer-Ersteinsatz war in Anwesenheit von Vertretern des LXV. Armeekorps, des III. Flakkorps und des IX. Fliegerkorps mit Gen. Major Peltz festgelegt worden.

Kommandeur Wachtel war mit der Art des geplanten Ersteinsatzes seiner Truppe nicht einverstanden. Bei einem Gespräch mit Major i. G. Mordhorst, der bei der Besprechung als Vertreter des LXV. Armeekorps fungierte, erfuhr Wachtel zu seinem Erstaunen, daß das LXV. Armeekorps sich dem IX. Fliegerkorps gegenüber festgelegt hatte.

Wachtel setzte sofort einen Kurier in Marsch mit einem persönlichen Brief an General von Axthelm, mit der Bitte, der Waffe zu einem Einsatz zu verhelfen, wie sie es aufgrund ihrer Neuartigkeit und Eigenart verdiente.

Wachtel schrieb: »Unsere Waffe wird zu leicht mit einem Flugzeug oder mit einer Kanone verwechselt, ihre Wirkung mit der eines Bombenangriffes oder der eines Artilleriefeuers. Die Wirkung unserer Waffe liegt weniger auf militärisch vernichtendem, als auf demoralisierendem Gebiet.«

Seinem Brief fügte Oberst Wachtel eine Studie bei, die Hauptmann Werner Dahms (Major b. Stab) schon am 9. März 1944 erarbeitet hatte. Die in diesem Bericht aufgeworfenen Fragen waren von grundsätzlicher Bedeutung für den Einsatz der Flugbombe und sollten die Möglichkeiten aufzeigen, die nach dem Stand der Waffenentwicklung realisierbar waren.

Wachtel unterstrich in seinem Schreiben an Axthelm, daß die Ausführungen von Dahms mit allen Offizieren des Regimentsstabes besprochen seien und deren volle Zustimmung hätten.

Hauptmann Dahms schrieb folgendes: (31)

1. Welche Wirkung verspricht man sich vom FZG 76, eine militärisch vernichtende oder eine terrorisierende? Welche Wirkung kann im gegenwärtigen, d. h. unvollendeten Entwicklungsstand erzielt werden? Anzustreben ist zweifelsohne die militärisch vernichtende Wirkung. Sie setzt die Möglichkeit der Bekämpfung von Punktzielen voraus. Ob und wann aber auch nur die von der Industrie z. Zt. in Aussicht gestellte Streuung von 6x6 km erreicht wird, ist heute noch fraglich. Falls ein Einsatztermin befohlen wird, der vor Erreichen der eben genannten Treffergenauigkeit liegt, muß eine größere Streuung berücksichtigt werden, die heute optimistisch vielleicht bei 20x20 km anzunehmen ist.

Mit ihr ist dann aber ein Bekämpfen wichtiger Punkte, z. B. innerhalb des Hauptzieles nicht möglich, sondern nur ein Abstreuen von Flächenzielen. Beim Streufeuer muß man aber auf eine zerstörende Wirkung verzichten, sie kann nur zufällig erzielt werden.
Wie läßt sich aber bei diesem Entwicklungsstand eine moralische Terrorwirkung, z. B. beim Hauptziel erreichen? Ausgehend von einem Feuerüberfall, der auch je nach Munitionslage öfters wiederholt werden kann, wird ein Störfeuer eines oder weniger jeweils wechselnder Geschütze (ausgerichtet nach Mitte Hauptziel) von mehreren Tagen oder Wochen mit 5–15 Minuten Abstand seine demoralisierende Wirkung nicht verfehlen! Man bedenke gegenüber einem Bombenangriff, der nach ca. 1 Stunde beendet ist, daß die Bevölkerung hier – je nach vorhandener Munition – tage- oder wochenlang dauernd unter Druck gehalten wird! Gerade infolge der Streuung weiß im Hauptziel niemand, ob nicht die nächste »Bombe« in seiner Nähe herunterkommt! Wenn in einem so großen Ziel wie London in Abständen von 5–15 Minuten ein FZG 76 detoniert, so scheint das verschwindend gering. Es ist aber zu bedenken, daß die Einschläge auf Grund der Streuung immer in anderen Stadtteilen erfolgen und daß im übrigen solche Ereignisse sich sehr schnell, und zwar je weiter, desto aufgebauschter herumsprechen. Die Bevölkerung würde also zunächst sehr bald die Luftschutzräume aufsuchen. Da diese ja nicht für tagelangen Aufenthalt eingerichtet sind, ergäbe das allein schon Schwierigkeiten. Viel wesentlicher ist aber, daß das wirtschaftliche Leben sehr bald durcheinander gerät, daß auch das Verkehrsleben sehr schnell beeinflußt wird, weil z. B. die U-Bahnhöfe und -Schächte als Luftschutzräume benutzt würden. Es dürfte aber feststehen, daß die Bevölkerung einer derartigen Belastung nach einer Reihe von Tagen nicht mehr gewachsen ist und abzuwandern beginnt. (Im Zusammenhang damit sei darauf hingewiesen, daß 1918 infolge der Beschießung mit Ferngeschützen über 1 Million Einwohner die Stadt Paris verlassen haben, obwohl damals nur 350 Granaten mit je 120 kg Sprengstoff im Zielraum einschlugen.) Damit wäre die moralische Terrorisierung erfüllt, die aber auch nur bei der Zivilbevölkerung zu erwarten ist, während irgendwelche taktischen Maßnahmen dadurch kaum beeinträchtigt werden können.
Um militärische Ziele bekämpfen zu können, muß die Wirkung eine zerstörende und nicht nur eine störende sein. Diese zerstörende Wirkung aber läßt sich nur mit einer größeren Treffergenauigkeit erreichen.

2. Kann ich bei Vorliegen einer größeren Streuung als 6x6 km eine Einschlagortung mit FuG 23 für Schußkorrekturen vornehmen oder wie

kann ich das FuG 23 dann nutzbar machen? Gibt es andere Möglichkeiten zur Einschlagsortung?

Selbst wenn bis zum Einsatztermin das FuG 23 so weit entwickelt wird, daß es zuverlässig arbeitet, wird seine Verwendung zunächst nur beschränkt möglich sein. Solange das FZG 76 eine größere Streuung hat, als ursprünglich angenommen, ist es unnötig, auf Grund der durch FuG 23 gegebenen Einschlagsortung Korrekturen geben zu wollen. Es genügt zunächst und ist auch vom Regt. so vorgesehen, daß aus einer mittleren Stellung jeder Abteilung FZG 76 mit FuG 23 verschossen werden, deren Ortungsergebnisse lediglich eine Bestätigung dafür geben sollen, ob die Schüsse im Zielraum liegen. Wie weit eine Einschlagsortung durch Beobachtung vom Flugzeug aus möglich ist, kann von hier aus nicht beurteilt und müßte daher von zuständiger Stelle entschieden werden. Im übrigen wird man sich auf die beim Streubildschießen gewonnenen Erfahrungen stützen müssen.

3. Da die Bekämpfung des Hauptzieles bei seiner Flächenausdehnung auch bei größerer Streuung als ursprünglich angenommen erfolgreich vorgenommen werden kann, wann gilt die Bekämpfung als vollendet?

Wenn die beabsichtigte Wirkung eine moralisch terrorisierende sein soll, ist es unerheblich, wieviel Häuser, gewerbliche Anlagen pp. zerstört oder beschädigt werden. Ausschlaggebend allein ist die Auswirkung auf die Bevölkerung. Gegenüber Bombenangriffen ist von Bedeutung, daß eine rechtzeitige Warnung nicht erfolgen kann, daß die Zellen verhältnismäßig niedrig und daher gut sichtbar – nachts mit Feuerschein –, überdies mit einem erheblichen Lärm fliegen. Diese Momente allein wirken schon auf die Bevölkerung. Von viel größerer Bedeutung ist jedoch die Ausdehnung des Schießens über einen längeren Zeitraum.

Ein Bombenangriff dauert erfahrungsgemäß 1- 1½ Stunden und kann bei den langen Anflugstrecken ins Reich nicht beliebig oft wiederholt werden. Er trifft in einer Großstadt eine beschränkte Fläche, deren Bevölkerung für die Dauer des Angriffs außer der Lebensgefahr einer ungeheuren seelischen Belastung ausgesetzt ist, aber immer weiß, daß nach 1-1½ Stunden diese Gefahr vorbei ist. Die Bevölkerung, die in den meisten Fällen rechtzeitig vorher gewarnt wird, kann bei Ertönen des Entwarnungs-Signals befreit aufatmen. Die Bevölkerung der westdeutschen Gebiete, die wohl am häufigsten bisher Fliegeralarme erlebt hat, mag dagegen auch schon abgestumpft sein; das rührt aber daher, daß sie weiß, daß es sich in den meisten Fällen um Überflüge handelt. Auch das Erscheinen einzelner Störflugzeuge löst keine weitgehende Beunruhigung aus, weil durch den langen Anflugweg über Land genügend Zeit besteht zur Feststellung, ob es sich um Einzelflugzeuge oder Verbände handelt und danach der Alarm abgestuft wird. Außerdem besteht durch den Drahtfunk die Möglichkeit, die Bevölkerung über Stärke und Flugweg der feindlichen Maschinen und Verbände zu orientieren.

Demgegenüber ist – wie schon erwähnt – bei der Geschwindigkeit des FZG 76, die 1½mal so groß wie die von Kampfmaschinen ist und bei der geringen Entfernung z. B. des Hauptzieles von der Küste nicht möglich, rechtzeitig Fliegeralarm auszulösen. Wird dann die Beschießung auch nur mit einer ganz geringen Zahl von Geschützen, aber mit kurzen Feuerpausen von 5–15 Minuten – noch dazu im Zusammenhang mit anderen Teilen des LXV. A.K. – tage- oder wochenlang durchgeführt, so ist die Wirkung, die schon bei der Antwort zu Frage 1 beschrieben wurde, unzweifelhaft die, daß nach bestimmter Zeit die Bevölkerung des Hauptzieles die seelische Belastung nicht länger aushält, mehr oder weniger geordnet oder panikartig abwandert, und sich durch keinerlei behördliche Maßnahmen halten läßt.

Ist das erreicht, so ist die Bekämpfung des Hauptzieles als erfüllt anzusehen. Es ist also unerheblich, und nur als willkommene Begleiterscheinung anzusehen, wieviel Häuser, Fabriken pp. getroffen werden, dagegen von ausschlaggebender Bedeutung, daß die Menschen abwandern, die die Arbeitsplätze einnehmen, womit das gleiche Ergebnis erzielt wird, als wenn die Arbeitsstätten vernichtet werden.

4. In welcher Art ist die Bekämpfung des Hauptzieles gedacht bei einem Einsatztermin, an dem nur eine geringe Munitionsmenge zur Verfügung steht?
   Ist es richtig, diese ungenügende Munitionsmenge in einem Feuerüberfall und anschließendem Dauerfeuer in wenigen Tagen zu verschießen und dann zu einer längeren – u. U. mehrwöchigen – Feuerpause gezwungen zu sein, oder läßt sich mit Aussicht auf Erfolg eine Feuerart wählen, bei der größere Feuerpausen vermieden werden?

Die Beantwortung dieser Frage ist schon weitgehend durch die Beantwortung der Fragen 1 und 3 erfolgt. Ausschlaggebend für die Wahl der Feuerform wird stets die zur Verfügung stehende Munitions-Menge und außerdem die Überlegung sein, daß abgesehen vom Ersteinsatz ein Teil der Feuerstellungen ganz oder vorübergehend zerstört oder infolge Fliegeralarm zum Schweigen gezwungen ist.

Ganz allgemein muß hierbei bemerkt werden, daß ein Übernehmen der von der Artillerie her bekannten und feststehenden Feuerformen leicht für den Uneingeweihten zu falschen Auffassungen führen kann. Wenn beim FZG 76 z. B. von einem »Feuerüberfall« gesprochen wird, so muß berücksichtigt werden, daß durch Fehlstart der Abschuß sich um Minuten verzögert. Im übrigen ist der Flugweg von den einzelnen Feuerstellungen verschieden lang, so daß am Ziel die Einschläge nicht gleichzeitig erfolgen können. Ebenso muß beim »Störfeuer« berücksichtigt werden, daß von Abschuß zu Abschuß bei jedem Geschütz eine Zeit von ca. 30 Minuten verstreicht. Es ist daher zu überlegen, ob es nicht zweckmäßig ist, für die Feuerformen des FZG 76 eigene Begriffe zu prägen, etwa wie folgt:

Feuerüberfall: Gleichzeitiges Abfeuern, nach Möglichkeit sogar gleichzeitiges Einschlagen einer möglichst großen Zahl von FZG 76, d. h. aus vielen Stellungen.

Streufeuer: Über eine längere Zeit sich erstreckendes Feuer aus einer größeren Zahl von Stellungen unter Innehaltung der geringsten Feuerpause.

Störfeuer: Schießen aus 1–4, jeweils wechselnden Geschützen mit 5–15 Minuten Abstand.

Wenn man nur – wie es notwendig ist – die zur Verfügung stehende Munitions-Menge berücksichtigt, so mag das nachfolgende Beispiel am besten beweisen, welche Möglichkeiten zur Wahl der Feuerform bestehen.

Ausgegangen wird von einer am Einsatztag vorhandenen Munitionsmenge von 3360 Schuß und der Annahme, daß von den 56 auf Hauptziel ausgerichteten Stellungen des Stellungssystems I 50 % ausgefallen sind, also nur 28 zur Verfügung stehen.
Bei 24stündigem Schießbetrieb verschießt eine Stellung 24x2 = 48 Schuß, d. h. 28 Stellungen an einem Tage 1344 Schuß. Die verfügbaren 3360 Schuß werden in genau 2½ Tagen verschossen.

Verschießt man dagegen aus einem jeweils wechselnden Geschütz alle 15 Minuten einen Schuß, so ergibt das 24x4 = 96 Schuß pro Tag, oder 30 × 96 = 2880 Schuß in einem Monat. Die Differenz zu 3360 = 480 Schuß können beliebig verwandt werden, also entweder in einem erstmaligen Feuerüberfall und anschließendem Streufeuer, das sich über 8 Stunden erstreckt, oder in einem einleitenden und 17 weiteren Feuerüberfällen, die beliebig in das 30tägige Störfeuer eingeschaltet werden können.

Mit dieser Gegenüberstellung soll gezeigt werden, daß die Leistungsfähigkeit der Geschütze, auch wenn man mit einem erheblichen Ausfall rechnet, so groß ist, daß sie weit über der z. Zt. als optimal genannten Monatsfertigung an Munition liegt. Zum anderen soll aus der Rechnung der Schluß gezogen werden, daß es im Hinblick auf die Beantwortung der Fragen 1 und 3 unbedingt richtiger ist, die verfügbare Munition so einzuteilen, daß Feuerpausen möglichst vermieden oder zumindest auf die kürzeste Zeit herabgedrückt werden, da längere Feuerpausen nur geeignet sind, die Bevölkerung von der auf ihr während der Beschießung liegenden Angst zu befreien und so die moralische Wirkung erheblich auszuschalten.

5. Welche Ziele sollen nach Bekämpfung des Hauptzieles beschossen werden, wenn zu diesem Zeitpunkt noch eine Streuung vorhanden ist, die erheblich über den Flächenausmaßen anderer Ziele liegt?

Für die Bekämpfung weiterer Ziele ist ausschlaggebend, welche Antwort Frage 1 gefunden hat und ob zum Zeitpunkt ihrer Bekämpfung die Streuung noch unbefriedigend ist. An dieser Stelle sollen die Durchmesser von Städten angegeben werden, die als Ziele vorgesehen, d. h. auf die die einzelnen Abteilungen ausgerichtet sind:

| | Stadtkern | | Außenbereich | |
|---|---|---|---|---|
| Name der Stadt | Durchm. | Leerfläche | Durchm. | Leerfläche |
| 1. London | 19 km | 15% | 35 km | 45% |
| 2. Bristol | 5,6 km | 10% | 14 km | 75% |
| 3. Portsmouth | 5 km | 50% | 5,5 km | 70% |
| 4. Southampton | 6 km | 40% | unbekannt | unbekannt |
| 5. Plymouth | 5,2 km | 30% | 9 km | 90% |

Um die Ziele 2–5 im Verhältnis zum Hauptziel 1 ähnlich erfolgreich bekämpfen zu können, müßte die Streuung entsprechend verringert werden können. Will man also die Ziele 2–5 zu einem Zeitpunkt bekämpfen, wo die Streuung noch größer ist, so muß man damit rechnen, daß eine entsprechend große Zahl von Schüssen außerhalb des Zieles liegt, bei an der Küste gelegenen Städten dazu noch im Meer. Es wäre also wohl abwegig, glauben zu wollen, daß man bei einer z. Zt. mit

etwa 20x20 km oder darüber anzunehmenden Streuung in den genannten Zielen ernsthafte Truppensammlungen und -verladungen oder Schiffszusammenziehungen stören könnte. Um hiergegen wirksam werden zu können, müßte ein ungeheurer Munitionsaufwand getrieben werden, der aber der infolge von Ausfällen beschränkten Zahl der Feuerstellungen und der langamen Schußfolge nicht genügend zur Geltung kommen kann. Im übrigen ist zu bedenken, daß derartige militärische Aktionen ja auch sonst vielfach unter Fliegerangriffen oder Artilleriefeuer durchgeführt werden müssen. Man muß also im gegenwärtigen Entwicklungsstand – wie schon bei Beantwortung der Frage 1 betont – darauf verzichten, irgendwelche militärischen Maßnahmen beeinflussen zu können.
Demgegenüber darf aber auch nicht vergessen werden, daß die Engländer nach den deutschen Luftangriffen 1939/41 und neuerdings in Erwartung der Vergeltung eine Evakuierung luftgefährdeter Städte und eine Verlagerung bzw. Dezentralisation ihrer Industrie, vor allem der Rüstungswerke, vorgenommen haben werden. Unterlagen hierüber sind hier nicht vorhanden, müßten aber im Hinblick auf die Wichtigkeit der Frage dringend beschafft werden. Wenn man also eine mindestens teilweise Verlagerung der Industrie als gegeben annimmt und andererseits berücksichtigt, daß auch ohnedies auf Grund der zunächst großen Streuung eine Vernichtung der Industrie-Anlagen in den genannten Städten nur durch Zufall oder durch einen ungeheuren Munitions-Aufwand erreicht werden kann, so ist der Wert von Zielen von der Art der unter 2–5 genannten für eine vernichtende Bekämpfung mit FZG 76 z. Zt. gering. Es kann also auch hier nur die moralische Wirkung erwartet werden, wobei die dem Gerät z. Zt. innewohnende große Streuung sich sogar als ein Vorteil auswirken kann, weil die Industrie-Anlagen und Arbeiter-Siedlungen von jeher in den Außenbezirken einer Stadt liegen, bzw. durch Verlagerung in der engeren Umgebung einer größeren Stadt errichtet worden sind. Es gilt also für diese Ziele bezüglich der Feuerform pp. dasselbe, was bei der Beantwortung der Fragen 1, 3 und 4 bezüglich des Hauptzieles gesagt wurde. Gerade bei diesen, gegenüber London viel kleineren Zielen, würden Feuerüberfälle ihre Wirkung verfehlen. Sie kann nur durch ein längeres Störfeuer erzielt werden.

Je nach den zu beschaffenden Unterlagen über Vorhandensein bzw. Verlagerung von Industrien und daraus sich ergebende Menschenansammlungen gilt das, was bezüglich der Ziele 2–5 gesagt wurde, auch für weitere Ziele im ganzen bestreichbaren Raum. Es darf aber hierbei auch folgende Tatsache nicht vergessen werden! Genau so wie bei uns die arbeitende Bevölkerung nach Zerstörung ihrer Wohnungen bzw. vorsorglich evakuiert worden ist, so wird auch England nach den Bombenangriffen von 1940/41 bzw. jetzt in Erwartung der Vergeltung einen nicht unerheblichen Teil seiner arbeitenden Bevölkerung in Kleinstädten oder auf dem Lande in Barackenlagern pp. unterbringen und zu ihren Arbeitsplätzen transportieren, um den Arbeitern und ihren Familien eine möglichst große Sicherheit zu geben. Dieses Bewußtsein, in der Kleinstadt und auf dem Lande in einem sicheren Luftschutzkeller zu sein, muß aber der Bevölkerung im bestreichbaren Raum genommen werden. Da man bei Bekämpfung von Zielen entsprechend der heutigen Streuung nicht allein die betr. Stadt, sondern ein Quadrat von 20x20 km trifft, bzw. abstreut, so muß auf der Zielkarte die dementsprechende Einzeichnung erfolgen. Auf der Zielkarte ergeben sich also im Laufe der Zeit eine Menge solcher Quadrate. Die dazwischen liegenden freien Flächen dürfen aber auch nicht vergessen werden – sofern es sich nicht um ausgesprochenes Ödland handelt, – um der Bevölkerung in diesen Gebieten das Gefühl der Sicherheit zu nehmen und einen Zuzug aus anderen Gegenden zu verhindern.

Zweck und Inhalt des Kampfauftrages kann nur sein, nach der unter 3 erfolgten Niederringung des Hauptzieles den gesamten bestreichbaren Raum in der Reihenfolge der Wichtigkeit der in ihm liegenden Ziele unter Feuer zu nehmen und so das wirtschaftliche Leben in ihm zum Erliegen zu bringen. Wie weit A 4 und FZG 76 sich in diese Aufgabe teilen können, muß höheren Ortes entschieden werden. Dem Tausendfüßler kann auf Grund seiner starren Ausrichtung die wichtige Aufgabe erteilt werden, nach der mit allen Waffen erfolgreich durchgeführten Bekämpfung des Hauptzieles dessen weitere Störung zu übernehmen und damit das Rückwandern der Menschen und die Wiederaufnahme des wirtschaftlichen Lebens zu verhindern.

In Verfolg dieses Gedankenganges muß die weitere Erprobungsarbeit darauf ausgerichtet werden, größere Reichweiten – auch auf Kosten der Sprengstoffmenge – zu erzielen, um die moralisch terrorisierende Wirkung aus dem südenglischen Raum auch in die dichtbesiedelten und industriell bedeutungsvollen Midlands zu tragen.

6. Ist es im Hinblick auf den Einsatzzweck (vgl. Frage 1) und die zu wählende Feuerart (vgl. Frage 4) notwendig, daß bei I.–III. Abt. außer dem Stellungssystem I auch das Stellungssystem II auf Mitte Hauptziel

und Stellungssystem III auf Southampton bzw. Portsmouth ausgerichtet werden oder ist es im Hinblick auf spätere Kampfaufträge nicht richtiger, die Stell.-Systeme II und III gemeinsam oder in sich parallel auszurichten, und zwar derart, daß einmal ein möglichst großer Teil Südenglands bestrichen werden kann und daß weiterhin der bestreichbare Raum möglichst gleichmäßig überlagert werden kann.
Von den insgesamt 288 z. Zt. in Bau befindlichen bzw. geplanten Stellungen (je 64 im Stell.-Syst. I, II und III sowie 80 Ers.-Stellungen) sind nach der bisherigen Planung ausgerichtet:

| | | | | |
|---|---|---|---|---|
| Auf Mitte Hauptziel | 56 (Syst. I) | + 56 (Syst. II) | + 70 Ers. Stell. | = 182 |
| Auf Bristol | 8 | + 8 (Syst. II) | + 10 Ers. Stell. | = 26 |
| Auf 3 weitere Ziele | 64 (Syst. III) | + 16 Ers. Stell. | | = 80 |
| | | | | 288 |

Wenn man, wie von Major Dr. Dommerfeld versichert, zum Einsatztermin durch Zeitwerk oder Kompaß mit einem Winkelschuß von $\pm 30°$ rechnen kann, so erscheint es zweckmäßig, zu untersuchen, welche Ausrichtung der Geschütze den größten Erfolg verspricht.

Was das Hauptziel anbelangt, so zeigt die bei Frage 4 aufgestellte Berechnung und die Überlegung bezügl. Feuerform und Vermeiden von Feuerpausen, daß 28 Stellungen (= 50 % des auf London ausgerichteten Stell. Syst. I) genügen, um eine monatliche Munitionsmenge von 3360 FZG 76 zu verschießen, d. h. eine Mun.Menge, die bei den gegenwärtigen und noch zu erwartenden feindl. Luftangriffen auf das Heimatkriegsgebiet in absehbarer Zeit monatlich nicht überschritten werden dürfte. Läßt man die in der angezogenen Berechnung erwähnten Feuerüberfälle – die gegebenenfalls durch Fliegerangriffe zu ersetzen sind – außer Betracht, so können bei einer Feuerpause von 15 Minuten die an einem Tage zu verschießenden 24x4 = 96 Schuß – da die Vorbereitung zur Feuerbereitschaft ½ Stunde dauert – im krassesten Fall aus 2 Feuerstellungen abgegeben werden. Diese 2 Stellungen dürften aber in jedem Fall von den 56 Stellungen des Systems I am X-Tag einsatzfähig sein. Es ist also nicht ersichtlich, warum 182 Stellungen auf das Hauptziel ausgerichtet werden sollen. Andererseits besteht auch bei Parallel-Stellen der Geschütze und unter Einrechnung des Winkelschusses die Möglichkeit, aus einer großen Zahl von Stellungen des Systems II das Hauptziel zu erreichen.

Dagegen bietet das Parallel-Stellen der Geschütze im Stell.-System II folgende Vorteile:

a) Bei zentraler Ausrichtung bleibt auch unter Berücksichtigung des Winkelschusses von ± 30 im Nordosten des theoretisch bestreichbaren Raumes ein großes Gebiet feuerfrei, das etwa das Dreieck Norwich – Cambridge – Colchester umfaßt und an dessen Küste Häfen wie Great Yarmouth, Lowestoft und Harwich liegen. – Auch im übrigen Teil des bestreichbaren Raumes ergeben sich Unterschiede in der Überlagerung, die um so geringer wird, je weiter die Ziele seitlich von London entfernt sind.

b) Denkt man, wie im letzten Absatz bei Beantwortung der Frage 5 vorgeschlagen, an die Erzielung größerer Reichweiten und damit an die Bekämpfung entfernterer Ziele, bei denen die Streuung von selbst größer wird, so muß das nach Möglichkeit unter Ausnutzung des direkten Schusses geschehen, da die Streuung beim Winkelschuß durch Gerätefehler wahrscheinlich größer wird. Um das zu vermeiden, erscheint das Parallel-Stellen angebracht, wobei noch als weiterer Vorteil hinzukommt, daß ich von den zur Insel am günstigsten gelegenen Stellungen am rechten Flügel etwa in Richtung der Längsachse der Insel schießen, also denkbar weit reichen kann, während die Geschütze des rechten Flügels unter der bisherigen Ausrichtung nach Mitte Hauptziel bei größerer Reichweite in ein Gebiet schießen würden, das ohnedies schon von weiter links gelegenen Stellungen bestrichen werden kann.

Es wird daher vorgeschlagen, bei I.–III. Abt. das Stell.-System II und die 79 Erst-Stellungen, anschließend daran das Stell.-System III parallel auszurichten, und zwar derart, daß die am rechten Flügel stehende Batterie unter Einschaltung einer Winkelschußmöglichkeit von 30° bis zur Küste ostw. Norwich wirken kann.

Die beiliegenden Übersichten sollen den Vorschlag unterstreichen.

Da zum Stell.-System II auch 32 Stellungen gehören, die als Wechselstellungen des Syst. I vorgesehen waren und bauseitig beinahe fertig gestellt sind, müßte bei ihnen entschieden werden, ob sie in die Parallel-Stellung einbezogen werden oder auf Mitte Hauptziel ausgerichtet bleiben.«

# Unterstellungs-Verhältnisse des Gen.-Kdo LXV. AK

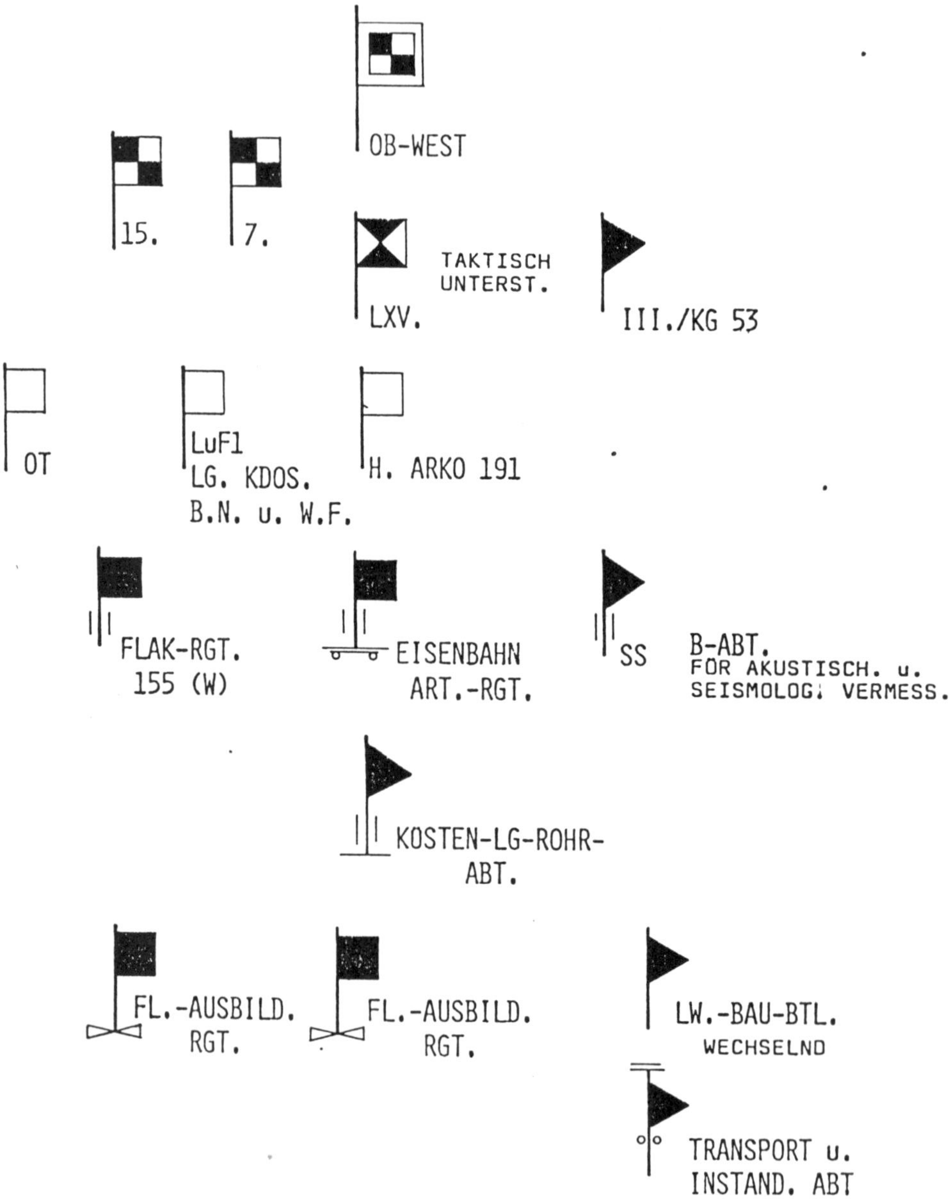

# Gliederung des Flak-Rgt. 155 (W)

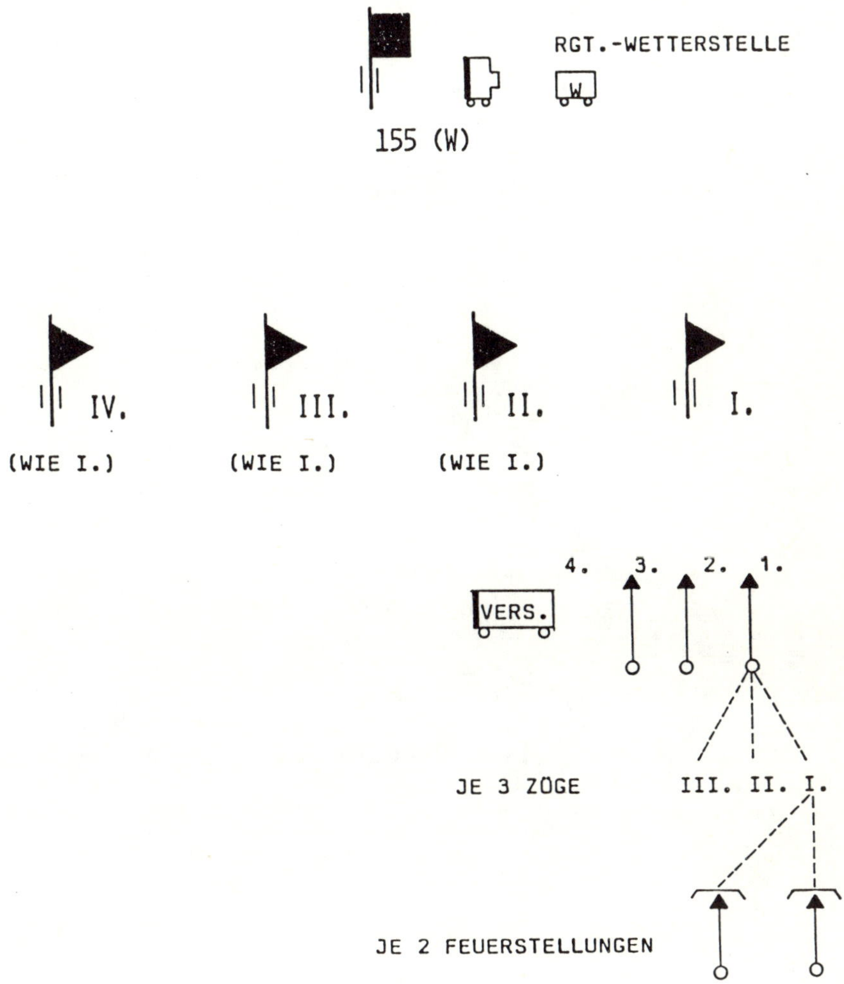

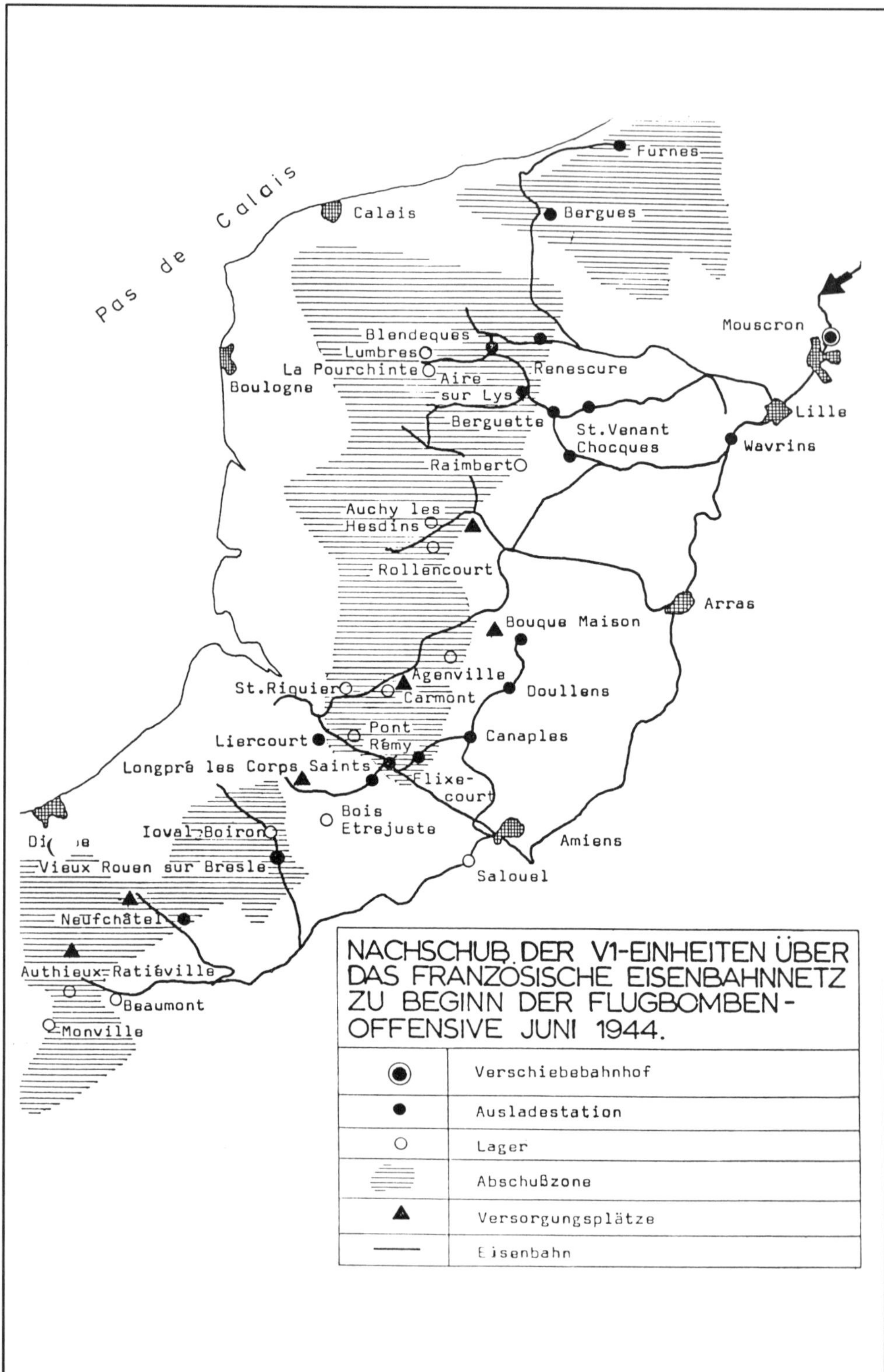
Pas de Calais
Furnes
Calais
Bergues
Mouscron
Blendeques
Lumbres
La Pourchinte
Aire sur Lys
Renescure
Boulogne
Berguette
St.Venant
Chocques
Lille
Wavrins
Raimbert
Auchy les Hesdins
Rollencourt
Arras
Bouque Maison
Agenville
St.Riquier
Carmont
Doullens
Pont Rémy
Liercourt
Canaples
Longpré les Corps Saints
Flixe-court
Bois Etrejuste
Ioval-Boiron
Amiens
Vieux Rouen sur Bresle
Salouel
Neufchâtel
Authieux-Ratiéville
Beaumont
Monville
NACHSCHUB DER V1-EINHEITEN ÜBER DAS FRANZÖSISCHE EISENBAHNNETZ ZU BEGINN DER FLUGBOMBEN-OFFENSIVE JUNI 1944.
Verschiebebahnhof
Ausladestation
Lager
Abschußzone
Versorgungsplätze
Eisenbahn

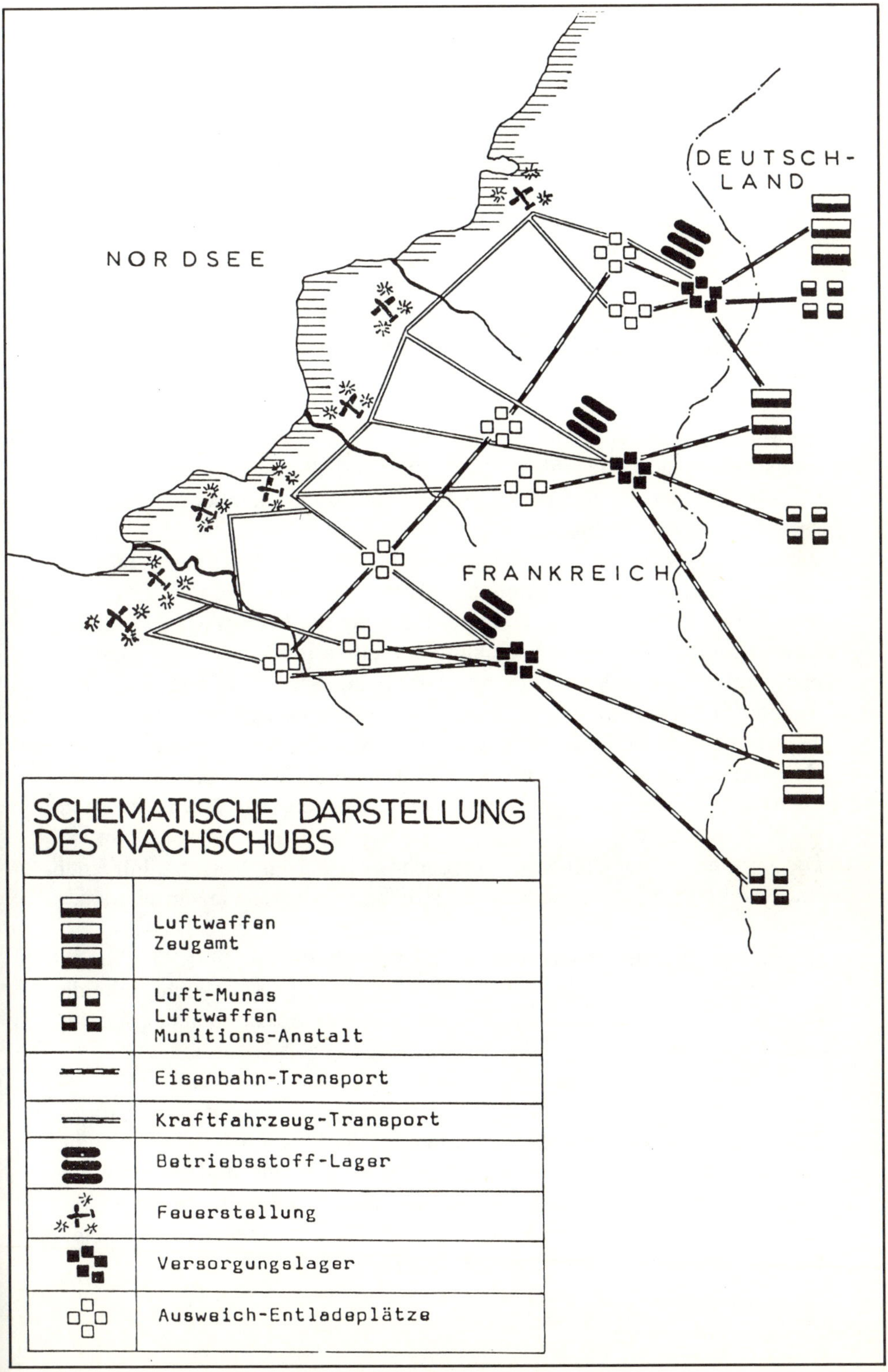
NORDSEE
DEUTSCH-
LAND
FRANKREICH
SCHEMATISCHE DARSTELLUNG
DES NACHSCHUBS
Luftwaffen
Zeugamt
Luft-Munas
Luftwaffen
Munitions-Anstalt
Eisenbahn-Transport
Kraftfahrzeug-Transport
Betriebsstoff-Lager
Feuerstellung
Versorgungslager
Ausweich-Entladeplätze

General von Axthelm ließ durch den Kurier übermitteln, daß ihn der Inhalt der Ausführungen sehr interessiert habe und daß er am 30. Mai die Angelegenheit dem Chef-Generalstab der Luftwaffe, General der Flieger, Korten, vortragen werde. Im übrigen würde er Oberst Wachtel zu einem Vortrag nach Berlin auffordern. Als der General am 31. Mai beim Armeekorps anrief, war Wachtel zur Zeit nicht abkömmlich.
Am späten Nachmittag des gleichen Tages erreichte von Axthelm Wachtel persönlich am Telefon und teilte ihm mit, der Chef-Generalstab sei völlig mit dem Wachtel-Vorschlag einverstanden, könne dafür aber nichts tun, weil der Ersteinsatz des LXV. Armeekorps dem Wehrmachtsführungsstab unterstehe.
Am Abend des 31. Mai begab sich Oberst Wachtel mit Hauptmann Grothues und Hauptmann Dahms zum LXV. Armeekorps. Im kleinen Kreis hatten sie Gelegenheit, den kommandierenden General um Verständnis für den Grundgedanken der Flakgruppe, nämlich einen Überraschungsangriff, zu bitten.
General der Artillerie Heinemann sowie die anwesenden Generalstabsoffiziere wiesen darauf hin, daß die Erfahrungen von Gen. Major Peltz ausschlaggebend seien und es daher bei den vom LXV. Armeekorps mit Luftflotte 3 getroffenen Abmachungen bleiben müsse.
Nach einer Besprechung zwischen Hitler und Speer, Anfang Juni 1944, bestand Hitler auf den Großeinsatz aller verfügbaren Flugbomben. Das Transportregiment begann mit der Verlagerung der Geheimwaffe aus dem Reichsgebiet in den französischen Einsatzraum. Unter scharfer Bewachung rollten die mit Planen verdeckten Waggons aus den Luftwaffen-Munitionsanstalten.
Die Züge hatten auf allen Strecken, auch vor D-Zügen, Vorrang. Für einen Flugbomben-Transport mußte jede Strecke sofort freigemacht werden.

In den neuen Einsatzstellungen wurde fieberhaft gearbeitet. Der Befehl zur Vergeltung konnte nun jede Woche erfolgen. Dieser Befehl sollte die Oberbauleitung Schmidt unter dem Decknamen »Rumpelkammer« erreichen.

In dem Augenblick, in dem der Befehl ergehen würde, würde der unwiderrufliche sechstätige Countdown für die Feuereröffnung beginnen. Um der Truppe bei dem bevorstehenden Einsatz die nötige technische Hilfe zu leisten, hatte man frühzeitig die ITG aufgestellt, den Industrie-Hilfstrupp Gelhaar, benannt nach Dipl.-Ing. Gelhaar von den Fieseler-Werken, dem der Einsatz dieser 37 Spezialisten unterstand. (32)

Ausgesuchte Ingenieure der Firmen Fieseler, Walter, Argus, Ascania und Rheinmetall-Borsig, die an der Entwicklung der Flugbombe mitgearbeitet hatten, wurden auf die Kampfbatterien verteilt und von der Truppe freudig begrüßt.

Der Staatssekretärbefehl Nr. 540 hatte den Einsatz umrissen:

1. Durch Schulung und Beratung die techn. Einsatzbereitschaft der Truppe zu erhöhen. Diese Arbeit wird schlagartig durch den Befehl »Rumpelkammer« (Aufstellung der Geschütze und Einrichtungen der Stellungen) unterbrochen.
2. Praktische Unterstützung der Truppe bei den enormen Anlaufschwierigkeiten. Durch ihre Fachkenntnisse sind die Ingenieure in vielen Fällen in der Lage, Störungen zu beheben, und so den Fortlauf des Schießbetriebes der betr. Stellungen zu ermöglichen.
3. Untersuchung und Klärung von Abstürzen, Arbeits- und Montageschwierigkeiten. Durch Belehrung der Truppe bei Untersuchungen und Störungsbeseitigungen wird erreicht, daß sich die Mannschaften in immer größerem Maße selbst helfen können.
4. Die Behebung und Untersuchung akuter Störungen. Wie zu erwarten, treten allgemeine Fehler auf, die durch grundsätzliche Maßnahmen behoben werden müssen.

Durch diese enge Verbindung mit der Truppe wurden die Ingenieure in die Lage versetzt, die Schwierigkeiten des Einsatzes, Mängel am Gerät und die Arbeit der Soldaten eingehend kennenzulernen.

Die Erkenntnisse der Ingenieure wurden zunächst durch laufende Berichterstattung an die betr. Dienststellen im Reich weitergeleitet, und dort ausgewertet.

# Invasion und Einsatz in Nordfrankreich

An der Atlantikküste erwartete die deutsche Führung in diesem Sommer 1944 den Sturm der Engländer und Amerikaner auf die Festung Europa.

Generalfeldmarschall Rommel machte sich vor allem Sorge um die zur Verfügung stehenden Einheiten der deutschen Luftwaffe. Aus dem Afrikakrieg und aus den Landungen der Alliierten in Italien wußte er, was die Luftüberlegenheit des Gegners bedeutete.

Von El Alamein her kannte er die Taktik, wie Jabos ganze Panzerdivisionen am Boden festnageln konnten. Weder Generalfeldmarschall von Rundstedt, der Oberbefehlshaber West, noch General der Panzertruppe Geyr von Schweppenburg, der Befehlshaber der Panzerkräfte mit Sitz in Paris, hatten jemals in dieser Hinsicht Erfahrungen gesammelt.

Rommel hatte sie gemacht, und daraus war sein Verteidigungsplan entstanden, nachdem er im November 1943 zum Befehlshaber der Heeresgruppe B, der nordfranzösischen Küste, ernannt worden war.

Für ihn sollte der Strand die Hauptkampflinie bilden, womit er verlustreiche Anmarschwege vermeiden wollte. Wenn der Gegner landete, so Rommel, war das der Moment seiner größten Schwäche. Die gegnerischen Soldaten waren dann noch unsicher, womöglich seekrank.

Das Gelände war ihnen unbekannt, schwere Waffen noch nicht in ausreichendem Maße entladen. In diesem Augenblick mußten sie geschlagen werden.

Feldmarschall von Rundstedt und General Freiherr Geyr von Schweppenburg waren genau gegenteiliger Auffassung. Sie wollten die entscheidende Schlacht weit hinter der Küste führen und die Panzerverbände und Eingreifreserven im französischen Hinterland halten, um den Gegner, nach klassischer strategischer Lehre, beim Stoß ins Land zangenförmig einzuschließen und zu vernichten.

Nicht an Land lassen war Rommels These, kommen lassen, war Rundstedts und Geyrs Devise.
Hitlers Entscheidung lautete, die Panzerdivisionen sollten Rommels Befehl entzogen werden.

Die seit Wochen anhaltenden Bombardierungen des französischen Hinterlandes verstärkten sich im März zusehends. General Eisenhower und Tedder sahen als Voraussetzung des Unternehmens »overlord« eine vollständige Unterbrechung aller Verkehrsverbindungen zur Heranführung von deutschen Truppen und Material.
Der ursprüngliche »Verkehrsmittel-Plan«, der im Januar 1944 vom Hauptquartier der Alliierten Expeditionsluftwaffe vorgelegt worden war, beruhte auf einer Analyse von Professor Zuckermann. Er sah einen 90 Tage anhaltenden Luftangriff gegen 72 sorgfältig ausgesuchte Ziele vor. In 21 949 Einsätzen wurden denn auch 76 200 Tonnen Bomben abgeworfen. 5677 Flugzeuge der amerikanischen 9. Luftflotte und der 2. taktischen Luftflotte der Royal Air Force waren eingesetzt. Das Gebiet des Pas de Calais sowie der Normandie waren praktisch isoliert.
Eine wichtige Nebenerscheinung dieser Offensive gegen die Eisenbahn war, daß 18 000 Männer der Organisation Todt von dringenden Arbeiten in den Flugbombenstellungen abgezogen werden mußten, um die noch wichtigeren Reparaturarbeiten an den Eisenbahnlinien durchzuführen.
Dieser von Eisenhower und Tedder gegen Spaatz und Harris durchgeführte »Verkehrsmittel-Plan« schadete der Flugbombenoffensive mehr als die gigantischen Bombardierungen der »Ski-Stellen«. 75% aller Eisenbahnanlagen in 250 km Umkreis um das Stellungsgebiet von Wachtels Regiment waren zerstört.
Der 6. Juni 1944 hatte begonnen. Über dem Gefechtsstand des III. Bataillons, 919. Grenadierregiment, war das unablässige Brummen von Flugzeugmotoren zu hören, als plötzlich sechs riesige Vögel geradewegs auf den Gefechtsstand zuflogen. Es war vierzig Minuten nach Mitternacht, als aus den Transportmaschinen die ersten Fallschirmjäger absprangen und zur Erde schwebten. Der lang erwartete D-Day war angebrochen. (33)
Um 02.00 des gleichen Tages begaben sich die Führungsschiffe des Verbandes »U«, bestehend aus 12 Konvois mit insgesamt 865 Schiffen, unter Befehl von Konteradmiral Moorn der United States Navy, in ihren Bereitstellungsraum.
Das Problem an diesem Tage bestand für die Alliierten unter anderem darin, 185 000 Mann und 20 000 Fahrzeuge für die erste Sturmwelle zu verladen und danach einen ständigen Strom von Soldaten, Ausrüstung und Versorgungsgütern zu den Landeständen aufrechtzuerhalten. Diese Welle

wurde von 4200 Landungsschiffen und Booten transportiert, die von 1200 Handels- und Hilfsschiffen unterstützt und von 1200 Kriegsschiffen, einschließlich sieben Schlachtschiffen und 23 Kreuzern, gedeckt wurden.
Von England aus waren 1087 Transportflugzeuge und Lastensegler mit 20000 Mann als Vorhut gestartet, um vor dem Morgengrauen in den Absprungzonen hinter den Stränden zu landen.
Heftige Gegenwehr und erbitterter Widerstand der deutschen Truppen änderten nichts an Hitlers Fehlentscheidung, die 12. SS-Panzerdivision erst nach der Nachmittagsbesprechung freizugeben.
Generalfeldmarschall Rommel hatte recht gehabt mit seiner Einschätzung der ersten 24 Stunden: Sie würden entscheidend sein.
Auch Rommels Sorge über die deutsche Luftwaffe war berechtigt. Bei den über 11000 Einsätzen, die von den alliierten Luftwaffen am 6. Juni 1944 geflogen wurden, ging nicht eine einzige Maschine durch deutsche Jäger verloren.

Der Einsatzraum des Regiments Wachtel wurde durch den Invasions-Brückenkopf, den die Alliierten bildeten, nicht unmittelbar berührt. »Jeder Mann des Regiments ist der festen Zuversicht, daß der Maikäfer eher drüben ist als der Ammy und Tommy bei uns«, schrieb Hauptmann Dahms am 6. Juni 1944 in das Kriegstagebuch Nr. 1 des Flakregiments 155 W. Noch am gleichen Tage wurde die Abwehrbereitschaft und Rundumverteidigung des Stützpunktes Merlemont befohlen, der Führungsstab wurde von Auteuil nach Merlemont verlegt. Die Männer der Oberbauleitung Schmidt zogen die OT-Uniformen wieder aus, die sie aus Tarnungsgründen mehrere Monate getragen hatten, und zogen den blaugrauen Rock der Luftwaffe mit den roten Spiegeln an. Im Kriegstagebuch des Flakregiments 155 W wurden für den Invasionstag folgende Eintragungen gemacht. (15)

1.30 Uhr: Der Beginn der Invasion wurde dem Regiment in der Nacht vom 5. bis 6. Juni durch Atlas (245. Infanterie-Division) fernmündlich gemeldet.
1.45 Uhr: Hauptmann Schindler, Kommandeur der IV. Abteilung, meldet gleichfalls fernmündlich die im Invasionsbereich befohlene Vorwarnung. Sie wurde ausgelöst aufgrund von Meldungen über das Absetzen von Fallschirmjägern im Raum von Caen.
1.50–1.55 Uhr: Durch den Adjutanten Hauptmann Grothues wurden um 1.50 Uhr und 1.55 Uhr Luftgaukommando Belgien/Nordfrankreich und Luftflotte 3 verständigt.
2.20 Uhr: Durchgabe der Meldung an Gen. Kdo. LXV. Armeekorps. Da

der Offizier vom Dienst zu diesem Zeitpunkt nicht erreichbar war, konnte die Meldung erst um 2.50 Uhr endgültig an das Korps abgesetzt werden.
2.20 Uhr: Erfolgte Meldung an Kommando des Flughafenbereiches Beauvais, 2.25 Uhr an Abwehrstelle Arras, Oberstleutnant Heidschuh. Um 3.00 Uhr läuft eine Meldung vom Flughafenbereich Beauvais über Versammlung 4motoriger Feindverbände im Raum südlich von London ein.
3.40 Uhr: Meldung durch Luftflotte 3, daß Fallschirmtruppen in einer Tiefe von 60 km im Raum von Caen im Absprung begriffen sind.
4.00 Uhr: Nach Rücksprache mit Gen. Kdo. LXV. Armeekorps werden die Flakalarmzüge, die bisher aus Tarnungsgründen im Stellungssystem I verblieben waren, auf das Einsatzstellungssystem zur Sicherung der Rundumverteidigung zurückgenommen. Entscheid erfolge durch Major i. G. Mordhorst.
5.00 Uhr: Meldungen über Absprung von Fallschirmtruppen und Landung von Lastenseglern im Raum Cherbourg. Die ersten Gefangenen sind eingebracht. Eine weitere Meldung besagt, daß Fallschirm- und Luftlandetruppen westlich der unteren Seine im Raum von Okteville und Evreux abgesetzt seien.
Es stellte sich später heraus, daß es sich hierbei um abgetriebene Teile von an anderen Stellen gelandeten Feindtruppen handelte. Angesichts der Lage und der Möglichkeit von Landungen im Regimentsbereich gibt Regiment Alarmstufe II und für den Führungsstab den Befehl zur Aufgabe des Gefechtsstandes Auteuil und Vereinigung des Gesamtstabes in Merlemont. Um 6.00 Uhr läuft eine Meldung ein über das Anlandgehen der ersten Landungsboote des Gegners im Raum von Caen unter dem Schutz starker Vernebelung durch die im Kanal liegenden feindlichen Kriegsschiffe.
Wenn auch die Feindlandungen den Einsatzraum des Regiments zunächst nicht berührten, so tritt doch durch den Beginn der Invasion der Kampf um den Maikäfer-Einsatz in sein entscheidendes Stadium. Noch ist die Küste im Einsatzraum feindfrei! Noch geht es um die Frage, ob das Regiment schießt, bevor der Gegner an der Küste zwischen Seine und Calais zu weiteren Landungsunternehmungen ansetzt. Diese Überlegungen führten offenbar dazu, den Maikäfer-Einsatz so zu beschleunigen, daß in allerkürzester Frist geschossen werden kann.
17.45 Uhr: Um 17.45 Uhr lief bei Regiment der Befehl des Gen. Kdo. LXV. Armeekorps mit dem Stichwort »Rumpelkammer« ein. Mit Rumpelkammer wird das Stichwort gegeben zum Antransport der Geschütze aus den Feldmulags »Nordpol« und »Leopold« in die Stellungen und zur Montage der Geschütze bis zur endgültigen Einsatzbereitschaft. Für Rumpelkammer ist ein Zeitraum von 10 Tagen vorgesehen, wovon jedoch

4 Tage abgehen, da die Baracken bereits bis auf 3 Stellungen herangeführt und aufgebaut sind. Die Montage müßte also am 12. Juni abends beendet sein. Das kann allerdings nur erfolgen, wenn alles Gerät usw. rechtzeitig lückenlos und an die vorbestimmten Bahnhöfe zugeführt wird.

Das Regiment wurde über die Großlage an der Invasionsfront laufend unterrichtet. Schlagartig hörten die Fliegerangriffe am 2. Juni auf, dafür wurden die Nachschubwege pausenlos von Jagdbombern angegriffen.
Am 8. Juni hatten 6 Thunderbolt-Jagdbomber einen Zug mit Kesselwagen in Stellungsnähe entdeckt und sofort angegriffen. 15 von 22 Waggons mit insgesamt 270000 Liter Raketentreibstoff explodierten. Auf der Eisenbahnstrecke Beauvais-Clermont wurde ein Maikäfer-Transportzug durch Feindmaschinen schwer beschädigt. Die Hiobsbotschaften über vernichtetes Material für den Ersteinsatz häuften sich. An vielen Abschußstellen stand das Montagepersonal an den vorbereiteten Fundamenten und wartete auf die Stahlkonstruktionen für die Katapultgeschütze, die in wenigen Tagen die Flugbomben nach England abschießen sollten. Der Stabsbefehl Nr. 2/44 lautete für den 10. Juni: Verlegung des Regimentsstabes in den Einsatzgefechtsstand Saleux in der Nähe von Amiens. Wegen des wolkenverhangenen Himmels am 9. Juni begann der Umzug früher gegen 17.00 mit der Ib-Staffel, LI, Ic und Teilen der IVa. Der Rest des Stabes, Ia, IIa und IIb folgte bei Büchsenlicht des darauffolgenden Tages. Dadurch erreichte die Wagenkolonne, von Tieffliegern nicht entdeckt, den geheimen Einsatzgefechtsstand in Saleux.
Um zu verhindern, daß französische Zivilarbeiter unterirdische Bunkeranlagen verrieten, wurden der OT-Bauabteilung 200 KZ-Gefangene und Sträflinge zugeteilt. In knapp 8 Wochen wurde das 18 m tiefe Bauwerk zum Teil fertiggestellt, die Bauleitung hatte der Bausachverständige des Regiments Regierungsbaurat Schiebeler.
Als die ersten Lastwagen eintrafen, waren noch Häftlinge damit beschäftigt, die unter riesigen Tarnnetzen liegenden Baracken einzugsfertig zu machen, denn am 11. Juni war die Frist für »Rumpelkammer« abgelaufen.
Der Kommandeur Oberst Wachtel, Major Dr. Sommerfeld, Hauptmann Grothues und Hauptmann Schwennesen betraten am Vormittag des 11. Juni den Befehlsstand des Gen. Kdo. LXV. Armeekorps zu einer Einsatzbesprechung. Der Befehl lautete: Einsatz des Regiments in der Nacht vom 12. bis 13. Juni 1944. Danach sollten die I. bis IV. Abteilung im Zusammenwirken mit zur Verfügung stehenden Kräften des IX. Fliegerkorps eingesetzt werden. Das Ziel dieses ersten Einsatzes war London.
Nach dem Einsatzbefehl sollte aus allen fertigen Stellungen geschossen werden, und zwar in 2 Feuerschlägen um 23.40 Uhr und um 0.40 Uhr,

anschließend Störungsfeuer bis 4.45 Uhr. Von da ab konnte je nach Wetterlage und Feindlage Fortsetzung des Kampfes kurzfristig befohlen werden. Die Berechnung der Schußwerte erfolgte nach dem System Sommerfeld.
Für den 13. Juni um 4.45 Uhr mußten alle Einheiten der Truppen-Flak sowie die Flakalarmzüge an den Feuerstellungen feuerbereit sein, da man in den frühen Morgenstunden einen Gegenangriff erwartete. Der Einsatzbefehl wurde vom Korps erteilt, trotz wiederholter Vorstellungen des Regiments, den Ersteinsatz um einige Tage zu verschieben. Dazu Oberst Wachtel: »Dringend warnte ich vor einem überstürzten Einsatz. Ich war überzeugt, daß die katastrophalen Nachschubverhältnisse eine Verschiebung der Feuereröffnung um 48 Stunden unbedingt erforderlich machen. Auch mein Nachschubchef Schwennesen und Fliegerstabsingenieur Eberhard beschwörten das Korps, den Einsatz nicht zu überstürzen. Doch der Stabschef des Korps hörte diese Warnungen nicht. Seine Antwort lautete: Eröffnung des Feuers auf Ziel 42 am 12. Juni.«

### *Aktion Rumpelkammer*

Für die Aktion Rumpelkammer waren ursprünglich 10 Tage vorgesehen. Allerdings war man bei den 10 Rumpelkammer-Tagen davon ausgegangen, daß alles Gerät am Tage vor Rumpelkammer vorlag oder innerhalb der Frist ohne Verzögerung und ohne Ausfälle an den ursprünglich vorgesehenen Bahnhöfen und Ladestellen ankam. Diese vorgeplante Zeit wurde aufgrund des Invasionsbeginns von Gen. Kdo. LXV. Armeekorps in Reaktion auf eine Forderung des Wehrmachtsführungsstabes auf 6 Tage Einsatzvorbereitung reduziert.
Die Ausfälle auf dem Haupteisenbahnnetz zwangen die Materialzüge zu umständlichen Umleitungen über Nebenbahnen. Größere Transportstrekken als vorgesehen mußten von Lastwagen zurückgelegt werden, die sich wegen der ständigen Tieffliegergefahr nur nachts bewegen konnten. Dadurch trat ein Mangel an LKW-Kapazität auf.
Im Regimentsstab wurde der Einsatzbefehl des Korps als Maßnahme vom grünen Tisch beurteilt. Als am 2. Rumpelkammertag Major i. G. Mordhorst das Regiment verständigte, es müßten dringend, noch während der Montage, zwei Züge entladen werden, teilte ihm Hauptmann Schwennesen am anderen Ende der Leitung mit, daß unter derartigen Umständen ein Einsatz vor dem 20. Juni in Frage gestellt sei.
Mordhorst erwiderte darauf, der Ib des Regiments sehe sehr schwarz. Das veranlaßte Schwennesen zu der Bemerkung, Nachschubführer dürften

BROAD STREET STATION
CORNHILL
LEADENHALL STR
FENCHURCH STR
ALDGATE
BANK
CANNON ST STATION
LONDON BRIDGE STATION
CUSTOM HO
TOWER HILL
THE TOWER
TOWER BRIDGE
THE MINT
ROYAL MINT ST
PRESCOT STR
ALIE STREET
EAST SMITHFIELD
ST KATHARINE DOCKS
WHITECHAPEL HIGH ST
GABLE STR
Goods Depot
Guy's Hospital
St Olaves Grammar Sch.
Carron Wharf
George's Stairs
East Lane Stairs

nicht gefühlsmäßig schätzen, sondern müßten kühl und sachlich rechnen, sonst ginge die Rechnung nicht auf.
Die Männer in den Stellungen hatten mit größter Hingabe ohne Nachtruhe an der fast unmöglichen Aufgabe gearbeitet; nur für die Prüfung der Geräte reichte die Zeit nicht mehr aus.
Kurz nach Mitternacht des 12. Juni trafen die Abteilungskommandeure zur Einsatzbesprechung im unterirdischen Befehlsbunker in Saleux ein. Oberst Wachtel gab seinen Offizieren die Lage bekannt und den vom Regiment gegenüber dem Korps vertretenen Standpunkt.
Mit dem Einsatzbefehl verließen die Kommandeure übermüdet den Bunker, als der neue Tag schon anbrach. An die Truppe ging folgender Tagesbefehl: (Einsatzbefehl Ia Briefnummer 1300-44 und 1304-44 Geheime Kommandosache.)

»Nach langer Wartezeit ist nun heute der Tag gekommen, an dem unsere Waffe zum Einsatz gelangt! Ich weiß genau, daß die Monate, die zwischen eurer Ausbildung und dem Beginn der Montage lagen, für euch eine harte Probezeit waren. Die dienstliche Belastung war aufgrund der Vielseitigkeit der Aufgaben sehr stark, dabei fehlte die innere Befriedigung, weil der Einsatzbeginn sich lange hinauszögerte.«
»Deshalb wirkte der Montagebeginn befreiend auf uns alle! Ich habe mich auf den Entladebahnhöfen und in den Stellungen überzeugen können, mit welcher Hingabe und Ausdauer ihr ans Werk gegangen seid und in tage- und nächtelanger ununterbrochener Arbeit eure Geschütze und Geräte herangefahren und aufgebaut habt. Dafür spreche ich allen Offizieren, Unteroffizieren und Mannschaften meinen Dank und meine Anerkennung aus! Heute nun soll euer Warten und eure Arbeit den verdienten Lohn finden. Der Feuerbefehl ist erteilt!
Voller Vertrauen an unserer Waffe gehen wir an unseren sicherlich harten Einsatz zu einem Zeitpunkt, wo unsere westlichen Gegner um jeden Preis versuchen, auf dem Festland Fuß zu fassen. Um so wichtiger ist daher der Einsatz unserer Waffe und wenn wir heute und in Zukunft unsere Geschosse abfeuern, dann wollen wir immer an das Leid und den Schaden denken, den die Gegner uns mit ihrem Bombenterror bereitet haben.
Soldaten! Der Führer und die Heimat schauen auf uns und erwarten, daß unser Einsatz zu einem vollen Erfolg gestaltet wird. Zäh und verbissen, dabei in freudiger Hingabe wollen wir unsere Pflicht tun. Am Beginn unseres Einsatzes aber weilen unsere Gedanken in Liebe und Treue bei unserer deutschen Heimat!

Es lebe unser deutsches Volk!
Es lebe unser deutsches Vaterland!
Es lebe unser Führer!

(Gezeichnet) Wolf, (Wachtel)
Oberst und Regimentskommandeur.«

Der regenverhangene Himmel hatte sich etwas aufgeklärt, als der kommandierende General des LXV. Armeekorps, Heinemann, am 12. Juni gegen 17.30 auf dem Gefechtsstand Saleux eintraf, um dem Einsatzbeginn im Regimentsgefechtsstand beizuwohnen.
Wachtels Ordonnanz-Offizier Dahms, der dem General als Betreuer zugeteilt war, meldete einen Großangriff von 280 viermotorigen Bombern auf den nahe gelegenen Flugplatz Beauvais-Tille, der durch 5 Bombenteppiche zu 60% vernichtet worden war.
Der General begrüßte die schon anwesenden Beobachter der verschiedenen Dienststellen, den Kommandeur der Erprobungsstelle der Luftwaffe Karlshagen, Oberstleutnant Stams, im Auftrage von Gen. Feldmarschall Milch, den technischen Leiter der Erprobung FZG 76, Dipl.-Ing. Temme, mit dem Auftrag, auftretende Mängel festzustellen und die Einsatzbereitschaft der Geräte und Geschütze zu überprüfen. Gäste des Regiments waren weiter: Oberstleutnant Heidschuh und Hauptmann Römmele von der Abwehrstelle Arras, sowie die Kriegsberichter Leutnant Wenzel und Oberfähnrich Jansen, die unter Führung von Leutnant Pohl in einer Feuerstellung dem ersten Schießen beiwohnen sollten.
Der Wetterbericht wurde hereingegeben: Stark wechselnde, mehrschichtige Bewölkung. Während der Nacht heiter bis wolkig. Am Vormittag zunehmende Quell-Schichtbewölkung. Gute Sicht, keine Niederschläge.
Vor einer Wand des Bunkers war ein Stadtplan von London aufgestellt. Er war transparent und von hinten erleuchtet. Hell fiel der Zielpunkt ins Auge: Tower Bridge.
Auf dieser Karte sollten heute Nacht die ersten Flugbombentreffer durch Lichtpunkte markiert werden. General Heinemann saß vor dem Londoner Stadtplan, trank ein Glas Sekt und freute sich auf die ersten hellen Punkte. Er sollte sich nicht allzuoft freuen können in dieser Nacht, in der nur vier Punkte aufleuchteten.
Die Männer im Einsatzgefechtsstand saßen um einen großen Holztisch und empfingen die Hiobsbotschaften von den Abteilungen und Batterien, die mit großen Schwierigkeiten zu kämpfen hatten.
Bei der I. Abteilung fehlte Dieselsonderkraftstoff für 2 Kompressoren, die II. und III. Abteilung meldeten das Fehlen von Druckminderern. Ohne einen Tropfen Z-Stoff konnte die IV. Abteilung nicht schießen, sie holte

sich das Kaliumpermanganat in wässeriger Lösung bei der III. Abteilung. Durch die tagelangen Montagearbeiten war die Truppe übermüdet und in zahlreichen Stellungen fiel die Beleuchtung aus. Für 23.00 Uhr war der Beginn der Feuertätigkeit befohlen. Wegen laufender Unklarmeldungen vieler Stellungen wurde X-Zeit um eine Stunde verschoben. Da auch dann nicht genügend Stellungen für einen Feuerschlag klar waren, wurde Störungsfeuer befohlen. Der Feuerschlag wurde dann für 3.00 Uhr festgesetzt, in der Annahme, daß bis dahin sämtliche Geschütze feuerbereit waren. Diese Aktion war mit einem Angriff von Kampfflugzeugen auf London gekoppelt. Fernkampfbatterien des Heeres eröffneten kurz nach Mitternacht ihr Feuer auf Maidstone, Folkestone und andere Orte an der englischen Küste.
Bis 4.00 Uhr morgens kamen von 55 Feuerstellungen lediglich 6 Abschußmeldungen durch, davon 2 Abstürze, das Feuer wurde eingestellt. Um 4.18 Uhr explodierte die erste deutsche Flugbombe bei Gravesend, 30 km von ihrem Ziel, der Tower Brige, entfernt. Der zweite Flugkörper fiel in Cuckfield, der dritte in Bethnal Green (Stadtteil von London) und der vierte in Sevenoaks. Bei dem Einschlag in Bethnal Green wurden eine Eisenbahnbrücke zerstört und sechs Menschen getötet.
Am darauffolgenden Morgen hat der Regimentskommandeur die Ingenieure Temme, Gelhaar, Möller und Steuer beauftragt, sich bei den Abteilungen über die Ereignisse der Nacht zu informieren.
Stunden später erscheinen die Kriegsgerichtsräte bei Wachtel im Bunker. Sie eröffnen das Gespräch, das schnell zum Verhör wird, mit den Worten: »Wir kommen vom Herrn Reichsmarschall mit der Frage, ob der Herr Reichsmarschall sich für Ihre Belange einsetzen soll . . .« Das bedeutet Kriegsgericht, wegen des mißglückten Ersteinsatzes. Der anwesende General von Gyldenfeld beendet die Untersuchung schnell und bittet die Kriegsgerichtsräte ins Freie. Wachtel bleibt auf seinem Posten.
In den späten Abendstunden des 13. Juni findet mit den Ingenieuren eine erneute Besprechung statt. Sie melden, daß der größte Teil der Feuerstellungen nicht einsatzklar war und noch nicht ist. Vom technischen Standpunkt aus sei eine Pause von 2–3 Tagen bis zum nächsten Einsatz unbedingt notwendig, auch unter Berücksichtigung der Tatsache, daß die taktische Lage schnellsten Einsatz fordere.

Der erneute Einsatzbefehl wird vom Korps für die Nacht vom 15. zum 16. Juni 1944 gegeben. Als 55 Abschußrampen am 15. Juni einsatzklar gemeldet wurden, erfolgt um

18.45 Uhr fernmündlicher Einsatzbefehl des Gen. Kdos., wonach mit allen

Geschützen auf Ziel 42 (London) zu schießen ist, und zwar ein Feuerschlag um 23.00 Uhr und anschließend Dauerfeuer bis 4.50 Uhr.

Nach Errechnung der Vergleichsentfernung und der Vergleichszeit durch Ia/A erging um

18.55 Uhr an alle Abteilungen durch Funk folgender Einsatzbefehl:

»Mit allen Geschützen schießen auf Ziel Nr. 42, Feuerschlag, Vergleichsentfernung 200 km, Vergleichszeit 23.10 Uhr (Einschlag 23.40 Uhr). Anschließend Dauerfeuer bis 4.50 Uhr.

23.16 Uhr verließ nach eingelaufener Meldung auf dem Regimentsgefechtsstand bei II. Abteilung der erste Maikäfer die Schleuder und eröffnete damit den Feuerschlag.

24.00 Uhr begann das Störungsfeuer. Die Schüsse gingen in zeitlichen Abständen von 30 Minuten bis 2 Stunden hinaus.

16. Juni 1944

12.00 Uhr waren 217 Schuß abgeschossen.

15.41 Uhr verließ der letzte Schuß die Schleuder.

17.50 Uhr wurde für alle Abteilungen Feuerpause befohlen.

In den ersten 24 Stunden wurden 244 Flugbomben gestartet, wovon 45 abstürzten. Insbesondere die 1. Batterie, die sich schon beim Trefferbild-Schießen in Zempin von 10.–13. Mai 44 ausgezeichnet hatte, demonstrierte ihre hervorragende Einsatzbereitschaft. Die Schußfolge dieser Einheit lag zwischen 26 und 30 Minuten. Aber auch alle anderen Bedienungsmannschaften waren mit großer Hingabe und Begeisterung bei der Sache, was aber nicht darüber hinwegtäuschen konnte, daß eine in den Kinderschuhen steckende Waffe vorzeitig eingesetzt wurde. Nach dem ersten Einsatztage meldeten die schießenden Abteilungen folgende Ausfälle:

I. Abteilung: In Stellung 110 brannte ein Flugkörper und vernichtete das Bodengerät, die Abschußrampe fiel dadurch aus. In den Stellungen 111 und 159 versagten die Anlaßgeräte, für die kein Ersatz vorhanden war. Stellung 78 a hatte Schwierigkeiten durch Unterfunktion der Dampferzeuger.

II. Abteilung: In Stellung 122 detonierte auf der Schleuder ein Gerät Maikäfer, wodurch zwei vorbereitete Flugbomben ebenfalls vernichtet wurden.

III. Abteilung: Explosion einer Flugbombe auf der Schleuder in Stellung 133.

IV. Abteilung: In den Stellungen 151, 138 und 022 explodierten die Maikäfer auf den Rampen kurz vor dem Abschuß. Die drei Rampen sowie die Stellungen waren zerstört.

Die Ursache waren gerissene Kolbennasen. Vermutlich durch Klemmen des Kolbens im Rohr und Ausreißen des Dampferzeugers.
Drei km nordwestlich der Stellung 149 stürzte eine Flugbombe in die Ortschaft Auppegate und tötete zehn Franzosen. Um 4.29 Uhr dröhnte eine fliegende Bombe im Tiefflug über die Stellung 136. Die Absturzstelle dieses Kreisläufers blieb unbekannt.

Am 17. Juni erscheint der »Führer« im Einsatzraum. Hitler trifft sich in Margival mit den Generalfeldmarschällen von Rundstedt und Rommel. Auf dem Gefechtsstand »Wehrwolf II« bei Soissons hält General Heinemann einen Vortrag über den Einsatz der Flugbomben-Einheiten, begleitet von Oberst Walter. Der »Führer« freut sich, daß die Vergeltung gegen die britische Hauptstadt nun endlich begonnen hat, und spricht Heinemann und Walter seine Dankbarkeit für den Erfolg der Flugbombenoffensive aus. Beide Offiziere nutzen die Gelegenheit, Hitler auf die unzureichende Versorgung mit Flugbomben hinzuweisen, und erklären, daß die augenblickliche Monatsproduktion von 3000 Stück nicht ausreiche, um wirkungsvoll zu schießen. Er versichert, Abhilfe zu schaffen, und erklärt, er sei stolz, daß Deutschland mit so modernen Waffen kämpfe.
Kurz nach dem Verlassen des Gefechtsstandes »Wehrwolf II« schlägt in unmittelbarer Nähe eine fliegende Bombe ein. Auch diesmal braucht Wachtel nicht lange zu warten, bis die Kriegsgerichtsräte eintreffen. Sie argwöhnen einen Anschlag auf den »Führer«. Bei der Vernehmung ist es schwierig, ihnen die Kinderkrankheiten der neuen Waffe zu erklären. Sie können nicht begreifen, daß schon ein Sandkorn in der Steuermembrane ausreicht, um die Bombe vom Kurs abzubringen und einen Kreisläufer zu produzieren. Nach langen Gesprächen wird der Kommandeur rehabilitiert.
Als Hitler nach Berchtesgaden zurückgekehrt ist, erklärt er Speer einige Tage später, daß die A4-Produktion auf 150 Stück im Monat gedrosselt werden soll. Die frei werdenden Arbeitskräfte und Materialien sollen schnellstmöglich der Flugbomben-Fertigung zugeführt werden.
Schon im September 1944 soll die Produktion im Mittelwerk anlaufen.
Nachdem einige hundert fliegende Bomben verschossen waren, meldete der OKW-Bericht:
dnb. Aus dem Führerhauptquartier, 16. Juni, Südengland und das Stadtgebiet von London wurden in der vergangenen Nacht und heute vormittag mit neuartigen Sprengkörpern schwersten Kalibers belegt.
Am 16. Juni 1944 erhielt die Presse in ihren Abendinformationen vom Reichspropagandaministerium erste Anweisungen für die Berichterstattung über die neue Waffe. (34)

Staatssekretär Sündermann, als Stellvertreter des Reichspropagandaministers Dr. Goebbels, gab folgendes bekannt:

> Es gibt bei der Behandlung der neuen Waffe durchaus die Möglichkeit, einen Fehler dadurch zu machen, daß man die Ansicht einiger Leute unterstützt, die da meinen, der Krieg sei nun bereits in 14 Tagen aus. Die neue Waffe ist sicherlich von größter Bedeutung, aber man muß immerhin damit rechnen, daß die sturen Engländer sich auch daran gewöhnen. Deshalb muß geschickt, wie der Wehrmachtsbericht es tut, die Bombardierung zwar in den Vordergrund gestellt und ihrer Bedeutung Rechnung getragen werden, aber nicht soll in das Feuer geblasen werden. Es wird auch evtl. noch eine Meldung herauskommen zu den anfänglich zu beobachtenden Bestrebungen der Gegenseite, die Sache zu bagatellisieren und dem Versprechen an die britische Bevölkerung, auch mit der neuen Waffe irgendwie fertig zu werden. Also unter keinen Umständen soll eine rasante Entwicklung vorausgesagt werden, die wahrscheinlich auch nicht zu erwarten ist. Es empfiehlt sich auch, die neue Waffe nicht in direkten Zusammenhang mit der Invasion zu bringen, sondern es dem Leser zu überlassen, sich selbst seine Gedanken dazu zu machen.
> Sicherlich kann die neue Waffe auf die Dauer gesehen sogar eine Revolutionierung der Kriegführung darstellen, und wenn auch nicht das Gefühl geweckt werden darf, es sei schon geschafft, so kann doch zwischen den Zeilen durchklingen, daß wir wieder »im Kommen« sind.
> In der TO-Meldung über den ersten Eindruck in London wurde die Prägung »ungeheure Bestürzung« absichtlich in der dnb-Fassung etwas gemildert. Es wird auch wahrscheinlich die erste Reutermeldung veröffentlicht werden, daß Feindflugzeuge in Intervallen über den Kanal kamen und Angriffe durchführten. Das Flakfeuer habe stundenlang angedauert, und es werden dann Schäden und Verluste gemeldet.
> Vielleicht kommt auch die amtliche Bekanntmachung des englischen Innenministers heraus: »Auch diejenigen, die sich in Schutzräumen befinden, müssen sich vor der Explosion in Sicherheit bringen und den festesten verfügbaren Schutz aufsuchen.« Hierzu muß aber dnb-Grün abgewartet werden. Es soll nicht AA 23 verwendet werden.

Erst am 24. Juni 1944 berichtete DNB (Deutsches Nachrichten Büro), daß die gegen Südengland und das Stadtgebiet von London eingesetzten neuartigen deutschen Sprengmittel die Bezeichnung V1 trügen und daß »V« als Abkürzung für Vergeltung anzusehen sei. Die Ziffer 1 bedeute, daß die jetzt eingesetzte Waffe die erste in der Reihe der Vergeltungswaffen darstelle.

## *Alliierte Gegenmaßnahmen und Verteidigung der britischen Insel*

Die Engländer hatten bei dem Eröffnungsangriff mit 400 t Sprengstoff gerechnet. Aber nur vier Einschläge wurden gemeldet. Dr. R. V. Jones glaubte fest an Fehlschüsse der Deutschen.

Die Situation änderte sich schnell, als einige Tage später 73 Flugbomben auf Großlondon niedergingen und weitere Robotbomben das flache Land alarmierten. Elf Flugbomben wurden von den Geschützen der »inneren Flakzone« heruntergeholt. Die Flakbatterien rund um London stellten ihr wirkungsloses Feuer ein. Die schweren Angriffe bildeten das Hauptthema bei den Stabsbesprechungen und Kabinettssitzungen, an denen auch Churchill teilnahm. Luftmarschall Hill und General Pile wurden beauftragt, Flakzonen, Scheinwerferbatterien und Ballonsperren in neue Stellungen einzuweisen, um den Angriffen wirkungsvoller zu begegnen. (35)

Eisenhower wurde gebeten, alle nur möglichen Maßnahmen zu ergreifen, um Versorgungs- und Abschußstellen auszuschalten. Eisenhower erklärte daraufhin am 18. Juni 1944, die »Crossbow-Ziele« würden ab sofort von den Bomberverbänden mit höchster Dringlichkeit angegriffen. Am gleichen Tage zerstörte eine der inzwischen 500 abgefeuerten Flugbomben die Wachkapelle der Wellington Kaserne nur wenige hundert Meter vom Buckingham Palace entfernt, 121 Menschen fanden den Tod, darunter 63 Offiziere und Mannschaften. Auf den britischen Premierminister wirkte die deutsche Gegenterrorwelle alles andere als demoralisierend. Für ihn war London einfach wieder Frontlinie geworden.

Im Gegensatz zu der neutralen Auslandspresse unterstrichen die englischen Berichte immer wieder die Inhumanität der fliegenden Robot-Bomben, deren Einschlag unkontrolliert reine Wohngebiete, Schulen und Krankenhäuser bedrohe.

Was die Journalisten zu diesem Zeitpunkt noch nicht wußten, war, daß auf persönliche Veranlassung des Premierministers Churchill im Jahre 1941 Professor Lindemann ein Komitee gebildet hatte, das die Zielgenauigkeit der RAF-Angriffe auf Deutschland sorgfältig prüfen sollte. Mit dieser Aufgabe war die PRU (Photographic Reconnaissance Unit) beauftragt worden. Das Ergebnis dieser geheim gehaltenen Studie war, daß im Durchschnitt von drei angreifenden Bombern nur die Bomben *eines* Flugzeuges, und zwar einen Kreis von 8 km um das Ziel herum trafen. Über dem von der Flak stark verteidigten Ruhrgebiet traf sogar nur jeder zehnte englische Bomber diesen Kreis.

Bis zum Zusammentreffen des Unterausschusses »Crossbow« des Kriegskabinetts am 19. Juni hatte man in England keine Entscheidung zur Abwehr der drohenden Flugbombenoffensive getroffen. Jetzt waren Feldmarschall Smuts, die Stabschefs, Marschall Tedder und Lord Cherwell anwesend. Churchill hörte sich die Meinung der Besprechungsteilnehmer an und entschied, einen kleinen Ausschuß mit weitreichenden Vollmachten, unter Vorsitz des parlamentarischen Staatssekretärs Duncan Sandys, zu bilden. Schon vier Tage später meldete Sandys, daß in dem erweiterten Abwehrgürtel in Südengland 8 Jägerstaffeln, 480 Sperrballone, 192 schwere und 246 leichte Flakgeschütze gegen die einfliegenden Projektile im Einsatz ständen. Der stellvertretende Stabschef der Luftwaffe war der Meinung, die Deutschen würden die Angriffe verstärken, er sprach von den Schwierigkeiten, die neuen Stellungen Wachtels in einem Startgebiet von etwa 15 000 qkm bei schlechten Wetterbedingungen zu finden. Trotzdem gelang es den Engländern bis zum 27. Juni 47 neue Katapulte ausfindig zu machen und 40% sämtlicher alliierten Bombereinsätze auf diese Ziele zu lenken.
Auf die britischen Ballonsperren reagierten die Deutschen innerhalb weniger Tage durch den Einbau vorbereiteter Kappmesser, die an der Vorderkante der Tragflächen der V1 eingebaut wurden und die Stahlseile der Ballone durchtrennten. Obwohl Luftmarschall Hill und General Pile schnell die geringe Wirkung der Sperrballone erkannten, wurden Ballonsperren aus dem ganzen Land nach London beordert, vorwiegend um der Zivilbevölkerung das Gefühl zu geben, daß die Regierung etwas für ihre Sicherheit tat.

Bis zum 8. Juli hatte man 1700 Ballone in den Einflugschneisen eingesetzt. In aller Eile wurden die herkömmlichen Muster auf sogenannte »Doppelfallschirmglieder« umgerüstet, die sich zur Abwehr von schnell fliegenden Flugkörpern besser eigneten.
Wenn Westwind herrschte, konnten die Kanoniere auf der anderen Seite des Kanals zahlreiche Ballone beobachten, die von den Flugbomben gekappt waren und nach Osten abtrieben.
Luftmarschall Hill flog selbst viele Einsätze gegen die fliegenden Bomben, um Erfahrung zu sammeln, eine wirksame Jagdabwehr aufzubauen und neue Angriffstaktiken zu erproben. Zunächst sollte die Geschwindigkeit der Jagdeinsitzer vom Typ Spitfire IVX und IX sowie der Typhoon Maschinen verbessert werden. Überflüssige Ausstattungen und Panzerungen wurden entfernt, Tragflächen von der Farbe befreit und auf Hochglanz poliert. Auch die Flugmotoren änderte man ab, um mit Spezialbrennstoff auf höhere Leistung zu kommen. Auch diesen modifizierten Abfangjägern

gelang es nur, die V1-Geschosse anzugreifen, wenn sie höher flogen und im Sturzflug ihre Geschwindigkeit steigerten.

Mit der Zustimmung von Leigh-Mallovy borgte sich Hill vom Air-Marshall Conningham eine Einheit aus, die mit Mustang III ausgerüstet war. Die Flugzeuge entwickelten Höchstgeschwindigkeiten in niedrigen Höhen.

Die vier Jagdstaffeln mit 2motorigen Mosquito-Flugzeugen wurden zu Patrouillenflügen eingesetzt und erzielten zwar bessere Ergebnisse, die aber immer noch nicht voll befriedigten.

Eine Zeichnung aus der deutschen Propaganda-Zeitschrift SIGNAL.

In aller Hast wurden die beiden ersten Tempest-Gruppen (Squadron 3 und 56 der R.A.F.) gegen die V1 in den Kampf geworfen. Dieser überstürzte Einsatz der beiden Gruppen blieb allerdings nicht ohne Folgen. Bei der hohen Landegeschwindigkeit von 300 km/h hatten die Piloten mit dem sieben Tonnen schweren Flugzeug große Schwierigkeiten. Der 2850 PS starke Sabre-Motor verdaute das 150-Oktan-Benzin, (V1-35 Oktan) nur widerspenstig, und es kam täglich zu schweren Unfällen: Störungen in den Verteilermänteln – der Sabre hatte keine Ventile –, Störungen in der Schmierung mit plötzlichem Absinken des Öldrucks. Die schwerwiegendste Kinderkrankheit war die Ansammlung von Benzin- und Öldämpfen in der Luftzufuhr für den Vergaser, der kleinste Rückschlag einer Flamme hatte einen Brand an Bord zur Folge, dem fast immer die Explosion des Jägers folgte. Die Techniker von Hawker und Napier arbeiteten fieberhaft, die Fehler dieses hervorragend für die V1-Jagd geeigneten Flugzeuges abzustellen. (37)

Erfahrene alliierte Jägerpiloten brachten Flugbomben zum Absturz durch Antippen einer Tragfläche oder durch die Erzeugung von Luftwirbeln, die das Projektil aus der Flugbahn trugen, weil der Stabilisierungs-Kompaß diese abrupten Rollbewegungen nicht ausgleichen konnte.

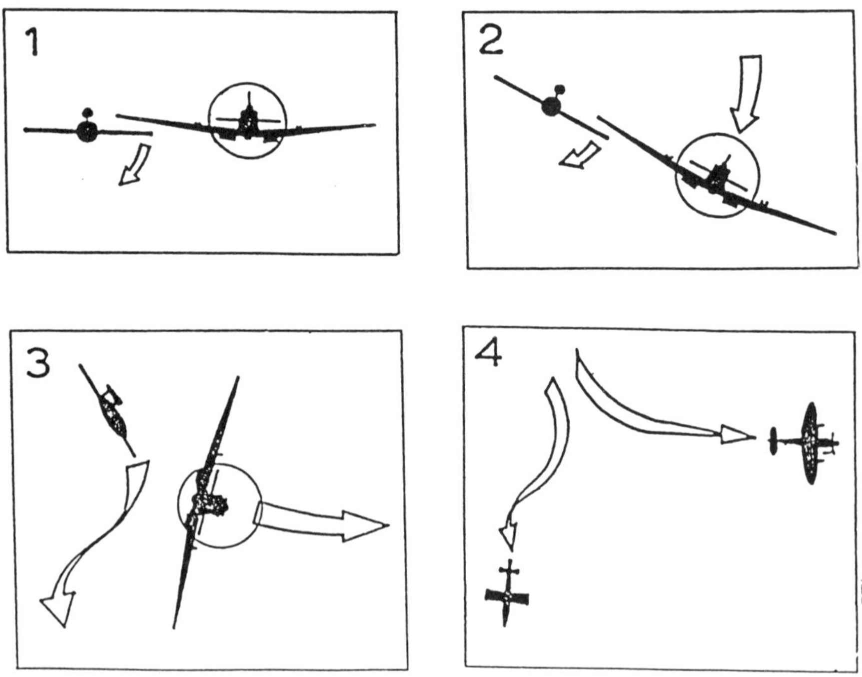

Trotz vielfacher Umgestaltungen blieb der Einsatz der Flakartillerie enttäuschend. Brigadier Burls vom Hauptquartier des Flugabwehrkommandos diskutierte mit seinem Stab das Hauptübel: für die leichte Flak flog die Bombe zu hoch, für die schweren Geschütze zu niedrig. Die 3,7 inch Abwehrkanonen waren zu schwerfällig, das schnell fliegende Projektil rechtzeitig zu erfassen. Die dafür notwendigen neuen S. C. R. 584 Radargeräte, gekoppelt mit dem Rechengerät Nr. 10, Predictor, waren zwar in den Vereinigten Staaten bestellt, standen aber noch nicht zur Verfügung. Der Overlord Diver-Plan war für die Abwehr ein Mißerfolg. Trotz des enormen Aufwands gelang es den Flakartillerie-Bedienungen in den ersten 5 Wochen der V1-Offensive nur, 10% der von der Verteidigung georteten Flugbomben abzuschießen.
Die große Hoffnung der Flakartilleristen war ein in den USA entwickelter Annäherungszünder, dessen Produktion bereits angelaufen war. Die US-Marine hatte schon ab 1941 ungeheure Hilfsquellen und Geldmittel in dieses Projekt gesteckt. Eastman Kodak zeichnete für den allgemeinen Entwurf, Exide entwickelte die Batterien und Sylvania die winzigen Röhren. Anfang 1943 konnten die ersten brauchbaren Zünder getestet werden. (38)
Als im Juni des gleichen Jahres japanische Torpedobomber im Pazifik die USS »Helena« angriffen, waren einige Geschütze der Schiffsflak mit dem neuen Annäherungszünder ausgerüstet. Dieses erste Gefecht verlief so beeindruckend, daß sich auch die Engländer dafür interessierten. Die britische Abwehr lieferte die Daten über vermutliche Merkmale der Flugbombe, nach denen Zünder und Radargerät von Dr. Selant im »Amerikanischen Büro für naturwissenschaftliche Forschung« modifiziert wurden.
In der ersten Zeit der deutschen Angriffe bestand eine Abmachung zwischen englischen Jägern und Flak, die auf der Grundlage beruhte, daß bei gutem Wetter die Jäger die besten Erfolgsaussichten hatten und das Flakfeuer eingestellt werden sollte. Die Jäger bekamen Handlungsfreiheit vom englischen Kanal bis an den Rand der vorderen Ballonsperre.
Umgekehrt, bei ungeeignetem Wetter für Jäger, feuerte die Flak, wie es ihr beliebte. Bei gemischtem Wetter war es den Flakbesatzungen im Flakgürtel erlaubt, bis 2500 m Höhe zu schießen.
Insbesondere bei zweifelhaftem Wetter kam es zu peinlichen Zwischenfällen, da sich fliegende Bomben und Jäger so schnell bewegten, daß sie von den Geschützbedienungen schwer identifiziert werden konnten.

Aus dem Briefwechsel zwischen Churchill und Stalin ist im Juni und Juli 1944 folgendes bemerkenswert: (39)

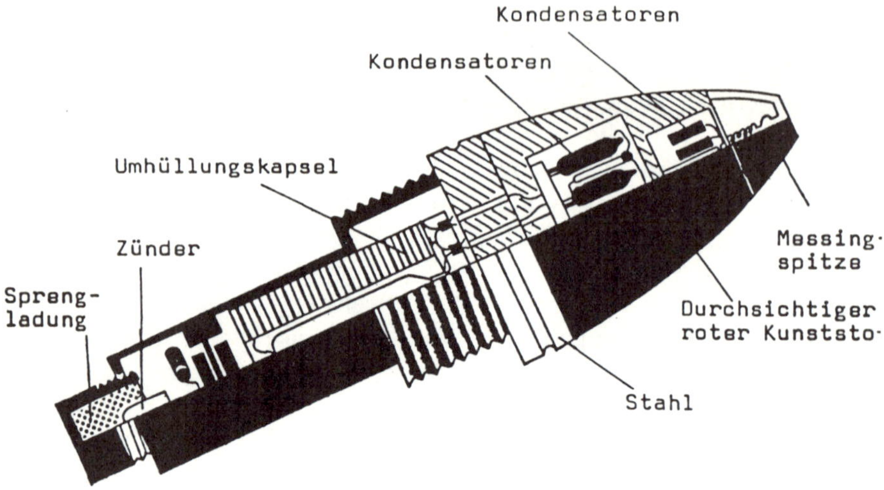


Der Annäherungszünder war im wesentlichen ein selbständiger, in einen überdimensionierten Zünder eingebauter Sender und Empfänger. Im Kopfstück befanden sich die Funkteile und die Antenne, wobei der Granatkörper ebenfalls Teil der Antennenauslegung war. Der Schaft des Zünders, beim Zusammenbau beider Teile im Granatkörper untergebracht, enthielt eine starke Batterie und eine Vielzahl von Sicherheitsvorrichtungen, um zu gewährleisten, daß der Zünder unter keinen Umständen im oder nahe beim Geschütz losging. Die Batterie war ein raffinierter Entwurf: Eine Anzahl schüsselförmiger Platten rund um eine Glasampulle mit dem Elektrolyt.

Bis die Granate abgeschossen wurde, war die Batterie völlig träge, aber mit dem Abschuß zerbrach die Ampulle, und die Säure floß in die Vertiefungen der Platten. Durch den Drall des Geschosses wurde die Säure aufgrund der Zentrifugalkraft über die Oberfläche der Platten verteilt, und innerhalb von drei Sekunden lieferte die Batterie 140 Volt, die nun in entsprechenden Mengen abgezapft wurden, um Empfänger und Sender zu aktivieren und einen Zündkondensator zu laden. Durch die jetzt in Betrieb befindliche Batterie begann der Sender über die eingebaute Antenne Impulse auszusenden, deren Polardiagramm mit dem tödlichen Explosionsbereich der Granate abgestimmt wurden. Damit wurde sichergestellt, daß, was immer die Impulse reflektierte, nah genug dran war, um die ganze Ladung abzukriegen. Wenn die Granate sich dem Ziel näherte, wurde der Antennenimpuls zurückgeworfen und vom Sender aufgenommen. Zeigte die Stärke des empfangenen Impulses, daß sich das Ziel innerhalb des tödlichen Bereiches der Granate befand, dann aktivierte der Empfänger einen Zündkreis, der den Zündkondensator zur Entladung in eine elektrische Zündkapsel brachte und somit die Explosion der Granate auslöste.

# „Eine der gefährlichsten Waffen"

## Englische Eingeständnisse zur neuen deutschen Waffe

DNB Stockholm, 21. Juni. Die britische Regierung hält nach wie vor die verschärften Zensurbestimmungen für die Berichterstattung über Einsatz und Wirkung der neuen deutschen Waffe aufrecht. Trotzdem schlüpfen durch den eisernen Vorhang, den die Zensoren vor die Nachrichtengebung gelegt haben, dann und wann Nachrichten hindurch, die klar erkennen lassen, daß die pausenlose Beschießung Londons und Südenglands ihre Wirkung nicht verfehlt.

So stimmen schwedische Eigenmeldungen aus London darin überein, daß die neue deutsche Waffe unbestreitbar starken Eindruck beim englischen Volk gemacht hat. Am deutlichsten wird die Zeitung „Morgentidningen", die schreibt, die psychologische Wirkung der Robot-Flugzeuge trete heute bereits klar zu Tage. Man könne feststellen, daß sich die deutschen Sprengkörper zu einer der gefährlichsten und verhängnisvollsten Waffen entwickelten, die Deutschland jemals gegen England gerichtet habe. Der Korrespondent des Stockholmer Blattes betont, daß sich diese Ansicht auf einen zweitägigen Besuch in südenglischen Orten gründe.

Auch englische Blätter gehen etwas aus ihrer bisherigen Zurückhaltung heraus und gestehen mehr oder weniger offen, daß die Wirkung der deutschen Sprengkörper erhebliche Beunruhigung hervorruft. Der Luftwaffenkorrespondent des „Daily Herald", Geschwaderkommandant Charles Bray, schreibt, das Robot-Flugzeug könne beträchtliche Explosivbomben mit sich nehmen; er gibt der Vermutung Ausdruck, daß die Deutschen Flugzeuge dieser Art vermutlich in verschiedenen Ausführungen besäßen.

„Daily Herald" findet in einem Leitartikel den Mut zu dem Geständnis: „Es ist ganz klar, wir haben bis jetzt kein Mittel zur Bekämpfung der neuen Raketenbombe. Wir befinden uns erst im Stadium des Experimentierens." Mangels amtlicher Informationen über die Angabe von Orten, auf die die neuartigen Sprengkörper niederfielen, und Nachrichten über ihre Wirkung, veröffentlicht das Londoner Blatt Einzelschilderungen von Personen, in denen immer wieder die Wucht der Explosionen hervorgehoben wird. Ferner wird betont, daß sich diese Spengkörper unbeeinflußt von der härtesten Abwehr ihren Weg in das Ziel bahnten.

Auch der Berichterstatter des „Daily Telegraph" läßt durchblicken, daß die Wirkung der deutschen Sprengmittel sehr beträchtlich ist. So habe eines der „Flugzeuge", das auf einen wichtigen Verkehrsknotenpunkt fiel, in großem Umkreis alles verwüstet. Die unbemannten „deutschen Flugzeuge", so heißt es weiter, brausten mit einer solchen Geschwindigkeit über England hinweg, daß die britische Luftwaffe bei dem Versuch, sie einzuholen, ihre schnellsten und neuesten Jäger einsetze.

Andere englische Blätter unterstreichen die Schockwirkung, die die neue deutsche Waffe ausgelöst habe und sprechen von „beträchtlichen Störungen", die in England verursacht worden seien. Der Luftfahrtkorrespondent des „Daily Telegraph" hingegen versucht die Wirkung abzuschwächen, indem er sie als „lästig und störend" bezeichnet.

Persönliche und streng geheime Botschaft von Herrn Churchill an Marschall Stalin Nr. 282 vom 17. Juni 1944.

Hitler hat begonnen, seine Geheimwaffe gegen London einzusetzen. Wir hatten eine unruhige Nacht, aber wir glauben, sie bereits in Kontrolle zu haben.

Stalin antwortet im Brief Nr. 286 vom 27. Juni 1944. Geheim und persönlich von Premier J. W. Stalin an den Premierminister, Herrn W. Churchill:

Was Hitlers fliegende Bombe betrifft, so kann diese Waffe offensichtlich weder die Operationen in der Normandie noch der Londoner Bevölkerung, deren Mut allgemein bekannt ist, ernsthaft etwas anhaben.

In den Briefen Nr. 288 vom 1. Juli und Nr. 294 vom 12. Juli 1944 schreibt Winston Churchill als persönliche und streng geheime Botschaft an Marschall Stalin:

An der Küste herrscht nicht nur ein Sturm, wie er zur Sommerzeit seit vielen Jahren nicht mehr registriert wurde, sondern es war auch sehr bewölkt. Das nimmt uns die Möglichkeit, von unserer überwältigenden

Luftüberlegenheit vollen Gebrauch zu machen, und hilft außerdem den fliegenden Bomben, bis nach London durchzukommen. Ich hoffe, daß der Juli eine Besserung bringen wird.
Die Londoner ertragen die Bombardierung, die bisher 22000 Opfer gefordert hat und eine Dauererscheinung zu werden droht, mit Standhaftigkeit.

## *Englische Flugbomben*

Die Standhaftigkeit der Londoner, die Churchill in seinen Briefen an Stalin so lobt, wäre sicher nicht so fest gewesen, wenn sie im Sommer 1944 gewußt hätten, daß nur durch die Gleichgültigkeit eines Ministeriums England nicht mit unbemannten Flugkörpern zurückschießen konnte. Schon 24 Jahre vor dem deutschen Beschuß hatte nämlich in Farnborough die Royal Aircraft Establishment (RAE) mit Experimenten an ferngesteuerten Flugzeugen begonnen. (1) (40)
Radiokontrollierte Eindecker, angetrieben von einem Armstrong-Siddeley Ounce-Motor mit 45 PS, starteten von Schiffen mit zufriedenstellenden Ergebnissen. Pläne für eine Explosiv-Träger-Version wurden jedoch nie verwirklicht. Im Jahre 1923 waren die praktischen Versuche abgeschlossen, aber die theoretischen Arbeiten gingen weiter. Das Luftfahrt-Ministerium stellte dann 1925 die Forderung nach einer fliegenden Bombe mit einem Sprengstoff von 91 kg und einer Reichweite von 322 km, die in einer Stunde erreicht werden sollte.

Unter strengster Geheimhaltung wurde von der RAE das Projekt LARYNX entwickelt. Der Name stammte von dem 220 PS Armstrong-Siddeley Lynx-Sternmotor, der den Flugkörper antreiben sollte. Der Prototyp wurde von einem Zerstörer der Marine hydraulisch katapultiert und flog 160 km weit, nur mit Autopilot-Führung. Die Motordrehzahl wurde funkgesteuert.
Die eigentliche Erprobung fand in den Jahren 1928–30 in einem einsamen Wüstengebiet im Iran statt. Leiter der Versuche war George Gardner (später Sir George). Die ersten von der RAF getesteten ferngelenkten Raketen trugen einen Sprengsatz von 114 kg. Dieses erfolgversprechende Projekt ließ man fallen, da die RAF keine Verwendungsmöglichkeit sah.
Anscheinend angeregt durch einen Artikel in »THE AEROPLANE« von C. R. Tennant, welcher auf den Erfolgsmangel der RAF bei der Zielfindung in Deutschland hinwies, beauftragte der bekannte Flugzeugkonstrukteur Miles sein Konstruktionsteam, ein unbemanntes Flugzeug zu entwik-

keln. Tennant hatte in seinem Zeitungsartikel vorgeschlagen, zukünftige Luftangriffe auf ganze Städte zu richten und nicht auf besondere Einzelobjekte, was ja auch in der Tat geschah. Miles war davon überzeugt, daß seine pilotlose Flugbombe das Gebiet einer Großstadt immer treffen würde. So griff er die Erfahrungen aus den 20er Jahren wieder auf und baute 1939–40 in seiner Firma, der MILES AIRCRAFT in Woodley, den Prototyp der Bombe. Miles' Projekt war so konzipiert, daß es eine 1000 lb-Bombe (= ca. 450 kg), damals das schwerste Bombenkaliber, ca. 500 km weit tragen konnte. Mit einem billigen Gipsy Major Motor sollte der Flugkörper eine Geschwindigkeit von 300 mph (483 km/h) entwickeln. Die automatische Kurssteuerung sorgte dafür, daß ein vorher bestimmter Kurs eingehalten und ein Ziel angeflogen wurde.

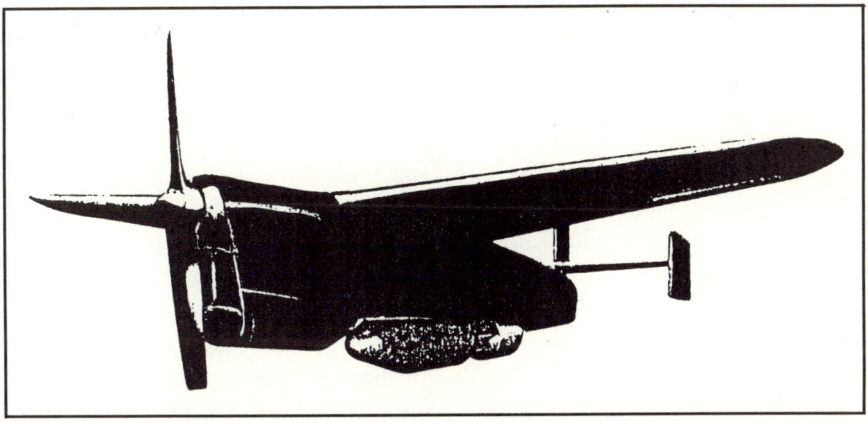

Der Flugzeugbauer war glücklich und stolz, feindliches Gebiet aus der Luft angreifen zu können, ohne Menschenleben zu opfern. Als er sein »Hoopla-Projekt« dem Ministerium für Flugzeug-Produktion präsentierte, winkte dieses gelassen ab. Als er dann vorschlug, ihm die Genehmigung zur Herstellung einer Großserie zu geben und die Geräte bei sich einzulagern, um, falls die Deutschen mit einer ähnlichen Waffe angreifen sollten, sofort zurückzuschlagen, verbot das Ministerium, an dem Projekt weiter zu arbeiten, weil mit dem Einsatz von seiten der Gegner nicht zu rechnen sei. Als die Engländer den ersten Blindgänger der V1 geborgen hatten und in Farnborough sorgfältig untersuchten, stellte sich heraus, daß das Kontroll- und Navigationssystem auf demselben Konzept aufgebaut war, wie das der Larynx aus den Jahren 1928–30.
Miles sah sich mit seinem Projekt bestätigt und wollte einige Fotos seiner fliegenden Bombe der englischen Presse übergeben mit dem Text, daß er

bereits in den Jahren 1939–40 eine ähnliche Waffe wie die deutsche V-1 entwickelt habe.
Das Ministerium für Flugzeugproduktion erkannte sofort die Gefahr. Wie würde die Bevölkerung reagieren, wenn sie erfuhr, daß man sofort hätte zurückschlagen können, wenn man Miles' Vorschlag angenommen hätte! Die Fotos wurden sofort gesperrt, und Miles und sein Team angewiesen, nicht das geringste über den Hoopla-Flugkörper verlauten zu lassen. Man sah die Notwendigkeit zur strengen Geheimhaltung ein, insbesondere in dieser für die Bevölkerung kritischen Phase der täglich stärker werdenden deutschen Flugbombenoffensive.
Das zuständige Ministerium konnte sich erst nach 1½ Jahren über die Peinlichkeit dieser Fehleinschätzung hinwegsetzen. Im November 1945 erfuhr die britische Bevölkerung ganz nebenbei von den dramatischen Vorfällen bei diesem Projekt. Die Meldung wurde kaum zur Kenntnis genommen, die Freude über das Ende des Krieges war zu groß und man interessierte sich wieder für andere Dinge.

### *Technische Weiterentwicklung*

Hitler war von der zunehmenden Härte der Flugbombenoffensive angetan und ließ General Koller am 25. Juni 1944 telefonisch mitteilen, er solle monatlich 250 Flugbomben mit Trialen füllen lassen und unverzüglich einsetzen. Dieser hochbrisante Sprengstoff sollte nicht nur die Jäger abschrecken, die bei der gewaltigen Detonation in der Luft mit abstürzten, sondern auch bei wichtigen Zielen stärkere Zerstörungen verursachen.
Als bei der Truppe die rotberingten Flugkörper eintrafen, wurden sie besonders vorsichtig behandelt. Eine Explosion auf der Abschußrampe, wie öfter vorgekommen, hätte für die Truppe verheerende Auswirkungen gehabt.
Die Objekte mit »Bauchbinde«, wie sie im Truppenjargon hießen, wurden für die Sonderziele mit extremer Genauigkeit geprüft und eingestellt. Das Abschußverhältnis wechselte täglich von 1:2 bis 1:4. Hitler ordnete ferner an, die Reichweite zu erhöhen und die Geschwindigkeit auf 700 km/h zu steigern. Die Baumusterbeschreibung zu diesem Zeitpunkt gab folgende Daten an:

| | | |
|---|---|---|
| Bezeichnung: | Kompaßgesteuerte Flugbombe, Fi. 103, FZG 76 | |
| Hersteller: | Gerhard Fieseler Werke, Kassel, Argus Motoren, Berlin; Walter, Kiel; Askania, Berlin; Rheinmetall-Borsig, Breslau; Volkswagenwerk | |
| Baumusterbeschreibung: | Länge: | 8325 mm |
| | Spannweite: | 5370 mm |
| | Gesamtgewicht: | 2160 kg |
| | Bombengewicht: | Einbau einer SC 1000 ähnlichen Bombe |
| | Sprengstoffgewicht: | 830 kg<br>Sprengstoff: Amatol 39 |
| | Triebwerksgewicht: | 153 kg ± 5% |
| | Triebswerksleistung: | 390 kg Schub 0 km Höhe bei 750 km/h<br>312 kg Schub 1 km Höhe bei 700 km/h<br>252 kg Schub 2 km Höhe bei 640 km/h<br>202 kg Schub 3 km Höhe bei 560 km/h |
| | Zünder: | 1.) El. Aufschlagzünder O.V.<br>2.) mech. Aufschlagzünder Z (80)A<br>3.) mech. Langzeitzünder Z (17) BM |
| Geschwindigkeit und Reichweite: | Schleuderabschuß: | 96 m/sec min gegen Luft |
| | Abwurfgeschwindigkeit: | 280–315 km/h |
| | max. Horizontalgeschwindigkeit: | 600 km/h in 2,5 km Höhe |
| | max. Schußweite: | 250 km |
| Abschußverfahren von Land aus: | von festem Schleuderstand | |
| Trägerflugzeug: | He 111<br>Abwurfhöhe: 400–500 m unterste Grenze<br>Abwurfentfernung: 235 km | |
| Einsatzzweck: | gegen Flächenziele | |
| Lieferplan: | Großserienanlauf seit 1. 3. 1944, steigt bis Oktober 1944 auf lfd. 8000 Stück pro Monat | |

Als der Führerbefehl, Reichweite und Geschwindigkeit der V1 zu erhöhen, bei den zuständigen Dienststellen eintraf, war man sich einig, daß die geforderten Werte weder mit der vorhandenen Zelle noch mit dem Argus-Schmidt-Rückstoßrohr erreicht werden konnten.
Man erinnerte sich an Gespräche mit Ingenieuren der Firma PORSCHE in Stuttgart-Zuffenhausen, als Untersuchungen angestellt worden waren, das Schubrohr AS 014 zu verbessern.
Unterlagen der Firma PORSCHE über die Entwicklung eines Turbinen-Luftstrahltriebwerkes, Typenbezeichnung 300, ist folgendes zu entnehmen: (29)

Es war ein Turbinen-Luftstrahltriebwerk billigster Bauart zu entwickeln, das einen Startschub von 400 kp erreichen sollte. Vorgeschrieben war die Verwendung von möglichst wenig Sparstoffen.
Das Gerät wurde ausgelegt für oben genannten Schub und bestand aus einem 9stufigen Axiallader, einer Brennkammer, einer Turbine und einer Ausströmdüse.
Der Axiallader hatte eine Förderhöhe von 12 000 m Luftsäule. Sämtliche Stufen hatten denselben Außendurchmesser und denselben Innendurchmesser. Die Schaufeln sollten als einfache Kreisbogenprofile aus Blech hergestellt werden, und zwar sowohl die Leit- als auch die Laufschaufeln. Die aerodynamische Berechnung fußte nicht auf der Tragflügeltheorie, sondern auf der Stromfadentheorie. Durch entsprechende Gefällsverteilung war es möglich, mit 4 Laufschaufelprofilen auszukommen. Die erste Stufe hatte die höchste Gitterbelastung, und zwar so ausgelegt, daß die Machzahl ungefähr 0,7 betrug, wodurch der Einfluß der Schallgeschwindigkeit auf das Profil noch nicht allzu bedeutsam war.
Die Brennkammer mußte möglichst kurz sein. Es wurden 2 Varianten studiert: a) mit feststehenden Brennstoffdüsen, b) mit einer rotierenden Brennstoffdüse. Die unter a) genannte Brennkammer war durchkonstruiert und detailliert. Ihre Konstruktion fußte auf den Vorteilen sowohl der BMW-Brennkammer als auch der Heinkel-Hirth-Mischfingerkammer. Die unter b) genannte Kammer war vorläufig über Entwurfstudien nicht hinausgekommen.
Die Turbine hatte luftgekühlte Düsen und Schaufeln. Es wurde in Aussicht genommen, die Turbinenschaufeln entweder a) als Topf-Schaufeln nach dem Verfahren von Heinkel-Hirth zu bauen oder b) als gefalzte Blechschaufeln, welche auf das Turbinenrad hart aufgelötet werden sollten. Turbinenschaufeln und Turbinendüsen waren die einzigen Bauteile aus hochlegierten Blechen. Im übrigen war bei der Konstruktion der Grundgedanke der äußersten Einfachheit maßgebend, weshalb sämtliche rotieren-

den Teile mit Ausnahme des Turbinenrades in Blechkonstruktion vorgesehen waren. Die Gehäuseteile, die Brennkammer, die Kompressorleitschaufeln, die Turbinendüsen und die Ausströmdüse wurden in Blech vorgesehen. Die Lagerung erfolgte durch zwei fettgeschmierte Wälzlager. Die Drehzahl des Gerätes sollte bei Vollgas 12 500 U/min. betragen, welche Drehzahl eine Spitzengeschwindigkeit der Laderlaufräder von 255 m/s ergab; die mittlere Umfangsgeschwindigkeit des Turbinenrades betrug 300 m/s bei derselben Drehzahl.
Der Chef der TLR (Technische Luftrüstung) Generalmajor Diesing, dem auch die Weiterentwicklung und Fertigung des Gerätes FZG 76 unterstand, meldete im Oktober 1944 Generaloberst Jodl im Wehrmachtsführungsstab über den Stand der Entwicklung des neuen PORSCHE-Triebwerkes folgendes:

Die Projekt-Arbeiten für die Weiterentwicklung des Gerätes FZG 76 mit dem Schwerpunkt der Erzielung großer Reichweiten und hoher Geschwindigkeiten sind noch nicht abgeschlossen.
Die Untersuchungen erstrecken sich z. Zt. auf die Ermittlungen des Optimums zwischen Geschwindigkeit und Reichweite. Es scheint nicht unwahrscheinlich, daß Geschwindigkeiten von annähernd 800 km/h bei Flugstrecken von knapp 600 km erreicht werden.
Voraussetzung hierfür ist die Entwicklung eines neuen Triebwerkes, dessen Projekt z. Zt. bei Prof. Porsche ausgearbeitet wird. Definitive Werte können aber erst nach Vorliegen und Auswertung dieses Triebwerksprojektes mitgeteilt werden.
Seine Verwirklichung nimmt selbst bei Einsatz stärkerer Kräfte, als jetzt zur Verfügung stehen, mindestens 8 Monate in Anspruch.

Gleichzeitig hiermit müssen Maßnahmen zur Erhöhung der Treffergenauigkeit anlaufen, da eine lineare Vergrößerung der jetzigen Streuung zu ungenügenden Werten führen würde.
Obwohl sämtliche Vorversuche abgeschlossen waren, konnte das Gerät wegen der Kriegsniederlage nicht fertiggestellt werden. Alle Unterlagen wurden von einer amerikanischen Spezialeinheit beschlagnahmt und abtransportiert.

| Turbinen-Luftstrahltriebwerk, Typ 300<br>Gerät billiger Bauart<br>Hersteller: Dr. Ing. h. c. PORSCHE KG Stuttgart-Zuffenhausen | |
|---|---|
| Aufbau:<br>9stufiger Axiallader<br>1 Brennkammer<br>1 Turbine<br>1 Ausströmdüse | |
| Startschub | 400 kp |
| Drehzahl bei Vollgas | 12500 U/min. |
| Spitzengeschwindigkeit der Laderlaufräder | 255 m/sec. |
| Mittl. Umfangsgeschwindigkeit des Turbinenrades | 300 m/sec. |
| Machzahl | 0,7 |
| Geschwindigkeit | V = 800 km/h |
| Schub in 3500 m Flughöhe | 310 kp |
| Schubverbrauch | 2 kp/kph |
| Reichweite | 500 km |
| Bei Brennstoffinhalt | 465 kp |
| Luftdurchsatz bei 3500 m Höhe | 10 kp/s |
| Gastemperatur von Turbine | 700 °C |
| Heizwert des Brennstoffes | 10000 kcal/kp |

## *Reportagen über V1*

Nach der Führerbesprechung vom 6.–8. Juli 1944 hieß es im Protokoll vom 10. Juli: Der Führer ist damit einverstanden, daß V1 im Flug und am Boden in den illustrierten Zeitungen und in der Wochenschau gezeigt wird. Es dürfen keine Fotos gezeigt werden, die Abschußvorrichtungen erkennen lassen.

Hierzu sind bis in 14 Tagen Titel der illustrierten Zeitungen ausgearbeitet vorzulegen; u. U. auch Zeichnungen von Liska usw.
Auch Goebbels Propagandamaschine war inzwischen angelaufen, die Tageszeitungen berichteten täglich über Ereignisse, die mit der neuen Geheimwaffe in Zusammenhang standen. Insbesondere wurden Berichte neutraler Auslandskorrespondenten aus London publiziert.
Auf allen Bildern hatte man sorgfältig den kleinen Propeller an der Spitze der Flugbombe retuschiert, um die Engländer in dem anfänglichen Glauben zu lassen, die Bombe sei funkgesteuert.
Der Großdeutsche Rundfunk brachte nach seiner ersten Information einen Bericht von der Kanalfront des Kriegsberichterstatters Dr. Karl Holzamer, der den staunenden Hörern die Geräusche der donnernden Argusrohre durch den Lautsprecher vermittelte. Millionen von Menschen in Deutschland schöpften neuen Mut und hofften, die Luftangriffe der alliierten Bomberpulks würden nachlassen.
Die Nächte in den Luftschutzbunkern und Kellern hatten sie hart gemacht und sie wünschten sich, es den Engländern endlich heimzuzahlen.
Als nächstes kommen die »Amis« dran, freuten sich die verbitterten Menschen auf der Straße, der »Führer« wird es schon machen.
Dipl.-Ing. Pöschel von der Erprobungsstelle der Luftwaffe in Karlshagen, der zur Erfüllung wichtiger Aufgaben in Saleux eintraf, erlebte die Bekanntgabe des Einsatzes der neuen deutschen Sprengkörper auf der Durchreise im schwer durch Bombenterror heimgesuchten Frankfurt/Main.
Er erzählte seine Eindrücke auf dem Einsatzgefechtsstand: »Die Bevölkerung nahm die Ereignisse mit einer Begeisterung auf, wie die Berichte in den ersten Tagen des Polenfeldzuges.«
Am 30. Juni 1944 meldete sich der PK-Mann, Oberleutnant Dr. Karl Holzamer erneut auf dem Regimentsgefechtsstand Saleux. Das Gen. Kdo. LXV. Armeekorps hatte ihm die Erlaubnis erteilt, im Raum Wehrwolf bei der 8. Batterie den für den 1. Juli 23.00 Uhr vorgesehenen Feuerüberfall auf Magnetband der Öffentlichkeit zu übermitteln. Auf einer höher gelegenen Wegkreuzung wurde der Aufnahmewagen des Rundfunks postiert, umgeben von gut getarnten Feuerstellungen, die in einem kleinen Waldstück lagen, die umliegenden Felder waren von Bombentrichtern übersät.
Mit dem anwesenden Abwehroffizier aus Arras hatte Holzamer die Reportage durchgesprochen, aus Abwehrgründen mußte er bewußt immer noch von ferngesteuerten Flugzeugen sprechen. Kurz nach 23.00 Uhr verließen die ersten V1-Flugkörper fauchend ihre Abschußrampen und dröhnten mit langem Feuerschweif in die regnerische Nacht, Richtung

# Sorgenvolle Feindbetrachtungen

## Unsere Sprengkörper „eine der monströsesten Erfindungen"

DNB **Stockholm, 25. Juni.** Der Sender London teilte am 23. Juni morgens mit, daß die Angriffe mit den neuen deutschen Sprengmitteln auch in der Nacht zum Freitag fortgesetzt worden seien und daß es dabei wieder Personen- und Sachschäden gegeben habe. Im übrigen schweigen sich die zuständigen Stellen weiter über die Wirkung der neuen deutschen Waffe aus, und die englische Zensur wacht darüber, daß keinerlei Berichte an die Oeffentlichkeit gelangen. Trotzdem beschäftigt sich die englische und die neutrale Presse vorwiegend mit diesem Thema und bringt immer wieder ihre Sorgen um die Auswirkung der pausenlosen Beschießung Groß-Londons zum Ausdruck.

Die „Daily Mail" z. B. kennzeichnet die Lage mit einem Zitat eines USA-Korrespondenten, nach dem die Engländer durch die Wirkungen der neuen deutschen Geschosse „in weißglühenden Aerger" versetzt worden seien. Im „News Chronicle" bezeichnet Cummings das pilotenlose Flugzeug als „eine der monströsesten Erfindungen" und bemerkt dazu, daß jeder Engländer, der mit dem neuen Phänomen in Berührung gekommen sei, großen Respekt vor ihm habe. Auch sei nicht zu leugnen, daß „ein Element des Geheimnisses" das pilotenlose Flugzeug umgebe und die moralische Wirkung erhöht habe. Cummings warnt die Neugierigen und appelliert an die Geduld des „schon lange leidenden englischen Bürgers". „Daily Telegraph" betont noch einmal, was andere Blätter vor ihm bereits mitgeteilt hatten, daß sich ein Sonderausschuß von Sachverständigen mehrmals in der Woche und teilweise sogar mehrmals am Tage zusammenfinde, um die neue deutsche Waffe zu studieren und ein Abwehrmittel zu finden.

Das Reuterbüro, das schon vor Tagen verkündete, die angloamerikanischen Flieger hätten jetzt die sogenanten Startanlagen der „fliegenden deutschen Bomben" gefunden und nachhaltig bombardiert, veröffentlicht nun einen Bericht seines Luftfahrtsachverständigen, in dem es heißt, diese Startanlagen seien völlig neuartig und aus der Luft kaum zu entdecken. Der Luftfahrtberichterstatter will wissen, daß sich der größte Teil der Startanlagen unter der Erde befindet und daß das eigentliche Ziel wahrscheinlich kaum größer sei als eine einfache Garage. Damit gibt Reuter zu, daß auch seine früheren Berichte über die Startanlagen seiner Phantasie entsprungen waren, und daß man heute in London über den Abschuß der neuen deutschen Sprengmittel genau so wenig weiß wie am ersten Tage.

Ebenso steht es um die englische Abwehr. Auch hier widersprechen sich die Meldungen der englischen Nachrichten-Agenturen und Zeitungen. Einmal wird behauptet, die Zahl der abgeschossenen deutschen Sprengkörper nehme zu, ein andermal wird zugegeben, daß es äußerst schwer ist, die deutschen Geschosse im Fluge unschädlich zu machen. So weist der Londoner Korrespondent der „Newyork Times" auf die enorme Geschwindigkeit der Sprengkörper hin, denen eine solche von 950 Kilometer ausgerechnet wird, während die Spitfires, die auf Jagd gegen die deutschen Sprengkörper angesetzt worden seien, mit ihrer bestenfalls 640 Kilometer betragenden Geschwindigkeit sehr schnell abgehängt würden. Der Korrespondent der „Newyork Times" hat seine erste Bekanntschaft mit der neuen deutschen Waffe an Bord eines Schiffes gemacht. Er gibt darüber u. a. folgenden Bericht: „Ich fuhr am Abend auf einem Schiff, als über uns die mächtigste und neueste Waffe Hitlers hinwegging, eine Bombe mit eigenem Antrieb, größer und schneller als jede, die man bisher kannte. Das Monstrum wurde von 27 ähnlichen, aber kleineren Bomben begleitet und flog der englischen Küste entgegen. Eine Spitfire erschien neben ihr wie ein kleines Segelflugzeug. Der Lufttorpedo macht das Geräusch eines Schnellbootes, das sich einem nähert. Bald nach diesem Erlebnis hörten wir eine gewaltige Explosion. Die Bomben," so schließt der Bericht, „tauchten so plötzlich bei unseren Schiffen auf und hatten eine derartig große Geschwindigkeit, daß unser Schiffsgeschütz vor Ueberraschung stumm blieb."

**„V. 1" — die Bezeichnung des neuen deutschen Sprengkörpers**

DNB **Berlin, 25. Juni.** Wie das Deutsche Nachrichtenbüro von zuständiger Stelle erfährt, tragen die seit dem 16. Juni gegen Südengland und das Stadtgebiet von London eingesetzten neuartigen Sprengmittel die Bezeichnung „V 1".

London. Auch von rückwärtigen Stellungen wurde geschossen, und nur langsam steigend überflogen, fast geschlossen, vier Projektile den Aufnahmewagen. Seit dem Ersteinsatz waren es schon über 2000 Robotbomben, die man gestartet hatte.

Diese Einsatznacht wurde für die Heimat und für die Ohren der Welt festgehalten, wie Holzamer am nächsten Nachmittag bei einer Stellungsbesichtigung den erschöpften Männern berichtete.

Der Schreiber des Kriegstagebuches des Flakregiments 155 (W) notierte:

»Es war nur ein kleiner Ausschnitt, den der Kriegsberichter erfassen konnte, den er in seinen wenigen, disziplinierten Worten aber so gestaltete, daß die Größe unserer Aufgabe klar und deutlich wird.«

Mit dem Datum 4. Juli 1944, Einsatzgefechtsstand Saleux, führte der gleiche Offizier seine Eintragungen im KTB fort:
»Um so größer ist unsere Freude und unser Stolz, daß nach erst 12tägigem Einsatz der Führer 2 Soldaten des Regiments zu sich befahl, um sich von ihnen über den Einsatz unserer Waffe berichten zu lassen. Diese hohe Ehre wurde Leutnant Hennenbruch von der 10. Batterie und Wa. Hunger von der 1. Batterie zuteil, die als Kuriere des Gen. Kdos. LXV. Armeekorps neben wichtiger Post eine Bildermappe über FZG 76 beim Führer-Hauptquartier vorzulegen hatten. Die beiden Kuriere meldeten sich nach Erfüllung ihres Auftrages beim Regiment, um dem Kommandeur über ihren Empfang beim Führer zu berichten, der für sie als Soldaten höchstes Erlebnis bedeutete.«

Nach den Berichten von Leutnant Hennebruch und Wa. Hunger verlief der Besuch im Führer-Hauptquartier wie folgt: »Wir meldeten uns am 26. Juni nach unserer Ankunft in B. unverzüglich beim Adjutanten (Luftwaffe) des Führers, Oberst von Below, der uns erklärte, daß wir uns zur Meldung beim Führer bereithalten sollten. Diese Eröffnung löste bei uns naturgemäß freudige Überraschung aus. Oberst von Below nahm die Bildermappe in Empfang und teilte uns mit, daß wir nähere Weisungen abzuwarten hätten. Tags darauf meldeten wir uns beim Beauftragten für die Sonderwaffen beim OKW, Oberstleutnant Ziervogel, der uns überaus herzlich empfing und uns am Spätnachmittag dem Chef des Generalstabes beim OKW, General Oberst Jodl, vorstellte. Der Herr General Oberst ließ sich von uns über den Maikäfer-Einsatz berichten und teilte uns gleichfalls mit, daß wir aller Wahrscheinlichkeit nach zum Führer zur Meldung befohlen würden.«

»Am 28. Juni« – so sagte Wa. Hunger – »wurden wir auf eine harte Probe gestellt. Wir warteten in begreiflicher Erregung und Spannung von 9.00 Uhr bis 17.00 Uhr. Unsere Freude war am Vormittag riesengroß, um 17.00 Uhr war unsere Stimmung auf dem Nullpunkt. Wir hatten keine Hoffnung mehr, zum Führer zu kommen. Da kam um 23.00 Uhr der fernmündliche Befehl: Leutnant Hennebruch und Wa. Hunger zum Führer!«
Im Vorzimmer wurden wir von Oberst von Below empfangen. Es war gerade große Lagebesprechung beim Führer. Die höchste Generalität war versammelt.

Um 23.30 Uhr war der große Augenblick gekommen. Die Tür öffnete sich und wir betraten den Raum, in dem der Führer, umgeben von seinen Mitarbeitern, weit über einen Tisch gebeugt stand, auf dem die Karte von Nordfrankreich mit den eingezeichneten Stellungen des Regiments lag.

Der Führer richtete sich auf. Wir erstatteten Meldung. Lächelnd trat der Führer auf uns zu und schüttelte uns die Hand. Ohne Umschweife ging er sogleich auf den Kern der Dinge ein. In seiner zwanglosen schlichten Art sprach er über den Einsatz unserer Waffe. Er sei sehr überrascht gewesen über den hervorragenden Anfangserfolg. Und dann fragte er, ob auch wir Meldungen über die Wirkung drüben hätten. Wir erwiderten: Die starke Bombardierung unserer Stellungen durch die gegnerische Luftwaffe ist der beste Beweis für die Wirkung unserer Waffe, mein Führer! Im weiteren Verlauf der Unterhaltung hatten wir Gelegenheit, auf die Schwierigkeiten beim Ersteinsatz am 12./13. Juni und auch die noch heute bestehenden hinzuweisen, für die der Führer sein ganz besonderes Interesse bekundete, und für deren Abstellung er Sorge zu tragen versprach.
Der Führer sagte zu:
1. Sicherstellung des Nachschubs,
2. Genehmigung des vom Regiment angeforderten Laderaums,
3. Stellung des notwendigen Jagd- und Flakschutzes mit der Einschränkung, daß der Jagdschutz erst in etwa 6 Wochen gestellt werden könne. In 1–2 Monaten sei die Produktion an Jägern so gestiegen, daß der erforderliche Jagdschutz für unsere Waffe da sein werde. So lange müßten wir aushalten.

Der Führer legte uns dar, daß wir durch unseren Einsatz Hunderte von Feindmaschinen bänden und dadurch der Heimat und dem Kriegsschauplatz im Westen Entlastung brächten. Er rechnete uns ferner vor, wie durch den Einsatz von V 1 unsere Luftwaffe entlastet und fliegendes Personal gespart werde.

Aus den Worten des Führers klang immer wieder die Freude und Genugtuung über die dauernde Beschießung Englands, die eindrucksvoller wäre als der Großeinsatz der Luftwaffe im Jahre 1940.

Noch einen anderen Vergleich zog der Führer heran, den in der feindlichen Presse häufiger zitierten mit dem Ferngeschütz, das 1918 Paris beschoß. Dazu stellte er fest: Die Gesamtzahl der Geschosse des Ferngeschützes hätte nicht so viel Sprengstoff enthalten wie eine FZG 76! Die großen Vorzüge unserer Waffe skizzierte der Führer kurz: Wir schonen Menschen und Maschinen, V 1 ist Maschine und Bombe zugleich, V 1 braucht keinen Sprit für den Rückflug!

Für die wirksame Weiterführung unseres Dauereinsatzes sagte der Führer die Zuführung neuen Personals zur Verdoppelung des Regiments in der Weise zu, daß je Geschütz eine zweite Bedienung aufgestellt wird. Eine Neuaufstellung sei zur Zeit noch nicht vorgesehen, da sie zu lange Zeit in Anspruch nehme.

Zur Steigerung des Vergeltungseinsatzes durch Mitwirkung anderer neuer Waffen sagte der Führer:
A4 kommt in nächster Zeit!

Nach etwa einer halben Stunde wurden wir vom Führer verabschiedet. Anwesend waren unter anderem General Feldmarschall von Kluge, General Oberst Weitz, General der Flieger Korten und als Vertreter des Gen. Feldmarschalls Milch, Major Fuchs.«

Die Hoffnung großer Teile der Zivilbevölkerung, daß die alliierten Bombenangriffe durch den V1-Beschuß nachlassen würden, erfüllten sich nicht. Die Leute horchten auf, als am 8. Juli 1944 von der Luftschlacht von Oschersleben in einer Sondermeldung berichtet wurde, daß die deutsche Luftwaffe eine Spezialwaffe der Tagjagd eingesetzt und 30 viermotorige Bomber in 2 Minuten abgeschossen habe. Das Oberkommando der Wehrmacht gab bekannt: (41)

> »Die unter persönlicher Führung ihres Geschwaderkommandore Major Dahl kämpfende IV. Sturmgruppe Jagdgeschwader 3 mit ihrem Kommandeur Hauptmann Moritz zeichnete sich durch Abschuß von 30 viermotorigen Bombern besonders aus.«

Diese Sturmgruppen bestanden aus Freiwilligen, die Focke-Wulf-Jäger vom Typ FW 190 flogen. Die Bomberpulks wurden oft von vorne im Breitkeil mit 17 Maschinen angegriffen, dicht aufgeschlossen fast Fläche an Fläche. Auf Befehl eröffneten alle gleichzeitig das Feuer aus ihren Kanonen, bevor sie flach über den Verband hinwegzogen. Diese Angriffsart war sehr schwierig und erforderte neben höchstem fliegerischen Können aller Piloten Kaltblütigkeit und Unerschrockenheit.
Die besonders große Waffenwirkung dieser Angriffe lag darin, daß sich die Fluggeschwindigkeit der Bomber zur Geschoßgeschwindigkeit addierte. Allein die moralische Wirkung, die der Beschuß von vorn auf die Bomberbesatzungen hatte, war außergewöhnlich.
Nach diesem ersten Einsatz der Sturmgruppe befürchteten die Amerika-

ner, daß bei jedem Auftreten der Sturmgruppen zwei bis drei Pulks geschlossen vernichtet werden würden. Geschockt überstanden sie jedoch auch diese Angriffe, und täglich drangen neue Bomberströme tief in das Reich hinein, die Produktion der Alliierten an viermotorigen Bombern schien unerschöpflich zu sein.

Nachdem durch Aufklärer am 16. Juni 1944 der erfolgreiche Beschuß von London gemeldet worden war, verabschiedeten sich die Besucher auf dem Einsatzgefechtsstand in Saleux von Oberst Wachtel. General Heinemann, sowie die Beauftragten des Generalfeldmarschalls Milch, Oberstleutnant Stams und Dipl.-Ing. Temme trugen sich in das Gästebuch des Regiments ein. (15)
Wachtel meldete per Fernschreiben General von Axthelm:

> Ich melde Herrn General gehorsamst die Feuereröffnung! Nach langer Vorbereitung stehen wir nun vor der Erfüllung unseres Hoffens. In diesem Augenblick denken Offiziere und Mannschaften an Herrn General als Vorkämpfer unserer Waffe und geloben auch im Einsatz unsere Pflicht zu tun, damit wir vor Führer und Volk bestehen können.
>
> Heil Hitler!

»Offiziere und Mannschaften drücken aber auch im Geiste allen deutschen Arbeitskameraden die Hand, die unsere Waffe und Munition gefertigt haben.
Möge der Erfolg die Erwartungen erfüllen, die Front und Heimat an den Einsatz unserer Waffe knüpfen.«
So endeten die persönlichen Schreiben Wachtels an die Herren der Industrie, die an der V1 gearbeitet hatten:

Gerhard Fieseler, Kassel, Fieseler Werke
Professor Walter, Kiel, Walter Werke K. G.
Direktor Gosslau, Berlin, Askania Werke
Direktor Lusser, Kassel, Fieseler Werke
Direktor Pfister, Esslingen, Maschinenfabrik

Gerhard Fieseler traf in diesen Tagen der härteste Schlag, den das Schicksal ihm beschieden hatte. Sein einziger Sohn Manfred fiel als Jagdflieger über der Nordsee beim Jagdgeschwader Richthofen.

Hitler erteilte der schießenden Truppe am 26. Juni 44 den Befehl, das V1-Feuer auf London zu steigern, worauf Wachtel General von Axthelm Vorschläge zur Aufstockung des Regiments und Erweiterung der Einsatzmöglichkeiten unterbreitete. Er wies darauf hin, daß die einsatzbereiten 64 Abschußrampen die monatlich eintreffenden 3000 Flugbomben verschießen könnten, nicht aber die in einigen Monaten vorgesehenen 8000 Schuß. Im Führerhauptquartier rechnete man bei einer Intensivierung der Flugbomben-Offensive mit einer Nebeninvasion im Startgebiet der V1-Flugkörper. Insbesondere Keitel und Jodl sahen in dieser Möglichkeit die »einzige Chance« für Deutschland, die militärische Lage zu wenden. Tatsächlich drängte der britische Innenminister Herbert Morrison seinerseits am 11. Juli 1944 auf eine gegnerische Invasion im Pas de Calais, unter dem Druck der zunehmenden V1-Angriffe und der Reaktion der Zivilbevölkerung in London. Resignierend schrieb Winston Churchill: (43) »Der blinde unpersönliche Charakter des Geschosses flößt dem auf der Erde Befindlichen das Gefühl der Hilflosigkeit ein. Tun ließ sich wenig, kein erreichbarer menschlicher Feind konnte heruntergeholt werden.«

Duncan Sandys kletterte aus einem Mosquito-Jäger, zurück von einem Inspektionsflug über dem Ärmelkanal. Schon während des Fluges hatte er dem Piloten erklärt: »Unsere Jäger sind einfach nicht schnell genug, um gegen die V1-Bomben wirksam zu operieren.« Eine Feststellung, die er von allen Flügen in dem V1-Operationsgebiet mit nach Hause brachte.
Die Abwehr mußte völlig neu organisiert werden. Daher erteilte er Luftmarschall Hill und General Pile den Auftrag, einen Verteidigungsplan auszuarbeiten, der folgende Umstellungen in 4 Zonen vorsah.

1. Die Jäger operieren über dem Kanal.
2. Sämtliche Flakgeschütze werden in einer schmalen Zone an der Küste zwischen Beachy Head und St. Margareth's Bay aufgestellt.
3. Eine dichte Ballonsperre sollte außerhalb von London die deutschen Flugkörper abfangen.
4. Zwischen Ballonsperre und Flakgürtel an der Küste sollte ein weiterer Operationsraum für die Jäger geschaffen werden.

Der Plan war am 13. Juli 1944 fertig, gestützt auf Duncan Sandys Verantwortung. Die Stabschefs wurden vor vollendete Tatsachen gestellt.
Schon am 17. Juli informierte Sandys das Kriegskabinett über den neuen Verteidigungsplan, der ab 6.00 Uhr in Kraft getreten war. Der gigantische Verlegungsplan umfaßte 23 000 Männer und Frauen, 60 000 t Munition und tausende Kilometer Kabel. In der Morgendämmerung des 17. waren 412 schwere Geschütze in den neuen Stellungen einsatzbereit. Bis zum 19. Juli folgten 1184 leichte Flakgeschütze und 200 Raketenrohre der Royal Artillerie. Unterstützt wurden diese Einheiten von 16 Geschützen 90 mm der United States Army Anti Aircraft Artillerie, 384 leichte Geschütze der Royal Air Force Regimenter. 28 stellte das Royal Armoured Corps.
Der Luftwaffenstabschef fühlte sich überrumpelt und wies darauf hin, die Umstellung sei ohne Rücksprache mit dem Luftfahrtministerium erfolgt,

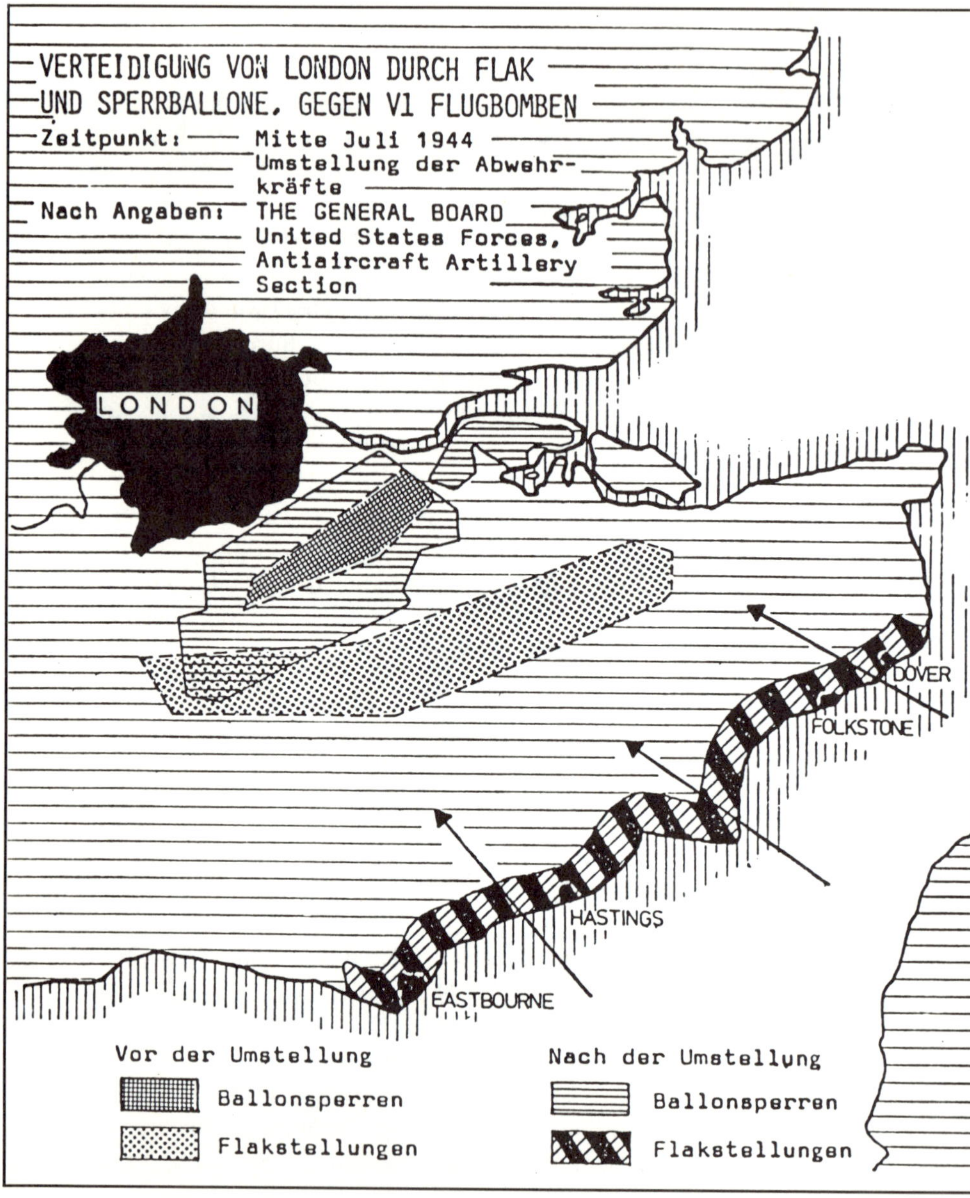


das verfassungsmäßig für die Luftverteidigung Englands verantwortlich sei. Man ließ Hill nicht im Zweifel darüber, daß sein berufliches Ansehen mit dem Resultat stehen oder fallen würde, wagte aber nicht, die schnelle Entscheidung zurückzunehmen.

Der Erfolg gab Sandys und Hill recht. Zusammen mit dem neuen Annäherungszünder, SCR 584 Radargeräten und der direkten Aufstellung an der Küste erreichte die Flugabwehr verbesserte Abschußziffern.

Generalmajor Dietrich Peltz war froh, als die V1-Offensive auf London begann. Als »Angriffsführer England« unterstanden ihm Kampfverbände der Luftwaffe, die unter dem Decknamen »Steinbock« Vergeltung gegen England fliegen sollten. Göring wollte »auf Druck von ganz oben« jede Nacht mit 200 viermotorigen Heinkel He 177 Bombern 2 Einsätze gegen England fliegen lassen. Die Flugzeuge, die in ihrer Klasse in etwa der amerikanischen B 17 entsprachen, sollten je zwei 2500 kg Bomben, die schwerste Abwurfwaffe der Luftwaffe, abwerfen.
Die hohen deutschen Verluste lagen zwischen 8–10% und waren nicht nur auf die Stärke der englischen Abwehr und den deutlich geringer gewordenen Ausbildungsstand des fliegenden Personals zurückzuführen. Oft fiel die Hälfte der He 177 Bomber aus, und die Verbände wurden mit technisch überholten Kampfflugzeugen aufgefüllt.
Rein statistisch verlor die Luftwaffe eine Maschine und vier Mann fliegendes Personal für jeweils fünf im Bombenkrieg getötete Engländer. (44)

### *Trägermaschinen für V1*

Als im Juni 1944 in Oschatz und Großenhain zahlreiche Heinkelbomber He 111 – H16 und H20 mit Bombenschlössern für das Kaliber 2000 kg umgerüstet wurden, fielen diese Einrichtungen dem Personal nicht weiter auf. Als aber mit dem Rumpf fest verbundene Anschlußkästen montiert werden mußten und Teile des rechten Höhen- und Seitenleitwerks mit Stahlblech hitzebeständig gemacht wurden, horchte man auf.
Nur wenige wußten zu diesem Zeitpunkt, daß es sich um Trägermaschinen für den Abwurf von V1-Flugbomben handelte. Die Kästen hatten die Aufgabe, das Argus-Schubrohr vorzuwärmen und den automatischen Abwurf auszulösen. Die feuerfeste Blechverkleidung des Leitwerks lag direkt im Feuerstrahl des V1-Triebwerkes.
Die Flugplätze Bramsche, Wittmundhafen, Jever, Rheine, Venlo, Gilze-Rijen, Leck und ein Platz auf Jütland wurden für den Einsatz vorbereitet. Ausgeführt wurden die Angriffe gegen England vom III/KG 3, das später in I/KG 53 umbenannt wurde, in der Navigation erfahrene Besatzungen flogen die Maschinen. Die Bomberbesatzungen mußten ganz präzise Arbeit leisten und den vorberechneten Abfeuerungspunkt genau anfliegen, schon bei kleinen Abweichungen landete die Bombe nicht im Zielgebiet.

Auszug aus einer Studie des MINISTRY OF HOME SECURITY, RESEARCH AND EXPERIMENTS DEPARTMENT R.E.N. 454 über die Zerstörungskraft der deutschen Flugbombe V1

von C.G. L y o n s und P.C. G a r d i n e r

Die Schäden an Backsteinbauten an Wohnhäusern wurden gemäß folgender Definition unterschieden:

Häuser zu 75-100 % zerstört

Häuser zu 50-75 % zerstört

Häuser, schwer beschädigt, unbewohnbar, aber instandsetzungsfähig

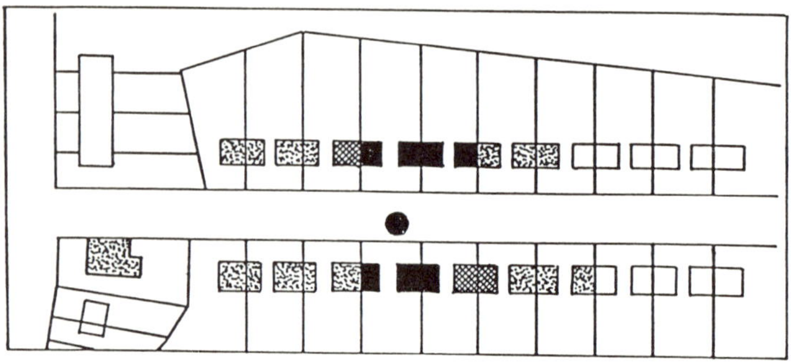

Obige Abbildung zeigt die typische Beschädigung an 2-stöckigen halbfreistehenden Häusern mit 30.0 cm Ziegelmauern, durch eine Flugbombe, die auf der Straße explodierte. (● Einschlagspunkt)

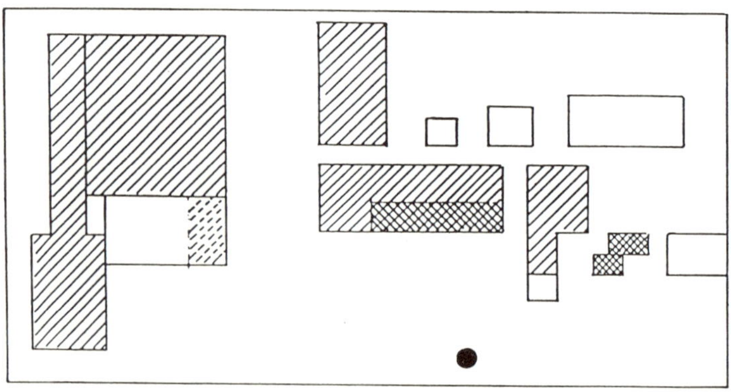

Skizze der Schäden einer Industrieanlage, Einschlagspunkt Bahnschienen mit Böschung. Definition der Schäden für Industriebauten:

Schwere Zerstörung, Einsturzgefahr

Entscheidende Bauschäden, Abriß

Sichtbare schwere Schäden der Oberfläche, Dach vollkommen zerstört

Die unbefriedigenden Einsätze der Heinkel He 111 Staffeln, die über der Nordsee V1-Flugbomben gegen England abwarfen und dabei hohe Verluste hinnehmen mußten, zwangen die Flugzeugindustrie, neue Wege für den Abwurf von Flugbomben zu suchen.

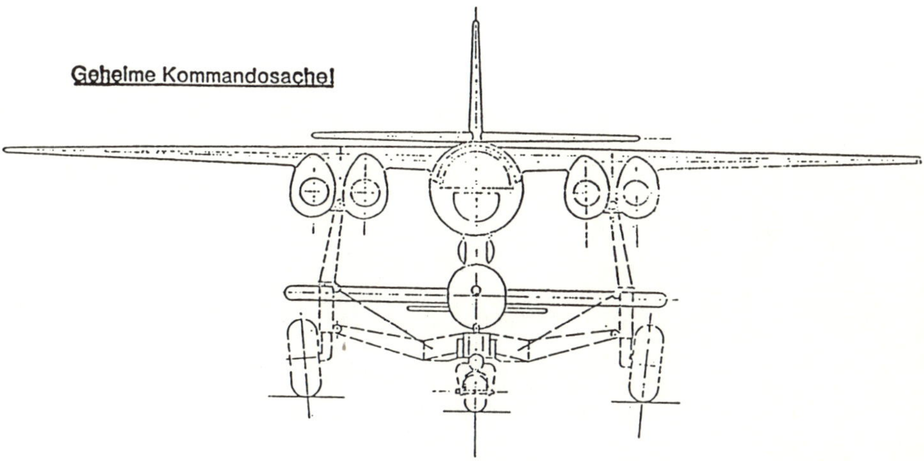


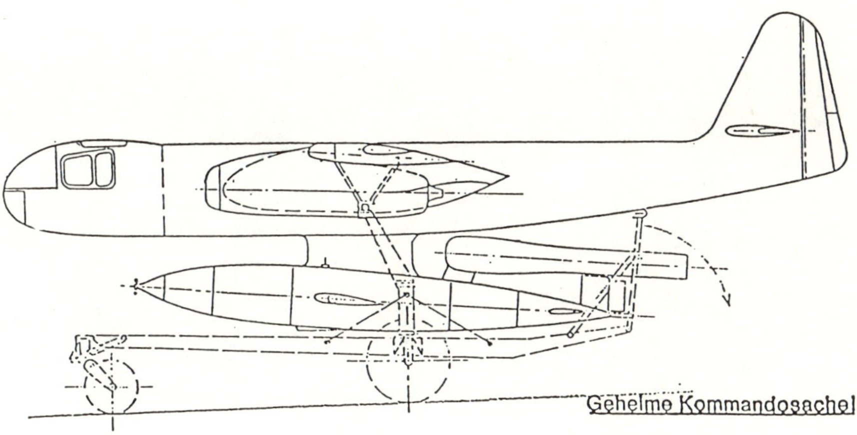

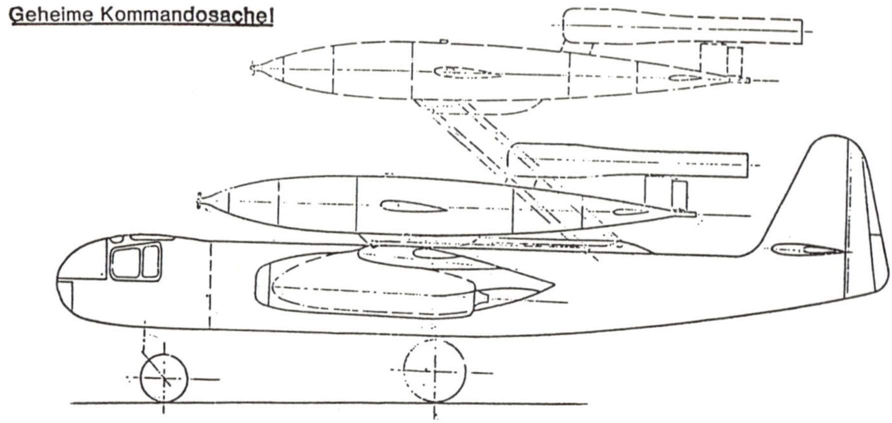


Oben: Ein Arado-Düsenbomber AR 234 mit einer Fi 103 in Flug und in Abwurfposition.

Unten: Ein Focke-Wulf Jagdbomber FW 190 mit einer Fi 103 mit Startwagen. Beide Konstruktionen blieben im Reißbrettstatium.

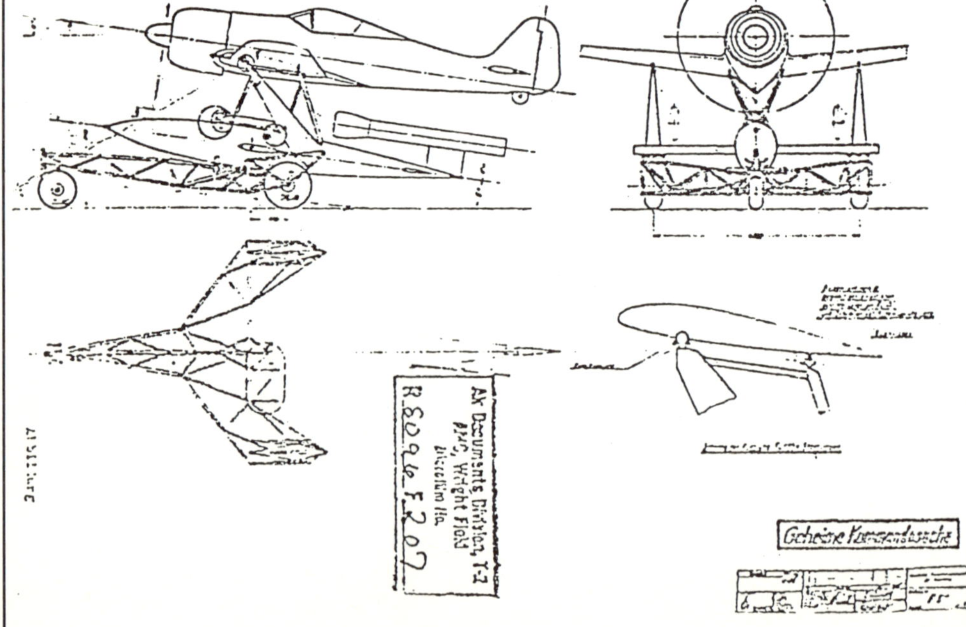

Bevor die ersten Maschinen zum Flugbomben-Abwurf starten konnten, schickte Major i. Genst. Christian vom OKL Füst. Ia Flieg. (Rob.) ein Fernschreiben an das Gen. Kdo. LXV. AK. in Paris, in dem es hieß: Einsatz FZG 76 vom Trägerflugzeug ist Angelegenheit der Luftwaffe, wie jeder andere Bombenangriff. Übertragung Einsatzführung an Gen. Kdo. LXV. AK wird abgelehnt.

Mitte Juli starteten die ersten Maschinen zum Einsatz, im Abstand von 20 Sekunden hoben die Bomber ab und flogen nur 90 m über dem Meeresspiegel in Richtung England. Die Seitenruder waren auf 2° Linkstrimmung eingestellt, der Luftwiderstand des untergehängten Flugkörpers verringerte die Geschwindigkeit des Trägerflugzeuges um knapp 20 km/h.

Mit 275 km/h flogen 20 Maschinen im Tiefstflug über die Nordsee, 100 km vor dem Ziel steigerten sie ihre Geschwindigkeit auf 320 km/h und zogen ihre Flugzeuge auf 400 m. Kurz vor dem Abwurfpunkt wurde das Triebwerk der fliegenden Bombe elektrisch vorgeheizt und gezündet. Während 10 Sekunden mußte die Trägermaschine ihre gefährliche Last mit laufendem Triebwerk noch bei sich behalten, dann klinkte sich die Bombe automatisch aus, stürzte im Gleitflug 100 m in die Tiefe, gewann dann schnell wieder an Höhe und verschwand in 1200 und 1500 m am Horizont. Durch den Triebwerksstrahl war die He 111 hell erleuchtet und von den anderen Maschinen auf 25 km Entfernung zu sehen.

Alle Maschinen hatten den gleichen Kurs und den gleichen Abwurfpunkt vom Navigations-Offz. der Staffel errechnet. Der TO stellte die Bombe ein, die V1 flog nun die eingestellte Logzahl ab, wobei sich der Zählpropeller einmal pro 3 m Flugstrecke drehte. Nach Ablaufen der Logzahl, bei Logzahl 0, sollte sich die Flugbombe im Idealfall genau über dem Ziel befinden. Elektrisch wurde eine kleine Sprengpatrone gezündet, welche zwei Klappen an der Höhenflosse nach unten stellte und dadurch die Bombe zum Absturz brachte.

Die Besatzungen verfolgten den schnellen Steigflug der V1 durch die verglaste Kanzel nur einen Moment, um schnellstens zu ihren Absprunghäfen zurückzufliegen, ebenfalls wieder dicht über dem Wasser, um die Funkmeßstrahlen der Engländer zu unterfliegen und keine Nachtjäger anzulocken. Zunächst fielen die aus einer ungewohnten Richtung kommenden V1-Aggregate der britischen Abwehr nicht auf, weil die Abschußrampen in Frankreich Tag und Nacht schossen und die Anflüge der Heinkel-Bomber nur nachts erfolgten.

Im Laufe der Zeit meldeten die Radarstationen immer mehr Flugbomben aus Richtung Belgien-Holland, die aber nur nachts einflogen. Hatten die Deutschen inzwischen eine Bombe mit größerer Reichweite?

Die Engländer wurden mißtrauisch, als ihre Abwehr einen Funkspruch

entschlüsselte, der in der Nacht vom 30. zum 31. Juli 44 für deutsche Flakeinheiten in Holland und Belgien bestimmt war.
Zehn Heinkelbomber sollten in niedriger Höhe die belgische Küste bei Blankenberge gegen 21.30 in Richtung England überfliegen und gegen 22.00 schon wieder zurückkehren. Weitere Maschinen wurden nach Mitternacht genau über dem gleichen Punkt erwartet, auch wieder in der extrem niedrigen Flughöhe von knapp 100 m.
Der britische Intelligence Service verglich Radarmeldungen aus dieser Richtung mit den Einschlagstellen der über der Nordsee eingeflogenen »Dudelsäcke«, wie die V1 in England wegen des brummenden Fluggeräusches bezeichnet wurde.
Mit Mosquitos ausgerüstete Nachtjagdverbände erhielten daraufhin Befehl, über der Festlandsküste Raum Belgien-Holland zu patrouillieren.

Die Trägerflugzeuge erschienen nur für wenige Minuten auf den englischen Radarschirmen, und die Nachtjäger hatten bei wolkigem Wetter große Schwierigkeiten, Sichtkontakte mit den Flugzeugen zu bekommen, zumal diese in Abwehrbewegungen flogen und mit dem Bordradar der Mosquitos schwer zu erfassen waren. So kam es, daß die erste deutsche Trägermaschine durch Jäger erst Ende September abgeschossen wurde, dagegen steigerten sich die Abschüsse von V1-Robotbomben zunehmend. Die Zusammenarbeit zwischen den Radarstationen und den Jägerverbänden funktionierte gut.

Die neue englische Verteidigungsstrategie an der Kanalküste und die damit verbundenen höheren Verluste an Flugbomben blieben der deutschen Führung nicht lange verborgen. Das Gen. Kdo. LXV. wurde sofort informiert, und Wachtel schickte Oberstleutnant Sommerfeld zur Beobachtung mehrere Tage zum Seekommandanten Pas de Calais nach Boulogne. Vereinbarungsgemäß überflogen 12 Zellen zwischen 1.15 und 1.45 Uhr in der wolkenlosen Vollmondnacht den Beobachtungsstand, auf dem sich Oberstleutnant Sommerfeld befand. Mit hohem Munitionsaufwand schoß die gegnerische Flakartillerie fünf Flugbomben ab. Gegen 2.30 Uhr erschienen feindliche Jäger über dem Kanal und ließen keine V1 mehr nach England kommen. Es lagen so viele Abschußmeldungen in dieser mondhellen Nacht vor, daß Sommerfeld beim Regiment die Einstellung des Schießens beantragte, das nach ½ Stunde aussetzte.

V1-Abschüsse durch alliierte Jäger bis 10.8.44, 24.00

| Eingesetzter Flugzeugtyp | Abschüsse |
|---|---|
| SPITFIRE V | 6 |
| SPITFIRE X | 106 |
| SPITFIRE XII/XIV | 350 |
| TYPHON | 30 |
| TEMPEST | 649,5 |
| P.51 MUSTANG | 204,5 |
| MOSQUITO | 430,5 |
| METEOR | 2,5 |
| P.61 BLACK WIDOW | 6 |
| | 1785,0 |

Am darauffolgenden Tag wurde bei einer Besprechung in Saleux der Antrag gestellt, ohne Wolkenschutz nur in Feuersalven zu schießen, da nach Meinung von Sommerfeld die in schneller Folge fliegenden Zellen bessere Chancen hatten, London zu erreichen.
Im Regiment 155 (W) hatte sich im Laufe der Zeit ein »Gehirntrust« gebildet, geführt von Oberstleutnant Professor Sommerfeld, dem auch Major Dahms, Major Schwennesen und Hauptmann Grothues angehörten, erfahrene Offiziere, die Ende Mai 1943 die Truppe in erstaunlich kurzer Zeit aufgestellt hatten, und Männer der ersten Stunde waren.

### *Messung der Einschläge*

In diesem »kleinen Kreis«, dem auch der Kommandeur Oberst Wachtel angehörte, machte man sich große Sorge über die Lage der Schüsse im Ziel. Die II., III. und IV. Abteilung meldeten am 19. Juli 44 ihren 1000. Abschuß, für die Soldaten an ihren Abschußrampen war die Aufgabe erfüllt, wenn ihre Maikäfer von der Startbahn klar abkamen und ihr Brummen in der Ferne verklang. Sie glaubten, daß ein Schuß ein Treffer war, wenn die FUG 23-Meldung einen Einschlag geortet hatte. Ähnliche

Täuschungen breiteten sich auch beim Gen. Kdo. LXV. aus, das diese Meldungen kritiklos nach »oben« weitergab.
Dieses im Dezember 1943 aufgestellte L. XV A. K. bestand aus Neulingen, die mit der neuartigen Waffe in keiner Weise vertraut waren. Unter weiser Beachtung des Proporzes zwischen den Wehrmachtsteilen wurde der kommandierende General vom Heer gestellt. Dieses »Armeekorps«, dem aber nur das Flakregiment 155 (W) unterstand, führte Gen. Lt. Heinemann. Er war eine Seele von Mensch, ein passionierter Jäger, aber weitgehend überaltert für eine so junge Waffe. Wie man ihn zum KD. General der V-Waffen ernennen konnte, blieb allen ein unergründliches Rätsel und wurde s. Zt. von vielen als Akt der Sabotage aufgefaßt.
Zurück zur Lage der V1-Einschläge in England. Ein Grundübel, das der V1 von Anfang an anhaftete, war die große Streuung, die durch die damalige Technik nicht geändert werden konnte. Zur Ortung der Einschlagstelle war in einzelnen Zellen ein Funkgerät eingebaut, mit der Bezeichnung FUG 23, hergestellt bei Te Ka De für einen Frequenzbereich von 345–500 Kiloherz. 55 km vor dem Ziel wurde eine Schleppantenne ausgefahren und das Funkgerät mit einer 24-Volt-Batterie auf Betrieb geschaltet. Dieses im Rumpf eingebaute Gerät sollte es der Truppe ermöglichen, nach den georteten Einschlägen die weiteren Schüsse zu korrigieren. Das entsprach der Denkweise eines Artilleristen, der sich auf sein Ziel eingabelt, um dann zum Wirkungsschießen überzugehen. Wollte man aber Korrekturen geben, so mußte man die Lage der Schüsse genau ermitteln können. Die Auswertung war mangelhaft. Die Funkortung verschlechterte sich noch, als die Sendezeit mit Rücksicht auf die Abwehr verkürzt werden mußte, d. h. das Gerät sendete erst kurz vor dem Ziel seine Position.
Aber selbst, wenn mehrere räumlich voneinander entfernte Peilstellen die gleiche Flugbombe aufgefaßt hatten und bis zum Verstummen ihrer abgegebenen Funksignale verfolgten, war der Schnittpunkt ihrer Ortung keinesfalls identisch mit dem Einschlagspunkt. Denn die Funksignale setzten aus, wenn die Abstiegsvorrichtung wirksam wurde, d. h. die V1 sich auf ihr Ziel stürzte. Im gleichen Moment blieb auch das Triebwerk wegen fehlender Treibstoffzufuhr stehen.
Nur jemand, der über artilleristisches Denken nicht hinauskam, glaubte an die Wirkung dieses Ortungs-Verfahrens. Die V1 war ein Flugkörper und kein Artilleriegeschoß.
Aufklärer, die wegen der Flakabwehr in großen Höhen operierten, konnten keine V1-Einschläge identifizieren. Blieben noch die Agenten, die den Auftrag hatten, insbesondere aus London die Einschlagstellen über Funk zu melden. Die Offiziere des MI 5-Abwehrdienstes in England hatten damit gerechnet und einen Teil der Feindagenten »umgedreht«, die so in

das Spionagenetz eingeschleusten Agenten erhielten genaue Anweisungen, was sie über die Einschläge nach Deutschland melden sollten. Sie gaben z. B. alle Flugbomben als Treffer durch, die über das Zentrum von London hinausgeflogen waren und gaben dabei die Einschlagzeiten der zu kurz gefallenen Bomben an. Das sollte die Deutschen veranlassen, noch kürzer zu schießen.
Natürlich behandelte die deutsche Abwehr die Auswertung der »sehr zuverlässigen« V-Leute mit großer Skepsis. Diese sogenannten Funkspiele hatten sie selbst zu oft angewandt, als daß sie ihnen uneingeschränkt Glauben schenkten. Bei der Truppe war bekannt, daß der Maikäfer keine Präzisionswaffe war, sondern ein reines Terrorinstrument. Jede Bombe, die »heil« rüber kam, würde Schaden anrichten.
Um die Terrorwirkung ihrer Waffe noch zu steigern, wurde die Abwehrstelle in Arras aufgefordert, allen in England für die Deutschen arbeitenden V-Leuten einen Fragebogen zuzustellen, durch deren Beantwortung der Einsatz der Flugbomben noch wirkungsvoller gestaltet werden sollte.

Das mit dem 18. Juli 44 datierte Dokument enthielt folgende Fragen:

1. Wann ist der Arbeitsbeginn in den Rüstungsbetrieben? Wann ist Arbeitsende?
   In wieviel Schichten wird in den großen Londoner Rüstungsbetrieben und Werften gearbeitet?
2. Wann ist Arbeitsbeginn in der City? Wann ist Mittagspause in den Geschäften und Handelshäusern?
   Wann ist Geschäftsschluß und damit der Hauptverkehr nach Beendigung der Arbeit in der City?
3. Wann sind die großen sportlichen Veranstaltungen, vor allem Fußballspiele, Regatten usw.? Welche Stadien kommen in Frage?
4. Werden in der Albert-Hall z. Zt. noch große Konzertveranstaltungen und Kundgebungen durchgeführt und zu welchen Zeitpunkten?
   Finden auch auf dem Trafalgar-Platz noch große Kundgebungen statt? Welcher Zeitpunkt kommt hierfür in der Regel in Frage?
5. Verspricht man sich von einem Bombardement zu den Hauptkirchenzeiten sonntags eine nachhaltige moralische Wirkung?
   Welche Zeiten kommen in Frage?
6. Kommt der Hydepark noch als Versammlungsplatz für kirchliche und politische Sekten in größerem Ausmaß in Frage?
   Zu welchem Zeitpunkt sind die Versammlungen in der Hauptsache?
7. Besteht noch ein lebhafter Wochenendverkehr nach den Badestädten an der englischen Südküste?
   Wann ist der Hauptverkehr auf den englischen Stationen?

Welche Londoner Bahnhöfe kommen in Frage? Wie liegen die Abfahrts- und Ankunftszeiten der Züge?

8. Hält man die Bombardierung des Londoner Ostens (Judenviertel Whitechapel) für besonders wirkungsvoll?
Welche Tagesstunden sind hierfür am zweckmäßigsten?
9. Bestehen besondere volkstümliche Anlässe (Feste, Feiertage, usw.), die größere Menschenmassen zusammenführen?
Wo finden in London und Südengland derartige Volksfeste statt?

Die Truppe fand ihre Waffe bestätigt durch die täglich einfliegenden Bomberverbände, die ihre Stellungen mit großem Aufwand bombardierten. Trotzdem wäre es für die Auswertungsstelle ihres Regiments interessant gewesen, wenn ein V-Mann von »drüben« ein Poster geschickt hätte, mit dem die 150. Wing der RAF am 20. Juli 44 zum Tanz im Majestic Hotel in Folkstone einlud. Die Squadrons der Abfangjäger wollten ihre Abschüsse gegen die fliegende Bombe feiern, ihr Staffelkapitän genehmigte es, eine Karte als Plakat zu verwenden, auf der die Einschläge der V1 präzise eingetragen waren.

Den Vertretern des MI 5 Abwehrdienstes hätten sicher die Haare zu Berge gestanden, wenn sie ihr so mühsam ausgetüfteltes Funkspiel, das sie für erfolgreich hielten, durch diese unbekümmerten Piloten gefährdet sahen. Als am 29. September 1944 die englische Zeitung »The Advertiser and Aurrey County Reporter« einen Artikel über den Flugbombenbeschuß von Croydon mit einer Einschlagkarte veröffentlichte, gelang es einem deutschen Agenten, den Zeitungsausschnitt nach Deutschland zu schmuggeln. Obwohl die Abschußstellen in Frankreich zu diesem Zeitpunkt schon geräumt waren, wurden die Zeilen aus erster Hand mit großem Interesse ausgewertet.
Die Engländer schrieben zur Erläuterung der Karte folgendes:
Diese Karte, die speziell für den Croydoner Anzeiger hergestellt wurde, zeigt die Einschlagsorte der fliegenden Bomben in der Gemeinde, soweit diese bekannt sind. Wie man sehen kann, verteilen sich die Einschläge keineswegs gleichmäßig, Süd- und Mittel-Groydon sind verhältnismäßig glimpflich davongekommen. Thornton Heath, Selhurst, South und Upper Norwood bekamen den größten Teil der 141 fliegenden Bomben ab, teilweise zweifellos wegen ihrer größeren Nähe an London, wahrscheinlich aber auch wegen der Bodenerhöhungen bei den Norwood-Höhen, die naturgemäß viele Bomben auffingen, die glatt über die Ortschaft hinweggegangen wären, wenn der Boden niedriger gewesen wäre. Auch Shirley hat, soweit man das feststellen kann, seinen vollen Anteil an dieser Plage

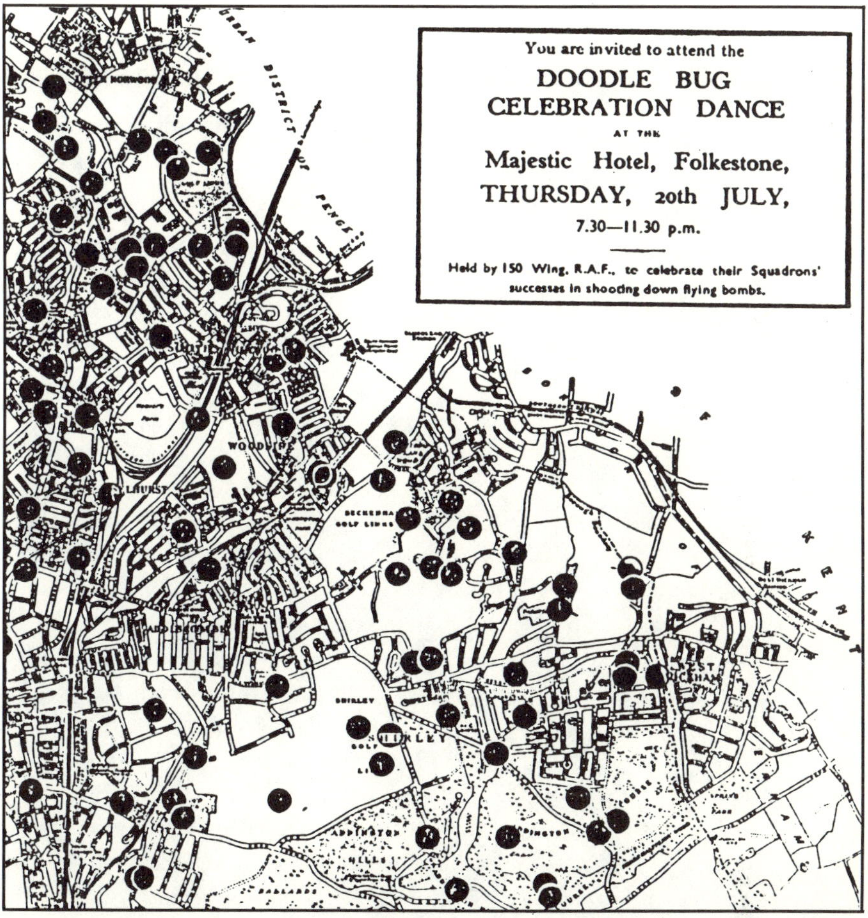


abbekommen, da es in der Nähe der schwer beschädigten Gebiete von Beckenham und Penge, die wirklich eine Bombengasse bilden, liegt. 1400 Häuser wurden zerstört, d. h. fast genau 10 Häuser je Bombe, diese Zahlen vermitteln eine Vorstellung von der Zerstörungskraft der Bombe. Nicht weniger als 54 000 Wohnungen wurden beschädigt. Aus diesen Zahlen kann man mutmaßen, was Croydon auszuhalten gehabt hätte, wenn der Feind diese Angriffe in dem Umfange durchgeführt hätte, wie er das beabsichtigt hatte. Zeichnen Sie noch weitere 140 schwarze Punkte in die Karte ein, und Sie können sich die Wirkungen selbst ausmalen.

Wie wir bereits 1940/41 während des Blitzkrieges gelernt haben, ist es oft überaus schwierig, sowohl die Richtung wie auch die Entfernung einer explodierenden Bombe festzustellen, und die fliegenden Bomben bildeten darin keine Ausnahme. Einige, die so klangen, als ob sie innerhalb von

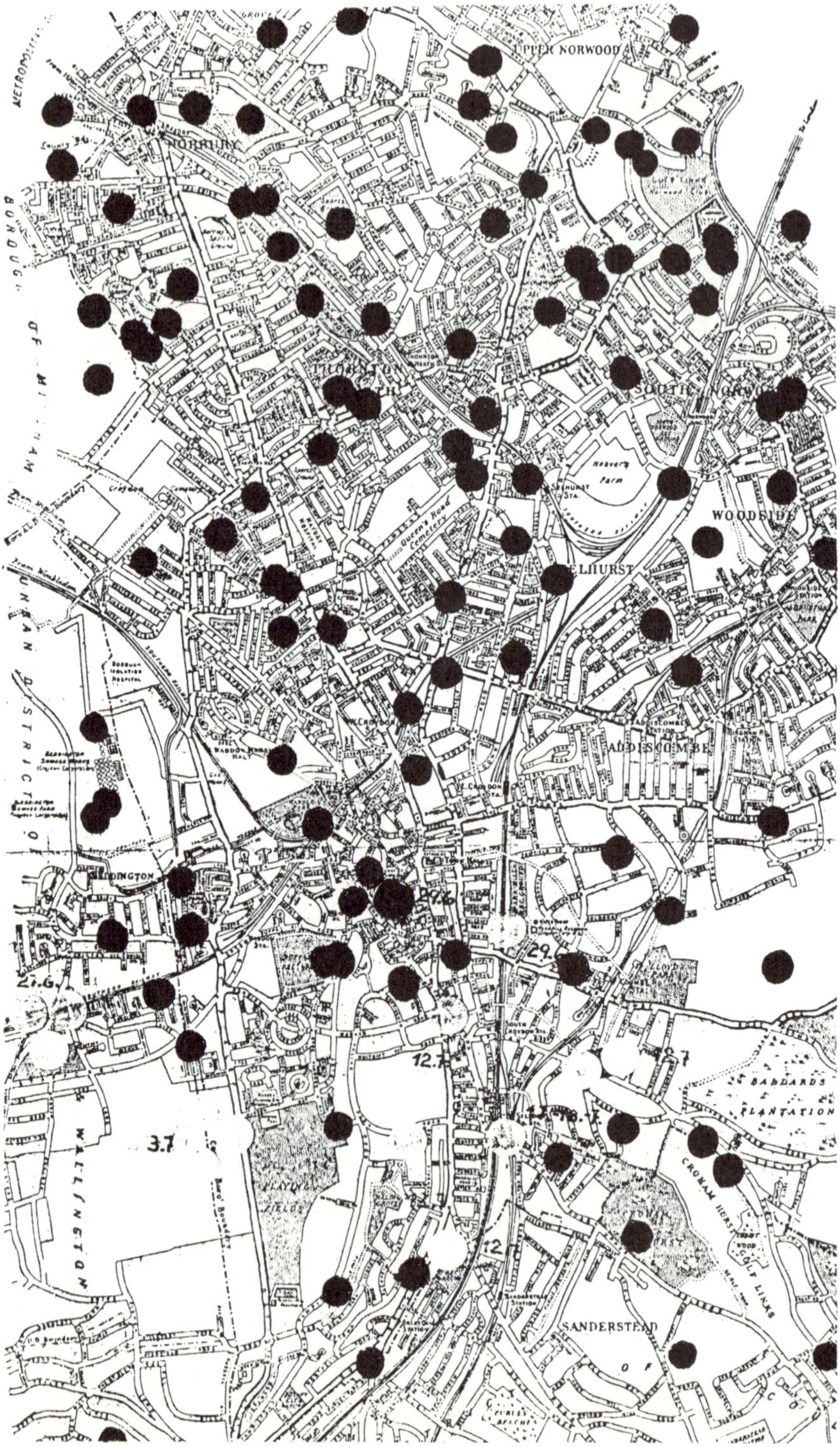
UPPER NORWOOD
NORBURY
THORNTON HEATH
Queen's Road Cemetery
SELHURST
SOUTH NORWOOD
WOODSIDE
ADDISCOMBE
BEDDINGTON
SANDERSTEAD
BADDARDS PLANTATION
PLAYING FIELDS
WALLINGTON
29.6
12.7
3.7
12.7

Gegenüberstellung der Wirkung einer konventionellen Fliegerbombe, einer V1 Flugbombe und einer V2-Rakete, bei gleichen Bodenverhältnissen.

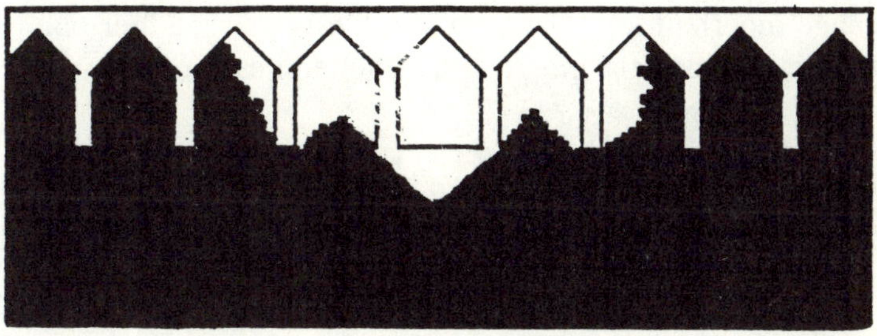

Konventionelle 1000-kg-Fliegerbombe

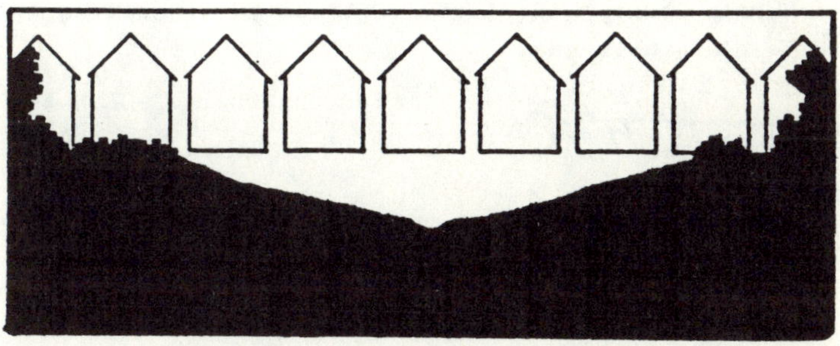

Flugbombe V1 mit 830 kg Trialen-Sprengstoff.
Wirkung wie eine 2000-kg-Luftmine.

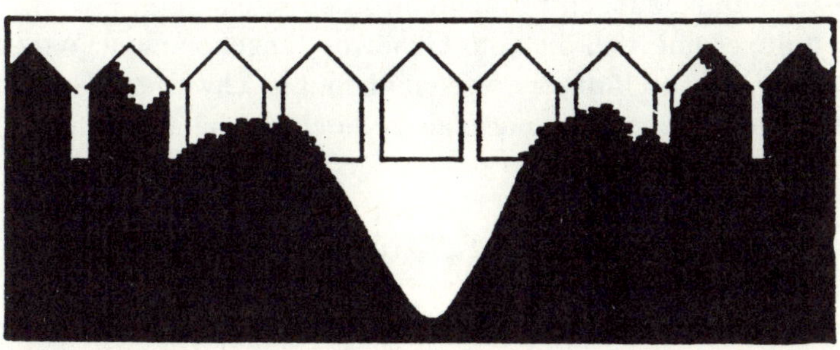

Rakete V2 mit 990 kg konventionellem Sprengstoff (Wegen der 650 °C Reibungswärme an der Außenhaut war eine Füllung mit hochexplosivem Trialen nicht möglich, dadurch geringere Wirkung als bei der V1).

wenigen hundert Metern herunterfallen würden, flogen noch viele Meilen weiter, manchmal sogar außer Hörweite. Andere wieder kamen wie »auf Gummisohlen« und kündigten sich durch keinerlei drohendes Summen an. Aber ob stillschweigend oder nicht – die Lage jedes dieser zerstörenden Einschläge innerhalb der Grenzen von Croydon wird hier oben gezeigt, und das wird wenigstens einige Unklarheiten beseitigen.

Oberbefehlshaber West
Ic - Nr. 7116/44 geh.
- 2 Anlagen -

Geheim

H.Qu., den 28.10.44

| KG | Chef | Ia | OI | Ic | |
|---|---|---|---|---|---|
| | | | | | |

Betr.: Beuteauswertung.

An

Generalkommando XXX.A.K.

Anliegend wird eine Karte der V1-Einschläge in Croydon aus der englischen Provinzzeitung "The Advertiser and Surrey County Reporter" v.29.9.44 zur Auswertung und zum Verbleib übersandt.

Gen. Kdo. LXV A.K. 478
Eing. 31 OKT 1944
Br.B.Nr. 1810/44 Abt. Ic

Für den Oberbefehlshaber West
Der Chef des Generalstabes
I.A.:

Oberstleutnant i.G.

Erst am 7. November 1944 reichte der Chef des Generalstabes, Oberst Walter, die Unterlagen an die Truppe weiter. In einem Begleitschreiben erklärte er, daß es sich bei den roten Punkten um Einschläge handele, die durch Agentenmeldungen bekanntgeworden seien.
Ferner teilte er mit, daß die vom Gen. Kdo. angenommene Wirkung der V1-Flugbomben von fünf zerstörten und dreißig schwerbeschädigten Häusern je Einschlag eher zu niedrig als zu hoch geschätzt wurden.

### *Peilgeräte*

Für die Nachrichtenübermittlung, funk- und fernsprechmäßig, unterstand dem Flugbombenregiment eine Luftnachrichten-Abteilung unter Führung von Major Neubert (46). Dem gleichen Truppenteil war eine Spezialeinheit angegliedert, die mit Peilgeräten den Flug und den Einschlag der fliegenden Bomben überwachen sollte, aufgestellt von Major Schnippering und dem Sachbearbeiter für Peilanlagen, der auch den Einsatz der gesamten Peilorganisation überwachte.

Nur jeweils zwei Stellungen jeder Abteilung schossen ihre Bomben mit eingebauten Fu. G. 23 Geräten ab, wobei jeder Abt. zwei feste Frequenzen und Kennungen zugewiesen wurden. Für den ersten Einsatz waren während der ganzen Nacht Versuche angeordnet, wegen der Neuartigkeit dieses Einsatzes. Die Großmeßstellen Pony, Pluto, Dickhäuter und Welz arbeiteten mit ihren Freya-Geräten bis in die frühen Morgenstunden. Zur schnellen Nachrichtenübermittlung der ausgewerteten Messungen waren alle Suchstellen direkt an die Vermittlung der Flakgruppe angeschlossen. Die Peiler konnten aber nur melden, daß die ausgewerteten Schüsse im Ziel London lagen. Als die Truppe nach Einzelheiten fragte, meldeten die Nachrichtenoffiziere, die gesamte Peilorganisation müßte auf Grund der Erfahrungen der ersten Nacht vereinfacht werden.

In den folgenden Tagen traten Schwierigkeiten mit dem Nachschub ein, die Feldmulag Leopold und Nordpol meldeten, die Funkgeräte für den Einbau seien nicht gesondert, sondern mit anderen Transportgeräten verpackt worden.

Als am 27. Juni die Geräte eintrafen, drang der Regimentskommandeur darauf, alle Sprengkörper mit der eigenen Peilorganisation zu erfassen und mit Funkmeßgeräten zu verfolgen und dadurch endlich Sicherheit zu haben, daß die Funkmeßgeräte zur Überwachung des Schießbetriebes geeignet waren.

Am frühen Nachmittag des gleichen Tages erfaßte ein Freyagerät der Großsuchstelle Pluto eine Flugbombe aus Feuerstellung 131 und führte sie bis London. Von den Peilern wurde sie aber nicht geortet. In den Abendstunden gelang es endlich, daß ein Objekt sowohl von sämtlichen Peilern als auch durch ein Freya-Gerät erfaßt wurde. Absturzzeit und Absturzpunkt fielen zusammen.
Schon drei Tage später kam für die Deutschen eine Überraschung. In der Nacht des 1. Juli 44 wurden die in die V1 eingebauten Funkgeräte 23 erstmals durch einen feindlichen Störsender ausgeschaltet. Genaue Standlinienangaben der Adcockpeiler waren nicht mehr möglich, da die Störsender sofort nach Einsetzen des Fu. G. 23 auf der gleichen Frequenz mit derselben Kennung, aber größerer Stärke zu senden begannen.
Major Neubert und Techniker Oberinsp. Reschke versuchten, durch Änderung der Frequenzen die feindlichen Störsender auszuschalten, aber

das Täuschungsmanöver gelang auch in den darauf folgenden Tagen nicht. Alle Adcockpeiler meldeten, daß eine Ortung der Schüsse unmöglich sei. Nur wenige Eingeweihte wußten in diesen Tagen, daß Deutschlands Vergeltungsoffensive zwar begonnen hatte, aber ein ganzes Regiment nicht wußte, wo seine Schüsse lagen.

Am 7. Juli hatte man vier zum Einbau bestimmte Funkgeräte auf Impulsgebung umgebaut. Nach Abschuß der Zellen sollten die Adcockpeiler in Le Tilluel und Poix die Flugbomben mit Oszillographen erfassen, was aber auch zu keinem Ergebnis führte.

Als auch das Kleinheidelberg-Gerät zur Ortung der Zellen versagte, schickte die Erprobungsstelle Karlshagen am 25. Juli Dipl.-Ing. Schneider an die Front. Er sollte mit Major Neubert den Umbau des Fu. G. 23 auf Kurzwelle besprechen und erproben. Die ersten umgebauten Geräte auf KW konnten nicht angepeilt werden, weil die Peilerleitungen Malta, Weichsel und Irland durch Sabotage des französischen Widerstandes ausfielen. Als der Schaden behoben wurde, stellte man fest, daß auch diese Peilergebnisse für eine Auswertung unbrauchbar waren, da der Gegner sofort mit Gleichwelle störte.

Dipl.-Ing. Schneider bat daraufhin per Fernschreiben um die Zusendung der in der Erprobung in Karlshagen befindlichen Sender Fu. G. 23 Sb. Bis zum 26. Juli 44 wurden insgesamt 92 Fu. G.23 umgebaut, davon 44 mit höherem Frequenzbereich, 40 mit Kurzwellensender und 8 mit Impulssender.

Die von der Truppe im Dezember 1943 geforderten Ultrakurzwellensender befanden sich noch in der Entwicklung. Die Luftnachrichten-Abteilung wurde dadurch gezwungen, durch selbständige Versuche Sender umzubauen und zu erproben. Keiner führte zum Erfolg.

Die noch nicht ausgereiften Geräte ermöglichten den Engländern, die über die Schleppantenne abgestrahlte Frequenz zu stören. (47)

Die Forschungsabteilung der Fa. Lorenz arbeitete an einem Ortungsverfahren mit Kreuzpeilung und einer daraus abgeleiteten Funkkommandogebung vom Boden aus. Der Vorschlag der Fa. Siemens hingegen sah eine automatische Leitstrahlengebung jedes Flugkörpers nach dem Verfahren »ELEKTRA« vor, das mit zusätzlicher Tarnmodulation arbeitete.

Unabhängig davon lief bei der Deutschen Forschungsgesellschaft für Segelflug (DFS) ein Verfahren für eine Kommandofunklenkung durch Impulse, entwickelt von Dr. Fischel und J. Erz. Bei der Erprobung stellte man dann fest, daß die geforderten Reichweiten nicht erzielt werden konnten und Änderungen zu materialaufwendig waren.

Letzteres Ortungsverfahren wurde aber weiterentwickelt zum »Ewald-Sauerkirsche-Verfahren (DFS-Hofner)«. Hierbei sollte die Flugbahn mehrerer gleichzeitig verschossener Flugbomben nach einem Zeitplan jeweils nacheinander gepeilt werden und nach jeder 2. oder 4. Ortung entsprechende Fernlenkkommandos für Grob- oder Feinkorrektur gegeben werden. An Bord des Flugkörpers sollte der Ortungssender »Ewald-Bord« einem mit 1500 Hz modulierten Impuls von 50–80 ms Dauer abgeben. Zwei Großbasis-Peilempfänger »MINERVA« der Bodenanlage waren umschaltbar auf zwei Antennensysteme in 3 Wellenlängen Abstand. Der Funklenk-Sendeanlage »Sauerkirsche« sollte über einen Wähler eine der benötigten Kurskorrektur entsprechende Anzahl von Impulsen gegeben werden.

Man rechnete mit einer Treffergenauigkeit von ± 2 km über 400 km Entfernung, so daß drei ferngelenkte Geschosse denselben Erfolg (im Zielkreis von 4 km Durchmesser) wie 189 ungesteuerte erzielen sollten.

Die Entwicklung dieser Geräte wurde von der DFS gegen Kriegsende in etwas abgeänderter Form durchgeführt. Peilung und Lenkung der Flugbombe sollten wie folgt durchgeführt werden (Vergleiche Zeichnung):

Der von der festen Rampe abgeschossene Flugkörper wurde im Punkt K (bestimmt durch Uhrwerk) vom Kompaß auf die eingestellte Zielrichtung umgelenkt. Zum voreingestellten Zeitpunkt $t_1$ sollte der Bordsender einen Impuls geben, der von der Peilanlage »Ewald II«, bestehend aus einer Mittelstation $P_1$ und je einer 150 km links und rechts davon aufgestellten Hilfsstation $P_2$ und $P_3$ empfangen werden sollte, wobei die Empfangsergebnisse von $P_2$ und $P_3$ direkt über Funk an $P_1$ geleitet wurden. In $P_1$ sollte aus den drei Impulslaufzeiten zu $P_1$, $P_2$ und $P_3$ die Position und Geschwindigkeit der fliegenden Bombe zum Zeitpunkt $t_1$ errechnet und daraus wieder für einen weiteren Punkt D (= Zeitpunkt $t_2$) der neue Kurs und der Abstieg zum Ziel bestimmt werden. Bei Annäherung des Flugkörpers an den Punkt D sollte das Uhrwerk den Lenkempfänger einschalten, der zum Zeitpunkt $t_2$ die Lenksignale empfangen und auf richtige Verschlüsselung prüfen sollte (Tonband mit versetzten Abtastköpfen). Die Lenksignale sollten dann an die Kompaßbasis zur Verdrehung auf neuen Kurs und an das Zeitwerk für die Einleitung des Abstieges weitergeleitet werden.

Für die Lenkempfänger war bereits eine kleine Produktion aufgezogen. In Ainring und zwei jeweils 150 km davon entfernten Orten war eine Peilanlage eingerichtet. Die Flugversuche wurden aber Ostern 1945 infolge der Frontlage abgebrochen.

So entstand aus dem primitiven Peilsender FuG 23, der noch in einer Holzkiste aufgebaut war, ein Gerät zur störungsfreien Fernlenkung von Flugkörpern mit großer Zielgenauigkeit.

Trotz der ungenauen Trefferauswertung von deutscher Seite stieg die Zahl der Opfer in England stetig an; bis zum 27. Juni waren 1769 Menschen

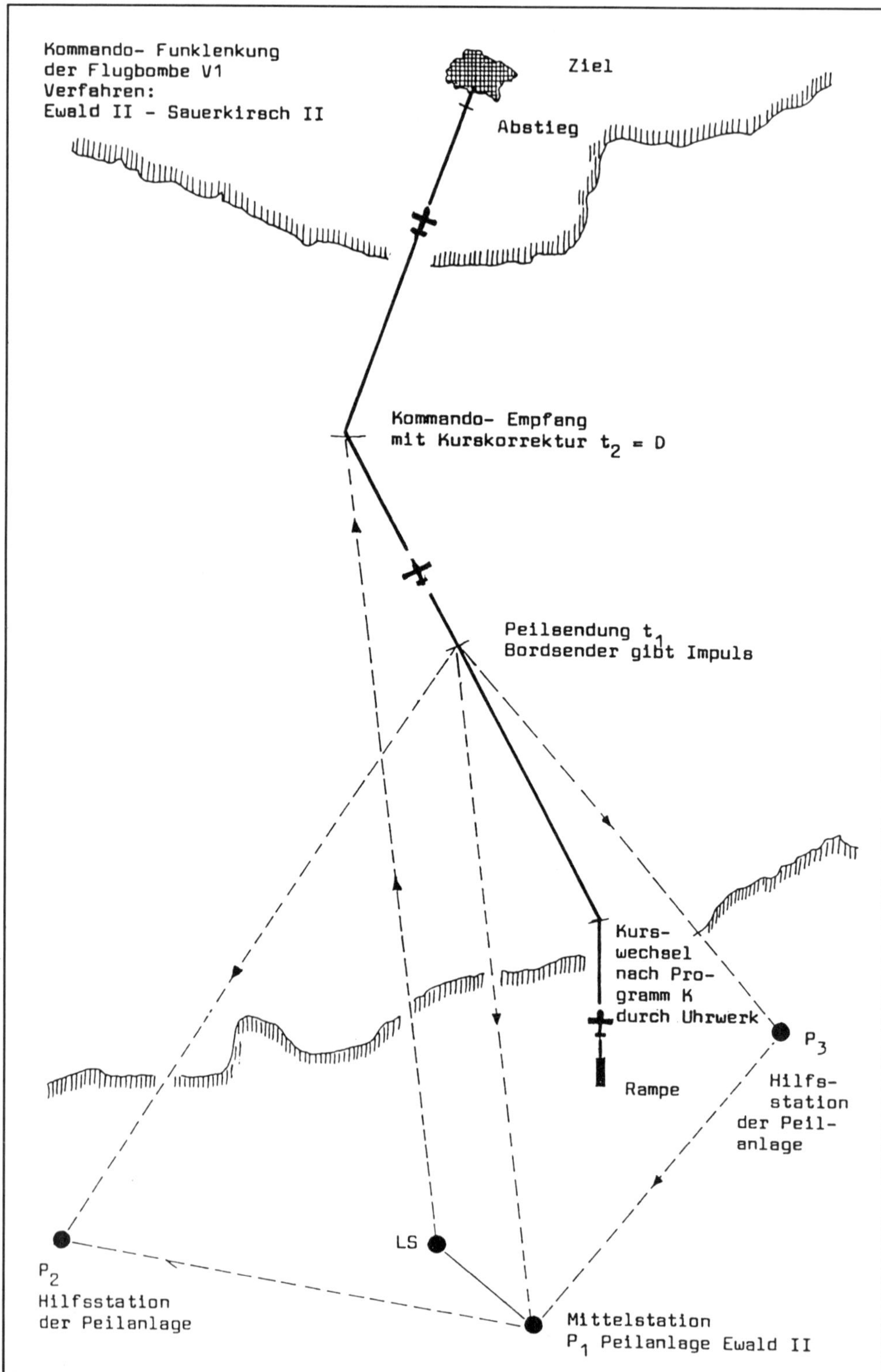
Kommando- Funklenkung
der Flugbombe V1
Verfahren:
Ewald II - Sauerkirsch II
Ziel
Abstieg
Kommando- Empfang
mit Kurskorrektur $t_2$ = D
Peilsendung $t_1$
Bordsender gibt Impuls
Kurs-
wechsel
nach Pro-
gramm K
durch Uhrwerk
Rampe
$P_3$
Hilfs-
station
der Peil-
anlage
LS
$P_2$
Hilfsstation
der Peilanlage
Mittelstation
$P_1$ Peilanlage Ewald II

| Flieg | F - Geräte<br>Sender | Ln 27372<br>27373 |
|---|---|---|

Lieferer

Süddeutsche Telefon-Apparate-Kabel-u. Drahtwerke A.G
TE KA DE Nürnberg, Nornenstr.

| Lieferungsgegenstand | Einbauvorschrift |
|---|---|
| Sender<br>Kurzzeichen: S 23<br>Gerät-Nr. | Bedienungsklasse 5 |

| Anforder. Zchn. | Kurzzeichen | Gerät-Nr: | Gewicht | |
|---|---|---|---|---|
| Ln 27372 | S23 a | 124-96 A | 3 kg | |
| Ln 27373 | S23 b | 124-96 B | 3 kg | |

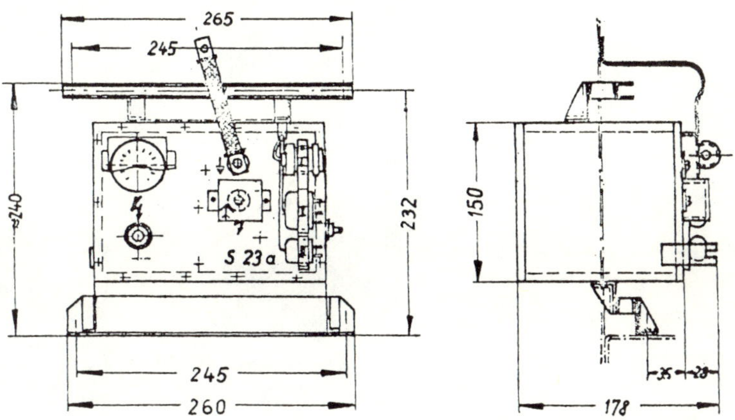


Maßstab : 1:5

| | | | | | | | |
|---|---|---|---|---|---|---|---|
| Gezeichnet | 14.10.43 | | RLM | Mitprüfung | Ausgabe | Sept 44 | Mappe |
| Geprüft | 14.10.43 | | | | | | Nr 5 1 A |

# GERMAN FLYING BOMB TRANSMITTER

## S.23a

ISSUE Nº 1
DATE. 4-8-'44

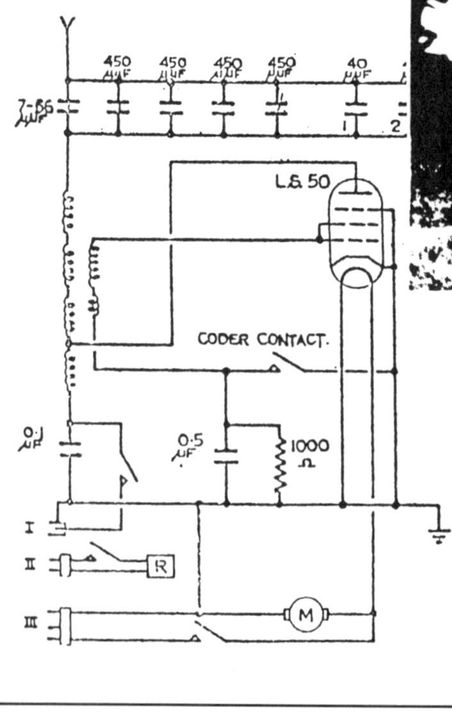


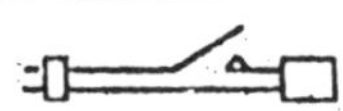

AERIAL RELEASE RELAY
SUPPLIED IN PARALLEL WITH

Skizzen und Bilder aus einer englischen Studie über das deutsche Ortungsgerät FuG 23 eines ausgewerteten V1 -Blindgängers, der am 13. Juli 1944 abstürzte.

getötet worden. Am darauffolgenden Tag erhielt das Luftfahrtministerium einen Volltreffer, der 198 Menschen das Leben kostete, vier Tage später explodierte eine V1 in Chelsea mit 124 Opfern. Die alarmierenden Meldungen veranlaßten das Kabinett und die Stabschefs, zu entscheiden, ob es ratsam sei, Vergeltungsmaßnahmen in großem Umfange durchzuführen und als Abschreckung deutsche Kleinstädte anzugreifen. Der amerikanische Angriff am 21. Juni 44 mit 1000 Bombern auf Berlin hatte keinen Erfolg gezeigt. Die Mehrzahl in der Kabinettsrunde war der Meinung, die Deutschen wüßten bestimmt, daß die Flugbombenangriffe fast die Hälfte der alliierten Luftmacht bänden, und in London große Teile der Produktion blockierten. (35)

Am 3. August erhielt Wachtels KTB eine Eintragung über den beabsichtigten Einsatz von Gaskampfmitteln durch die Engländer, was von der Truppe aber nur als Gegenpropaganda aufgefaßt wurde.

In Wirklichkeit hatten die Vizestabschefs schon am 8. Dezember 43 erwogen, Giftgase gegen die »Crossbow«-Ziele in Nordfrankreich einzusetzen. Eine Untersuchung der britischen Regierung über einen Gasangriff hatte aber ergeben, daß die Vorteile sehr erheblich auf seiten der Deutschen liegen würden.

Unter dem Druck der sich steigernden V1-Angriffe ließ sich Churchill Anfang August erneut über die Möglichkeiten eines Giftgasangriffes auf Deutschland unterrichten.

In England lagerten für die britische und amerikanische Luftwaffe annähernd 32 000 t Senfgas und Phosgengas. Man berichtete Churchill, diese Menge würde ausreichen, um 2500 qkm deutsches Gebiet zu verseuchen. Die Amerikaner protestierten, General Eisenhower war nicht damit einverstanden. Einen weiteren Vorstoß gegen den gesamten Komplex der Vergeltungsangriffe führte Generalmajor Frederick Anderson vom amerikanischen Bomberkommando. Gegenüber Lord Beaverbrook äußerte er: »Vergeltung allein um der Rache willen hat keinen Raum in militärischen Plänen.«

Erneut wurden massive Bomberverbände in Marsch gesetzt, um nicht nur die Abschußstellen, sondern auch Versorgungs-Anlagen und den Nachschub auszuschalten. Eine Aufstellung der Abteilung Ic. Nr. 1623/44, die für einen Vortrag bei dem General d. Flakwaffe ausgearbeitet wurde, gibt folgende Zahlen an:

Zweite Junihälfte:
Rund 8000 Bomber flogen insgesamt 136 Angriffe
mit Abwurf von etwa 25 000 Bomben
gegen 33 Feuerstellungen, eine Versorgungsanlage und 20 nicht zum Einsatz gehörige Anlagen

Erste Julihälfte:
Rund 7500 Bomber flogen 87 Angriffe mit Abwurf von ca. 21000 Bomben
gegen 40 Feuerstellungen, 2 Versorgungsanlagen und 16 nicht zum Einsatzsystem gehörige Anlagen.

Zweite Julihälfte:
2500 Bomber flogen 50 Angriffe mit Abwurf von ca. 11000 Bomben gegen 26 Feuerstellungen, 2 Versorgungsanlagen und 3 nicht zum Einsatzsystem gehörige Anlagen.

Erste Augusthälfte:
Rund 5000 Bomber flogen 83 Angriffe mit Abwurf von ca. 14500 Bomben
gegen 3 Feuerstellungen, 4 Versorgungsanlagen und 3 nicht zum Einsatzsystem gehörige Anlagen.

In der zweiten Augusthälfte waren nur noch etwa 850 Bomber eingesetzt, die 22 Angriffe unter Abwurf von rund 2500 Bomben flogen.

Als am 26. Juni 1944 für die IV. und Teile der III. Abteilung Zielwechsel befohlen wurde, richteten sich die Katapulte dieser Batterien auf den Einschiffungshafen für den Invasionsnachschub Southampton. Das Korps hatte sich entschlossen, Southampton heimlich anzugreifen und dem Führerhauptquartier erst Meldung zu erstatten, wenn der Überraschungsangriff Erfolg gehabt hatte. Aber schon am darauffolgenden Tage ging vom Armeekorps ein Fernschreiben ein, wonach auf Befehl von Oberbefehlshaber West das Feuer auf Nebenziele sofort einzustellen und auf das Hauptziel zu richten sei.

Der in der Frühe des 27. Juni eintreffende Führerbefehl ordnete an, in nächster Zeit aus ganz bestimmten Gründen den V1-Beschuß bis aufs Äußerste zu steigern und nur auf London zu schießen.

National Zeitung

Amtliches Blatt der Nationalsozialistischen Deutschen Arbeiterpartei
Amtliches Kreisblatt für den Kreis Wittgenstein

94. Jahrgang / Folge 174 — Berleburg, Donnerstag, den 27. Juli 1944 — Einzelstück 10 Pfennig

Bilanz des 20. Juli 1944: Neuartige Waffen, neue Divisionen, rücksichtsloser Arbeitseinsatz

Dr. Goebbels' Rechenschaftsbericht über den Hergang des Attentats und die wunderbare Errettung des Führers / Triumph deutschen Erfinder

Die ständige Luftaufklärung des Gegners und die zunehmende Agententätigkeit zur Ermittlung der Abschußbasen veranlaßte das Regiment, den Einsatz von Scheingeräten zu erproben.
Unter Führung von Oberleutnant Hartmann wurde im Raum der I. Abteilung eine motorisierte Scheinbatterie (Batterie ZBV) eingesetzt. Schubrohre wurden auf LKWs montiert und simulierten mit kleinen Raketen den Schußvorgang, um der feindlichen Abwehr Abschußstellen vorzutäuschen.
Um die immer stärker werdenden Flak- und Ballonsperren in England zu umfliegen, legte Oberstleutnant Sommerfeld einen neuen Plan vor. Das zunächst vorgesehene Winkelschießen schien nicht aussichtsreich zu sein. Unter Windeinfluß stieß der kompaß-gesteuerte Bogenschuß auf große Schwierigkeiten und der dadurch eintretende Höhenverlust von 200 m war im ersten Teil der Flugbahn unerwünscht.
Die Flugbombe sollte daher jetzt zunächst mit der Kompaßsteuerung auf einem falschen Kurs fliegen, der 50 km östlich oder westlich vom Ziel lag. Der im Flugkörper eingebaute Kontakt, der für die Auslösung des FuG 23 vorgesehen war, sollte das Zeitwerk auslösen. Nach Schwenkung der Zelle um einheitlich 60° (= 1 Minute) sollte die Kompaß-Steuerung abgeschaltet werden und das Gerät nur noch kreiselgesteuert ins Ziel fliegen.
Sommerfeld erstellte die rechnerischen Grundlagen und entwarf neue Schußtafeln unter Berücksichtigung des ballistischen Windes. Ingenieure von der Firma Askania trafen ein, wurden mit der vorgeschlagenen Änderung vertraut gemacht und gebeten, auch die Zählerwerke entsprechend zu modifizieren. Durch das gleichzeitige Anfassen der ballistischen und technischen Probleme sollte gesichert werden, daß möglichst schnell mit dem praktischen Schießen begonnen werden konnte. Die Unterlagen wurden am 18. Juli, nachdem die ballistische Seite des Problems gelöst war, beim General der Flakwaffe eingereicht, mit der Bitte um Lösung der technischen Probleme durch die Erprobung in Peenemünde.

Im Kriegstagebuch finden wir unter dem 3. August 1944 folgende Eintragung:

> Der heutige Tag brachte den bisher stärksten Einsatz unserer Waffe seit Einsatzbeginn. In der Zeit vom 2. August 15.00 Uhr bis 3. August 15.00 Uhr wurden aus 38 Stellungen 316 Schuß abgefeuert, darunter waren 25 Abstürze.
>
> Verluste: 2 Tote, 5 Schwer- und 10 Leichtverwundete.

Die von Gen. Kdo. LXV. Armeekorps in Feindnachrichtenblättern zusammengefaßten Feindnachrichten über die Wirkung der neuen Waffe in London und Südengland gewähren einen anschaulichen Einblick in die Anstrengungen des Gegners, eine wirksame Abwehr gegen die »Roboter-

Flugzeuge« zu organisieren, um der steigenden Nervosität der Londoner und südenglischen Bevölkerung entgegenzuwirken. Alle diese Versuche sind bisher nicht von den erwarteten Erfolgen begleitet gewesen. Der Gegner ändert seine Abwehrtaktik wiederholt, ein Beweis dafür, daß er das Allheilmittel gegen die V 1 noch nicht gefunden hat. Tag für Tag schlagen die Geschosse im Herzen des Imperiums ein und richten große Verheerungen an. Die Moral der Bevölkerung leidet empfindlich. In den letzten Wochen sind nach V-Mann-Meldungen hauptsächlich Arbeiterviertel vor allem in der Nähe der Hafen- und Dockanlagen getroffen worden. Die Verlegung des Hafenbetriebes von London auf die Bristol-Kanalhäfen ist in stärkstem Maße durchgeführt. Man rechnet mit einem Produktionsrückgang in London von 15–20%. Die Massenevakuierung macht den Behörden große Sorgen, Plünderungen sind an der Tagesordnung. Der Verkehr, namentlich auf den Strecken nach Südengland, ist stark eingeschränkt. Die Londoner U-Bahn ist völlig überlastet, die Bevölkerung führt ein wahres Höhlendasein.
Aus amerikanischer Quelle erfahren die Deutschen, daß ein großer Teil der nach England geschossenen Flugbomben nicht explodiert sei. Das Reichsluftfahrtministerium nimmt an, daß diese Pressemeldung lediglich dazu dient, die leidgeprüfte Zivilbevölkerung zu beruhigen.
Durch ein Fernschreiben wird Ende Juli 1944 der Industrie-Hilfstrupp Gelhaar informiert, der sofort mit einer genauen Prüfung aller verwendeten Zünder beginnt. Ingenieur Peter kontrolliert zunächst 50 Elektrozünder der EL 106 mit und ohne Zündladung C 98, die alle einwandfrei funktionieren.
Auch die 50 Aufschlagzünder AZ 80 A ergeben keinerlei Beanstandungen. Auch als Ing. Peter seine Firma Rheinmetall-Borsig bittet, eine Zünderkontrolle durchzuführen, kommt schon nach einigen Tagen die Antwort, daß man bei 1000 AZ 80 A-Zündern keinen Versager feststellen konnte. Die in der Feuerstellung lagernden Bomben, die erst vor wenigen Tagen aus der Luftmuna Tarthun eingetroffen waren, wurden geöffnet und die Zünderleitungs-Anlage geprüft.
Rückfragen bei Rheinmetall-Borsig und bei der Erprobungsstelle Karlshagen ergaben, daß die ermittelten Isolationswerte für die Zünderleitung mit 0,1 Megaohm stimmten.
Täglich finden nach ausländischen Zeitungsberichten Konferenzen der Minister über die Vergeltungswaffe statt. Alle Möglichkeiten der Abwehr werden wahrgenommen. Man spricht von einem neuen Gerät zur rascheren und genaueren Erfassung der Maikäfer. Die in den Berichten genannten Abschußziffern weisen keine Erhöhung gegenüber den früher gemachten Angaben auf. Nach wie vor liegt das Schwergewicht der Abwehr bei der

Jagdwaffe. Als Gegenpropaganda wird von Einsatz von Gaskampfmitteln gesprochen. Eine derartige Maßnahme war der eindeutigste Beweis der Ohnmacht und des Unvermögens, gegen V 1 etwas wirklich Wirksames zu unternehmen.«

### *Verlegung des Gefechtsstandes*

Am 7. August 1944 erhielt das Gen. Kdo. vom Wehrmachtsführungsstab den Befehl, beschädigte Anlagen nicht mehr instandzusetzen und den Bau von Neuanlagen für Sonderwaffen südlich der Somme einzustellen. Die Verlegung der III. und IV. Abteilung in den Nordraum wurde vorbereitet. Es muß damit gerechnet werden, hieß es in dem Befehl, daß das Regiment in absehbarer Zeit nur noch aus dem Raum nördlich der Somme schießen kann. Die alliierten Truppen haben die deutsche Invasionsfront durchbrochen, die III. Abteilung stellt am 10. August ihre Feuertätigkeit ein und wird in den neuen Einsatzraum verlegt.
Am gleichen Tage erscheint der General der Waffen-SS Kammler beim Regiment als Beauftragter für Sonderwaffen und verschafft sich einen Eindruck über den Einsatz der V1. Durch die Verlegung der beiden Abteilungen steht auch der Umzug des Einsatzgefechtes Saleux in die Süd-Ost-Spitze des Einsatzraumes bevor. Zur Erkundung fährt der Regimentskommandeur in Begleitung von Hauptmann Dahms in den Raum Lille, an den das Regiment nachrichtenmäßig gebunden ist.
Bei der Gelegenheit besichtigt Wachtel das Lager Maria ter Heide, 12 km nördlich von Antwerpen, wo jeweils eine Abteilung mit 1600 Mann in Ruhe gelegt werden und die Aufstellung der I./255 (W) erfolgen soll. Am 18. August ergeht an den Regimentsstab der Befehl zum Stellungswechsel. Die Lastwagenkolonne wagt wegen der Tiefflieger nur nachts zu fahren und trifft erst am 23. August in Croix bei Raubaix ein, wo zunächst in der Rue de la Caro, in zwei älteren Handelshäusern, der neue Regimentsgefechtsstand eingerichtet wird. Aus Tarnungsgründen erfolgt erneut eine Umbenennung des Regimentes, anstelle von Flakgruppe Creil tritt der Deckname Flakgerätepark West. Auch die Abteilungen erhalten für den Fernsprech- und Fernschreibverkehr neue Bezeichnungen:

I. Abteilung = Rotenburg
II. Abteilung = Markgraf
III. Abteilung = Köningsbruck
IV. Abteilung = Altenburg

Als Oberst Wachtel gegen Mittag des 25. August mit einem kleinen Führungskopf im neuen Gefechtsstand in Croix eintrifft, erfährt er aus den

# DIE LETZTE

# GEHEIMWAFFE

Um Deutschland vor der völligen Katastrophe zu bewahren, um Terror, Chaos und Elend und die Verwüstung der gesamten Heimat zu vermeiden, gibt es nur ein einziges Mittel.

Um den deutschen Soldaten in den gewaltigen Materialschlachten zu retten, in denen er trotz grösster Tapferkeit immer wieder unterliegen muss, gibt es nur ein einziges Mittel.

Nur ein radikales Mittel kann jetzt noch helfen. Nur ein revolutionäres Mittel oder eine gänzlich neue Geheimwaffe, ein Abweichen vom bisherigen Weg kann jetzt noch retten.

Dieses Mittel heisst : Schluss machen !

*Es gibt kein anderes Mittel, das im Bereich des einzelnen Soldaten, des einzelnen Bauern, Arbeiters und Bürgers liegt. Es ist die einzige Geheimwaffe, die eine Rettung verspricht.*

*Jeder Soldat trägt seine Geheimwaffe im Tornister. Sie heisst : Aufgeben. Jeder Zivilist trägt seine Geheimwaffe bei sich. Sie heisst :* Sich nicht von der Partei verschleppen lassen.

**Jawohl : Dieses Flugblatt kommt vom Feind. Bedenke aber : dass der Wunsch des Feindes, nutzloses Blutvergiessen zu vermeiden, sich mit dem Interesse Deutschlands deckt.**

ZG 71

*V-2-Raktenwurfanlage bei Watten in Nordfrankreich, die von den Alliierten erobert wurde. V-Waffen waren kein Bluff — aber eine Fehlkalkulation.*

# V-WAFFEN HÄTTEN ES AUCH NICHT GESCHAFFT

Über 340 V-1-Abschussrampen wurden von den alliierten Heeren in Nordfrankreich, an der belgischen Kanalküste und in Holland erobert, sowie zahlreiche Raketenwurfanlagen und Fernkampf-Versuchsstationen. Eingehende Untersuchungen der erbeuteten V-Waffen (auch neuartiger Typen, die noch nicht zum Einsatz gelangt waren) ergaben ein genaues Bild ihrer Möglichkeiten. Ein kanadischer Pionier-Offizier sagte:

**" Die V-Waffen spielen in diesem Krieg eine ähnliche Rolle wie der Tank im letzten. Sie kommen für diesen Krieg zu spät und bedürfen noch jahrelanger Weiterentwicklung, um sich von einer psychologischen Waffe in ein wahres Kampfmittel zu verwandeln. Sollte in 25 Jahren ein neuer Krieg stattfinden, und wenn es gelänge, ungestört die Vorbereitungen zu treffen, die von der deutschen Führung ursprünglich beabsichtigt waren, dann können diese Waffen im nächsten Krieg wohl ein Faktor ersten Ranges werden."**

*Verunglücktes V-1-Geschoss. Ungefähr 25 v. H. der Projektile wichen von ihrer Bahn ab oder stürzten im unmittelbaren Abschussraum ab. Insgesamt 46 v. H. wurden durch Jäger und Flakbatterien abgeschossen.*

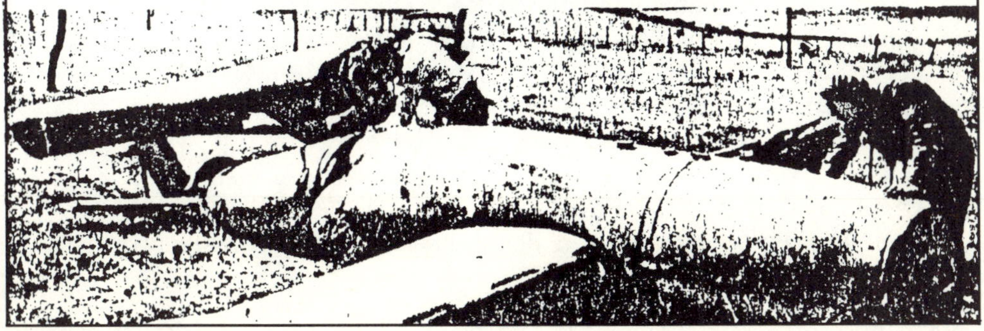

vorliegenden Meldungen die dramatische Zuspitzung der Situation an der Invasionsfront. Am 30. sieht der Verlegungs-Befehl folgendes vor: Nur die I. Abt. verbleibt im Einsatzraum und schießt weiter. Die Stellungen dürfen nur unter Feinddruck aufgegeben werden, nach Sprengung des gesamten Gerätes.
Die II., III. und IV. Abtl. sollen nach Holland, die V. nach Lüdenscheid verlegt werden.
Für den Abtransport der II., III. und IV. Abtl. sind Eisenbahnzüge vorgesehen, sie sollen sämtliche Abschußrampen, Treibstoffe und Geräte mitführen. Sprengung darf nur mit Genehmigung des Kommandeurs erfolgen.
Als am 31. um 11.00 Uhr Major Sack, Abt.-Kom. der II. Abtl. anruft, erfährt Wachtel, daß Panzerspitzen bereits in Amiens eingebrochen sind. Wachtel fährt sofort zum AoK. 15 nach Tourecing, wo die Meldung bestätigt wird. An einen geordneten Rückzug ist nun nicht mehr zu denken. Sack erhält den Befehl, daß alle Batterien ihr Großgerät zu sprengen haben und mit Mannschaften und Kleingerät den Rückzug nach Holland antreten sollen.
Als eine Nachhutabteilung des Fallschirmjäger-Ausbildungsregiments I in den Stellungsraum der II. Abteilung kommt, hört sie schon von weitem die Detonationen der Sprengmunition, mit denen die Stahlträger der Abschußrampen vernichtet werden.
Eine ähnliche Situation schuf die Besetzung von Amiens durch die Alliierten bei der IV. Abteilung. Für die bereits mit allem Gerät auf Transportzügen verladenen Truppen fehlten die Lokomotiven. Alle Straßen nach Norden seien mit fahrenden Kolonnen hoffnungslos verstopft, meldete Major Steinhof persönlich seinem Regimentskommando in Croix. Steinhof erhielt den Befehl, bei der Deutschen Reichsbahn in Arras zu klären, ob die Züge noch abgezogen werden könnten. Die Heeresdivision sollte Auskunft geben, wie lange der heranrückende Feind aufgehalten werden könne. Die Sprengung der Züge durfte nur unter Feinddruck erfolgen, das Personal erhielt Marschbefehl nach Renaix, nur die Sprengkommandos blieben zurück und sollten sich dann mit LKWs absetzen. Auch der Regimentsstab räumte in der Nacht zum 1. September das neue Quartier, Oberst Wachtel blieb zunächst mit einigen Offizieren noch in Croix. Sie hörten, daß auch die IV. Abteilung sämtliche beladenen Züge sprengen mußte. Das ganze Regiment befand sich auf dem Rückzug, zum Teil im Fußmarsch, Richtung Maria ter Heide.
Die IV. Abt. hatte es geschafft, auf einem kleinen Bahnhof 2 Züge zusammenzustellen, einer davon wurde von Tieffliegern in Brand geschossen. Die Funkverbindung zu den Einheiten war abgerissen. Nur die

I. Abteilung schoß mit 20 Feuerstellungen nach London, gegen 4.00 Uhr, am 1. September verließ die letzte Flugbombe die Abschußrampe an der Kanalküste. Der Ersteinsatz des Vergeltungsangriffes war beendet.
Hauptmann Dahms in Begleitung von Oberleutnant Süssenguth meldete sich im Auftrage von Oberst Wachtel am 2. September zu einer Besprechung beim Gen. Kdo. Major Mordhorst teilte ihnen mit, daß das Gen. Kdo. dem Wehrmachtsführungsstab einen Einsatzvorschlag unterbreitet habe, von Holland aus nach Süden oder von der Eifel aus nach Westen zu schießen. Mordhorst bemerkte zur Großlage, der Vormarsch des Gegners habe sich mit einer solchen Schnelligkeit vollzogen, daß ein geregelter Abtransport nicht mehr möglich gewesen sei.
Fast das gesamte Regiment hatte auf dem zu spät organisierten Rückzug große Mengen an Treibstoff, Flugkörpern und Abschußrampen zurücklassen müssen.

# Der Nachbau der fliegenden Bombe V1 und deren Weiterentwicklung in den Vereinigten Staaten

Nach einem Abschluß-Bericht der Geheimen Feldpolizei Gruppe 716 vom 25. Februar 1945 hatte man am 19. Oktober 1944 einen Feindbericht aufgefangen, aus dem hervorging, daß die britische Transport-Luftwaffe drei völlig erhaltene Flugbomben nach England hatte transportieren können.
Eine großangelegte Untersuchung unter Leitung von Feldpolizeikommissar Schlechtizky wurde angeordnet. Monatelang wurden Offiziere und Mannschaften des Regiments 155 (W) sowie Angehörige der NSKK-Transportkolonnen 355, 342 und 344 durch die Geheime Feldpolizei vernommen. Systematisch wurde geprüft, ob die Panne bei einem Eisenbahntransport, in einem Munitionslager, einer Abschußstellung oder beim Rückzug passiert war.
Alle Beteiligten gaben an, es könne kein Flugkörper in Feindeshand gefallen sein, sämtliche Befehle seien nach dem »Merkblatt für die Sprengung und Vernichtung geheimzuhaltenden Transportgutes« durchgeführt worden. Oberstleutnant Aue, Kommandeur der ersten Abteilung, gab zu Protokoll, daß auf Grund seines eigenen Befehls sämtliche Unterlagen über Zuführung, Verschuß und evtl. Rückführung vernichtet worden seien, um sie nicht in Feindeshand fallen zu lassen. Aus diesem Grunde seien hierüber bei der Abteilung keinerlei Aufstellungen mehr vorhanden. Kurz vor Beginn des Rückmarsches habe er an sämtliche Batterien der Abteilung ausführliche Befehle über die Sprengung der evtl. zurückbleibenden Geschosse erteilt und die Batteriechefs persönlich für die genaue Durchführung verantwortlich gemacht. Über die strikte Durchführung dieser Befehle habe er sich dadurch vergewissert, daß er seinen Waffenoffizier nach erfolgter Sprengung in die einzelnen Stellungen entsandte, um die Wirkung der Sprengung überprüfen zu lassen. Nach Meldung des Waffenoffiziers sei der Erfolg überall einwandfrei gewesen. Oberstleutnant Aue hielt es demnach für völlig ausgeschlossen, daß Krähen seiner Abteilung unbeschädigt in Feindeshand gefallen sein könnten. Er betonte, daß selbst die dem vorrückenden Feinde am nächsten gelegenen Stellungen in voller Planmäßigkeit aufgegeben worden seien.
Der Feldpolizeikommissar Schlechtizky und sein Feldwebel Albers hätten sich sicherlich keine sechs Monate mit dieser Angelegenheit beschäftigt,

wenn sie gewußt hätten, daß bereits am 9. Juli 1944 eine Maschine des amerikanischen Air Transport Command in Wright Field landete, die V1-Blindgänger und Teile der deutschen Geheimwaffe an Bord hatte.
Schon im Juli 1944 hatte das US-Kriegsministerium den Betrag von 90 Millionen US Dollar bewilligt, um die interessante deutsche Neuentwicklung nachzubauen. (49)
General Franklin O. Caroll, Chef der Air Technical Service Commands Engineering Division in Wright Field, ernannte Major Ezra Kotcher vom ATSC's Fighter Branch zum Leiter des V1-Kopier-Projektes. Kotcher, der von der Universität von California und von Michigan Ingenieurgrade erhielt, war einer der frühesten Verteidiger des Düsenantriebs innerhalb der AAF.
Er diente als Projektleiter beim XP-59 A, des ersten Turbojet-Flugzeuges der Vereinigten Staaten.
Begonnen hatte diese Aktion in den Morgenstunden des 4. Juli 1944. Unter strenger Geheimhaltung bat Major General E. Meyers den Direktor des ATSC sowie einige Senior Repräsentanten der Flugzeugindustrie zu sich. Er verkündete den erstaunten Herren, daß die AAF verlange, eine Kopie der deutschen Flugbombe, Buzz bombs oder Doodlebugs, wie die Briten sie nannten, zu entwickeln und in Massenproduktion herzustellen, für den Fall, daß die Vereinigten Staaten sich für den Einsatz entscheiden sollten.
Das Projekt wurde MX-544 genannt, und das ATSC übertrug die Verantwortung für die Zelle der Firma Republic Aviation Corp. Die FORD-Motor Comp. übernahm die Entwicklung des Schubrohres, und Jack and Heintz Inc. sollte das Autopilot-System bauen.
Als Antwort darauf entwarf Northrop Aircraft Inc. eine völlig neue Flugbombe mit zwei Triebwerken. Als Antrieb sollte aber auf jeden Fall der FORD-Nachbau des Schmidt-Argus-Rohres eingebaut werden. Die Flügelspannweite dieser Flugbombe mit der Bezeichnung JB-1A war größer als bei der deutschen V1 und betrug 9150 mm, der Sprengsatz sollte fast doppelt so schwer sein. Bei Flugversuchen mit dieser NORTHROP-Rakete stellten sich große Probleme ein, insbesondere im Kontrollsystem und auch bei der Festigkeit. Auch der Nachfolger, die JB-10, eine verbesserte Ausführung, wurde von der ATSC als zu kompliziert und zu teuer verworfen.
Die Firma Republic Aviation, die die deutsche V1 genau kopiert hatte (die Kopie lief unter der Bezeichnung JB-2), schien schon nach den ersten Versuchen weit erfolgreicher.
AAF Colonel Dane, der in England stationiert war, hatte für Ezra Kotcher die V1-Blindgänger beschafft, die am 9. Juli in Wright Field eintrafen. In einer leerstehenden Halle abseits des Flugfeldes wurden alle Teile sorgfäl-

tig analysiert. Technische Experten verschiedener Fachrichtungen rekonstruierten an 15 Zeichenbrettern jedes Einzelteil der Beutestücke.
Die Triebwerks-Ingenieure hatten die geringsten Schwierigkeiten, sie hatten ein Argus-Schmidt 109–014 Schubrohr aus original deutschen Teilen und neuen amerikanischen zusammengebaut. 17 Tage, nachdem man die V1-Trümmer entladen hatte, wurde im Kraftanlagen-Laboratorium des ATSC das Rohr auf einem Prüfstand unter der Erde gezündet. Die an Kolbentriebwerks-Geräusche gewöhnten Experten staunten über das Dröhnen der »deutsch-amerikanischen Gemeinschaftsarbeit«, wie der Antrieb im Technikerjargon bald genannt wurde.
Testdirektor Morton Alperin forcierte daraufhin die Versuche und erhielt wichtige Unterlagen über Geschwindigkeit, Treibstoffverbrauch, Höhenverhalten, Richtungsstabilität etc. Auch stellte man fest, daß das deutsche Triebwerk nur für den »einmaligen« Gebrauch konzipiert war.
Kotcher bemühte sich indessen, zu erfahren, wie die Deutschen ihre Bombe abschossen. Alle erbeuteten Dokumente gaben nur eine $6^0$ Rampe an. Um den Abschußprozeß zu vereinfachen, wählte er eine dreispurige Eisenbahnschiene mit einem raketenangetriebenen Abschußwagen.
Die Chemiefirma Monsanto CHEMICAL COMPANY lieferte Feststoffraketen mit 4000 Ib. Schubkraft und einer Brenndauer von 4 Sekunden. Daraufhin ließ Kotcher von ATSC eine 2500 ft lange Testschiene verlegen, am Muroc Dry Lake, dem geheimen US-Forschungszentrum für Flugkörper, in der Mitte der kalifornischen Mojave-Wüste, wo die Abschußwagen ausprobiert werden sollten. Schon die ersten Starts waren ein voller Erfolg. In Eglin-Field, Florida, hatte die AAF zahlreiche V1-»Skisites«-Stellungen exakt nachgebaut. Die Luftkriegstrategen sollten hier neue Möglichkeiten, als Teil einer Anti-Buzz Bomb Kampagne, entwickeln. Nach Hunderten von Luftaufnahmen und Geheimdienstberichten waren die deutschen Abschußrampen mit allen Zusatzbauten sorgfältig rekonstruiert worden. Als Kotcher davon hörte, flog er sofort nach Florida und stellte fest, daß sich hier die besten Abschußmöglichkeiten für die JB-2 boten. In wenigen Wochen wurden die bestehenden Anlagen mit Bunkern, Beobachtungstürmen und Schießstationen vervollständigt. Nach Tag- und Nachtarbeit war die »Range 64« am 12. Oktober 1944 in Eglin Field, Florida, fertig. Der erste Test an diesem Tage war kein voller Erfolg, die JB-2 hatte die Rampe ohne Schwierigkeiten verlassen, war dann aber nach einigen Meilen abgestürzt. Die gleichen Probleme wie in Peenemünde tauchten auf. Kotcher und NACA-Forscher Robert J. Jones studierten kritisch die Abschüsse. Die oliv-graubraunen JB-2's, oft mit weißen Tragflächen und Rumpfspitzen, stiegen in den blauen Himmel Floridas mit ihren mit Sand beschwerten Sprengköpfen. Während Boden-Monitore die Flüge mit

Radargeräten verfolgten, kreisten P 51-Mustangs und P 47-Thunderbolts über dem Schießgelände, mit scharfer Munition ausgerüstet, um Ausreißer jederzeit herunterzuholen. Oft genug beobachteten die erschreckten Einwohner, wie ein Bruder des Nazi-Brummkäfers, mit dem »Ofenrohr-Motor« auf dem Rücken, respektlos den schnellen Jägern davonflog.
Erst nach über 50 Versuchen gelang es der AAF, einen in jeder Hinsicht erfolgreichen Flug zu starten. In der Zwischenzeit aber hatte der Projekt-Ingenieur Murray Berkow bei der Firma Republic Aviation bereits größere Mengen an Flugkörpern bauen lassen, die für die Erprobung zur Verfügung standen.
Als Alternative zur deutschen V1-Version erprobten die Amerikaner den Abwurf der Tragflächen über dem Ziel, um durch eine berechenbare ballistische Kurve eine bessere Zielgenauigkeit zu erreichen. Die deutsche Flugbombe geriet durch die abgesprengten Spoiler häufig ins Trudeln und schlug dann unkontrolliert auf.
Vereinfacht wurde auch die Abschußrampe, ohne Dampferzeugung wurden die Flugbomben mit Feststoffraketen, mittels einfacher Rampe und Schlitten, gestartet.
Die Montagezeit war kurz, die Schußfolge schneller.
Inspiriert durch die deutschen Angriffe, bei denen die V1 von Heinkel-Bombern abgeworfen wurde, begannen auch die Amerikaner mit der Erprobung der fliegenden Startrampen im November 1944.
Zunächst sollte eine umgebaute Consolidated B24 die Flugbombe auf dem Rücken tragen. Schwierigkeiten beim Starten der Bombe führten zur Einstellung der Versuche.
Die 4motorigen schweren Bomber Boeing B-17 und Boeing B-29, die unter jeder Tragfläche eine Robotbombe JB-2 trugen, eigneten sich aber hervorragend für den Einsatz und erzielten insbesondere bei gesteuerten Flugbomben hohe Treffergenauigkeit bis zu einer Entfernung von 100 Meilen. Die Piloten dieser Kampfflugzeuge B-17 und B-29 berichteten von der guten Manövrierfähigkeit ihrer Maschinen bei untergehängten Flugkörpern.
Interessant erscheint auch der Versuch mit mobilen Abschußrampen, 15 m lang, aus drei Schienen bestehend, die auf einem speziellen Tieflader-Anhänger montiert waren.
Die Kosten der bei der Firma Republic Aviation hergestellten V1-Kopien wurden mit 15 000 US $ angegeben, etwa ⅓ von dem, was eine kampffertige P 51 D Mustang kostete.
Von Anfang an beabsichtigten die AAF-Planer, ihre JB-2 nicht in Europa, sondern nur auf dem Pazifik-Kriegsschauplatz einzusetzen. Auf deutscher Seite war die Überraschung groß, als die New York Times am 24. Novem-

ber 1944 einen ausführlichen Artikel mit Fotos über den amerikanischen V1-Nachbau publizierte.
Die Nachr. Aufkl. Ausw. Stelle 5 des Oberbefehlshabers West übersetzte den Zeitungsartikel und leitete die Information, mit der Überschrift »Auszug aus der Feindpresse über V1«, an die zuständigen Dienststellen weiter.
Das OKL gab daraufhin der Erprobungsstelle der Luftwaffe in Karlshagen den Auftrag, eine Studie über Abwehrmöglichkeiten gegen fliegende Bomben anzufertigen. Unter der Bezeichnung B. Nr. 3720/44 g. Kdos. ET schrieb Karlshagen am 23. 12. 1944 folgendes:
»Studie über Abwehrmöglichkeiten gegen fliegende Bomben (nach Art der V1)
Vorgang: Auftrag KdE. B. Nr. 8614/44 geh. v. 6. 12. 44

1. Mögliche Verbesserungen.
Die V1 ist in ihrem technischen Aufbau sowohl in Zelle, Triebwerk als auch in ihrer Steuerung einfach. Ein Eingriff in das Gerät nach dem Abschuß durch eine Fernlenkung erfolgt nicht. Eine Verbesserung, die der Gegner bei Nachbau dieses Gerätes in Einzelteilen sicher bringen wird, dürfte im wesentlichen auf folgendes hinzielen:

a) Erhöhung der Reichweite,
b) Steigerung der Geschwindigkeit,
c) Verbesserung der Betriebssicherheit,
d) Vereinfachung in der Handhabung des Gerätes.
Einbau einer Fernlenkanlage, die das Gerät aufwandreicher und damit besonders bei größeren Stückzahlen störanfälliger macht, ist sicherlich nicht vorgesehen, ausgenommen für Sonderaktionen, somit entfallen Störmöglichkeiten durch Funkbeeinflussung.

2. Abwehrmöglichkeiten.
Eine Erhöhung der Geschwindigkeit verringert die Abwehrmöglichkeit. Reichweitensteigerung gestattet, da die möglichen Ziele weiter landeinwärts liegen, eine bessere Organisierung der gesamten Abwehr. Im einzelnen können gegen fliegende Bomben nach Art der V1 nur gleiche Mittel zur Anwendung kommen, wie sie der Gegner zur Abwehr der V1 angesetzt hat unter der besonderen Berücksichtigung, daß der mögliche Einflugsektor sehr groß ist und daß im Gebiet zwischen Ziel und Grenze sehr oft starke Luftstreitkräfte operieren. Zur Erhöhung der Wirksamkeit sind die Abwehrkräfte kurz vor dem erkannten Hauptziel zusammenzuziehen. Zur Abwehr eingesetzt werden können

a) Tieffliegerbekämpfungsmittel, u. a. schnellste Jagdfliegerverbände,

b) starke Flaksperren,
c) tiefgestaffelte Ballonsperren,
d) zur Störung der Abschußstellen Bomberverbände, sofern diese wieder zur Verfügung stehen, und V2, wenn sich mit dieser Waffe eine genügende Treffgenauigkeit erzielen läßt, um wenigstens den Nachschub zu stören. Voraussetzung ist weiterhin, daß sie in genügender Stückzahl eingesetzt werden kann.

Es ist noch zu untersuchen, welche Wirkung sich mit der Flakwaffe erreichen läßt, insbesondere bei welcher Splitterwirkung das Gerät abstürzt und welches Kaliber für die Abwehr am günstigsten erscheint. Es wird vorgeschlagen, bei der demnächst anlaufenden Reichweitenerprobung in Cuxhaven-Altenwalde von der Insel Sylt aus, die vom Sollkurs der Geräte tangiert wird, die verschiedenen Flakwaffen versuchsmäßig einzusetzen, um festzustellen, mit welchem Aufwand Erfolg erzielt werden kann.
Notwendig wäre eine Zusammenziehung verschiedener Batterien, um eine starke Sperre schießen zu können.
Im allgemeinen erscheint eine wirksame Abwehr gegen V1 durch die angegebenen Waffen sehr schwierig, da diese nicht in so konzentrierter Form zusammengezogen werden können, wie es in England der Fall war, und auch dort ist nach den Meldungen eine zufriedenstellende Abwehr nicht möglich gewesen.«
Durch den amerikanischen Nachbau der deutschen Flügelbombe war man in den USA mit den vielfältigen Einsatzmöglichkeiten der V1 sehr vertraut und befürchtete ernstlich einen deutschen V1-Angriff auf das amerikanische Festland von U-Booten aus. (50)
Ein amerikanischer Fachmann beschrieb detailliert die technischen Möglichkeiten und bestätigte die von Admiral Ingram, Oberbefehlshaber der US Navy im Atlantik, an die Öffentlichkeit gerichtete Warnung vor deutschen V1-Angriffen, da die Deutschen, so der Admiral, in sehr kurzer Zeit in der Lage sein würden, wenigstens 300 U-Boote mit V1-Raketen bestückt auslaufen zu lassen.
Dem amerikanischen Bericht ist folgender Auszug entnommen:
»Bei windstillem Wetter ist die Treffgenauigkeit fliegender Bomben, die nach Kreiselkompaßpeilungen von U-Booten aus gestartet werden, am größten. Bei weniger günstiger Witterung geht sie entsprechend zurück, da die auf dem Verdeck errichtete Startrampe jede Bewegung des Bootskörpers mitmacht.
Für die Beförderung fliegender Bomben durch U-Boote kommen zwei Möglichkeiten in Betracht:

1. Lagerung der Einzelteile innerhalb des druckfesten Bootskörpers und Zusammenbau an Deck vor dem Start.
2. Unterbringung der startfertigen V1-Geräte in einer offenen Halle an Deck, die vom Wasser überflutet werden kann.

Die Unterbringung der Einzelteile im Innern des Bootes gestattet die Mitnahme einer beträchtlichen Anzahl von fliegenden Bomben, da das Gesamtgewicht eines V1-Gerätes weniger als 3 Tonnen beträgt, die beim Trimmen des U-Bootes durch Umpumpen der gleichen Gewichtsmenge Seewasser leicht ausgeglichen werden können.

Startfertige V1-Geräte im Bootsinnern unterzubringen, ist nicht möglich, da die Größe der hierzu erforderlichen Ladeluke die statische Widerstandsfähigkeit des Bootskörpers wesentlich beeinträchtigen würde. Deshalb läßt sich der Ausweg nicht umgehen, die Geräte zerlegt zu stauen und die Einzelteile vor dem Start an Deck zusammenzubauen. Dazu müßte aber das U-Boot verhältnismäßig lange aufgetaucht bleiben, und das würde eine ebensolange Unterbrechung der Gefechtsbereitschaft des U-Boots bedeuten, die auf einem Standort in nur 300 km von der Küste, also im Bereich der gegnerischen See- und Luftüberwachungskräfte, nicht tragbar ist.

Bei Unterbringung der V1-Geräte an Deck, in einem nicht gegen Wassereintritt gesicherten Aufbau vor dem Turm, ist es zweifelhaft, ob ein U-Boot mehr als höchstens 4 fliegende Bomben mitführen kann.

Es liegt auf der Hand, daß der Mantel einer an Deck untergebrachten Robot-Bombe verstärkt werden muß, damit sie den Druck der größten Tauchtiefe des U-Boots auszuhalten vermag. In Anbetracht des verhältnismäßig kleinen Durchmessers der Bombe dürfte die Durchführung dieser Maßnahme allerdings nicht schwierig sein.

Ein U-Boot mit 2 oder 4 V1-Geräten an Bord kann diese vor der amerikanischen Atlantikküste innerhalb von wenigen Minuten in aufgetauchtem Zustand starten, um dann sofort wieder zu tauchen. Überdies ist das U-Boot nach dem Start der mitgeführten V1-Geräte in der Lage, Einsatzaufgaben üblicher Art zu erfüllen.

Da die Halle an Deck überflutet wird, beeinträchtigen Mitnahme und Start der V1-Geräte die Trimmlage des U-Boots nicht nennenswert, und es braucht nur die Wasserverdrängung der V1-Geräte, nicht aber ihr gesamtes Gewicht durch Trimmung ausgeglichen zu werden.

Taktisch gesehen ist es wahrscheinlich günstiger, die V1-Geräte an Deck unterzubringen. Der eigentliche Start erfordert lediglich einen Stahlaufbau auf dem Verdeck ähnlich dem Flugzeug-Katapult, mit dem das britische U-Boot M2 ausgestattet war.«

# Einsatz in der Eifel und in Holland

Während einer Besprechung beim Gen. Kdo. über den zukünftigen Einsatz von Wachtels Regiment teilte Major Mordhorst den anwesenden Offizieren mit, daß die Vergeltungswaffe A4 (V2) zum Einsatz gekommen sei. Auf Befehl des Wehrmachtsführungsstabes wurde jedoch nicht, wie vorgesehen, das Gen. Kdo. LXV. mit dem Einsatz beauftragt, sondern General der Waffen SS Kammler, der vom Führer als Beauftragter für die Sonderwaffe eingesetzt worden war. Bei diesem Einsatz der V2 hatte das Gen. Kdo. lediglich den Auftrag, General Kammler über die Erdlage zu unterrichten.
Alle Einheiten von Wachtels Regiment waren von dem Strudel der chaotischen Flucht des deutschen Westheeres erfaßt worden. Vielen Einheiten, die noch in der Normandie jede Ortschaft verbissen verteidigt hatten, gelang nur mit knapper Not der Ausbruch aus dem Kessel von Falaise, in einer der blutigsten Schlachten des Krieges.
Am 25. August 1944 zogen die Alliierten in Paris ein, und schon am 1. September stand die Dritte Amerikanische Armee mit Panzerspitzen an der Maas bei Verdun. Englische Panzereinheiten nahmen am 3. September Brüssel, und am 10. September besetzten die Amerikaner die Stadt Luxembourg, am 11. September erschienen sie vor Trier, am 12. eroberten sie bei Aachen das erste Werk des Westwalls und standen damit an der deutschen Reichsgrenze. Eine zusammenhängende Abwehrfront gab es im Westen nicht mehr. Nur durch fehlende Schwerpunktbildung der Streitkräfte des alliierten Oberbefehlshabers General Eisenhower gewann das deutsche Westheer noch einmal Halt, so daß erst 7 Monate später die Panzer General Pattons bei Andernach den Rhein erreichten.

Durch den Verlust der nordfranzösischen Abschußbasen war dem Regiment die Möglichkeit genommen, das Vergeltungsfeuer auf London und Südengland weiter fortzuführen. Im Zuge der Verlegung des Regiments in den endgültigen Ruheraum erging am 6. September der Vorbefehl zur Vorbereitung der Verlegung in den Raum Oldenburg. Für den Einsatz der I. Abteilung in der Eifel erging vom Gen. Kdo. am 12. September 1944 folgender Befehl:

»Rückwärts des Westwalles sind 32 Feuerstellungen für I. Flakregiment 155 (W) im Einvernehmen mit der Oberbauleitung zu erkunden. Bei der Erkundung der Feuerstellungen ist zu berücksichtigen, daß bei zu erwartenden feindlichen Fliegerangriffen keine für Volkswirtschaft und Verkehr wichtigen Gebiete betroffen werden.«
Der Einsatzraum befand sich im Gebiet Düren–Brühl–Bonn–Mayen–Trabentrarbach–Wittlich.
Bei der Auswahl der Stellungen hatte es sich als zweckmäßig herausgestellt, daß die Feuerstellungen nicht an Waldränder, sondern in die Mitte der Wälder gelegt wurden.
Durch Schlagen einer kleineren Schneise ließ sich das Schußfeld ohne weiteres freihalten.
Strömungsmäßig traten keine ungünstigen Auswirkungen auf die Flugeigenschaften der Zelle auf. Tarnungsmäßig lag die Stellung inmitten des Waldes immer besser.
Flugzeuge konnten dadurch weder die Aufschlagstelle der Kolben noch die Bräunung des Boden vor der Abschußrampe durch Dämpfe des T- und Z-Stoffes erkennen.
Bei Stellungen mit stark welligem Vorgelände waren die Luftströmungen genauestens zu untersuchen.
In der Zeit vom 12. bis 14. September befand sich der Regimentskommandeur, Oberst Wachtel, in Begleitung von Oberleutnant Süssengut beim General der Flakwaffe in Bernau bei Berlin, wo er mit dem Inspizienten für FZG 76, Oberst Gyldenfeld, Besprechungen über den weiteren Einsatz des Regimentes führte.
Gegenüber dem Wehrmachtsführungsstab, der den Einsatz nur einer Abteilung befohlen hatte, schlug der Luftwaffenführungsstab zwei Abteilungen vor und forderte eine Monatsproduktion von 8000 Flugkörpern und zusätzlich 1000 Flügelbomben für den Flugzeugabwurf. Wachtel wurde aufgefordert, zu beiden Vorschlägen Stellung zu nehmen, die folgendermaßen aussahen: Regimentsstab mit unterstellter I. und III. Abteilung und Luftnachrichten-Abteilung, dem Regimentsstab direkt unterstellter Nachschubführer mit 4 Nachschubkolonnen, 2 Baukolonnen und 2 Flugsicherungs-Kolonnen. Von den beiden Abteilungen sollte eine ortsfest, die andere motorisiert eingesetzt werden. Statt der früheren Wetterwarte nur eine Wetterberatung. Eine eigene Abwehrorganisation war nach Meinung Wachtels nicht erforderlich, lediglich ein erfahrener Abwehroffizier sollte dem Regiment zugeteilt werden.
Die nicht mehr für den Einsatz mit der V1 vorgesehenen Einheiten des Regiments sollten für leichte Flakwaffen freigegeben werden, aber für einen späteren V1-Einsatz in ihrer personellen Zusammensetzung erhalten

bleiben. Als Wachtel sich am 17. September bei dem Oberbefehlshaber West zur Entgegennahme des Einsatzbefehls und Festlegung des neuen Einsatzraumes meldete, wurde er von Oberst i. G. Zimmermann empfangen.
Zimmermann vertrat den Standpunkt, daß der Raum links des Rheins zur Zeit für den Einsatz der Sonderwaffe V1 angesichts der noch ungeklärten Lage an der Front nicht zweckmäßig sei. Er riet Wachtel daher von einem Einsatz links des Rheins ab und empfahl den rechtsrheinischen Gebietsabschnitt zwischen Ruhrgebiet und Westerwald mit südlicher Begrenzung durch die Linie Linz-Altenkirchen. Nach dieser Besprechung wurden vom Regiment neue Einsatzvorschläge ausgearbeitet, die aber nicht mehr zur Vorlage kamen, da am 21. September das Regiment wieder dem Korps unterstellt wurde.
Die Unsicherheit der deutschen Führungsstellen zeichnete sich Ende September 44 durch Befehle ab, die schon nach einigen Tagen widerrufen wurden. Am 22. September ordnete der Oberbefehlshaber West an, die I. und III. Abteilung solle in das Sauerland und den nördlichen Teil des Westerwaldes verlegt werden, und zwar mit folgender Begrenzung: Linz – 5 km ostwärts des Rheins abwärts bis Opladen-Wermelskirchen-Volbert-Olpe-Wissen-Altenkirchen-Oberlahn. Trennungslinie zwischen I. und III. Abteilung: Siegburg-Sieg aufwärts bis Alne – Verlauf der Bahnlinie nach Waldbröhl über Winterscheid-Ruppichteroth mit Verlängerung bis Denklingen. Die Abteilungsgefechtsstände sollten für die I. Abt. in Gummersbach, für die III. Abt. in Weihersbusch untergebracht werden. Nur über die Grundrichtungen der Ziele Antwerpen und Brüssel war man sich inzwischen einig. (15)
Am Abend des 29. September 1944 traf der Regimentsstab des 155 (W) Flakregiments, mit der Eisenbahn von Oldenburg kommend, in Siegen ein, um dort den neuen Gefechtsstand einzurichten. Für diesen Zweck war das Seelbacher Reichsarbeitsdienst-Lager wenige Tage zuvor von SS-Einheiten der Panzergrenadier-Division Hitler-Jugend geräumt worden.
Am Nachmittag des 17. September begann unter dem Code »Market Garden« (51) die größte militärische Luftlandeoperation des 2. Weltkrieges. Ziel des Unternehmens war die von den Deutschen besetzte, strategisch wichtige Brücke von Arnheim, über die Montgomery mit einem energischen Vorstoß in das Reich eindringen wollte. In seinem Hauptquartier in Laeken bei Brüssel erklärte Montgomery zuversichtlich: »Bis Weihnachten ist der Krieg aus.« Die Alliierten, insbesondere der britische Geheimdienst, waren über Kampfstärke, Standort und Bewaffnung der deutschen Wehrmacht in Holland fehlinformiert. Eine gewaltige Luftarmada von 2023 Flugzeugen, Truppentransportern mit Fallschirmjägern an

Bord und Schleppmaschinen mit Lastenseglern setzten 20 000 Mann hinter der deutschen Front im Raum Arnheim, Nimwegen und Eindhoven ab. Die Soldaten der alliierten Luftlandetruppen waren überrascht, als ihnen, statt der angekündigten Infanterie-Reserven, plötzlich das II. SS-Panzerkorps mit der 9. SS-Panzerdivision Hohenstaufen und der 10. SS-Panzerdivision Frunsberg gegenüberstand. Zusammen mit Einheiten der 1. Fallschirmjäger-Armee zerschlugen diese deutschen Eliteverbände mit großem Kampfgeist und Fronterfahrung das Unternehmen »Market Garden«. Nach zehn Tagen mußten sich die Alliierten unter dem Code »Operation Berlin« verlustreich zurückziehen.
Nach diesem letzten deutschen Sieg bei Arnheim 1944 stabilisierte sich die Front im Westen, und am 5. Oktober 1944 erhielt die III. Abteilung den Befehl, den Einsatz in der Eifel mit einer geschlossenen Abteilung vorzubereiten.
Grundrichtung: Brüssel. Von der Grundrichtung durfte bis zu 15° links und rechts abgewichen werden. In dem Befehl heißt es weiter: bei der Festlegung der Geschützrichtung ist zu beachten, daß Dörfer unter 3 km Entfernung nicht überschossen werden dürfen. Ab 3. Oktober 1944, 12.00 Uhr führte das Regiment folgende Decknamen:

Regimensstab: Wolfgang I
I. Abteilung: Tigerfell
III. Abteilung: Zauberflöte
Luftnachrichten-Abteilung: Lotosblume

Die I. Abt. sollte zwischen Bonn und Köln nordostwärts von Remagen eingesetzt werden, auf der rechten Seite des Rheins, so lautete der Befehl des General-Kommandos.
In einer Besprechung am 6. Oktober schlug das Regiment vor, auch die I. Abt. mit möglichst vielen Stellungen in die Eifel zu verlegen. Die Offiziere des Regimentsstabes wiesen nachdrücklich auf die frühzeitig abstürzenden Geräte hin, die Schaden auf eigenem Gebiet anrichteten und das Vertrauen der Bevölkerung zur V1 und damit zu den neuen Waffen beeinträchtigen könnten. Man befürchtete auch, daß bei stärkerem Querwind die Flugbomben deutsche Städte überfliegen würden. Durch das Bestreben nach weiter vorgeschobenen Stellungen zur Verkürzung der Anflugstrecken über deutsches Gebiet trat Mittelholland wieder in den Vordergrund. Von hier aus war eine Erreichung der Ziele möglich, ohne deutsches Gebiet zu überfliegen.
Der Bürgermeister des kleinen Eifelstädtchens Manderscheid war erschrocken, als im Herbst 1944 Offiziere in der Uniform der Flakartillerie in seinem Dienstzimmer erschienen und unter der Forderung strengster Geheimhaltung erklärten, in den umliegenden Wäldern würden Stellungen

für Sonderwaffen gebaut. Das Baupersonal und später auch die Truppe müßten in den umliegenden Dörfern einquartiert werden. Auch der Ortsgruppenleiter der NSDAP wurde aufgefordert, bei der Bevölkerung um Verständnis zu bitten.
Bevor die Baukompanien eintrafen, riegelte die Geheime Feldpolizei ganze Waldstücke ab, deren Betreten verboten wurde.
Große Betonmischer rumpelten Tag und Nacht, dann erschienen schwere Lastwagen mit vorfabrizierten Stahlträgern, sorgfältig mit Planen verhangen. Die Bausoldaten zuckten mit den Schultern, wenn die Quartiersleute fragten, was sie in den Wäldern denn so Geheimnisvolles betonierten und zusammenschraubten.
Vom Westen her hörte die Bevölkerung in der Eifel das Artilleriefeuer der nahe gelegenen Front, Tiefflieger griffen Eisenbahnzüge an und hin und wieder Bauern, die auf den Feldern arbeiteten. Abends saßen sie oft in den Wohnküchen der Eifelbauern zusammen, französische Kriegsgefangene in ihren erdbraunen Uniformen, Fremdarbeiter mit den aufgenähten Abzeichen OST, Bausoldaten und Flaksoldaten von Wachtels Regiment, die inzwischen auch eingetroffen waren.
Alle arbeiteten schwer. Um zu überleben, sagten die einen, für den Endsieg, lachten die anderen. Die Bauarbeiten unter den großen Tarnnetzen waren bald abgeschlossen, und die Baukompanien wurden abgezogen. Mitte Oktober waren alle Stellungen fertiggestellt.
Die kleine Landstraße von Büchel in Richtung Driesch war gesperrt, 4 Abschußrampen lagen etwas abseits der Straße mit kleinen betonierten Abschußbunkern, und Holzbaracken für das diensthabende Personal. Die übrigen Mannschaften waren in Häusern von Büchel und Alflen einquartiert. Die Flugbomben wurden in der Nähe des Bahnhofs Cochem-Mosel von Eisenbahnwagen entladen und mit Lastwagen direkt in die Stellungen gefahren. Jede Nacht war die steile Bergstraße von Cochem nach Büchel mit LKWs vollgestopft. Wenn die Dämmerung begann, war der Zauber verschwunden.
Aus dem Westerwald kam der Treibstoff in Fässern, die Zündstoffe in Milchkannen. Auch diese Fahrzeuge durften wegen der ständigen Tieffliegerangriffe nur nachts fahren.
An der Straßenkreuzung Auderath-Ulmen standen Doppelposten, kontrollierten die Militärfahrzeuge und dirigierten die Kradmelder zur Funkstelle, die im Bauernhof »Saxler«, oder zum Gefechtsstand, der im Kinderheim »Waldfrieden« in der Nähe der Kreuzung untergebracht war.
An diesem nebeligen Herbstmorgen, es war der 19. Oktober 44, wurde vom Einsatzstab des Gen. Kdo. ein Fernschreiben mit einem Einsatzvorschlag an den Oberbefehlshaber West geschickt: Einsatz aus 4 Feuerstel-

lungen. Feuereröffnung 21. Oktober, 2.00 Uhr, Ziel: Brüssel. Feuerbereitschaft weiterer in Montage befindlicher Geschütze wird gemeldet.
Aber auch der Eröffnung des Zweiteinsatzes stellten sich plötzlich Hindernisse entgegen, mit denen niemand gerechnet hatte.
Zur Vermeidung eines zu hohen Prozentsatzes von frühzeitigen Abstürzen waren Prüfkommandos unter Leitung von Ingenieuren eingesetzt, die die Aufgabe hatten, jede zum Verschuß kommende Zelle genauestens zu überprüfen und nur als einwandfrei erkannte Flugbomben zum Verschuß freizugeben. Bei einer Routineüberprüfung am 18. Oktober fiel den Ingenieuren auf, daß die angelieferten Flugkörper zu einem großen Teil technische Mängel aufwiesen, wie sie im Ersteinsatz nicht festgestellt worden waren. Nach dieser Alarmmeldung wurden sämtliche bei der Feldmulag 11/xI-Weser und bei der 23. Batterie (3. Zauberflöte) lagernde V1-Raketen überprüft, mit dem alle überraschenden Ergebnis, daß von 320 Geräten rund 200 beanstandet werden mußten. Erst am 21. Oktober war die Überprüfung abgeschlossen. Wachtel wandte sich sofort an das Korps mit der Bitte, den Einsatzbeginn um einige Tage zu verschieben. Oberst i. G. Walter verschloß sich zunächst nicht den dargelegten Gründen und hob den Feuerbefehl auf. Anscheinend hatte Walter beim Oberbefehlshaber West keinen Erfolg, denn kurz vor 2.00 Uhr früh am 21. Oktober rief Walter den Regimentsstab an und erteilte die Weisung, es werde doch geschossen. Es bleibe aber dem Regiment überlassen, den Termin zu bestimmen.

Am 21. Oktober 7.23 Uhr hob die erste Flügelbombe von einer Rampe in der Eifel ab, flog Richtung Brüssel und eröffnete damit den Zweiteinsatz der deutschen Vergeltungswaffe V1. Bis 14.20 Uhr wurden 13 Schuß abgefeuert, dann wurde Feuerpause bis 16.00 Uhr angeordnet. Trotz sorgfältiger Prüfung waren vier der gestarteten Flugkörper abgestürzt. Sorgenvoll beobachtete die Bevölkerung die nach Westen fliegenden Geschosse. Sie glaubte, England würde erneut beschossen, zumal der Wehrmachtsbericht meldete »Das V1-Feuer auf London geht weiter.« (41) Die Leute der kleinen Eifeldörfer rechneten schon in den nächsten Tagen mit einer massiven Vergeltung durch eine alliierte Bombardierung der Abschußstellen. Die schweren Bomberverbände, die fast täglich in Richtung Osten flogen, würden nun ihre todbringende Last bei ihnen abladen, und auch die tieffliegenden Jabos würden ständig angreifen. Aber nichts geschah, worüber die Soldaten genauso überrascht waren wie die Zivilbevölkerung in der Eifel.
Endlich mal wieder ein deutsches Flugzeug, unkten die Landser in ihren Schützenlöchern und die Schulklassen, die Panzergräben an der Westfront

aushoben. Sie alle waren begeistert über »unsere Geheimwaffe« und froh, daß es nun wieder richtig losgehe.
Am 24. Oktober um 4.18 Uhr begann auch die zweite in der Eifel eingesetzte Batterie mit dem Schießen, zunächst aus einer Stellung. Im Laufe des diesigen Vormittags des 25. Oktober wurde eine weitere Abschußrampe der 22. Batterie gefechtsklar gemeldet. (15)
Im Laufe des Tages traf aus Berlin die neue Gliederung des Regiments ein, das in Zukunft aus 3 Abteilungen zu je 3 Batterien mit je 3 Geschützen bestehen sollte, auch das Gen. Kdo. LXV. Armeekorps wurde in Gen. Kdo. XXX. Armeekorps umbenannt. Als Einsatzräume wurden folgende Gebiete festgelegt:

1. I. Abteilung mit 3 Kampfbatterien
   rechtsrheinisch,
   Sauerland-nördlicher Westerwald
2. III. Abteilung mit 3 Kampfbatterien
   linksrheinisch, Eifelgebiet
3. Neu aufgestellte II. Abteilung
   mit 2 Kampfbatterien, Holland

Der britische Rundfunk meldete am 24. Oktober 1944 ausgedehnte deutsche Angriffe mit fliegenden Bomben im Kampfraum der 1. Armee. In Brüssel gab man Verhaltungsmaßregeln nach den Erfahrungen in London heraus, auch die Luftschutzräume wurden inspiziert.
In der Zeit vom 25. Oktober 15.00 Uhr bis 28. Oktober 15.00 Uhr wurden aus 8 Eifel-Stellungen 108 Flugbomben gestartet, bis zum Monatsende waren es schon 337 Schuß, davon 47 Abstürze. Wegen der Bedeutung Antwerpens und der Scheldemündung als alliierter Nachschubbasis, gingen nur die ersten 55 Schuß auf Ziel Brüssel, die folgenden auf den Hafen Antwerpen.
Der Feuerbefehl auf Antwerpen traf Oberst Wachtel wie ein Keulenschlag. Die belgische Staatsbürgerin Isabella de Goy, die er 1941 in der belgischen Hafenstadt im Lazarett kennengelernt hatte, war seine Braut geworden. Er mußte sie in Antwerpen zurücklassen, als die Stadt im Herbst 1944 von deutschen Truppen geräumt wurde. (13) Nun feuerten seine V1-Batterien ihre Flugbomben auf diese Stadt und er wußte nicht, ob er Isabella mit seinen eigenen Waffen tötete! Die befürchteten Luftangriffe in der Eifel erfolgten nicht. Die Zivilbevölkerung hatte mehr Angst vor den Frühabstürzen der V1 als vor alliierten Fliegern, die zwar kreisten, aber keine Angriffe auf die Abschußbasen flogen.
Der Eckfelder Lehrer Franz Wenner berichtete nach dem Krieg über die Ereignisse in der Eifel folgendes (52): »Im Spätsommer 1944, nach der amerikanischen Invasion in der Normandie, wurden in Eckfeld und

anderen Eifeldörfern Männer einer Baukompanie einquartiert. Bald begannen die Soldaten in Eckfeld auf der Heide und im Forst in Wallscheid, Greimerath und Schalkenmehren ein heimliches Getue.
Schneisen wurden in den Wald geschlagen und der Waldboden betoniert. Was da gebaut wurde, wußte niemand im Dorf. Die Soldaten waren zu strengstem Stillschweigen verpflichtet und hielten sich auch an diese Vorschrift. Wer hätte auch wegen einer unbedachten Äußerung sein Leben aufs Spiel setzen wollen. Von den Dorfbewohnern durfte sich niemand in die Nähe der Baustellen wagen. Das einzige, was aus dem Munde der Soldaten zu vernehmen war, war die Äußerung: Armes Eckfeld. Erst als Ende September die erste Rakete abgeschossen wurde, hatte man Gewißheit. Abschußrampen für die V1 hatten die Männer von der Baukompanie gebaut. Von diesen Abschußrampen sollten die Tod und Verderben bringenden Geschosse auf die Reise nach Belgien oder Südengland geschickt werden. Die Hauptflugrichtung führte dabei am Dorf vorbei. Die V1 mit ihrem dicken Rumpf, der vollgepfropft war mit Sprengstoff, Benzin, Batterien und Uhrwerken, den kurzstämmigen Tragflächen und dem Leitwerk – also ein flugzeugähnlicher Flugkörper (Flugbombe) – sollte ins Feindgebiet fliegen, aber die erste landete schon wenige hundert Meter von der Abschußstelle entfernt auf dem Dorfweg. Acht Tage lang mußten die älteren Eckfelder Bürger bei ihr Wache stehen. So wie diese V1, so suchten noch viele ihrer Artgenossen irgendwo in der Eckfelder Flur die Bodennähe.
An die Hundert sollen es gewesen sein, die in der Eckfelder Gemarkung niedergegangen sind, davon eine mitten im Dorf. Um Haaresbreite flog sie am Kirchturm vorbei, während viele Leute in der Kapelle zur Heiligen Messe versammelt waren. Nicht auszudenken, die schrecklichen Folgen, wenn sie den Kirchturm gerammt hätte. Das Scheunendach von Hermes mußte aber dran glauben. Kurz dahinter ließ sich die Rakete auf einen Schuppen nieder. In kurzer Zeit waren die Soldaten da, um sie zu entschärfen. Das ganze Dorf hätte sonst ein Trümmerhaufen werden können. Eine andere V1 rammte das Küsterhaus in Buchholz und landete vor der Sakristei. Wäre der Pastor einige Minuten später zur Kirche gegangen, hätte er wohl keine Heilige Messe mehr zu lesen brauchen. Wieder einer anderen fiel die dicke Pappel hinter dem Pächterhaus und der Bildstock zum Opfer. An der Friedhofsmauer war Endstation. So zog jede V1 ihre eigene Bahn. War es nun Sabotage oder waren es technische Mängel, die soviele V-Geschosse kurz nach dem Start zu Boden gehen ließen. – Wer weiß das schon.
Viele V1 traten natürlich auch die Reise ins Zielgebiet an, über ihre Zahl gibt es keine zuverlässigen Angaben. Zu den Abschußzeiten mußten die

Eckfelder Bauern Pferde zu den Abschußstellen bringen, welche die Abschußbolzen wieder an die Rampen schleppen mußten. Die Leute selbst durften das Abschußgebiet nicht betreten.
Die zu Boden gegangenen Flugkörper wurden nach und nach von den Soldaten gesprengt, manchmal mehrere auf einmal. Jedesmal wurden zum Leidwesen der Eckfelder durch den Luftdruck Dächer abgedeckt, Fensterscheiben gingen zu Bruch und die Türen flogen aus den Angeln. Noch nach dem Kriege lagen viele ungesprengte V-Geschosse in der Gemarkung. Einige davon wurden von Eckfelder Bürgern selbst gesprengt. Wie gefährlich ein solches Unterfangen war, darüber haben sich die Beteiligten wohl keine Gedanken gemacht. Genauso leichtsinnig war es, aus den Rümpfen der V1 Batterien und Uhren auszubauen oder Benzin aus dem Tank zu zapfen. Zwei Jungen aus Schalkenmehren, die zu einem Botengang in Eckfeld waren, mußten dieses Vorhaben mit dem Leben bezahlen. Man fand ihre gräßlich zugerichteten Leichen erst nach einer Woche im Walde. Das war im Februar 1945.
Bei der Bauchlandung der V-Geschosse lösten sich oftmals die Zünder und flogen in der Gegend umher, manchmal über hundert und mehr Meter weit. Selbst im Dorf lagen solche Zünder. Einer von ihnen wurde einem Dorfbewohner – Peter Josef Hohns – zum Verhängnis. Er hob den glänzenden Metallbolzen auf und als er ihn, die Gefahr erkennend, wegwerfen wollte, war es schon zu spät. Er explodierte und zerriß ihn. Da überall in der Gemarkung solche Zünder lagen, mußten die Leute aus Eckfeld suchen, damit sie von den Soldaten gesprengt werden konnten. Noch nach Beendigung des Krieges wurden immer wieder Zünder gefunden, die dann von einem Sprengkommando unschädlich gemacht wurden. Einer der Männer, der leichtsinnig mit einem Zünder spielte, mußte dabei sein Leben lassen. Auch heute noch liegen aller Wahrscheinlichkeit nach noch Zünder irgendwo im Boden und bilden so immer noch eine tödliche Gefahr.
Nach alledem ist es nicht verwunderlich, daß die V1 ein Schreckgespenst für die Bewohner Eckfelds und anderer Eifelgemeinden war. Nicht zu Unrecht trug darum dieses Geschoß den Namen Eifelschreck.«

Nach einem Besuch Anfang November 44 im Regimentsgefechtsstand Siegen-Seelbach besichtigte Oberst von Gyldenfeld die Stellungen in der Eifel.
Im Vordergrund der Besprechung stand der Einsatz der neuen II. Abt. in Holland, mit dessen Führung Hauptmann Schwennesen beauftragt wurde, unter dem Decknamen Saturn I. Für das neue V1-Entwicklungsprogramm stellte der General der Flakwaffe die Forderung nach Erhöhung der

Reichweite auf 350 km und mehr Zuverlässigkeit der Flugbomben. Die Reichweitenentwicklung, die man für 2 Monate abgestoppt hatte, sollte sofort verstärkt vorangetrieben werden. Der Beschuß von England stand noch immer an erster Stelle unter Hitlers Forderungen nach Vergeltung.

Es war ein naßkalter Vormittag am 7. November, auf den höheren Bergen lag der erste Schnee und die Kanoniere in den Feldstellungen pinselten weiße Tupfen auf ihre Flugkörper zur besseren Tarnung. Oberst Wachtel saß im Abt.-Gefechtsstand Zauberflöte und hörte die Meldung: »Antwerpen liegt infolge des starken Gegenwindes außerhalb der Reichweite«. Er atmete auf, die für Antwerpen bestimmten 64 Schuß gingen nach Brüssel.
Am 17. November 12.00 Uhr gab es erneut eine Umstellung. An Stelle von Gen. Kdo. XXX. Armeekorps trat die 5. Flakdivision (W), die die Führung des Fernkampfes (FZG 76) übernahm. Die Geschäfte des Divisionskommandeurs führte bis zur endgültigen Regelung der bisherige Chef des Generalstabes Oberst Walter. General Heinemann wurde am gleichen Tage versetzt.
Das Regiment selbst vertrat den Standpunkt, daß die Bildung einer Division nicht notwendig war, zumal das Regiment um 50% gegenüber dem ersten Einsatz verringert worden war.
Am 19. November fiel um 11.03 Uhr der 10 000. Schuß seit Beginn der V1-Offensive, abgefeuert von der 23. Batterie, Stellung Nr. 5 unter Batteriechef Oberleutnant Roschach. Ziel dieses Schusses war Antwerpen.

(53) An einem kalten Novembermorgen spannte der Bauer Hayer seine Pferde vor seine veraltete Dreschmaschine und verließ die kleine Eifelortschaft Schladt, um in den Nachbardörfern das Getreide zu dreschen, wie in all den Jahren zuvor. In seinem Lodenmantel hatte er eine Bescheinigung, daß er das Sperrgebiet in Richtung Wittlich durchfahren durfte, weil es keine andere Möglichkeit gab, auf anderen Straßen zu seinen Kunden zu gelangen. Dem Posten an der Sperrzone, der die Papiere kontrollierte, fiel nicht auf, daß im oberen Teil der Dreschmaschine ein 15jähriger Junge saß, der darauf brannte, endlich einmal aus der Nähe den Betrieb mit den geheimnisvollen Flugbomben zu sehen, die täglich über sein Dorf brummten.
Diese fliegenden Ungeheuer hatten ihn so fasziniert, daß er ein Tagebuch führte und alles registrierte, was damit zusammenhing. Niemand ahnte, daß der technisch begabte Schuljunge heimlich Zeichnungen anfertigte und bereits eine Menge Einzelteile aus abgestürzten Flugbomben unter dem Dach seines Elternhauses gesammelt hatte. Alle Teile wurden sorgfältig vermessen, aufgezeichnet und wieder versteckt.

Eines Nachts hatte der Junge Josef Hayer von seinem Schlafzimmerfenster aus beobachtet, wie ein Flugkörper in den Feldern aufschlug, mit laufendem Triebwerk über einen Acker raste, sich nach einem Hangstück wieder in die Luft erhob und dann einige Kilometer im Westen endgültig abstürzte. Nun hatte er die Möglichkeit, zum ersten Mal ganz aus der Nähe alles zu beobachten. Unter großen Tarnnetzen stand eine Abschußrampe mit zahlreichen zusammengebauten V1-Bomben.
Unter einer Autobahnbrücke entdeckte er ein ganzes Flugbombenlager. Eine einfache Krananlage lud die zusammengelegten Bomben von LKWs ab. Dann sah er wieder Soldaten, die auf Transportkarren die Raketen zu den Rampen schoben. Dem freundlichen Wachtmeister aus Berlin, der in der Nachbarschaft einquartiert war, würde er sein Geheimnis anvertrauen, was er alles gesehen hatte. Der würde dichthalten, denn er hatte ihm auch die verschiedenen Zünder erklärt und eine Skizze versprochen, die erklärte, wieso die Projektile erst nach 60 km scharf wurden. Niemandem hatte Josef bisher anvertraut, daß er sogar eine V1 fotografiert hatte, die im Dorf abgestürzt war, obwohl das ganz streng verboten war, bei Todesstrafe, hatte der Lehrer gesagt.
Er war stolz, daß er mehr wußte als die Bauern, die mit ihren Pferden die Abschußkolben vor den Rampen einsammelten, aber dann einem Soldaten das Gespann überlassen mußten, der die schweren Stahlkörper in die Feuerstellung zurückfuhr. Dem Josef war aufgefallen, daß keine der Stellungen durch Flakgeschütze gesichert war. Es wurden auch Raketen abgeschossen, wenn die Jabos kreisten. Den Pionierpark bei dem Bahnhof Laufeld hatten die Jabos zerstört, die ganz in der Nähe gelegenen Abschußrampen dagegen überhaupt nicht beachtet.
Auch hätte er gern einmal gesehen, wie die tieffliegenden Jagdbomber so eine V1 in der Luft herunterholten, aber es passierte nichts.
Sein Freund, der Wachtmeister, hatte ihm dann später erklärt, die Maikäfer seien zu schnell für die müden Vögel und den Engländern gleichgültig, wenn die Bomben nicht nach England flögen.
Mitte November 1944 erhielt der Bürgermeister der kleinen Eifelgemeinde Kliding durch die Post einen Brief mit einem Aufruf an die Bevölkerung: (54)

*An die Eifelbevölkerung*

Die Großoffensive der Alliierten hat auf einer 400 km langen Front im Westen begonnen, darum geben wir Ihnen folgendes bekannt:

1. Wir besetzen in kommender Zeit das Rheinland.

2. Bei Absetzbewegungen der Alliierten Fallschirmtruppen bewahrt die größte Ruhe, widersetzt Euch nicht, da Ihr sonst als Partisanen behandelt werdet.
3. Wir kommen nicht als Sklavenhändler, sondern als Befreier.
4. Versorgt Euch mit Lebensmitteln, damit Ihr bei der Übergangszeit nicht hungert.
5. Die Volksstürmer, die gegen uns kämpfen, werden als Partisanen behandelt, so hat es uns die Deutsche Wehrmacht vorgemacht, deshalb kämpfe nicht, oder komme zu uns herüber gelaufen, es passiert Euch nichts.
6. Eifelbewohner, verlasse nicht Deine Heimat, wenn auch seitens der Deutschen Wehrmacht der Befehl kommt.
7. Wer trotzdem seine Heimat verläßt, verliert damit den Anspruch auf sein Eigentum und läuft damit in eine große Gefahr von Not und Elend.
8. Jeder Bürgermeister, Ortsgruppenleiter, Ortsbauernführer und alle, die unmittelbar für die Partei Dienste tun, haben sofort Ihre Posten niederzulegen. Eine spätere Entschuldigung findet keine Gnade. Darum wähle das erstere.
9. Hände weg von Panzergraben und Sperren, wir kommen doch an unser Ziel.
10. Wir gebrauchen deutsche Beamte und Polizei für unsere Verwaltung.
11. Die Mannschaften der V1-Abschußstelle in Gillenbeuern, Kliding und Brockscheid (Eifel) erhalten demnächst als Geschenk einen Teppich, damit sie im Winter keine kalten Füße bekommen.
12. Das Rheinland kommt in die Verwaltung der Alliierten.
13. Jeder, der gegen die Maßnahmen verstößt, wird schwer bestraft.
14. Wer Preise überschreitet, wird dementsprechend bestraft.
15. Wer Milch fälscht, verfällt der Todesstrafe.

Die Mitteilung war unterzeichnet von dem Kommandierenden für das Rheinland Hasche und mit der Bemerkung versehen: »Wer diese Bekanntmachung vernichtet, wird bestraft.«
Die Geheime Feldpolizei, die den Fall übernahm, konnte nur feststellen, daß der Brief in der nahe gelegenen Kreisstadt Wittlich bei der Post aufgegeben wurde.

Kleine Begebenheiten am Rande des großen Krieges.

Wegen der hohen Absturzzahlen über deutschem Gebiet verzichtete man auf den Einsatz aus dem Raum Sauerland-Westerwald nach einer Lagebeurteilung der 5. Flakdivision (W) vom 19. November 1944. Der Raum

Holland zwinge zu keiner Rücksichtnahme auf die Zivilbevölkerung und leide auch nicht unter den Erschwernissen des Winters.
Einen Tag später erhielt der Kommandeur der III. Abteilung in der Eifel von seinem Chef Oberst Wachtel folgendes Fernschreiben:

> Die schwierige Lage der Schlacht um Aachen erfordert gebieterisch Entlastung unserer im schwersten Ringen stehenden Kameraden des Heeres. Ich befehle daher ununterbrochenes Schießen aus allen technisch einsatzbereiten Stellungen auf den feindlichen Nachschubschwerpunkt Lüttich. Ich erwarte, daß jeder Angehörige der Abteilung das Letzte hergibt, und jegliche auftretenden Schwierigkeiten sofort überwunden werden. Dieser Befehl ist unverzüglich allen Offizieren, Unteroffizieren und Mannschaften bekanntzugeben.

### *Die Ardennenoffensive*

Am 21. November wurde durch Funkspruch der II. Abteilung der neue Einsatzraum in Holland festgelegt. Die Stellungen lagen in dem Dreieck Zwolle, Enschede, Zutphen.
Der Einsatz aus dem holländischen Raum begann mit einem Feuerschlag am 16. Dezember 1944. Aus 7 Stellungen eröffnete die II. Abteilung um 5.00 Uhr früh das Schießen mit Ziel auf Antwerpen und begann damit die Ardennenoffensive.
General von Manteuffel hatte auf einen Vortrag bei Hitler gedrängt, um zu dem Unternehmen »Wacht am Rhein« – der Deckname für die Ardennenoffensive – Stellung nehmen zu können.
Begleitet von Feldmarschall Model und dem General der Waffen-SS, Sepp Dietrich, traf von Manteuffel aus seinem Stabsquartier in Manderscheid in der Reichshauptstadt ein. (55)
In einem fünfstündigen Gespräch trugen die Truppenführer in rücksichtsloser Offenheit alles vor, woran es mangelte und was die Truppe im sechsten Kriegsjahr noch zu leisten imstande sei. Hitler lehnte »kleine Lösungen« ab und bestand auf einer Großoffensive, auf 140 km Frontbreite mit 200 000 Soldaten und 500 Panzerfahrzeugen.
Drei Armeen sollten Hitlers Version von der Wiedererringung der Initiative verwirklichen: im Norden zwischen Monschau und Losheimer Graben die 6. SS-Panzerarmee unter SS-Oberstgruppenführer Sepp Dietrich, daran anschließend bis unterhalb Gemünd nordwestlich Vianden die 5. Panzerarmee unter General Hasso von Manteuffel, von dort bis Echternach die 7. Armee unter General Erich Brandenberger. Die drei Armeen unterstanden der Heeresgruppe B unter Generalfeldmarschall Model und

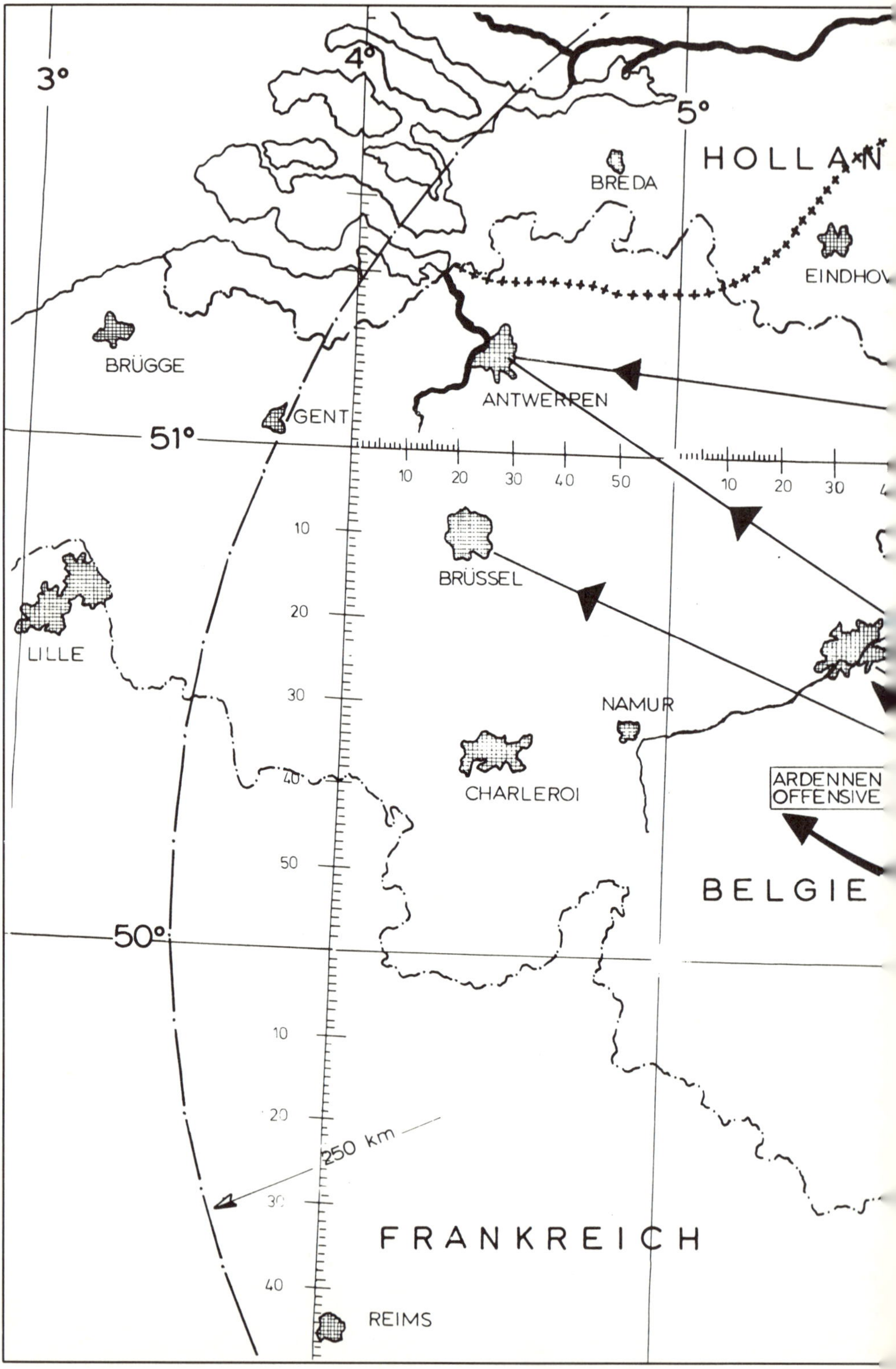

3°
4°
5°
HOLLAN
BREDA
EINDHOV
BRÜGGE
ANTWERPEN
GENT
51°
BRÜSSEL
LILLE
NAMUR
CHARLEROI
ARDENNEN OFFENSIVE
BELGIE
50°
250 km
FRANKREICH
REIMS

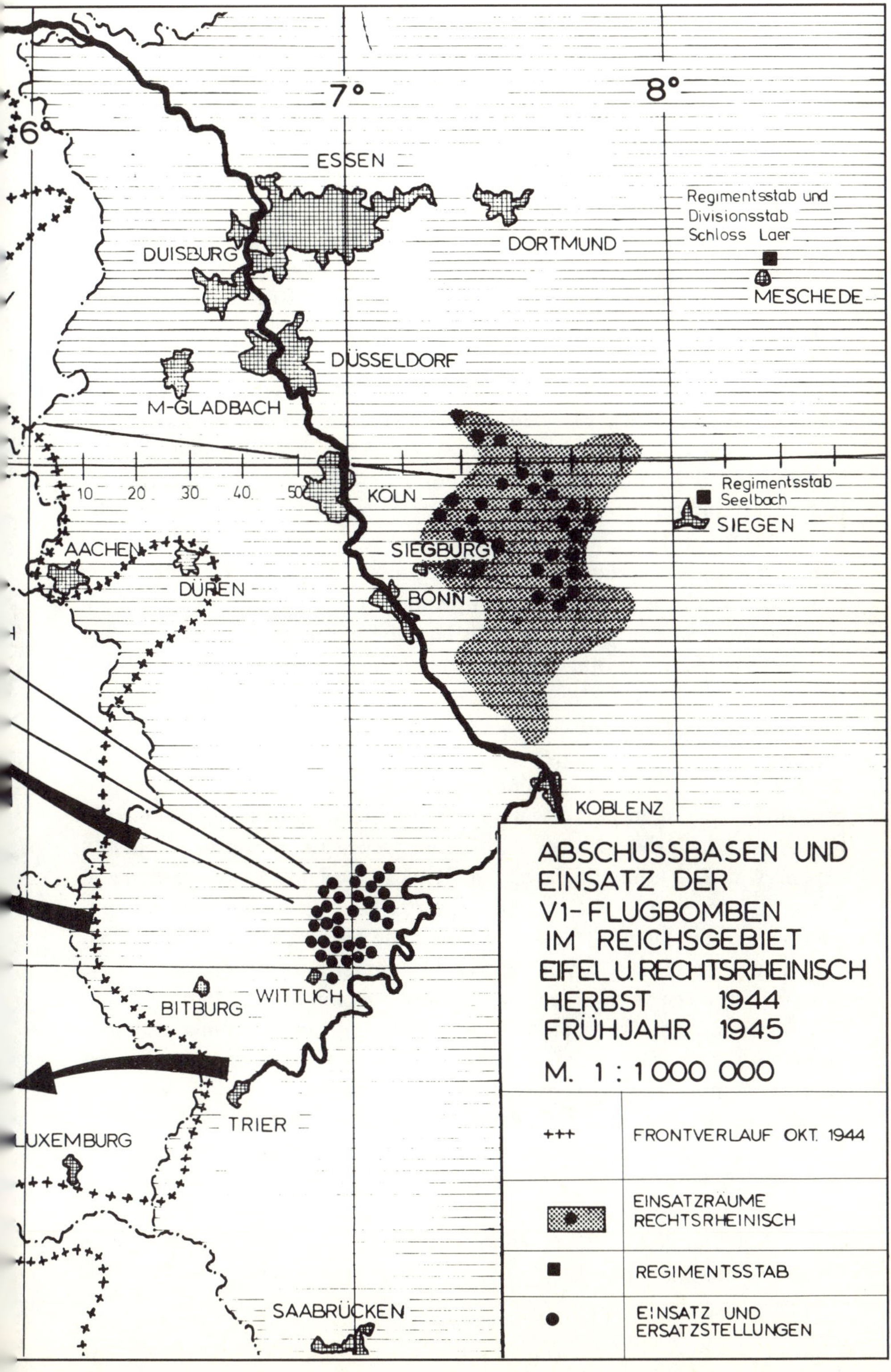

ESSEN
DUISBURG
DORTMUND
Regimentsstab und
Divisionsstab
Schloss Laer
MESCHEDE
DÜSSELDORF
M-GLADBACH
KÖLN
Regimentsstab
Seelbach
SIEGEN
AACHEN
SIEGBURG
DÜREN
BONN
KOBLENZ
WITTLICH
BITBURG
TRIER
LUXEMBURG
SAABRÜCKEN
6°
7°
8°
10 20 30 40 50
ABSCHUSSBASEN UND
EINSATZ DER
V1-FLUGBOMBEN
IM REICHSGEBIET
EIFEL U. RECHTSRHEINISCH
HERBST 1944
FRÜHJAHR 1945
M. 1 : 1 000 000
+++ FRONTVERLAUF OKT. 1944
EINSATZRÄUME RECHTSRHEINISCH
REGIMENTSSTAB
EINSATZ UND ERSATZSTELLUNGEN

diese wiederum dem OB-West, Generalfeldmarschall von Rundstedt. Die 6. SS-Panzerarmee sollte den Hauptstoß auf die Maasübergänge beiderseits Lüttich führen und nach Antwerpen durchstoßen. Ihr gehörten neun Divisionen an, darunter vier Panzerdivisionen mit den neuesten und besten Kampfwagen bis hin zum Königstiger.

Auch die 5. Panzerarmee sollte auf die Maas vorstürmen, allerdings auf dem weiter südlich gelegenen Weg in Richtung Dinant-Namur. Von hier aus sollte sie die Einwirkung feindlicher Reserven vom Westen her verhindern und der 6. SS-Panzerarmee Flanke und Rücken decken. Die 5. Panzerarmee umfaßte sieben Divisionen, darunter drei Panzerdivisionen. Die 7. Armee schließlich mit vier Infanteriedivisionen bekam keine operativen Aufgaben zugewiesen. Sie sollte zunächst nur das Dreieck Echternach-Ettelbrück-Vianden erobern und dann die 5. Panzerarmee auf ihrem Vormarsch nach Westen begleiten, um ihr die Flanke gegen Angriffe von Pattons 3. U. S. Armee zu decken. Allerdings war ihr nördlichster Kampfverband die 5. Fallschirmjäger-Division, die über eine beachtliche Kampfkraft verfügte.

Am 10. Dezember verlegte Hitler sein Hauptquartier nach Ziegenberg bei Bad Nauheim, dem sogenannten Adlerhorst. Hier empfing er am 12. Dezember alle an der Offensive beteiligten Generäle und hielt eine zweistündige Rede, die mit dem Satz endete: »Wir dürfen keineswegs einen Augenblick verstreichen lassen, ohne dem Feind zu zeigen, daß er niemals, was er auch tun mag, auf eine Kapitulation rechnen kann.« Auch in den Einsatzräumen der 5. Flakdivision (W) zwischen Witlich und Cochem blieb der Aufmarsch mehrerer Armeen den V1-Soldaten und der Zivilbevölkerung nicht verborgen. Als die ersten Truppen verlegt wurden, wußten die Ränge unterhalb der Armeebefehlshaber nicht, was mit ihren Einheiten geplant war. Die kommandierenden Generale und ihre Chefs wurden erst Mitte November eingewiesen. Anfang Dezember die Ia der Generalkommandos und die Divisionskommandeure. Die Regiments- und Bataillonskommandeure wurden erst um den 12. Dezember informiert, während die Truppe selbst erst in der Nacht vor Angriffsbeginn unterrichtet wurde.

Der Stabschef des Oberbefehlshabers West gab an, daß im Dezember täglich etwa 100 Züge mit Truppen und Nachschubgütern zusätzlich im Westen eintrafen (56). Das miserable Wetter, es war fast jeden Tag diesig und wolkenverhangen, half der deutschen Wehrmacht, unbemerkt größere Truppenkontingente mit der Eisenbahn in das Aufmarschgebiet zu bringen, obwohl die Alliierten zu diesem Zeitpunkt die absolute Luftherrschaft im Westen besaßen. Zwischen dem 15. November und dem 15. Dezember gab es Tage, an denen die mittleren Bomber der 9. U. S.-Air Force keine Einsätze fliegen konnten.

Die Dörfer in den V1-Abschußgebieten in der Eifel waren vollgestopft mit Truppen, die durch neue Ausrüstung und modernste Waffen auffielen. Eine eigenartige Siegesstimmung breitete sich aus, alle hofften auf die große Wende an der Westfront. Alles war wieder da, was man in den letzten Monaten vermißt hatte, schwere Waffen und Panzer, darunter Königstiger. Soldaten, die Optimismus und Zuversicht ausstrahlten, insbesondere die SS-Einheiten und Eliteverbände, wie die SS-Division »Leibstandarte« und die 5. Fallschirmjäger-Division.
Auch die Tag und Nacht schießenden V1-Batterien vermittelten der Truppe das Gefühl der Überlegenheit, wovon auch die Zivilbevölkerung angesteckt wurde. (57)
Am 21. Dezember 1944 meldete der »Deutsche Wehrmachtsbericht«:

> »In der Winterschlacht in Belgien wurden gestern weit hinter der Front die amerikanische Besatzung der Schnee-Eifel vernichtet oder gefangengenommen. 8000 Amerikaner wurden in die Gefangenschaft abgeführt. An der vorderen Angriffsfront sind unsere Truppen in die Ardennen eingedrungen und haben die große Straße Lüttich-Bastogne-Arlon auf breiter Front überschritten. Gegen die Maas abfließende feindliche Nachschubkolonnen wurden von deutschen Panzern eingeholt und überrollt. Die Zahl der Gefangenen hat 20 000 überschritten.«

Diese Meldungen veranlaßten Wachtels Regiment, der 5. Flakdivision Einsatzvorschläge und Maßnahmen zu unterbreiten, um London erneut mit V1-Feuer zu belegen, sobald die belgische Küste wieder in deutscher Hand war, wo London wieder in die Reichweite der fliegenden Bomben gelangte. Man rechnete in den nächsten Tagen mit der Eroberung von Antwerpen.
Zur Besprechung des vom Regiment gemachten Einsatzvorschlages für den Fall eines weiteren erfolgreichen Fortganges der Ardennenoffensive fuhr Oberst Wachtel am 23. Dezember zur 5. Flakdivision. Divisionskommandeur Walter vertrat jedoch den Standpunkt, man dürfe die gegenwärtige Offensive nicht überbewerten. Walter wartete auf eine Bestätigung des Oberbefehlshabers West, daß der gegenwärtige Beschuß von Lüttich eine wesentliche Entlastung der Erdtruppe darstelle. Wachtel sah den Einsatz seiner Waffe realistischer und vertrat bei dieser Besprechung die Meinung, daß die V1 aufgrund der großen Streuung nur als Terrorwaffe eingesetzt werden könne, nicht aber zur Bekämpfung militärischer Ziele.
Wachtel unterstrich die Meinung des Regiments, das den Einsatz auf Antwerpen und Lüttich nur als Zwischenlösung ansah, bei der das Verhältnis zwischen Aufwand und Wirkung nicht entfernt so günstig lag wie beim Einsatz auf London. Schon zu diesem Zeitpunkt war der Führung des Regiments klar geworden, daß ihre Waffe in erster Linie ein Instrument

von politischer Bedeutung war. Die terrorisierende Wirkung des V1-Beschusses auf London und Südengland bestätigte diese Auffassung.
Die Führung der 5. Flakdivision jedoch vertrat weiterhin die Auffassung, die V1 sei ein verlängerter Arm der Artillerie und damit ein Mittel, das den feindlichen Nachschub stören könne. Die vorgelegten Luftbildaufnahmen und Treffermeldungen zeigten aber deutlich, daß bei weitem nicht die Wirkung erzielt wurde, die man erwartet hatte. Die gegnerischen Abwehrmaßnahmen im belgischen Raum wertete man als Täuschung der deutschen Führung, die man in dem Glauben lassen wollte, daß doch eine gewisse Wirkung erzielt wurde. Man unterstellte den Engländern die Auffassung, daß jede auf Belgien abgefeuerte V1 England nicht schaden könne.
Wachtel erklärte ein Luftbild von Antwerpen, auf dem der Nachschubverkehr durch V1-Beschuß nicht unterbunden, ja nicht einmal empfindlich gestört wurde.
Bis zum 31. Dezember 1944 wurden insgesamt 13714 Flugbomben verschossen, davon 5790 im Zweiteinsatz auf die Räume Antwerpen und Lüttich.
Major Sack, Kommandeur der Flak, Lehr- und Versuchsabteilung, erläuterte bei einer Informationsfahrt im Einsatzraum Eifel die in Zempin in der Erprobung befindlichen neuen Zellen, bei denen die Tragflächen und Holme aus Sperrholz gefertigt seien. Diese neuen Reichweitzellen, so sagte er, flögen 773 km/h schnell, hätten eine Reichweite von 370 km und eine größere Zielgenauigkeit. Die Serienproduktion solle im Februar 1945 anlaufen.

Im Laufe des 17. Dezember wurde dem alliierten Oberkommando der Umfang der deutschen Offensive klar. Statt die strategischen Bombardierungen im Reichsgebiet fortzusetzen, erhielten die Luftflotten den Befehl, das Hinterland des deutschen Angriffsraumes mit voller Wucht anzugreifen und den gesamten Nachschub zu unterbinden. Zunächst blieb das Wetter regnerisch und diesig und verhinderte den Einsatz der schweren Bomberstreitkräfte. Als Schwerpunkt wurde der Einsatz zwischen dem Rhein und der Westfront befohlen, dabei galten Eisenbahnanlagen, Brücken und Nachschubstraßen als vordringliche Ziele.
Die Luftlagemeldungen für die Zivilbevölkerung rissen in diesen Tagen nicht ab. Auch bei dem miserablen Flugwetter griffen Thunderbolts und Lightning-Doppelrumpfjäger den Eifelraum ununterbrochen an, es kam zu heftigen Luftkämpfen zwischen deutschen Abwehrjägern und einfliegenden Feindverbänden.
Noch am 21. Dezember meldete der Wehrmachtsbericht große Erfolge von

der Ardennenschlacht. Bis in die Mittagsstunden hatte es in der Eifel stark geschneit, und auch am Nachmittag blieb der Himmel wolkenverhangen. Doch gegen Abend klarte es auf und die Eifeler merkten sofort, daß sich ein einschneidender Umschwung anbahnte. In der Nacht gab es den ersten stärkeren Frost. Am nächsten Morgen stieg die Sonne an einem blauen Winterhimmel empor.

In den Operationsabteilungen der 8. und 9. U. S. Air Force atmete man auf, erst jetzt konnte man den hart bedrängten Bodentruppen wirksame Hilfe bringen.

»Jetzt lassen sie alles los, was fliegen kann«, meldete ein Wachtmeister aus der V1-Stellung 7 in der Nähe von Hasborn. Mit dem Fernglas beobachtete er die tieffliegenden Verbände der Alliierten.

Die Luft über der Eifel vibrierte von dem Dröhnen der gewaltigen Luftmacht, die sich nun über diesen kleinen Aufmarschraum des deutschen Heeres ergoß.

Flächenbombardements lösten die mit Bomben und Bordwaffen angreifenden Jagdbomber in den nächsten Wochen ab. Das russische Hoch hatte die Herrschaft über das Wetter ergriffen und sollte sie mit wenigen Abschwächungen bis Ende Januar auch behalten. Der deutsche Nachschub wurde dadurch buchstäblich, aufgrund der alliierten Luftüberlegenheit, am »Boden festgenagelt«.

Hitler hatte bei allen Besprechungen während der Vorbereitungen zur Ardennenoffensive den vollen Einsatz der Luftwaffe angekündigt, der aber wegen der Schlechtwetterperiode notgedrungen zurückgestellt werden mußte.

Am 1. Januar 1945 begann der große Schlag unter dem Decknamen »Bodenplatte«. Über neunhundert Messerschmitt- und Fockewulfjäger sollten die seit Invasionsbeginn verlorengegangene Lufthoheit im Westen zurückgewinnen. Sie sollten in Tiefangriffen in den frühen Morgenstunden die alliierten Flugplätze in Frankreich, Belgien und Holland angreifen und die auf dem Festland stationierte gegnerische Jägerstreitmacht vernichten. (58)

In den Raketenstellungen in der Eifel gab es zunächst Fliegeralarm, als eine Ju 188 Lotsenmaschine mit starken Jägerverbänden im Tiefflug über die Baumwipfel in Richtung Westen flog. Deutlich waren die Balkenkreuze, die 300 Liter Zusatztanks und Bomben, die alle Maschinen trugen, zu erkennen. Es waren Einheiten der Jagdgeschwader 4, 11 und 53, die kurz nach 8.00 Uhr auf den Flugplätzen Griesheim, Echterdingen und Mannheim gestartet waren. Für diesen Masseneinsatz war Funksprechverbot befohlen, um den Überraschungseffekt voll auszunutzen. Durch die gewaltige Demonstration der deutschen Luftwaffe wurden die Soldaten an ihren

Abschußrampen erneut in dem Glauben bestärkt, daß sie in den nächsten Tagen den vorgeplanten Abmarsch zur Kanalküste antreten würden. Sie klammerten sich an den Gedanken, daß diese Masse von Jägern, wie sie noch nie gesehen worden war, jeden gegnerischen Flugplatz dem Erdboden gleich machen würde. Wenige Stunden später war Unternehmen »Bodenplatte« vorbei, annähernd 300 deutsche Jagdflugzeuge waren vom Feindflug nicht zurückgekehrt. Dieser Angriff war einer der umstrittensten Einsätze, die je von der Luftwaffe geflogen worden waren. Die Luftwaffe sollte sich von den hohen Verlusten nie wieder erholen.

Etwa einhundert deutsche Maschinen wurden von der eigenen Flak abgeschossen, die Geheimhaltung des Unternehmens hatte zu schweren Koordinierungsfehlern bei den 267 schweren und 277 leichten Flakbatterien geführt, die zu dieser Zeit dem Luftwaffenkommando West unterstanden.

Hohe Verluste bei den deutschen Jägerverbänden entstanden insbesondere bei den tiefgestaffelten Flaksperren der Alliierten um die Städte Antwerpen und Lüttich. Hier hatte man Flak-Geschütze aller Kaliber zusammengezogen, um sich gegen die täglich einfliegenden V1-Raketen zu schützen. Diese Luftabwehrstellungen waren in die Flugkarten der Jägerpiloten nicht eingezeichnet. So meldeten alle Flak-Batterien nach Beendigung des Unternehmens »Bodenplatte« hohe Abschußziffern.

### *Reaktion der Alliierten*

Als die Deutschen Antwerpen räumen mußten, war der alliierten Führung klar, daß mit Flugbombenangriffen auf ihren Nachschubhafen gerechnet werden mußte. Am 2. Oktober 44 bestätigte der britische Geheimdienst den bevorstehenden Angriff, und die 21. englische Armeegruppe bat das Oberste Hauptquartier um die Freigabe einiger amerikanischer Flak-Bataillone für die Luftverteidigung der Stadt. (59) Die 9. Air Defense Command erteilte zunächst drei Flak-Bataillonen den Befehl, am 15. Oktober 44 vor Antwerpen in Stellung zu gehen. Als der erwartete Angriff einsetzte, stellte die alliierte Führung die unzureichenden Verteidigungsmaßnahmen fest. Bis zum 10. November standen der Luftverteidigung 2 Flakartillerie Brigaden, 11 Flakbataillone und 2 Bataillone mit automatischen Flakwaffen zur Verfügung. Ein britisches Scheinwerfer-Regiment hatte die Aufgabe, die innere Flakzone nachts zu markieren, um die eigenen Nachtjäger nicht zu gefährden.

Die Antiaircraft Artillery Section der United States Forces berichtete von dem häufigen Stellungswechsel ihrer Einheiten, bedingt durch die aus

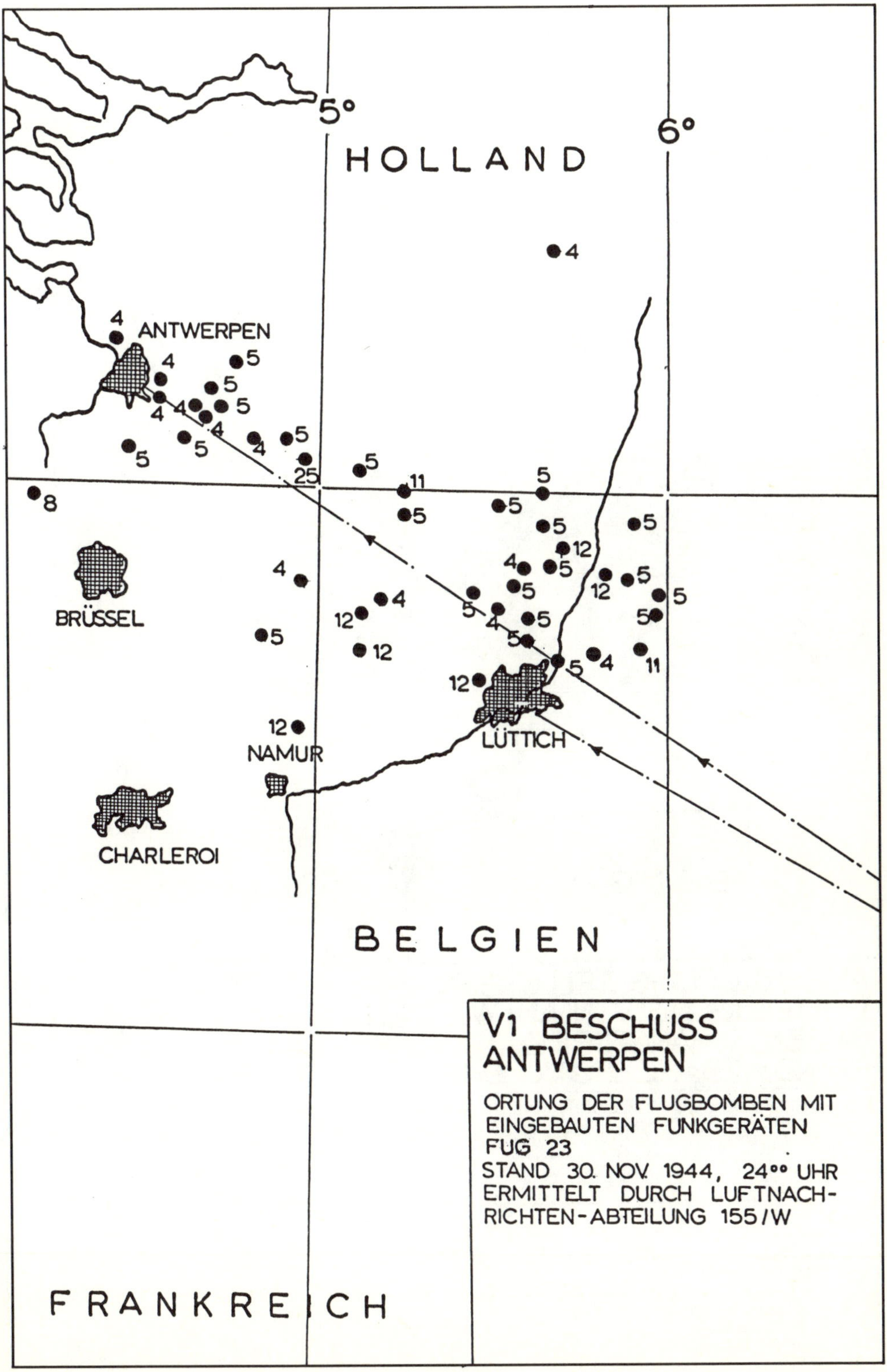
5°
6°
HOLLAND
ANTWERPEN
BRÜSSEL
NAMUR
LÜTTICH
CHARLEROI
BELGIEN
FRANKREICH
V1 BESCHUSS
ANTWERPEN
ORTUNG DER FLUGBOMBEN MIT
EINGEBAUTEN FUNKGERÄTEN
FUG 23
STAND 30. NOV. 1944, 24°° UHR
ERMITTELT DURCH LUFTNACH-
RICHTEN-ABTEILUNG 155/W

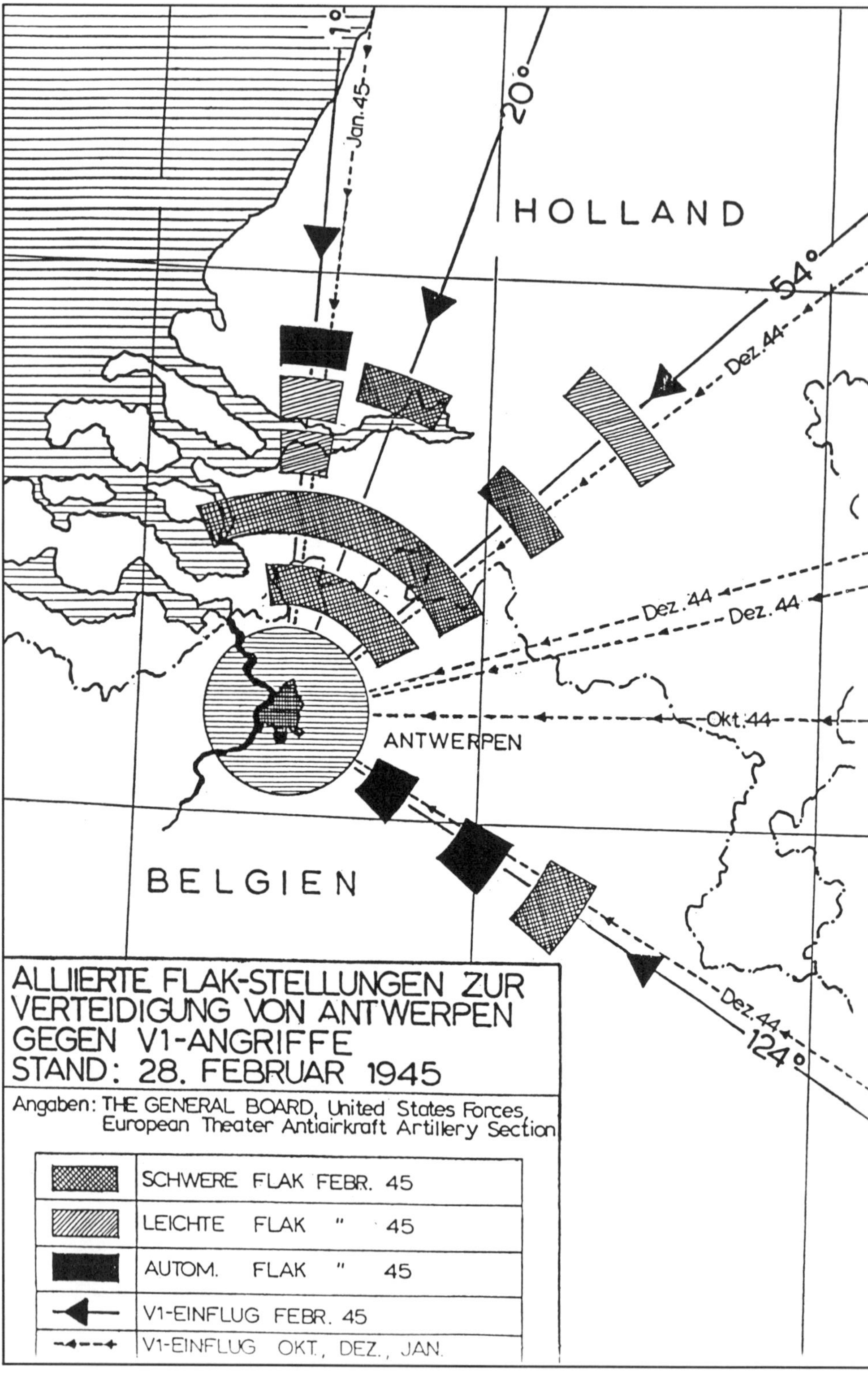
1°
Jan. 45
20°
HOLLAND
54°
Dez. 44
Dez. 44
Dez. 44
Okt. 44
ANTWERPEN
BELGIEN
Dez. 44
124°
ALLIIERTE FLAK-STELLUNGEN ZUR VERTEIDIGUNG VON ANTWERPEN GEGEN V1-ANGRIFFE
STAND: 28. FEBRUAR 1945
Angaben: THE GENERAL BOARD, United States Forces, European Theater Antiaircraft Artillery Section
SCHWERE FLAK FEBR. 45
LEICHTE FLAK " 45
AUTOM. FLAK " 45
V1-EINFLUG FEBR. 45
V1-EINFLUG OKT., DEZ., JAN.

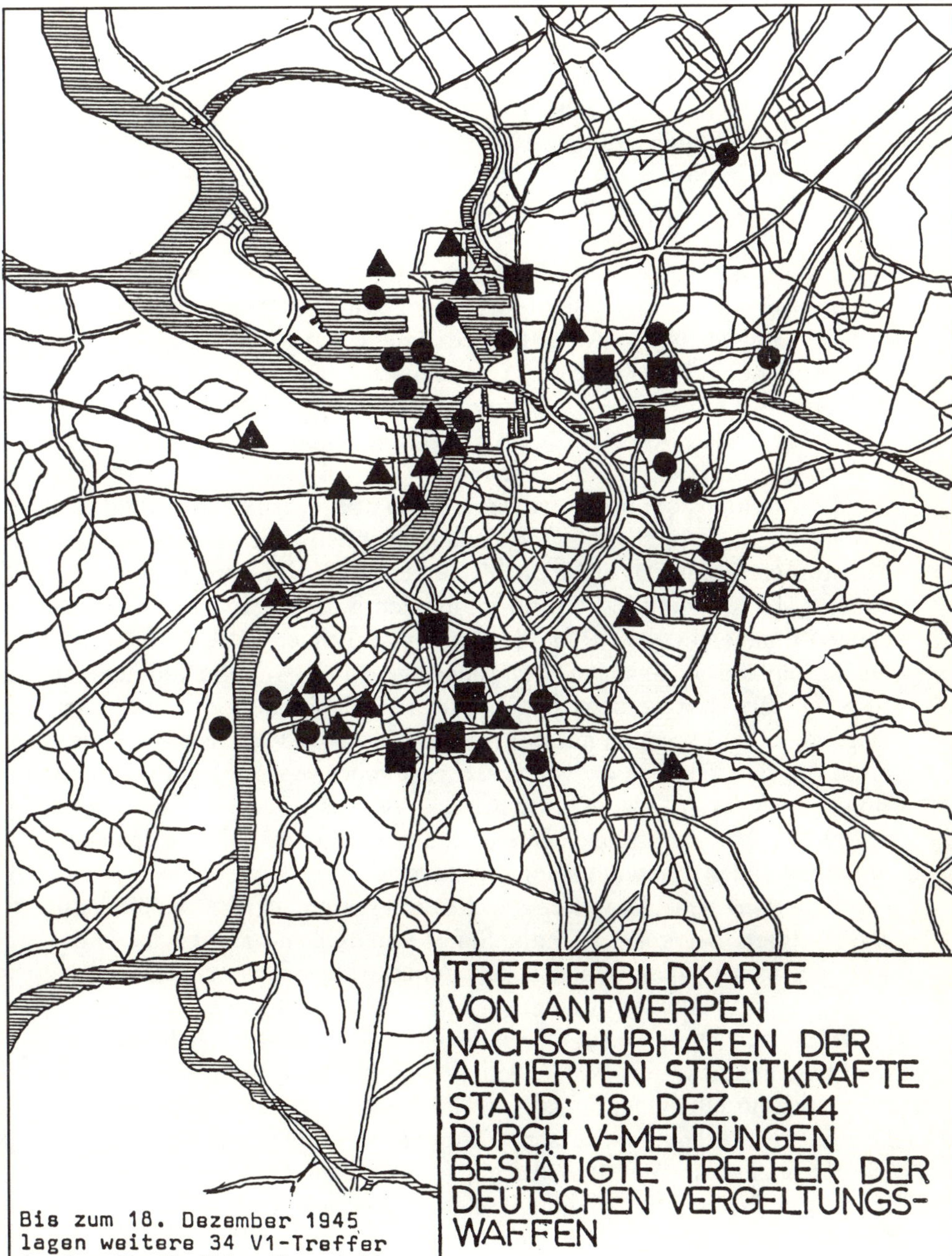

TREFFERBILDKARTE VON ANTWERPEN NACHSCHUBHAFEN DER ALLIIERTEN STREITKRÄFTE STAND: 18. DEZ. 1944 DURCH V-MELDUNGEN BESTÄTIGTE TREFFER DER DEUTSCHEN VERGELTUNGS-WAFFEN

Bis zum 18. Dezember 1945 lagen weitere 34 V1-Treffer in der Stadtmitte, die nicht eingezeichnet wurden.
Nach Angaben THE GENREL BOARD, United States Forces, European Theater Antiairkraft Artillery Section explodierten während der geamten Offensive 211 V1-Flugbomben innerhalb der Stadt.

| | |
|---|---|
| ● | V1- TREFFER |
| ■ | V2- TREFFER |
| ▲ | UNGEKLÄRT |

verschiedenen Richtungen einfliegenden Flugroboter, die zunächst aus Südosten kamen und mit Beginn der Ardennen-Offensive am 16. Dezember 44 in den frühen Morgenstunden auch aus Nordost auf Antwerpen fielen. Als Verstärkung trafen Mitte Dezember sechs weitere Flakbataillone und ein Bataillon automatischer Flak der amerikanischen Streitkräfte ein.

Acht Flakbataillone wurden aber sofort abgezogen, als die Situation an der Ardennenfront für die Alliierten brenzlig wurde. Dafür bezogen zwei britische Regimenter schwerer Flak Stellung um Antwerpen.

Alle Einheiten kehrten nach der Ardennenoffensive am 11. Januar 45 nach Antwerpen zurück. Die schlechten Abschußergebnisse besserten sich durch den Einsatz von Nah-Zündern T-152, es gelang den Alliierten, die Abschüsse von 19 auf 31 % zu steigern.

Als die Munitionsversorgung extrem kritisch wurde, erhielten die Flakbatterien Befehl, erst zu schießen, wenn das Ziel gesichtet wurde. Der Munitionsverbrauch lag allein pro Nacht bei 15 000 Schuß mit Zündern der Typen M43-A5 und T72-E6, obwohl in allen Batterieständen die einfliegenden Flugbomben mit Radargeräten aufgezeichnet wurden.

Die in England gewonnenen Erfahrungen gegen V1-Angriffe konnten nur zum Teil verwertet werden, denn dort waren alle Flugkörper von See her eingeflogen und konnten mit den dort aufgestellten Radargeräten besser erfaßt werden. Der Einsatz von Radar gegenüber von Land einfliegenden Bomben erwies sich häufig als schwierig. Als Ausgleich wurde ein tiefgestaffeltes Frühwarnsystem eingerichtet, das insbesondere die Belastungen des schießenden Personals stark verminderte.

Die automatischen Flakwaffen wurden im Abschlußbericht der Antiaircraft Artillery Section der United States Forces als nicht wirksam eingestuft, dagegen wurden mit dem herkömmlichen Salvenfeuer ganzer Einheiten verbesserte Abschußresultate erzielt.

Ende Januar 1945 stellte das Oberkommando der Luftwaffe, Führungsstab Ic, Fremde Luftwaffen West einen streng geheimen Bericht zusammen über die Beurteilung der deutschen V1-Flugbomben durch die Alliierten. Der Gegner rechnete zu diesem Zeitpunkt mit einer Verbesserung der Zielgenauigkeit und mit der Absicht der Deutschen, dann die Aufmarschräume und Nachschubbasen im Westen auszuschalten. (50)

Der deutsche Geheimbericht gab folgende Zusammenfassung über die Belegung des Hafens von Antwerpen an, trotz des konzentrierten Feuers der Vergeltungswaffen in den Monaten Dezember 44 und Januar 45:

12. 12. 1944 = 66 Handelsschiffe mit ca. 428 500 BRT
26. 12. 1944 = 57 Handelsschiffe mit ca. 354 800 BRT
14. 1. 1945 = 103 Handelsschiffe mit ca. 689 200 BRT

Oberst Wachtel hatte in der harten Auseinandersetzung mit seinem Divisionskommandeur Oberst Walter recht behalten. Er hatte aufgrund der großen Streuung seiner Waffe jede ernstliche Bekämpfung militärischer Ziele ausgeschlossen und ihr nur politische und terrorisierende Wirkung zugebilligt.
Walter hatte sich von dem hohen Aufwand an amerikanischen Flakeinheiten täuschen lassen. Die Amerikaner, die inzwischen die V1 nachgebaut hatten und alles unternahmen, um die neue Waffe weiterzuentwickeln, waren natürlich daran interessiert, ein eigenes Verteidigungskonzept zu entwickeln und nicht nur die Erfahrungen der Engländer zu übernehmen. Auch hatten die Meldungen in den Vereinigten Staaten über den geplanten V1-Einsatz von deutschen U-Booten aus gegen das amerikanische Festland eine gewisse Unruhe ausgelöst. (50)
Die Antiaircraft Section der United States Forces erhielt deshalb vom Verteidigungsministerium die Anweisung, eine Studie anzufertigen über die Erfahrung im Einsatz gegen Flugbomben. Besonderer Wert wurde auf die Erprobung von Zündern und Geschützen aller Kaliber gelegt, sowie auf Angaben über die Einsatzmöglichkeiten größerer Einheiten und deren Stellungssystem.

## *Letzte Kämpfe*

Der Schock der Ardennenoffensive hatte bei den Alliierten alle verfügbaren Bomber und Jagdbomberverbände auf den Plan gerufen. Täglich wurden Stellungen und Nachschubstraßen mit bis dahin unbekannter Härte angegriffen. Ein starker Bomberverband flog am 6. Januar 1945 den Raum des Abteilungsgefechtsstandes an. Mehrere Bombenteppiche fielen seitlich in ein freies Feld und trafen zum Teil den Ort Obermendig und den Flugplatz Niedermendig.
Durch den tagelang anhaltenden starken Schneesturm entstanden Schneeverwehungen, die die Nachschubstraßen für Fahrzeuge unpassierbar machten.
Volkssturm und Hitlerjugend schaufelten in gemeinsamer Arbeit die Straßen frei, damit keine Stockung im Schießbetrieb eintrat. Die Kraftfahrer der Nachschubkolonnen leisteten oft Übermenschliches, wenn sie nachts mit ihren schweren LKWs Flugbomben und Treibstoff über vereiste Bergstrecken in die Feuerstellungen fuhren.
Fahrzeuge, die bei den Nachtfahrten liegen blieben, wurden schon in den frühen Morgenstunden nach Anbruch des Tageslichts von Tieffliegern bombardiert und mit Bordwaffen angegriffen. Das Kriegstagebuch der

III. Abteilung in der Eifel vermerkte die täglich zunehmenden Tiefangriffe alliierter Jagdbomber auch auf die Abschußrampen. Am 23. Januar 45 griffen sechs Thunderbolts drei Nachschubfahrzeuge an und entdeckten dabei die gut getarnte Stellung 23, die sie mit Flugbomben versorgen sollten. In einem 1½ Stunden dauernden Angriff wurde die Feuerstellung mit Bomben und Bordwaffen angegriffen und vernichtet. Als Ersatzstellung wurde sofort Stellung 24 bezogen und nach wenigen Stunden feuerbereit gemacht.

Als in der Stellung 5 am darauffolgenden Tage eine Rakete auf der Rampe explodierte, schrieb ein Leutnant in das KTB: »Im Kampf für unsere große Sache lassen wieder zwei Soldaten ihr Leben für das Vaterland, drei werden schwer verletzt aus der Feuerstellung getragen.« Die Eintragung schließt mit dem Satz: »Es geht um alles und jeder gibt sein Letztes her.«

Am 3. Januar 1945 hielt der Divisionskommandeur der 5. Flakdivision (W) einen Vortrag in Berlin über den Einsatz seiner Einheit. Anwesend waren neben General von Axthelm Offiziere des RLM, sowie Ingenieure der Herstellerwerke der V1.

Folgende Auszüge sind dem Vortrag entnommen: (62)

»Herr General, meine Herren!

Ich bin besonders dankbar dafür, daß mir Gelegenheit geboten ist, Ihnen kurz zusammengefaßt vorzutragen, wie sich bis jetzt das Gerät der Truppe zeigt:

I.) Ausbau der Bodenorganisation und derzeitiger Stand der Einsatzbereitschaft.

Für die Auswahl der Einsatzräume war neben der Frage der Zielwahl ausschlaggebend die Notwendigkeit, die Zerstörung eigener Städte und Dörfer durch die nach den Einsatzerfahrungen in Frankreich zu erwartenden Bombenangriffe – vor allem aber auch durch eigene Geräteabstürze zu vermeiden. Die Division mußte sich daher entschließen, *frontnähere Räume* aufzusuchen.

Der Plan, einen Raum rechtsrheinisch zu besetzen scheiterte, nachdem der erste neue Einsatz linksrheinisch in kleinem Rahmen bereits eine hohe Anzahl von Abstürzen im eigenen Bereich ergab. Die Besetzung der inzwischen rechtsrheinisch ausgebauten Stellungen konnte infolgedessen bis heute nicht verantwortet werden, die Stellungen sind zwar fertig, aber unbesetzt. Eine Verzögerung des von WFST. dringend geforderten vollen Einsatzes war die Folge.

*Verringerung der Streuung ist dabei erstes Gebot.*

Die Division hat es gerade bei dem Einatz gegen Lüttich, der in Verbindung und zur Unterstützung der antretenden deutschen Kräfte gegen diesen Raum durchgeführt wurde, als besonders abträglich

empfunden, daß über die Streuung auf weniger als die maximale Entfernung, wie in diesem Fall, *bisher keinerlei brauchbare Unterlagen* vorliegen.
Die von der Erprobungsstelle Karlshagen gelieferten *Streubilder* können nur Anhalte sein, zuverlässige Werte ergeben sie *nicht* mit Sicherheit.
Ich darf bei dieser Gelegenheit erneut die Forderung erheben, die Streubilder für *nahe und weite* Entfernungen zu erschießen, nach denen die Truppe arbeiten kann.
Die Verfahren, über die *Lage der Schüsse im Ziel* brauchbare Unterlagen zu bekommen, sind bisher noch unbefriedigend.
Die Peilung der Geräte mit *FuG 23* hat zwar Ergebnisse gebracht, die Genauigkeit war aber aus verschiedenen Gründen unzureichend.
Mit Störung wie im Frankreicheinsatz muß außerdem in der Folgezeit wieder gerechnet werden.
Die *seismische Ortung* brachte nach umfangreichen Vorbereitungen in der zweiten Hälfte des Monats Dezember 1944 die ersten Ergebnisse.
Die Genauigkeit dieses Verfahrens bedarf noch der Überprüfung.
Ich darf bitten, auch der Entwicklung der Ortungsverfahren besondere Aufmerksamkeit zu schenken. Für die Truppe ist es auf die Dauer untragbar, wenn sie über die Lage der Einschläge keinerlei Unterlagen bekommt, infolgedessen Korrekturen auch nicht befehlen kann, da auch die *Luftaufklärung* bisher ausreichende Unterlagen nicht erbringen konnte.

II.) *Bewährung des Gerätes im neuen Einsatz, aufgetretene Mängel und Rückwirkung auf den Einsatz.*
Ich darf, bevor ich auf die Erfahrungen, die die Truppe im neuen Einsatz gemacht hat, eingehe, zum Vergleich noch einmal die *Verschußzahlen und die Abstürze* des zurückliegenden Frankreich-Einsatzes bekanntgeben:

Es wurden vom 15. 6.–16. 9. 1944 insgesamt
*8606 Geräte*
verschossen.

Das bedeutet einen täglichen Durchschnitt von *113 Schuß*.
Von dieser Gesamtzahl stürzten 2039 Geräte ab, das sind *23%*. Außerdem traten 135 erkannte Kreisläufer auf, d. s. *1,6%* der Gesamtschußzahl. Es war für die Division überraschend – besser gesagt erschreckend – daß diese Prozentzahl sich im neuen Einsatz, der am 21. 10. 44 aufgenommen wurde, wesentlich erhöhte.
Überraschend deshalb, weil die Division berechtigt annehmen konnte, daß die immer wieder im Frankreicheinsatz gemeldeten

Mängel zum mindesten zum Teil, beseitigt worden wären und die immer wieder erhobene Forderung auf *Erhöhung der Betriebssicherheit* ihre Erfüllung gefunden hätte.

In der Zeit vom 21. 10.–6. 12. 44 wurden aus einem linksrheinischen Einsatzraum mit durchschnittl. 3 Batterien *2783 Geräte* verschossen, von denen 818 Geräte, das sind *29% der Gesamtschußzahl,* abstürzten. Davon detonierten innerhalb der 60-km-Grenze auf deutschem Gebiet *222 Geräte,* das sind *27%* der Gesamtabstürze, außerdem traten *24* Kreisläufer auf.

Nach einer erzwungenen Feuerpause, die zu einer notwendigen Nachbessserung der Geräte ausgenutzt werden mußte, wurde die Gefechtstätigkeit am 11. 12. 44 wieder aufgenommen. Von diesem Zeitpunkt ab wurden die *elektrischen Zünder* auf Anregung TLR nicht mehr verwendet, da der Verdacht bestand, daß die hohe Anzahl detonierter Geräte innerhalb der 60-km-Grenze auf ein Versagen des elektrischen Zünders zurückzuführen sei. Eine Annahme, die sich, wie aus folgenden Zahlen ersichtlich, bestätigt hat.

In der Zeit vom 11.–21. 12. 44 wurden 757 Geräte verschossen, das bedeutet einen täglichen Durchschnitt von 76 Schuß, von denen 153 Geräte – das sind 20% der Gesamtschußzahl – abstürzten. Von diesen Geräten detonierten innerhalb der 60-km-Grenze nur 13 Geräte, d. s. 8% der Gesamtabstürze. Mit dem 16. 12. 44 konnte die Division außerdem das Feuer gegen Antwerpen aus einem nördlichen Einsatzraum mit 2 Batterien eröffnen.

In der Zeit vom 15.–21. 12. 44 wurden aus diesem neuen Raum 274 Geräte verschossen, das bedeutet einen täglichen Durchschnitt von 76 Schuß, von denen 54 Schuß, das sind *20%* der Gesamtschußzahl, abstürzten, 9 Geräte detonierten innerhalb der 60-km-Grenze, d. s. 13% der Gesamtzahl aller abgestürzten Geräte.

Meine Herren, Sie ersehen aus diesen Zahlen, daß ein wesentlicher Fortschritt auf dem Wege zu einer Erhöhung der Betriebssicherheit in keiner Weise erzielt worden ist. Ich bestreite nicht, daß eine gewisse Prozentzahl von Abstürzen auf Mängel der Ausbildung zurückgeführt werden kann, das ergibt sich klar aus dem Absinken der Geräteabstürze nach einer kurzen Zeit der Einarbeitung der Bedienungen in ihren neuen Stellungen. Die überwiegende Zahl aber ist auf mehr oder weniger schwerwiegende Fertigungsfehler zurückzuführen.

Meine Herren, ich überlasse es Ihnen, sich auszurechnen, wieviel Tonnen Sprengstoff damit auf deutsches Gebiet nutzlos verschleudert wurden, von der Gefährdung eigener Städte, Dörfer und deutscher Menschen ganz zu schweigen. –

Ich will Ihnen die *Verlustzahlen* bekanntgeben.
Im neuen Einsatz traten bisher folgende eigene Verluste ein:

22 Tote,
228 Verletzte,
24 Häuser zerstört,
101 Häuser beschädigt.

Außerdem liegen Meldungen über nicht unerhebliche Wald- und Flurschäden, ebenso wie Beschädigungen von Verkehrsanlagen vor.
Es ist einem reinen Glücksfall zu danken, daß bei den bisher aufgetretenen Kreisläufern, die mitten im Ruhrgebiet landeten, größere Schäden nicht auftraten.
Die im Frankreich-Einsatz bis zu einem gewissen Grade hinzunehmende Einstellung, daß gewisse Fehler-Prozentsätze als unabänderlich hingenommen werden müßten, ist auf deutschem Gebiet, meine Herren, absolut nicht tragbar, soweit es sich um Abstürze und Zünderunsicherheiten handelt.
Es traten insgesamt 29 Totalverluste an *Dampferzeugern* im südlichen Einsatzraum auf, das bedeutet einen Verschleiß von 1 Dampferzeuger je 145 Schuß; Totalausfall im nördlichen Raum 2 Dampferzeuger, das ist 1 Dampferzeuger je 332 Schuß. Im Mittel bedeutet das einen Ausfall von 1 Dampferzeuger je 157 Schuß.
Die Werte haben natürlich nur Durchschnittsbedeutung; die Streuungen um diesen Durchschnitt sind, wie bekannt, außerordentlich groß.
*Verluste an 1. Rohrteilen betrugen:*
Im südlichen Einsatzraum 23, d. s. 1 Rohrteil je 183 Schuß,
im nördlichen Einsatzraum 2, d. s. 1 Rohrteil je 332 Schuß.
Im Mittel wurde damit ein 1. Rohrteil je 195 Schuß verbraucht.
*Lieferungsmängel:*
Zu Beginn des Einsatzes im letzten Oktoberdrittel wurden ca. *360 Zellen, die schwerste Beanstandungen aufwiesen,* geliefert. Die Regler im Argusklappenkasten waren fehlerhaft, Steuergeräte korrodiert, falsche Schläuche wurden festgestellt, Anschlüsse waren nicht gesichert. Bei den Luftlogs waren die Büchsen lose, ebenso wurden fehlerhafte Zählwerke (Kontaktgabe-Scharfmacher und Abstiegskontakt wechselweise ausgeblieben) festgestellt. An vielen Zellen fehlten die Unterlagsscheiben an den Inbusschrauben.
Ca. 170–180 Zellen mit fehlerhaften Klappenkasten mußten zurückgesandt werden.
Meine Herren, das bedeutet neben einer bei der heutigen Transportlage untragbaren zusätzlichen Belastung der Reichsbahn einen gänzlich untragbaren Betriebsstoffverbrauch und Fahrzeugverschleiß –

von der überflüssigen Arbeitsbelastung unserer Männer ganz zu schweigen.

Ca. 180 Zellen wurden in der sog. ›Aktion Weser‹ in der Mulag instandgesetzt und der Truppe wieder zugeführt. Es muß an dieser Stelle festgestellt werden, daß sich bei dieser ersten Gerätelieferung für den neuen Einsatz aus dem Alter der Zellen der Nachweis nicht erbringen läßt, daß nach Abbruch des ersten Einsatzes in den Zellenwerken jegliche Sorgfalt hintangesetzt worden wäre, ein Verdacht, der zunächst auftauchte.

In der ersten November-Hälfte erfolgte ein neuer Rückschlag:

Ca. 50% aller Abstürze wurden durch das *Kontaktlaufwerk* für Winkelschuß mit 2½ Minuten Vorlaufzeit hervorgerufen. Durch die Winkelung, die im Horizontalflug erfolgte, verlor das Gerät stark an Höhe und stürzte ab. Der Fehler wurde dann im Einsatz durch einen Vertreter der Fa. Fieseler durch Änderung der Vorlaufzeit auf 1 Minute in 6 Probeschüssen behoben. Es ist der Truppe nicht verständlich, meine Herren, daß für den Winkelschuß bis zu diesem Zeitpunkt der Nachbesserung keinerlei brauchbare Erprobungsergebnisse vorlagen und infolgedessen überflüssige Geräteverluste eintraten. Die Erprobung kann nicht, wie in vorliegendem Fall, erst im Einsatz der Truppe durchgeführt werden. Mangelndes Vertrauen zum Gerät und Unsicherheit sind die Folge.

Ich darf bei dieser Gelegenheit mit Nachdruck die Forderung erheben, daß mit jeder Neuerung am Gerät gleichzeitig der Truppe Erprobungsergebnisse und daraus abgeleitete Bedienungsvorschriften zugehen, die sie in die Lage versetzen, das Gerät richtig zu bedienen, zu warten und einzusetzen.

Diese Forderung mag Ihnen selbstverständlich erscheinen. Ich kann Ihnen aber Beispiele nennen, die beweisen, daß es notwendig ist, sie zu erheben.

So wurden z. B. neue Dampferzeuger zur Truppe *ohne Bedienungsanweisung* geschickt.

*Zellen mit Holzlasträumen* wurden geliefert, ohne sie anzukündigen, geschweige denn in irgendeiner Form auf die damit veränderten Wartungsvorschriften einzugehen. Nach Lieferung der *Enteisungsrüstsätze* am 6. 12. 44 wurde plötzlich am 29. 12. 44 befohlen, das Verschießen mit Enteisungslog einzustellen, da sich bei ihrer Erprobung Fehler ergeben hätten, usw.

Meine Herren, ich könnte Ihnen eine ganze Reihe weiterer Beispiele aufführen.

In der ersten November-Hälfte traten dann die Ihnen inzwischen bekannt gewordenen *Rohrversagen* in verstärktem Maße auf. Gleichzeitig wurde eine Serie *Steuer- und Rudergeräte* gesperrt. Zunehmende Verluste an Dampferzeugern und 1. Rohrschüssen machten die Durchführung der Herzstückverankerung notwendig.
Im Dezember wurden dann plötzlich sämtliche Geräte gesperrt, da sich ergeben hatte, daß die Höhenruder sämtlich nachgeschweißt werden müßten. Alle diese Versager und Pannen haben sich auf den Einsatz erheblich ausgewirkt. Sie führten mehr oder weniger alle zu einer erheblichen Einschränkung der Feuertätigkeit, das Nachschweißen der Höhenflosse sogar zu einer längeren völligen Feuerpause in einer Zeit, in der die andauernde Aufrechterhaltung der Gefechtstätigkeit gegen Antwerpen mehr denn je notwendig war.
Meine Herren, wir übersehen nicht, welche Nachteile dadurch eingetreten sind. Nachweislich lief aber z. B. in dieser Zeit das erste Großgeleit der Alliierten in den Hafen von Antwerpen ein.
Für die Division ergeben sich hieraus laufende, immer neue Entschuldigungen dem WFSt. gegenüber, die uns im Laufe der Zeit kein Mensch mehr glaubt!
Ich bitte, meine Herren, sich bei jeder Sperrung von Geräten bewußt zu sein, daß erhebliche Rückwirkungen auf den Einsatz unvermeidlich sind.
Ich wäre dankbar, wenn der Division bekanntgegeben werden könnte, welche *Dienststellen und Persönlichkeiten zu derartigen Sperrungen berechtigt sind.* Jedenfalls geht es nicht an, wie es offenbar bisher der Fall war, daß jeder Offizier oder Ingenieur, dem irgendein Mangel auffällt, plötzlich von sich aus Sperrungen anordnet.
Ich gehe auf die übrigen Forderungen, die im Entwicklungsprogramm festgelegt sind, nicht ein. So dankbar die Truppe ein Gerät begrüßen würde, das größere Reichweiten aufweist, so sehr muß doch darauf hingewiesen werden, daß der Einsatz eines derartigen Gerätes wertlos ist, solange das Gerät auf kürzere Entfernungen noch solche Unsicherheiten ausweist.
Im übrigen darf ich zum Abschluß am Rande erwähnen, daß die Amerikaner unser Gerät nun tatsächlich nachgebaut haben. Nach den eingelaufenen Berichten soll es fliegen. Es liegt außerdem ein Foto vor, das das Gerät auf einer Schleuder zeigt. Von ihr wird dort behauptet, daß sie der deutschen Fertigung gegenüber insofern einen wesentlichen Vorteil bedeutet, als sie in erheblich kürzerer Zeit aufgestellt und entfernt werden könne als die deutsche.
Meine Herren, ich hoffe nicht, daß wir den Vorsprung, den wir

> unzweifelhaft bei der V1 haben, ähnlich wie bei anderen Dingen wieder einbüßen.
> Es handelt sich nicht nur um das Halten und Vertiefen des jetzt erreichten Entwicklungsstandes, sondern fortwährend auch um die Verbesserung der Waffe.«

Schon am 15. Oktober 1944, nach der englischen Niederlage bei Arnheim und der Verstärkung des Widerstandes am Niederrhein und Waal, erhielt die I. Abteilung den Befehl, 16 Einsatz- und 8 Ersatzstellungen im Raum Zwolle-Almelo-Enschede-Zutphen-Apeldoorn-Nijkerk in Verbindung mit Oberbauleitung Gelis zu erkunden. (63)

Zwei Wochen später errichtete der Erkundungsstab in Colmschate, Huis de Bannink seinen Sitz und begann sofort mit der Vermessung der befohlenen Feuerstellungen.

Wenige Tage nach den Vermessungsarbeiten meldete die Abwehr, Geheime Feldpolizei-Kdo. 716, die in Almelo stationiert war, die ersten Verratsmeldungen durch die holländische Widerstandbewegung, daraufhin gab der Oberbefehlshaber West am 2. November den Befehl, die Bezeichnung V1 nicht mehr zu verwenden, sondern die Flugbomben im dienstlichen Verkehr mit dem Decknamen Krähe zu bezeichnen.

Die Bauarbeiten wurden durch das regnerische Herbstwetter erschwert, und die Fundamente der Abschußrampen mußten zum Teil in das Grundwasser gegossen werden, das sich oft nur 30 cm unter der Erdoberfläche befand. Stockungen traten ein, als die vom Korps zugeführten NSKK-Kolonnen, deren LKWs mit Otto-Motoren ausgerüstet waren, zu geringe Kraftstoffzuweisungen erhielten. Der dringend benötigte Zement kam aus dem Reich nur mit Verzögerungen, fehlende Baumaschinen mußten in Holland beschlagnahmt werden. Als trotz aller Schwierigkeiten die Stellungen am 5. Dezember 44 fertiggestellt waren, konnte das Schießen nicht beginnen, da ein Befehl vorlag, daß nur mit verstärkten Herzstücken der Schleudern geschossen werden durfte und alle Flugbomben wegen fehlender Formänderung gesperrt seien.

Die I. und II. Abteilung wartete auf die Zuweisung einer Industrie-Kolonne, die diese Schäden beheben sollte.

In dieser Situation wurden die Stellungen der 3. und 24. Batterie von Bombern angegriffen, die aber weder Schäden noch Verluste anrichteten.

Um Truppen für die hartbedrängte Ostfront freizumachen, wurden die Kampfbatterien statt mit 4 Geschützen und 276 Mann auf 3 Geschütze mit 217 Mann reduziert, der Zusammenbruch des Reiches zeichnete sich ab.

Am 14. Dezember 44 traf Oberst Wachtel auf dem vorgeschobenen Regiments-Gefechtsstand in Diepenveen-Borgele, 4 km nördlich von Deventer, ein, um an der Feuereröffnung teilzunehmen.

Wachtel ordnete an, daß alle Batterien ohne elektrischen Zünder schießen sollten, nur mit 2 Aufschlagzündern. Die Erfahrung im Einsatzraum der III. Abt. (Eifel) hatte gezeigt, daß ein hoher Prozentsatz der erst nach 60 km Flugstrecke scharf werdenden Bomben bei vorzeitigem Aufschlag detoniert war. Es wurde angenommen, daß das elektrische Zündsystem den Stromkreis bei hartem Aufprall geschlossen habe. Aus 7 Stellungen wurde um 5.02 Uhr am 16. Dezember 1944 das Feuer eröffnet, bis zum nächsten Tage um 15.00 Uhr waren 83 Schuß auf Antwerpen abgefeuert, darunter 13 Abstürze. Damit trat der Einsatzraum Holland in Aktion.
Täglich wurde Antwerpen unter Feuer genommen, und am Heiligen Abend verließ um 19.36 Uhr die 500. Flugbombe die Stellung Nr. 528 aus Holland. Alle wußten, es ging um die Unterstützung der deutschen Ardennen-Offensive. Obwohl man mit einem schnellen Vorstoß rechnete, stellte die Abteilung Alarmeinheiten auf und die Soldaten wurden in der Panzernahbekämpfung ausgebildet, um im Kampffalle die örtliche Verteidigung selbst zu übernehmen. Anfang Januar 1945 traf eine Meldung ein über die Wirkung des Beschusses von Antwerpen:

a) Der Einsatz von Antwerpen hat gezeigt, daß die Streuung noch zu groß ist und das Ergebnis in keinem Verhältnis zum Aufwand steht.
b) Antwerpen ist der wichtigste Nachschubhafen des Feindes. Das Hafengebiet ist voll von Schiffen.
c) Bisher ist nicht festgestellt worden, daß durch den Beschuß die Ausladungen wesentlich gestört wurden oder gar fühlbare Entlastung der Front die Folge war.

Durch die Verkürzung der Flugstrecke sollte der Versuch unternommen werden, die Streuung wesentlich zu verkleinern. Dafür war es notwendig, Abschußbasen in die HKL. (Hauptkampflinie) einzubauen.
Hauptmann Schwennesen, Kommandeur der II. Abt. in Holland, begab sich selbst zur Erkundung dieser nahe am Feind gelegenen Stellungen in den Raum Rotterdam. Die Stellungsmöglichkeiten in dem flachen, unbewaldeten Land waren äußerst ungünstig, jedoch unter den oben angeführten Gesichtspunkten, wenn unbedingt erforderlich, durchführbar.
Drei Stellungen wurden für diesen Spezialeinsatz erkundet, und zwar:

1. Petroleumhafen Pernis
2. Hafen bei Ould Beijerland
3. Zuckerfabrik bei Tonkerhoek

Um die Frage des Einsatzes zu klären, wurde Hauptmann Schwennesen am 9. Januar 1945 zur Division befohlen. Divisionskommandeur Walter befahl den Einsatz unter dem Stichwort »Mülleimer«. Es sollten 300 Geräte in 8 Tagen auf Antwerpen verschossen werden. Zur Ortung erhielten alle

Flugbomben das im Heck eingebaute Funkgerät FuG 23. Die Schußentfernung bei dem Einsatz Mülleimer lag zwischen 66 und 75 km. Ober-Ing. Kühnert hatte für diesen Versuch das Zählwerk genau untersucht und festgestellt, daß der Kontakt zum Schließen des Stromkreises und damit zum Scharfwerden des elektrischen Zünders so verstellt werden konnte, daß schon nach 20 km die Bombe scharf war. Oblt. Altenburg, der Schießexperte des Regiments, hatte für dieses Unternehmen eine neue Schußtafel angefertigt.
Am 18. Januar wurde die Hälfte der 11. Batterie auf 15 LKWs verladen und in den Abendstunden nach »Mülleimer« in Marsch gesetzt. Der Aufbau der Abschußrampen begann am 23. des gleichen Monats und sollte bis zum 27. abgeschlossen sein.
Major Neubert, Kommandeur der Luftnachrichten-Abteilung, erschien in den Stellungen der 11. Batterie, um sich vom funktechnischen Stand dieses wichtigen Erprobungs-Unternehmens zu überzeugen. Jede Feuerstellung war mit mehreren Sendern ausgerüstet, in dem Batterie-Befehlsstand befand sich ein 40-Watt-Sender, um die Meldungen von FuG-Schüssen zur Peilauswertung direkt durchzugeben. Der Kontakt zur Abteilung wurde über ein 100-Watt-Gerät aufrechterhalten. Die II. Abt. belegte die Stellungen mit den Nr. 531, 532 und 533, zwei Ersatzstellungen Nr. 561 und 562 wurden der I. Abt. zugewiesen. In den späten Abendstunden des 27. Januar 1945 kurz vor Einsatzbeginn des Unternehmens Mülleimer, traf der Generalleutnant der Waffen-SS, Dr. Ing. Kammler, in Begleitung mit Abt.-Kommandeur Schwennesen in den vorgeschobenen Feuerstellungen der 11. Batterie ein, die pünktlich um 23.18 Uhr das Feuer auf Antwerpen eröffneten und im Laufe der Nacht 27 Schuß abgaben. Sorgfältig verfolgten die Peilstationen die FuG-Schüsse und meldeten die Einschläge im Südteil der Stadt. Gleichzeitig wurden auch optische Einschlagsorientierungen bei diesem wichtigen Beschuß der Hafenanlagen durchgeführt. Zwei auf geogr. Nord aufgebaute Flakfernrohre, durch Fernsprechleitungen miteinander verbunden, gewährleisteten eine annähernde Ortung bei klarer Sicht. Die Ortungen ergaben, daß die Masse der Flugbomben auf Kurs flog, was im Gegensatz zu den Ortungsergebnissen der Peilauswertung stand. Im vorgeschobenen Regiments-Gefechtsstand Diepenveen sah man das Schußergebnis positiver und meldete per Fernschreiben, daß von 40 georteten Einschlägen im Raum Antwerpen 4 Schüsse im Kreis von 5 km Radius, 9 im Kreis von 10 km Radius und der Rest der Geschosse nur in einem Kreis von 15 km Radius lagen.
Auch die geringere Schußentfernung bei diesem Unternehmen hatte gezeigt, daß die starke Streuung der Flugkörper dadurch nicht herabgesetzt wurde. Die Idee, »näher an das Ziel heranzugehen«, stammte von dem

neuen Sonderbevollmächtigten 2 des Reichsführers SS, Generalleutnant der Waffen SS Kammler.
Am 26. Januar 1945 unterstellte der Chef des Generalstabes der Luftwaffe auf Befehl des Reichsmarschalls die 5. Flakdivision mit allen Verbänden dem SS-General. Der Befehl trat sofort in Kraft.
Kammler hatte eine steile Karriere hinter sich, er kam aus gutbürgerlicher Familie, hatte eine abgeschlossene Hochschulbildung und war bis zum Frühjahr 1942 leitender Baubeamter im Reichsluftfahrtministerium. Himmler ernannte ihn zum Leiter der Amtsgruppe Bau der SS, die im Sommer 1943 die Bauten für das Raketenprogramm übernahm. Er ähnelte Heydrich, war immer korrekt gekleidet und gut erzogen, von seltener Hartnäckigkeit und bereit, sich gegen alle Widerstände durchzusetzen. Dieser Vertrauensmann Himmlers galt als Fanatiker in der Verfolgung seiner Ziele, die er mit Energie und schneller Auffassungsgabe anfaßte und ohne Skrupel anstrebte.
Als im Mai 1944 in dem der Waffen-SS unterstehenden Heidelager in Polen die V1 und V2 mit scharfen Sprengköpfen erprobt wurden, hatte Kammler Einblick in die neuen Waffensysteme bekommen.
Am 20. Juli 1944, nach dem Attentat auf Hitler, übernahm sein Vorgesetzter Reichsführer SS als Nachfolger Fromms dessen Stellung und Aufgabenbereich. Schon am 4. August wurde der inzwischen zum Gruppenführer beförderte Kammler zunächst mit der Überwachung des A4-Programms beauftragt. Am 8. August ernannte ihn Himmler für das gesamte Programm zu seinem Sonderbevollmächtigten. Ende September unterstand ihm der Fronteinsatz der V2-Raketen mit Entscheidungsrecht für alle grundlegenden Fragen.
In den Abendstunden des 31. August 44 in Brüssel hatte Kammler seine erste Besprechung mit dem Chef des Stabes des LXV. Armeekorps, des vom Oberkommando der Wehrmacht eingesetzten Generalkommandos, das den Einsatz der V1 und V2 führen sollte.
Als Kammler am 8. Sept. 44 bei dem Ersteinsatz der V2 in Holland mit den Maßnahmen des höheren Artillerieführers 91 General Metz nicht einverstanden war, übernahm er den Befehl. Metz trat zurück und Kammler wurde Divisionskommandeur der neu aufzustellenden Division zur besonderen Verwendung. Ehe das Oberkommando der Wehrmacht eingreifen konnte, war Kammler durch Hitler bestätigt.
Es war nun noch eine Frage der Zeit, daß ihm sämtliche Vergeltungswaffen durch die Übernahme des Armeekorps zur besonderen Verwendung, früher LXV. Armeekorps, unterstellt wurden. General Heinemann ging, und Kammler unterstand unmittelbar Hitler. Seine Stellung war die eines Kommandierenden Generals. Eine phantastische Laufbahn für einen

NEUGLIEDERUNG DER FLUGBOMBEN-EINHEITEN (68)
NACH ÜBERNAHME IN DIE WAFFEN-SS.
VORSCHLAG DURCH GENERALLEUTNANT DER
WAFFEN-SS KAMMLER AM 20-3-45.

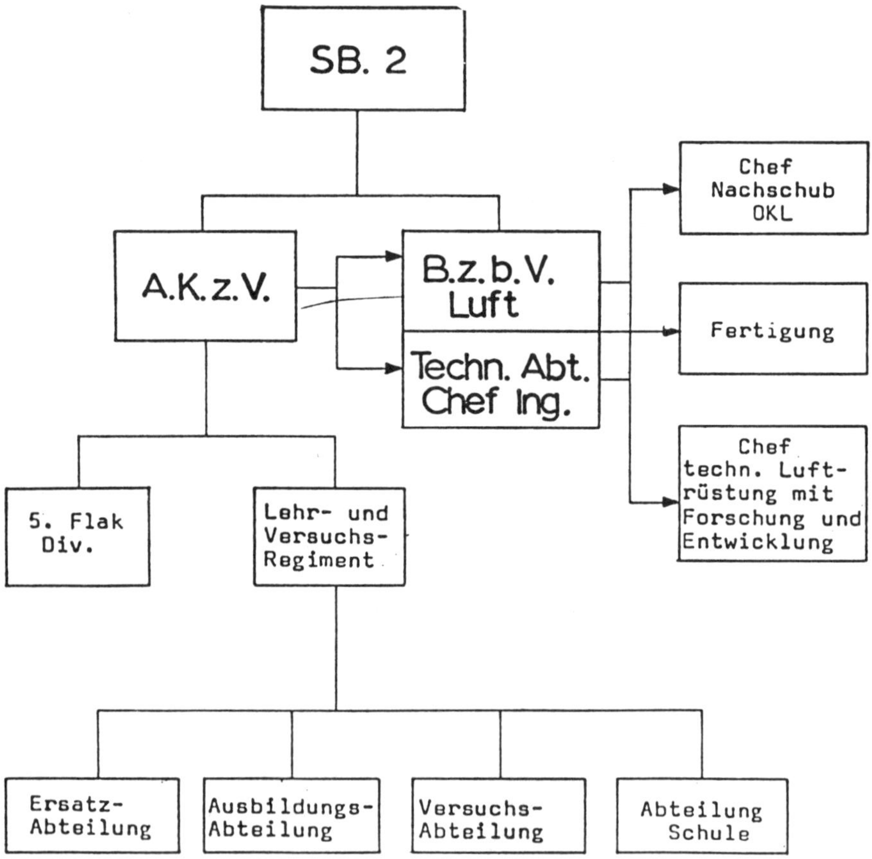

Mann, der nicht einen Tag gedient und keine militärische Ausbildung (64) genossen hatte. Rücksichtslos entfernte er alle Truppenkommandeure, die mit ihm und seinen Maßnahmen nicht einverstanden waren.

Oberst Wachtel erhielt aus der Hand des neuen Kommandeurs des Armeekorps ZV, Generalleutnant der Waffen SS Kammler, am 8. Februar 1945 auf dem Gefechtsstand des Armeekorps das Ritterkreuz des Kriegsverdienstkreuzes mit Schwertern. Als neuer Divisionskommandeur der 5. Flakdivision wurde Oberst Wachtel am 14. Februar ernannt, sein Vorgänger Oberst i. G. Walter verabschiedete sich mit seinem Ia, Major i. G. Mordhorst, sowie seinem Ib, Hauptm. Bockenkamp am 11. Februar 45.

Bei der Unterstellung der Division unter das Armeekorps ZV, mit der die Übernahme in die Waffen-SS verbunden war, machte die Luftwaffe lediglich Vorbehalte bezüglich der Übernahme einer Reihe von Generalstabsoffizieren.

Oberst Wachtel, der Mitte Januar 45 zu einer Kur nach Oberschreiberhau geschickt wurde, mußte am 30. Januar wegen wichtiger Entscheidungen zurückgerufen werden. Seine Fahrt führte ihn über Berlin, wo er eine Besprechung mit dem General von Axthelm hatte und im Stabsquartier des Generalleutnants der Waffen-SS Kammler, über die bekannte Einstellung der derzeitigen Führung hinsichtlich des taktischen Einsatzes sprach.

Kammler sah, wie Wachtel, in der V1 lediglich ein politisch terrorisierendes Mittel, das in der sich anbahnenden Endentscheidung unter allen Umständen voll einzusetzen war. Kammlers erster Befehl betraf das Unternehmen Pappdeckel. Das Fernschreiben hat folgenden Wortlaut: (63)

> Vorsorgliche Auswahl von V1-Stellungen für den Verschuß von Reichweitenzellen (auf 370 km) auf den Großraum London.
>
> Beginn des Einsatzes auf London etwa 20. Januar 45. Für diesen Einsatz sind möglichst Stellungen mit geringer Höhenlage auszuwählen. Zu beachten, daß diese Geräte nicht mit Rückenwind verschossen werden dürfen.

Zunächst erkundeten der Kommandeur der II. Abt. Hptm. Schwennesen mit Baurat Gelis den Raum Westholland und berichteten, daß der Einsatz entlang der Küste möglich sei. Dann wurden drei Erkundungstrupps mit je einem Erkundungs-Offizier, einem Baufachmann und einem Vermessungs-Ingenieur aufgestellt, die für die I. Abt. 9, für die II. Abt. 6 und für die III. Abt. 6 Feuerstellungen festlegen sollten.

Der zunächst begrenzte Einsatz Mülleimer wurde verlängert. Den ganzen Februar hindurch wurde nach Antwerpen geschossen. Nach etwa einer Woche fiel den Beobachtungsposten an den Flakfernrohren auf, daß schwarze Sprengpunkte die Flugbahnen ihrer Geschosse säumten. Die

Alliierten hatten Flak aller Kaliber herangezogen, um auch diese neue Einflugschneise abzuschirmen.
Als die Zahl der abgeschossenen Flugbomben größer wurde, erhielt die 11. Batterie den Befehl, nur noch bei schlechter Sicht zu schießen. Die Mülleimer-Stellungen wurden fast jeden Tag von Jagdbombern mit Bomben und Bordwaffen angegriffen, und zwar mit einer Regelmäßigkeit, die doch auf eine Störung im Hafen schließen ließ.
Eine amerikanische Nachkriegsuntersuchung spricht von ernsthaften Unterbrechungen beim Entladen der Schiffe und Verminderung des Nachschubs im Hafen von Antwerpen während des Dauerbeschusses mit V1-Raketen.
Nach dem Verlust der Abschußbasen in Nordfrankreich griffen auch weiterhin Einheiten des Kampfgeschwaders 53 mit abgeworfenen Flugbomben England an. Die Luftwaffe war nicht glücklich mit diesen fliegenden Abschußrampen vom Typ He 111. Als das Benzin knapp wurde, stellte man die Angriffe ein. Die letzte von einer He 111 gestartete V1 schlug um 4.30 in Horusea (Yorkshire) am 14. Januar 1945 ein. Die höchsten Abwurfzahlen lagen im November und Dezember 44 bei 112 Flugbomben pro Woche.
Grundsätzlich war die Luftwaffe der Meinung, daß Ziele mit starker Luftverteidigung wirkungsvoll mit aus der Luft gestarteten Flugbomben angegriffen werden sollten. Dies führte zu zahlreichen Entwicklungen, die zum Teil im Reißbrettstadium stecken blieben, wie der geplante Einsatz mit Arado 234 Bombern; die mit Düsenaggregaten angetriebenen Flugzeuge erreichten Geschwindigkeiten von 725 km/h.
Auch Focke-Wulf-Jäger FW-190 sollten V1-Flugbomben abwerfen und mittels eines Startwagens mit einer untergehängten V1 aufsteigen. Sogar die Ersatz-V1 Hagelkorn BV 246 sollte als Ferngleitbombe mit zwei kleinen Argus-Schmidt-Rohren versehen werden, um nach dem Flugzeugabwurf über dem Reichsgebiet bis nach England fliegen zu können. (65)
Am 20. Oktober 1944 meldete der Chef der technischen Luftrüstung in seiner Halbmonatsmeldung seine Erfahrung über den Abwurf von Flugbomben aus den verschiedenen Kampfflugzeug-Typen. Die sich verstärkende Gegnerabwehr lasse die He 111 für den Einsatz auf Dauer als ungeeignet erscheinen. Die für die Weiterentwicklung des Flugzeugabwurfes mit Junkers Ju 188 durchgeführte Erprobung, deren Ergebnisse auch auf die Typen Ju 88 und Ju 388 übertragen werden könnten, habe ergeben, daß die Abwurfanlage in Ordnung ist. Flugeigenschaften ohne Beanstandungen. Verhalten bei Abwurf günstiger als bei Heinkel He 111.

Vergeltung um jeden Preis hieß Hitlers Devise in den letzten Monaten des II. Weltkrieges. Generalleutnant Kammler war Realist und holte sich die noch in der Erprobung stehenden V1-Reichweitenzellen, um erneut nach England zu schießen.
Es war ein Wettlauf mit der Zeit. Während die in Holland stehenden Einheiten schon die Rückmarschstraßen erkundeten und Fähren über die Flüsse erprobten, brachten nachts Transportkolonnen die neuen Flugkörper in die Feuerstellungen. Damit keine Stockungen bei den Nachtfahrten auftraten, waren die Lastwagen mit Infrarotgeräten ausgerüstet, um ihre Ladung pünktlich an die Front zu bringen.
Zur gleichen Zeit, als das Unternehmen Pappdeckel im holländischen Raum anläuft, wird der I. Abt. im Eifelraum die Verlegung in die erkundeten Stellungen im rechtsrheinischen Raum befohlen. Kammler, der überall zu sein scheint, besichtigt Ende Januar das neue Stellungssystem rechts des Rheins. Die 22. Batterie beginnt als erste Einheit die Verlegung am 31. Januar 45. Infolge Mangels an Kolonnenraum geht der Transport nur langsam vorwärts, 40% sämtlicher Fahrzeuge fallen allein durch Reifenschäden aus, weitere 20% durch Motor- und Getriebeschäden. Am 2. Januar schießt aus den Eifelstellungen nur noch die 21. Batterie mit 2 Geschützen, auch die 23. und 25. Batterie bereiten die Verlegung vor.
Die noch brauchbaren Geräte und Abschußrampen werden im rechtsrheinisch gelegenen Heimbacher Wald zwischengelagert. Wegen der knappen Kraftstofflage werden die älteren Rampen gesprengt, zum Teil handelt es sich um Geschütze, die im Durchschnitt das Dreifache der zulässigen veranschlagten Schußbelastung erfahren hatten.
Kammler befiehlt am 6. Februar, den Einsatz im rechtsrheinischen Raum mit allen Mitteln voranzutreiben, und für die 22. Batterie wird Feuereröffnung mit 3 Geschützen für den 11. Februar angeordnet.
Pünktlich eröffnet die 22. Batterie den Beschuß auf Antwerpen aus den neuen Feuerstellungen, durch die schlechte Wetterlage funktioniert der Nachschub ausgezeichnet und täglich treffen Züge mit Flugbomben ein. Der Batteriechef meldet gute Schießergebnisse. Die letzten Sondergeschosse aus dem linksrheinischen Raum (Eifel) werden von der 21. Batterie am 5. Februar verschossen. Als die zurückbleibenden Sprengkommandos die schon oft angegriffene Stellung 23 zur Sprengung vorbereiten wollen, greift ein starker Jagdbomberverband mit Bomben und Bordwaffen die bereits seit einigen Tagen geräumte Stellung an. Am 27. Februar 45 meldet die III. Abteilung die Beendigung der Verlegung aus der Eifel auf die rechte Seite des Rheines. Am 18. Februar trifft der Befehl ein,das Schießen

aus den Stellungen des rechtsrheinischen Einsatzraumes sofort einzustellen und die gesamte Abteilung nach Holland zu verladen, um an dem Unternehmen Pappdeckel gegen London teilzunehmen.
Der Transport soll mit der Eisenbahn erfolgen. Hier gelingt es den Alliierten zum ersten Male, die Verlegung einer ganzen Abteilung der 5. Flakdivision durch ständige Luftangriffe zu verhindern. Bahnstrecken und Bahnhöfe im neuen rechtsrheinischen Einsatzraum sind schon teilweise außer Betrieb. Die gut getarnten neuen Stellungen sind von den Tieffliegern noch nicht erkannt, dafür stehen die Nachschubstraßen und Eisenbahnlinien unter ständigen Hoch- und Tiefangriffen. Die 23. Batterie liegt in den Stellungen 319, 230 und 321 im südlichen Teil des Einsatzraumes und eröffnet am 7. März um 12.47 Uhr das Feuer auf Antwerpen.
Am Nachmittag des 11. März greifen 50 zweimotorige Bomber die Transportkolonne 107/XVII an, die gut getarnt in einem Waldstück steht. Die z. T. verschütteten Fahrzeuge können aber freigeschaufelt werden und treffen noch in der Nacht in den Feuerstellungen der 22. Batterie ein, die wegen des fehlenden Sondertreibstoffes ihre Feuertätigkeit vorübergehend einstellen mußte. Zwei Stunden später sind die Flugbomben aufgetankt und die ersten Krähen röhren über den Rhein in Richtung Antwerpen.
Als erneut eine wichtige Nachschubstrecke bombardiert wird, greift die Batterie des Hauptmann Blank zur Selbsthilfe, mit eigenen Leuten und aus der Umgebung herangeschafften Kriegsgefangenen wird die Strecke in der Nacht vom 18. auf 19. März wieder befahrbar gemacht. Als in den Morgenstunden der erwartete Transportzug mit 76 Krähen eintrifft und gerade gut getarnt abgestellt wird, erscheinen Jagdbomber und greifen den Zug an. Die Flugbomben detonieren in aufeinanderfolgenden Explosionen und zerstören den gesamten Eisenbahnzug, sowie die Strecke. Am 17. März schießt die 22. Batterie noch mit einem Geschütz. Der Verladebahnhof für den Rückzug liegt schon unter feindlichem Artilleriebeschuß.
Die Frontlage hat sich am 23. März so zugespitzt, daß nur noch die wichtigsten Geräte verladen werden können. Ein kleiner Teil der Abteilung bereitet die Abschußrampen zur Sprengung vor, alle übrigen Einheiten sind bereitgestellt, um im Erdkampf einen überraschenden Angriff feindlicher Panzer und Infanterie abzuwehren.
Wieder hilft eine Schlechtwetterperiode, die Tieffliegerangriffe zu mindern und die III. Abt. aus dem Kampfgebiet am Rhein zurückzuführen, in neue Einsatzräume, wie es heißt.
In Holland bereiteten sich die I. und II. Abt. auf den Einsatz Pappdeckel vor. Die Industrie hatte zunächst 700 Reichweitenzellen pro Monat zugesichert. Diese verbesserte V1-Flugbombe wurde mit fast 1000 Liter Betriebsstoff aufgetankt gegenüber 600 Liter bei den gewöhnlichen Zellen.

Zum Verschuß der Reichweitenzellen gelangt als Betriebsstoff E 2 zur Verwendung, der gegenüber dem früheren E 1 Treibstoff sparsamer im Verbrauch war, der Zelle aber eine geringere Geschwindigkeit verlieh. Wegen des größeren Treibstoffbehälters mußte der Sprengkopf verkleinert werden, was aber durch die Trialenfüllung, mit höherer Sprengkraft, ausgeglichen werden sollte. Die Zelle selbst war weitgehend aus Sperrholz hergestellt, in Anlehnung an Erfahrungen aus dem Holzflugzeugbau. Alle Geräte waren ohne Tarnanstrich, es genügte die Oberflächenfärbung des verwendeten Konservierungsmittels. Direktor Kunze aus dem Büro Lusser bei Fieseler hatte einen neuen Kraftstoffbehälter entwickeln lassen, der ein Weiterlaufen des Argus-Triebwerkes während des Abstiegs gewährleistete. Die bisherige Konstruktion schaltete das Triebwerk aus, wenn die Flugbombe am Ziel angekommen war und sich mit der Spitze nach unten neigte. Durch diese Unterbrechung des Triebwerkgeräusches war der Gegner vorgewarnt.
In den Nachtstunden des 2. März 45 wurden die ersten neuen Geräte von Lastwagen in die Feuerstellungen gefahren. Der Transport wurde von Sicherungseinheiten begleitet. Die Geheime Feldpolizei hatte ermittelt, daß holländische Agenten von England den Auftrag erhalten hatten, mit allen Mitteln Sabotageakte gegen Raketentransporte durchzuführen. Gezieltes Gewehr- und Maschinengewehrfeuer sei wirkungsvoll und es bestände keine Explosionsgefahr, hatte der Gegner den Widerstandsgruppen mitgeteilt.
Am 3. März um 2.30 Uhr eröffnete die 12. Batterie das Feuer auf Ziel 0101 London, tags darauf erschienen 4 Thunderbold und griffen die Pappdeckel-Stellung Nr. 537 mit Bomben und Bordwaffen an, ohne Erfolg zu erzielen.
Einzelheiten über die Reichweitenentwicklung sind aus einem Referat des Herrn Dipl.-Ing. Gelhaar der Fieseler Werke vom 8. Februar 1945 (Nachlaß Dr. Ing. Gosslau, Argus) ersichtlich.
»Bei der Weiterentwicklung des Gerätes 8-103 auf größere Reichweite interessieren aus taktischen Gründen nur die beiden Stufen 370 und 500 km. Mit dem 370-km-Gerät wird London von dem in unserer Hand befindlichen holländischen Raum aus erreicht, der Schußsektor ist allerdings sehr eng, was die Abwehr stark begünstigt. Erst bei einer Reichweite von 500 km kann der Schußsektor erheblich erweitert werden, weil auch aus dem Gebiet ostwärts der Ijssel-See geschossen werden kann. Von Westholland aus werden andererseits die Midlands erreicht.
Das Gerät mit 370 km Reichweite bleibt gegenüber dem bisherigen Zustand hinsichtlich der Funktion unverändert. Es erhält lediglich einen größeren K-Raum und einen kleineren L-Raum. Dieser soll für alle Geräte auf 500 kg vereinheitlicht werden.

Am 2.2. 45 hat Büro Wolf zwei Satz Werkstattzeichnungen an MW übergeben. MW baut sofort 2 vorhandene Rumpf-Mittelstücke für Belastungsversuche um. Es wird untersucht, ob die Wandstärke wie bisher mit 2,5 mm ausreichend ist. MW macht auf Schwierigkeiten der Blechbeschaffung aufmerksam, wenn für die neuen Behälter 3 mm Blech notwendig werden sollte. Bis 7.2. macht MW einen Terminplan für den Bau von 100 Versuchsgeräten, deren Auslieferung auch in Losen von 10 Stück erfolgen kann. MW hat die schnellste Freigabe der Serienfertigung gewünscht, weil der in MW beabsichtigte Behälterbau dann gleich auf neue Fertigungen eingerichtet werden kann.
Über das 500-km-Gerät kann zusammenfassend noch nicht berichtet werden, da hier noch Projekt- und Funktionsuntersuchungen im Gang sind. Jedoch ist bereits klargestellt, daß die Kraftstofförderung und die Preßluftversorgung des Steuergerätes eine neue Lösung finden muß, da der vermehrte Preßluftbedarf wegen Raummangels nicht mehr wie bisher untergebracht werden kann. Es ist beabsichtigt, mit Hilfe einer primitiven Abgasturbine, die vom A-Rohr gespeist wird, eine Kraftstoffpumpe und einen Luftpresser (1,0-2,0 atü) anzutreiben. Die Rudermaschinen (6 atü) sollen wie bisher aus einer Vorratsflasche gespeist werden.
Technische Details sehen folgendermaßen aus, zusammengestellt von Büro Wolf in Berlin am 20. Februar 1945.

Baureihe F-1

A. Allgemeines

Die Baureihe F-1 ist eine Weiterentwicklung des Gerätes (Baureihe A-1) in bezug auf Reichweite und Treffgenauigkeit. Die Reichweite beträgt:

mit Kraftstoff E 1 345 km
mit Kraftstoff E 2 (VK 2) 370 km

Aus der untenstehenden Skizze und der folgenden Beschreibung ist der Aufbau der neuen Baureihe F-1 und der Unterschied gegenüber der bisherigen Baureihe A-1 zu ersehen.

Die Gesamtlänge des Gerätes bleibt unverändert. Die größere Reichweite wird bei annähernd gleichem Fluggewicht auf Kosten der Sprengstoffmenge erzielt. Kraftstoff und Sprengstoff sind weiter nach vorne verlegt, so daß gegenüber Baureihe A-1 eine größere Schwerpunktvorlage vorhanden ist. Mit Rücksicht auf den geforderten knappen Einsatztermin der neuen Baureihe wurde auf eine Vorverlegung des Holmes verzichtet und ein geknickter Strakverlauf im vorderen Teil des Rumpfes bewußt in Kauf genommen. Auf diese Weise wurden neue Preßgesenke für die Lastraumschale und Änderungen an Vorrichtungen vermieden. Der Geschwindigkeitsverlust infolge der geknickten Rumpfform ist gering. In Karlshagen

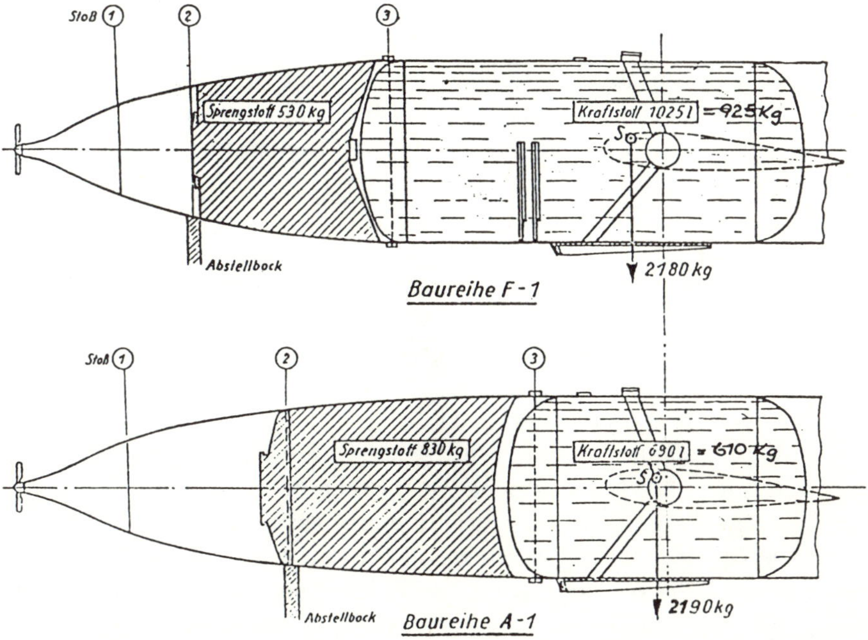


durchgeführte Versuche mit dem weit vornliegenden Schwerpunkt waren erfolgreich.

B. Abweichungen der Baureihe F-1 gegenüber der Baureihe A-1

1. Bugspitze

   Zur Erzielung einer besseren Treffgenauigkeit gelangt ein neues Luftlog mit doppelter Propellersteigung zum Einbau. Die dadurch bedingte doppelte Drehzahl hat durch Fortfall eines Kontaktstiftes im Schneckenrad auf die bisherige Logzahl keinen Einfluß. Aus Termingründen sind jedoch die ersten Geräte noch mit dem alten Luftlog ausgerüstet.

   Nach Aufbruch des bisherigen Aufschlagschalters wird in die Bugspitze ein neuer Aufschlagschalter ohne Röhrenkontakt eingebaut.

2. Bug

   Der Bug ist aus Holz gefertigt und wesentlich kürzer. Die bisherigen Anschlußringe aus Leichtmetall wurden durch Holzringe ersetzt. Die Verbindung des Buges mit der Bugspitze und mit dem Lastraum erfolgt durch Hozschrauben.

3. Lastraum

   Der aus Holz gefertigte Lastraum ist ebenfalls kürzer und hat 340 Liter Inhalt. Dies entspricht 530 kg Sprengstoff. Der bisherige vordere Anschlußring aus Stahl wurde durch einen Holzring ersetzt.

4. Mittelstück
   Der Kraftstoffraum ist durch Verlängerung nach vorne auf 1025 Ltr. Inhalt vergrößert. K-Beschlag, Heißbeschlag und Holmführungsrohr liegen in Bezug auf den hinteren Boden an der gleichen Stelle wie bisher. Zur örtlichen Verstärkung wurden im Inneren vor dem K-Beschlag 2 Sichelspanten angeordnet.
5. Tragwerk
   Bei der Baureihe F-1 werden Holzflächen mit dem Holm der Baureihe B-1 verwendet. Die linke Tragfläche ist mit Rücksicht auf bessere Treffgenauigkeit mit einer Trimmvorrichtung ausgerüstet, die jedoch aus Beschaffungsgründen bei den ersten Geräten noch nicht eingebaut werden kann.
6. Elektrische Ausrüstung
   Mit Ausnahme des bereits erwähnten neuen Luftlogs und Aufschlagschalters sowie eines neuen Kabelschachtes bleibt die elektrische Ausrüstung unverändert. Der neue Kabelschacht ist nach vorn verlängert und zur Erzielung einer besseren Auflage auf dem Rumpf mit 3 weiteren (insgesamt 12) Befestigungslöchern versehen. Die übrigen Bauteile werden unverändert übernommen.«

Insgesamt wurden in den ersten 24 Stunden des Unternehmens »Pappdekkel« 49 Schuß auf London abgegeben, davon waren 5 Abstürze.
Als die ersten Flugbomben in London eingeschlagen waren, ordnete General Pile eine umfassende Luftaufklärung an. Die mit Radar aufgezeichneten Einflugwege wurden verlängert und zeigten an, daß die Abschußstellen in Süd-West-Holland zu suchen waren. Fotoaufklärer fanden neue Stellungen in Ypenburg, nahe Den Haag, andere bei Vlaardingen, 6 Meilen westlich von Rotterdam und weitere dicht am Delfter Kanal. Wenige Tage später wurden 96 schwere Flakgeschütze zwischen den Inseln Sheppley und Orfordness zur Verstärkung des nördlichen Teils des Verteidigungsstreifens an der Küste aufgestellt.
Gegen die am Tage einfliegenden Bomben wurden zunächst sechs Schwadronen Mustangs mit besonders starken Spezialmotoren eingesetzt. Die in Belgien stationierten Meteor-Düsen-Jäger-Einheiten der Second Tactical Air Force wurden nach England zurückgerufen (67) und sollten den Raum zwischen den Flakstellungen und London überwachen. Tempest-Jäger erhielten die Aufgabe, die Bomben schon über der Nordsee abzufangen, dazu standen sie mit den Radarstationen in Belgien ständig in Kontakt.
Zwischen dem 1. und 10. März 1945 schossen alle drei Abteilungen laut Gefechtsbericht auf folgende Ziele:

| | |
|---|---|
| I. Abt. Holland, Gefechtsstand: Enschede Raum Deventer-Enschede-Almelo, | 745 Schuß, Ziel Antwerpen |

| | | |
|---|---|---|
| II. Abt. | Holland, Gefechtsstand: Schiedam<br>Raum Den Haag-Schiedam-Rotterdam | 70 Schuß, Ziel London<br>73 Schuß, Ziel Antwerpen |
| III. Abt. | Reich, Gefechtsstand: Wiehl<br>Raum Rechtsrheinisch | 30 Schuß Ziel Antwerpen |

Die kritische Lage an der Westfront zwang die in Holland eingesetzten Einheiten der 5. Flakdivision zu vorsorglichen Maßnahmen zur Rückführung in die neuen Einsatzräume Oldenburg-Cloppenburg. Die I. Abteilung sollte nach dem Rückzug aus Holland, der unter dem Stichwort Zieten erfolgte, in bereits erkundeten Einsatzstellungen im Raum Varel-Oldenburg-Edenwecht-Barssel-Apen mit Reichweitenzellen den Fernbeschuß erneut aufnehmen. Eine Batterie sollte auf die Hafenanlagen von Antwerpen und zwei Batterien auf die Stadtmitte von Brüssel schießen.
Am 29. März 1945 um 14.00 Uhr traf beim Sicherungsführer Holland eine Feindlagemeldung ein, die folgendes besagte:

1. Der Feind drängt weiter scharf nach Norden und Nordosten. Stadtlohn und Dülmen wurden von ihm genommen.
2. Vom Westerwald her erreichten die Amerikaner Bad Wildungen und Brilon.
3. Heeresgruppe H kann mit zur Verfügung stehenden Truppen Frontabschnitt nicht mehr halten. Heeresgruppe H bittet Oberbefehlshaber West um Entscheid, ob Holland aufgegeben oder zur Festung erklärt werden soll.
4. Sämtliche Transporte nach Holland sind zu stoppen. Die zwei laufenden Transporte mit Reichweitenzellen sind in den Raum rechts der Weser Leeze-Stolzenau zu leiten.

Um 7.15 Uhr am 30. März löste Divisionskommandeur Wachtel das Unternehmen Lützow aus. Alle schießenden Einheiten begannen sofort mit der Verladung und dem Abtransport in den Bereitstellungsraum Zieten I im Landmarsch und Bahntransport. Als die Transporte Richtung Reichsgrenze liefen, traf um 24.00 Uhr vom Gen. Kdo. A.K.Z.V. ein Fernschreiben ein, in dem befohlen wurde, die Einheiten nicht wie angeordnet in den Raum Zieten I (Oldenburg), sondern nach Blücher-Zieten II (Verden-Rotenburg-Soltau) umzulenken. Neuer Gefechtsstand war Kettenburg Kreis Soltau.
In England explodierte am 29. März eine Reichweitenzelle bei dem 700-Einwohner-Dorf Datchworth, 25 Meilen von dem Zielpunkt London Towerbridge entfernt. Es war die letzte des Unternehmens Pappdeckel. Die letzte Flugbombe des II. Weltkrieges wurde um 8.00 Uhr des 30. März

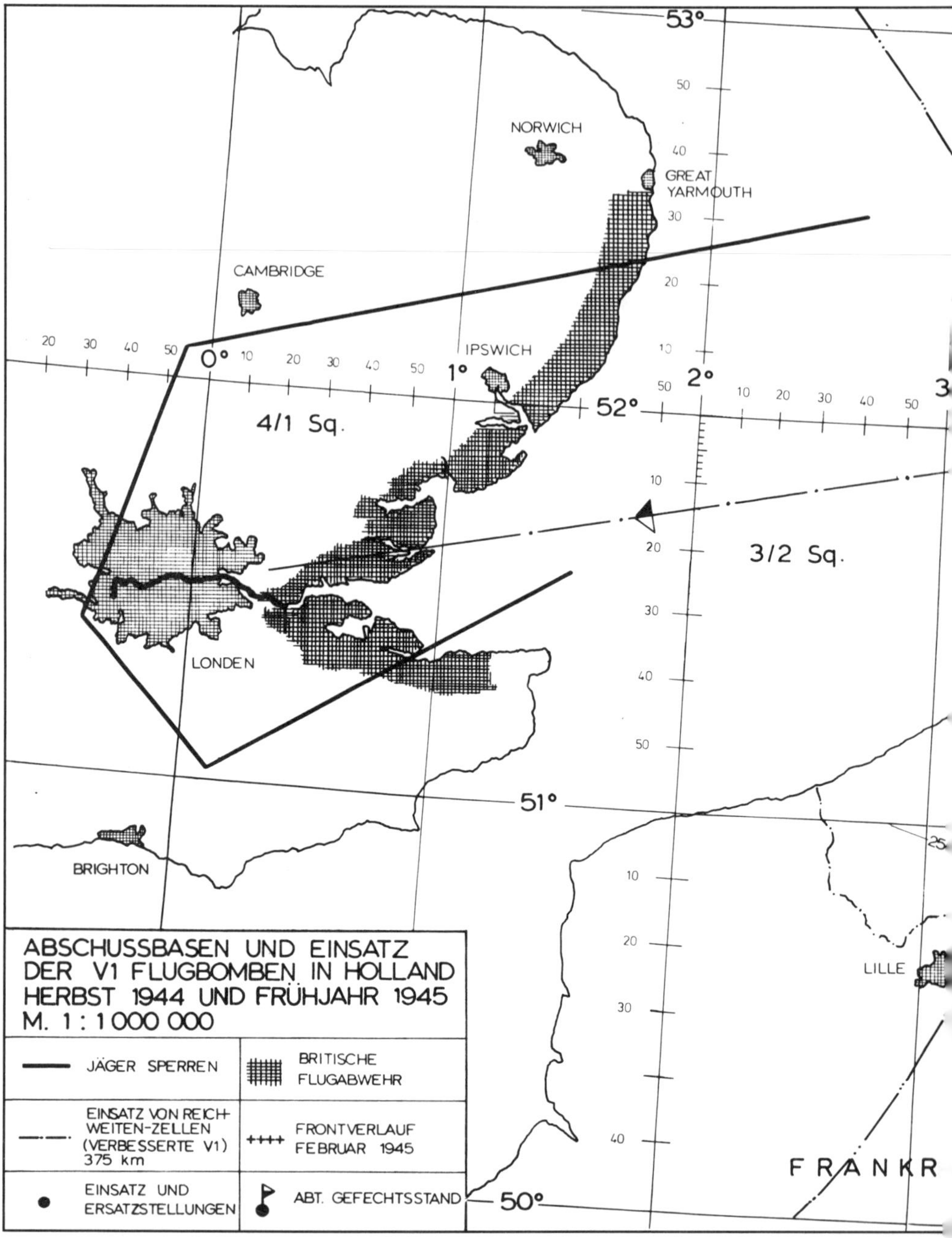
53°
NORWICH
GREAT YARMOUTH
CAMBRIDGE
IPSWICH
0°
1°
2°
52°
4/1 Sq.
3/2 Sq.
LONDEN
51°
BRIGHTON
LILLE
FRANKR
50°
ABSCHUSSBASEN UND EINSATZ DER V1 FLUGBOMBEN IN HOLLAND HERBST 1944 UND FRÜHJAHR 1945
M. 1 : 1 000 000
JÄGER SPERREN
BRITISCHE FLUGABWEHR
EINSATZ VON REICHWEITEN-ZELLEN (VERBESSERTE V1) 375 km
FRONTVERLAUF FEBRUAR 1945
EINSATZ UND ERSATZSTELLUNGEN
ABT. GEFECHTSSTAND

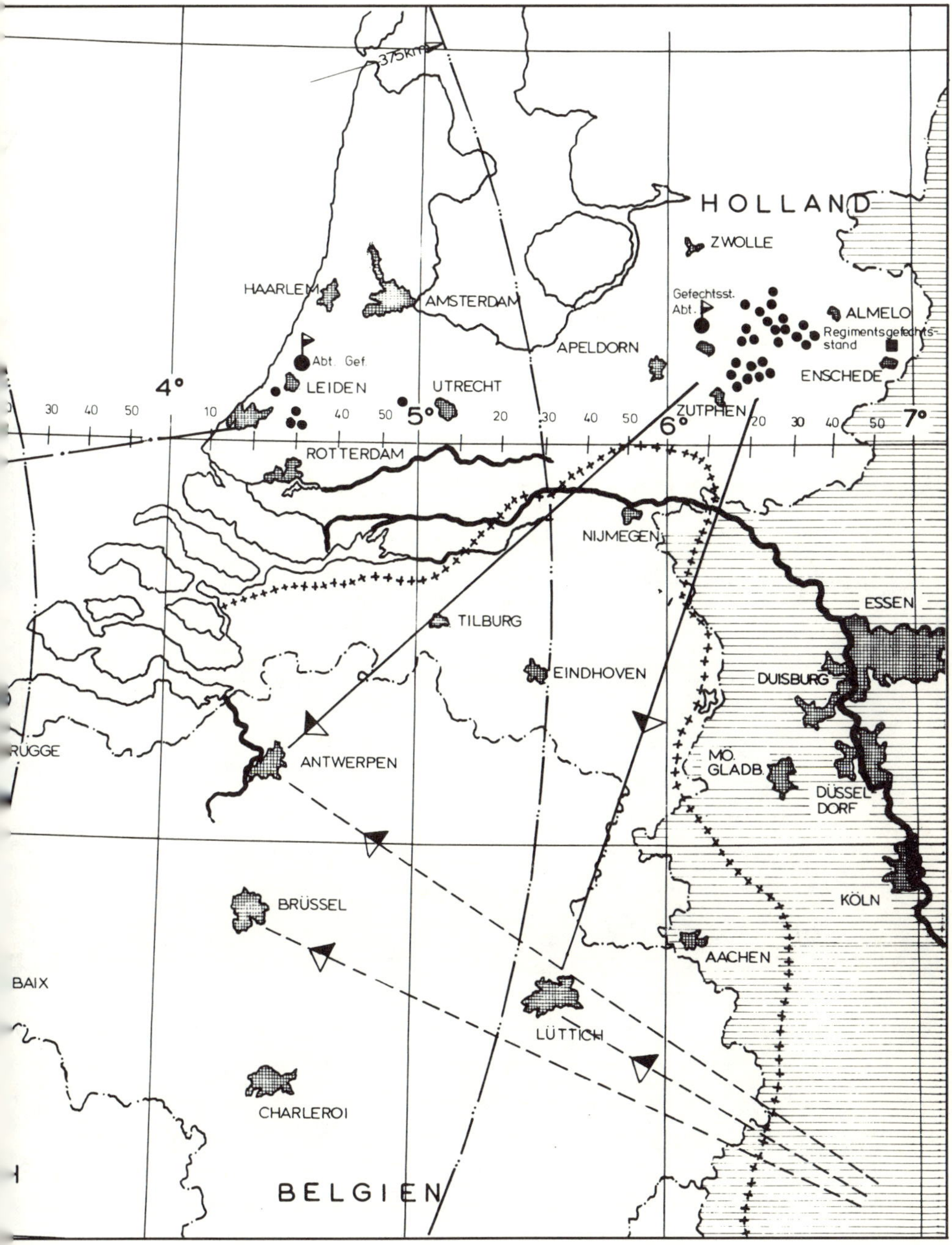
375km
HOLLAND
ZWOLLE
HAARLEM
AMSTERDAM
Gefechtsst.
Abt.
ALMELO
Regimentsgefechtsstand
Abt. Gef.
APELDORN
4°
LEIDEN
UTRECHT
ENSCHEDE
5°
6°
7°
ZUTPHEN
ROTTERDAM
NIJMEGEN
ESSEN
TILBURG
EINDHOVEN
DUISBURG
BRÜGGE
MO. GLADB.
ANTWERPEN
DÜSSEL DORF
BRÜSSEL
KÖLN
AACHEN
BAIX
LÜTTICH
CHARLEROI
BELGIEN

von der 12. Batterie der I. Abt. nach Antwerpen abgeschossen. Die Aktivitäten der Flugbombeneinheit in den letzten Tagen vor dem Rückmarsch in das Reich wurden dem Kriegstagebuch entnommen.

Feuertätigkeit der I. und II. Abteilung aus dem Einsatzraum Holland

| Datum | Abschüsse auf die Zielräume | |
|---|---|---|
| März 1945 | Antwerpen 0304 | London 0101 |
| 1 | 89 | – |
| 2 | 64 | – |
| 3 | 53 | 27 |
| 4 | 59 | 8 |
| 5 | 99 | 17 |
| 6 | 90 | 9 |
| 7 | 53 | – |
| 8 | 153 | 3 |
| 9 | 10 | 4 |
| 10 | 151 | 1 |
| 11 | 38 | – |
| 12 | 22 | – |
| 13 | 6 | – |
| 14 | 26 | 4 |
| 15 | 24 | 9 |
| 16 | 77 | 9 |
| 17 | 1 | – |
| 18 | 10 | 8 |
| 19 | 26 | 10 |
| 20 | – | 6 |
| 21 | 26 | 4 |
| 22 | 49 | 20 |
| 23 | 25 | 15 |
| 24 | 25 | 12 |
| 25 | 37 | 4 |
| 26 | 72 | 20 |
| 27 | 60 | 15 |
| 28 | 97 | 21 |
| 29 | 74 | 49 |
| 30 | 18 | – |

Auf dem vorübergehenden Gefechtsstand in Groß-Henstedt bei Bassum trafen am 31. März 45 die Meldungen über den Stand des Rückzuges und der Position der einzelnen Abteilungen ein. Alle Einheiten hatten ohne große Verluste ihre Stellungen räumen können unter Mitnahme der wichtigsten Geräte, lediglich die 5. Batterie der I. Abteilung hatte ihren Eisenbahnzug mit 50 Waggons sprengen müssen, um ihn nicht in Feindeshand fallen zu lassen.

Die Führung verlangt eine schnelle Loslösung aller für den V1-Einsatz benötigten Geräte mit Sammelpunkt westlich der Weser. Die 5. Flakdivision soll dann in den Umrüstungsraum Blücher weitergeleitet werden.

Das Gen. Kdo. A.K.Z.V. erteilt am 5. April den Befehl, sämtliches V1-Sondergerät im Raum Syke wegen drohender Feindgefahr zu vernichten. Diese Aufgabe wird unter Verantwortung von Oberstlt. Jung durchgeführt. Die Truppe erhält den Befehl zur Umrüstung mit Flak und Infanteriewaffen für den Erdeinsatz als Panzerjagdkommandos. Als der Feind mit Infanterie und Panzerspitzen zwischen Minden und Stolzenau die Weser überschreitet, trifft am 6. April ein neuer Befehl ein, nicht den Raum Blücher aufzusuchen, sondern den Raum Gneisenau I an der Marschstraße Soltau-Lüneburg. Dort wiederum lautet der Auftrag, Einsatz zum Schutze der Brücken Lauenburg und Dömitz. Auf Befehl des Gen. Kdo. müssen alle Kriegstagebücher zum 8. April 1945 abgeschlossen und an das Gen. Kdo. abgeliefert werden.

An diesem Tage erfolgt auf dem Gefechtsstand Barskamp im Kreis Lüneburg die letzte Eintragung in das Kriegstagebuch Nr. 2 der 5. Flakdivision (W) durch Leutnant Rademacher:

> »Der Einsatz der V-Waffen gegen lohnende Ziele ist durch das schnelle Vordringen der Angloamerikaner nicht mehr möglich. Auch zwingt die Lage dazu, alle kampffähigen Einheiten für die Abwehr des feindlichen Einbruches einzusetzen. Der Schicksalskampf des deutschen Volkes steht in der entscheidenden Phase. Die Offiziere und Männer der Division sind bereit, nun auch dem Gegner im Kampf Mann gegen Mann entgegenzutreten. Mit Eifer und Pflichtbewußtsein erfüllten sie ihre bisherige Aufgabe, angefangen vom kleinen Kanonier am Geschütz in Frost, Regen und heißer Sonne, oder dem Kolonnenfahrer, der allen Schwierigkeiten zum Trotz seinen Transport doch rechtzeitig an den Zielort brachte. Immer entstanden fast unüberbrückbare Schwierigkeiten, sie wurden stets im energischen Zupacken von Führung und Mann gemeistert. Erwähnt seien nur die durch die dauernden Luftbombardements und Jaboangriffe entstandenen Verkehrsstörungen. Neben den eigentlichen Aufgaben mußten oft die Eisenbahnstrecken durch eigene Leute wieder ausgebessert werden, oder die Transporte, besonders bei

der Rückführung, durch entschlossenes Handeln dem Zugriff des Feindes entrissen werden. Viel stilles Heldentum offenbarte sich. Aber auch die Führung mußte unermüdlich im Tag- und Nachteinsatz tätig sein. Der V-Waffen-Einsatz findet so einen, wenn auch ungewollten, vorläufigen Abschluß. Der Gegner ließ kein Mittel unversucht, den Einsatz der gefährlichen Waffe zu stören. Starke Kräfte des Feindes wurden laufend gebunden. Die Waffe selbst fügte ihm erheblichen Schaden zu. Erst die spätere Geschichte wird wohl die endgültigen Ergebnisse bringen.«

Bei Bad Segeberg geht die ehemalige V1-Einheit am 4. Mai 45 in englische Kriegsgefangenschaft. Ihr Kommandeur Max Wachtel taucht unter, mit einem klapprigen Opel, als Flüchtling getarnt, passiert er am 9. Mai die britischen Straßensperren bei Hamburg. Der Krieg ist vorbei, in Hummelsbüttel wohnt Wachtel in einem verlassenen Zirkuswagen. An einem Vormittag im August 1946 erhält Wachtel überraschend Besuch, ein englischer Offizier steht vor ihm, und fragt ihn lachend: »Herr Wachtel, oder Herr Wolf.« Es ist der Squadron Leader Andre Kenny, dem früher die Auswertung von Luftfotos in Medmenham unterstand. Kenny kam später zur Abwehr und sprang im Sommer 1944 über Frankreich ab, mit dem Auftrag, den Kommandeur der deutschen Flugbombeneinheit zu entführen oder umzulegen. Nun stand er in Hamburg und hatte seinen alten Gegner gefunden. (13)

Kenny ist freundlich und nimmt ein erstes Lebenszeichen von Wachtel mit nach Antwerpen. Der Besuch läßt dann nicht lange auf sich warten, Isabella de Goy, Wachtels Braut, kommt schwarz aus Antwerpen über die Grenze. Bis auf die Haare, die ihr die Belgier abgeschnitten hatten, war sie dem V1-Hagel entgangen.

Wachtel will Isabella endlich heiraten, schreibt an Kenny, der inzwischen im War Office sitzt, und bittet ihn um Hilfe. Im Spätherbst 1947 erscheinen zwei britische Offiziere, um Wachtel nach London zu holen, im Auftrage von Andre Kenny. Im Lager Speadon Tower im Stadtteil Hampstead kommt Wachtel zunächst unter als »special Case«. Einige Tage später kommt seine Braut aus Antwerpen, und am 9. Dezember 1947 werden die beiden vor dem Standesamt in Hampstead getraut. Trauzeugen sind Squadron Leader Kenny und seine Sekretärin Helen Edwards.

Alle Achtung vor soviel Fairplay.

Am 9. Mai 1945 versammeln sich Soldaten um den Funkwagen einer versprengten Einheit, der Krieg ist zu Ende und sie hören die Schlußsätze des letzten deutschen Wehrmachtsberichtes: (41)

»Seit Mitternacht schweigen nun an allen Fronten die Waffen. Auf Befehl des Großadmirals hat die Wehrmacht den aussichtslos gewordenen Kampf eingestellt. Damit ist das fast sechsjährige heldenhafte

Ringen zu Ende. Es hat uns große Siege, aber auch schwere Niederlagen gebracht. Die deutsche Wehrmacht ist am Ende einer gewaltigen Übermacht ehrenvoll unterlegen.
Der deutsche Soldat hat, getreu seinem Eid, im höchsten Einsatz für sein Volk für immer Unvergeßliches geleistet. Die Heimat hat ihn bis zuletzt mit allen Kräften unter schwersten Opfern unterstützt. Die einmalige Leistung von Front und Heimat wird in einem späteren gerechten Urteil der Geschichte ihre endgültige Würdigung finden.
Den Leistungen und Opfern der deutschen Soldaten zu Lande, zu Wasser und in der Luft wird auch der Gegner die Achtung nicht versagen. Jeder Soldat kann deshalb die Waffe aufrecht und stolz aus der Hand legen und in den schwersten Stunden unserer Geschichte tapfer und zuversichtlich an die Arbeit gehen für das ewige Leben unseres Volkes.
Die Wehrmacht gedenkt in dieser schweren Stunde ihrer vor dem Feind gebliebenen Kameraden.
Die Toten verpflichten zu bedingungsloser Treue, zu Gehorsam und Disziplin gegenüber dem aus zahllosen Wunden blutenden Vaterland.«

# Das Fazit

Wachtels Flugbomben-Regiment hatte während der gesamten Zeit des Einsatzes lt. Kriegstagebuch I. und II. folgende Flugbomben verschossen.

| Zusammenfassung der von Rampen verschossenen Flugbomben während des gesamten Einsatzes: | | |
|---|---|---|
| Einsatzraum: | Nordfrankreich | 1944 |
| Ziel: | Gestartete Flugbomben | Gemeldete Abstürze |
| London | 8564 | 1006 |
| Southampton | 53 | 9 |
| Einsatzräume: | Eifel, Holland rechtsrheinisch | 1944/45 |
| Ziel: | Gestartete Flugbomben | Gemeldete Abstürze |
| London | 275 | 37 |
| Antwerpen | 8696 | 1009 |
| Brüssel | 151 | 18 |
| Lüttich | 3141 | 366 |

Der Verband Flakregiment 155 W bestand im Durchschnitt aus folgenden Truppenkontingenten und Abschußrampen:

*Ersteinsatz:* 11. 6. 44 – 1. 9. 44
134 Offiziere
6528 Mann
64 Abschußrampen

*Zweiteinsatz:* 1.11. 44 – 31.3. 45
93 Offiziere
3432 Mann
18 Abschußrampen

Die Verluste betrugen bei beiden Einsätzen:
146 Tote
246 Verwundete
39 Vermißte

Geplant war, 60 000 Flugbomben herzustellen, produziert wurden knapp 32 000, die nicht ausreichten, das vorgesehene zweite V1-Regiment aufzustellen.

Die V1 war eine völlig neue Waffe, sie kam zum Einsatz ohne ausreichende Truppenversuche. Die konstruktiven und technischen Mängel dieser Waffe konnten auch während der Gesamtdauer des Einsatzes nicht behoben werden. Vorschläge der Truppe wurden nur ungenügend berücksichtigt.

Die taktische Führung fand von seiten des Oberbefehlshabers West keine ausreichende Unterstützung, was bedingt war durch die Neuartigkeit der Aufgaben. Eine »Vergeltung« mit Ziel London hätte wesentlich mehr Munitionseinsatz erfordert.

Das Ziel der deutschen Führung war, mit der V1-Waffe London als Rückgrat Englands, als Hafen und als militärisches, politisches und wirtschaftliches Kriegszentrum auszuschalten.

Die deutsche Beurteilung der Wirkung der Flugbombenoffensive war ungünstiger, als es die vom britischen Premierminister Churchill angegebenen Verlustzahlen nahegelegt hätten.

Man steht heute auf dem Standpunkt, daß die Ausschaltung Londons mit V1-Flugkörpern bei einer Verbesserung des Gerätes hinsichtlich Streuung, Geschwindigkeit und Qualität und ausreichenden Munitionsmengen in verhältnismäßig kurzer Zeit gelungen wäre.

Die alliierte Luftwaffe war nicht in der Lage, das Vergeltungsfeuer wesentlich einzuschränken oder gar zu unterbinden.

Während Hitler nie glaubte, mit Flugbomben den Krieg gewinnen zu können, erkannte das britische Luftfahrtministerium sehr früh, daß die Flugbombenoffensive den Deutschen erhebliche Vorteile brachte. Britische Experten errechneten, daß der Verteidigungsaufwand der Alliierten gegen die V1 allein zwischen dem 12. Juni 44 und dem 1. September 44 etwa 570 Millionen RM betrug. Das entsprach den Verlusten an Flugzeugen, dem Einsatz von Flak, Jägern, Ballonsperren und dem Produktionsausfall in der Industrie. Die Flugbombe hatte die gegnerischen Luftflotten herausgefordert, die mit schweren Angriffen antworteten.

Einsatz der alliierten Luftwaffenverbände gegen Ziele der deutschen Vergeltungswaffen. Die CROSSBOW-Offensive dauerte von August 1943 bis März 1944.

| Alliierte Luftwaffen-Einheiten | Einsatzflüge | Abgeworfene Bombenmenge in Tonnen |
|---|---|---|
| 8. U. S. Luftflotte | 17211 | 30350 |
| Britisches Bomberkommando | 19584 | 72141 |
| Britisches Jägerkommando | 4627 | 988 |
| 9. Taktische U. S. Luftflotte und 2. britische Luftflotte | 27491 | 18654 |
| Gesamt | 68913 | 122133 |

Etwa 98000 t der gesamten Bombenmenge wurden allein gegen die Flugbombe eingesetzt.

Die gleichen Experten schätzten den deutschen Aufwand für die Herstellung und den Abschuß der Flugbomben, sowie für den Stellungsbau auf 150 Millionen RM.

Der Geheimbericht des britischen Luftfahrtministeriums vom 4. November 1944 schließt mit dem Satz:

»Die Hauptfolgerung ist die, daß die Ergebnisse der Flugbombenoffensive stark zugunsten des Feindes lagen; das geschätzte Verhältnis zwischen unseren und seinen Kosten beträgt fast vier zu eins.« Täglich wurden bis zu 20000 Häuser beschädigt.

Das Wohnungsbauministerium in London schätzte für die Instandsetzung zerstörter und beschädigter Häuser 300 Millionen RM. Von den 750000 beschädigten Häusern ließen sich 23000 nicht mehr reparieren. Insbesondere die mit Trialen gefüllten Flugbomben richteten in den dicht zusammengedrängten Häusern der Londoner Vorstädte verheerende Wirkungen an.

Von alliierter Seite wurde über den Einflug und die durch die Abwehr vernichteten Flugbomben folgende Aufstellung übernommen:

Britische Zusammenstellung der deutschen Flugbombenoffensive laut Bericht:
THE DEFENCE OF THE UNITED KINGDOM.

| Bezeichnung | Hauptoffensive | | Phase 2 | Phase 3 | Insgesamt |
|---|---|---|---|---|---|
| Datum | 12.6.–<br>15.7. 44 | 16.7.–<br>5.9. 44 | 16.9. 44–<br>14.1. 45 | 3.3. 45–<br>29.3. 45 | 12.6. 44–<br>29.3. 45 |
| Gestartet von Rampen | 4271 | 4346 | – | 275 | 8892 |
| von Flugzeugen | 90 | 310 | 1200 | – | 1600 |
| Insgesamt | 4361 | 4656 | 1200 | 275 | 10492 |
| Als Ziel aufgefaßt | 2934 | 3791 | 638 | 125 | 7488 |
| Vernichtet durch Jäger | 924 | 847 | 71 | 4 | 1846 |
| durch Flak | 261 | 1198 | 331 | 87 | 1878 |
| durch Ballonsperren | 55 | 176 | – | – | 231 |
| Insgesamt | 1240 | 2221 | 402 | 91 | 3955 |
| Einschläge in England | 1693 | 1569 | 235 | 34 | 3531 |
| Einschläge in London | 1270 | 1070 | 66 | 13 | 2419 |

Die Verluste der Alliierten betrugen:
(Es gibt widersprüchliche Meldungen)

In England: 6860 Tote
17981 Schwerverletzte
1950 tote Piloten
450 Flugzeuge

In Belgien: 3470 Tote
682 Tote alliierte Militärpersonen.

In einer englischen Analyse über die V1-Flugbomben heißt es unter anderem:

»Für den Angriff auf große Ziele in mittlerer Entfernung war die unkomplizierte Flugbombe durch Einfachheit, Wirtschaftlichkeit und Wirksamkeit unvergleichlich. Die Organisation der britischen Flugzeugfabriken schätzt die Kosten der Flugbombe auf etwa 1400 RM. Für die Kosten eines britischen Lancaster-Bombers, seiner Mannschaft, Bomben und Treibstoff, konnten die Deutschen 300 Flugbomben abschießen, ohne ihre Fertigungskapazitäten auf den Gebieten der Aluminiumbleche, Flugzeugmotoren und elektrischen Geräte zu belasten.«

Insbesondere bei den Amerikanern fand der Gedanke, unbemannte Flugbomben einzusetzen, ungemeinen Anklang. Schon im Herbst 1944 wurde die deutsche V1 nachgebaut.

Man konzentrierte sich bei der Lenkwaffenentwicklung zunächst auf Unterschall-Flugbomben, in der Annahme, daß die Erfahrungen im Betrieb von Flügelflugzeugen bessere Ergebnisse garantieren würden, als man sie mit den komplizierten und teuren Raketen des V2-Typs erzielen könnte. Als erstes Produkt dieser Politik wurde die TM-61 Matador entwickelt, die 1951 in Dienst gestellt wurde. Bis zu diesem Zeitpunkt wurde die V1 weiterentwickelt, sowohl für den Abwurf von Flugzeugen als auch für den Abschuß von U-Booten. Harte Kritik wurde nach dem Kriege an der amerikanischen Flugzeug-Entwicklung laut, wie aus beigefügtem Artikel aus AMERICAN MAGAZINE, April 1946, zu entnehmen ist.

»Luftsieg über die Deutschen:

Wir siegten in der Luft gegen die Deutschen mit Kraft, nicht mit Verstand. Ihre Flugzeugentwicklung war unserer bei Kriegsende noch weiter voraus als bei Kriegsbeginn. Wäre die Invasion nur um 6 Monate verzögert worden, hätten wir die Luftüberlegenheit verloren und den Krieg nicht mehr gewinnen können. Jahrelang wurde dem amerikanischen Volk gesagt: ›Amerikanische Flugzeuge sind die besten!‹ Sie waren es nicht. Während des Krieges hieß es: ›Unsere Luftwaffe ist die beste und größte!‹ Sie war nicht die beste, sie war nur die größte, also Kraft, nicht Verstand. Es ist besser, wir erfahren die volle Wahrheit, um uns im nächsten Kriege, vor dem uns Gott schützen möge, nicht mehr allein auf unsere Kraft verlassen zu müssen. Denn nur mit Verstand kann man in Tagen, anstatt in Jahren siegen.

Unsere Jäger- und Bomberbesatzungen kämpften unermüdlich mit ihren Waffen, aber sie hatten nicht die besten. Unser Luftwaffenoberkommando hielt einfältig an den Ideen und Waffen von gestern fest.

Die Deutschen jedoch entwickelten die Waffen von Heute und Morgen und setzten sie ein. Nach dem Sieg besuchten alliierte Wissenschaftler und Ingenieure deutsche Luftwaffenlaboratorien und Versuchsstationen. Sie entdeckten nicht nur eine augenblickliche Überlegenheit neuer deutscher Waffen, sondern sie fanden auch Zukunftspläne, die zur Ausführung Jahre gebraucht hätten. Das ist ein Zeichen für den Weitblick der Deutschen und ihren Drang, alle neuen Ideen zu versuchen. Es ist unverständlich, daß unsere Luftwaffe diese Voraussicht, die dem amerikanischen Volk sonst

nicht fehlt, nicht hatte. Die Deutschen waren die ersten, die mit Druckkabinen im Kampf erschienen. Diese konnte man im Notfalle in großer Höhe vom Flugzeug lösen, sie schwebten dann an einem Spezial-Höhen-Fallschirm zur Erde. Sie waren es auch, die Raketen als Bordwaffen einführten, und Kanonen einbauten, die zehnmal mehr Schaden als unsere Bordwaffen ausrichteten.
Über die wirklich neuen Ideen und Waffen der Deutschen waren wir erstaunt. Unsere Entwicklung war vollständig unzureichend. Wir wollten die neuen Waffen bauen, aber die Deutschen hatten sie. ›Die schnellsten Flugzeuge zu besitzen‹, sagte General Arnold, ›war immer das Ziel jeder bedeutenden Luftmacht‹. Aber unsere Luftwaffe war weit davon entfernt. Noch bei Kriegsende hatten die Deutschen das schnellste Flugzeug. Das war die Me 262, die im Sommer 1944 im Kampf erschien. Sie flog 850 km/h und war 250 km schneller als unsere Jäger. Auch in sehr großer Höhe flog sie noch 80–160 km schneller als unsere Abwehrjäger. In jeder Höhe war daher Flucht oder Abwehr unmöglich. Mit einem anderen Turbinenjäger, dem Volksjäger Me 163, erging es nicht besser. In der Entwicklung war noch das ›Triebflügelflugzeug‹. Es hatte 3 Flügel, strahlenförmig vom Rumpf ausgehend, ähnlich dem Schwanz einer Bombe. An jeder Flügelspitze eine Turbine. Es sollte von Raketen getrieben sein, senkrecht starten und große Höhen erreichen. Die 3 Turbinen sollten es im Kampf besonders schnell machen.
Die Deutschen hatten auch Turbinen-Bomber. Die Ar 234 war mit 2 Modellen vorhanden. Das eine mit 990, das andere mit 880 km/h. Die Ju 287 machte bei Kriegsende bereits Versuchsflüge. Sie hatte mehr als doppelt so viel km wie eine B 29 und konnte ebensoviel Bomben nach London tragen, wie eine B 17 nach Berlin, flog (360 km/h). Ferner war noch ein Junkers Flügel-Flugzeug mit 4 Turbinen und einer Geschwindigkeit von 1000 km/h in Entwicklung.
Sogar diese Bomber waren schneller als unsere Jäger. Dies machte die Abwehr unmögich. Unsere Kommandeure verstanden nie, daß die Deutschen ihre Turbinen-Bomber und -Jäger nicht zu Angriffen gegen England einsetzten.
Bei dieser großen Geschwindigkeit wären die Verluste durch Flakfeuer sehr gering gewesen, doch hätten diese Angriffe großen Schaden angerichtet. In den letzten 6 Kriegsmonaten setzten die Deutschen auch Raketenflugzeuge ein, die noch schneller als Turbinenflugzeuge waren. Ein Modell der Me 163 flog 890, ein anderes 950 km/h.
Raketenflugzeuge stiegen besonders schnell, was, um feindliche Bomber abzuwehren, besonders wichtig ist. Die Me 163 erreichte 9000 m in 2,5 min. Ein anderer Raketenjäger, die Ju 263, erreichte 15 000 m in 3 min.

Manche von diesen Tatsachen waren uns schon während des Krieges bekannt. Aber wie hätten wir über diese neuen Waffen siegen können? Die V1 war ein pilotenloses Turbinen-Flugzeug mit einem 830 kg Sprengstoffkopf. Sie hatte einen sehr einfachen Turbinenantrieb. Jeder außer den Deutschen glaubte, daß Turbinen nicht in Flugzeuge eingebaut werden könnten. Sie versuchten es jedoch mit einem Bomber und steigerten die Geschwindigkeit von 400 auf 675 km/h. Während des Krieges erreichte keiner unserer Bomber diese Geschwindigkeit. Die V1 flog 580 km/h in Höhen bis zu 1000 m. Im Verhältnis von Zeit und Bomben verursachte die V1 viel größere Zerstörungen als alliierte Luftangriffe in Deutschland, und war viel billiger. Die Deutschen verloren zwar einige tausend V1, schützten aber das Leben ihrer Flieger. Alliierte Luftangriffe gegen Deutschland kosteten 40 000 Flugzeuge, jedes viel teurer als eine V1, und das Leben von 158 546 Fliegern.
Die V2 war noch wirksamer. Sie war eine Rakete von 13,75 m Länge und 1,65 m Durchmesser. Sie wog 12 000 kg, trug 1000 kg Sprengstoff und erreichte eine Höhe von über 110 km. Die Reichweite war 400 km, ihre Geschwindigkeit 5800 km/h. Keine einzige V2 wurde bei der Abwehr abgeschossen, kein Jagdflieger beobachtete sie im Fluge, es gab keine Verteidigung.
Über ein Dutzend anderer Waffen (V-Waffen) war noch in der Entwicklung, darunter solche, die in Druckkabinen Truppen transportierten, oder die 90 m über dem Wasserspiegel von einem U-Boot starten sollten. Eine weitere sollte mit 25 750 km/h Geschwindigkeit und 800 km Gipfelhöhe den Atlantik überqueren. Es waren Angriffe auf New York geplant. Das war keine Utopie, in spätestens einem Jahr wäre es ausgeführt worden.
Hätte sich unsere Invasion nur um 6 Monate verzögert, wären die Deutschen im Besitz der vollständigen Luftherrschaft, nicht nur auf dem Kontinent, sondern auch auf dem Kanal und in Süd-England gewesen. Wir hätten nur noch die weniger wirksamen Nachtangriffe ausführen können, sie dagegen ununterbrochen England bombardiert. Ihre Bomben wären auf Flugplätzen, in Truppenansammlugnen gefallen, hätten Häfen zerstört und Schiffe versenkt. Die Verluste wären ungeheuer, die Invasion vielleicht unmöglich gewesen. Ihre besseren Flugzeuge hätten unsere am Boden zerstört, so wie wir es vorher getan hatten. Dazwischen sollten V-Waffen Salven schlagen. Sie wollten 1000 V1 an einem Tag nach England schicken. Wirksamere Raketen als die V2 wären in allen wichtigen Städten eingeschlagen. England wäre vollkommen blockiert gewesen. Auch wenn die Deutschen nicht in England gelandet wären, hätte es, um einer völligen Vernichtung zu entgehen, Frieden schließen müssen.

Nach der Eroberung besuchte ich Abschußstellen für V-Waffen. Ich kann nur sagen, und es immer wiederholen: ›Es war höchste Zeit.‹ Sie waren noch nicht ganz fertig, und nur deshalb erlitten wir keine Niederlage.
Unsere amerikanische Luftwaffe erklärte, sie sei die beste im 2. Weltkrieg gewesen. Bei derartigen Berichten wurde mehr auf den Wunsch der Bevölkerung als auf die Wahrheit geachtet. Es wurde uns nichts über deutsche Fortschritte berichtet. Man schilderte und zeigte uns auf den Bildern immer nur unsere Flugzeuge.
Während des Krieges wurden viele Journalisten zur Vermittlung zwischen Front und Heimat eingesetzt, die alles stark übertrieben. Es ist Krieg, dachten sie, und die Stimmung des Volkes ist wichtiger als die Wahrheit.
Das Märchen vom ›Präzisions-Bombardement‹ wurde erfunden. Es wurde uns durch die starke Abwehr oft unmöglich gemacht, anzugreifen. Dadurch ist ein Vergleich mit der Zielgenauigkeit deutscher Angriffe unmöglich, denn sie hatten Zielgeräte, mit denen jeder Anfänger gut zielen konnte, wie hier bei uns nur die Erfahrensten. Unsere Angriffshöhe war zu groß, so daß die Sicht durch starke Wolken behindert wurde. Ein genauer Angriff ist aber nur aus geringer Höhe möglich. Um das Ziel trotzdem zu treffen, bombardierten wir ausgedehnte Flächen. Nach einem Zeichen vom Führerflugzeug wurden die Bomben in großen Abständen abgeworfen. Dadurch erreichten jedoch die wenigsten Bomben das eigentliche Ziel.
Ein Sachverständiger erklärte dazu:
›Die Bombenangriffe waren so ungenau, daß, um die Ziele, die ein einziger Erfahrener hätte erreichen können, ein ganzer Bomberverband eingesetzt werden mußte.‹« Soweit aus »American Magazine«.
Der letzte potente Nachfolger der deutschen Weltkrieg II-Flugbombe war der amerikanische Marschflugkörper Cruise Missile. Henry Kissinger hatte die Entwicklung dieser Waffe im Jahre 1972 freigegeben.
Diese moderne Ausgabe der deutschen V1 war düsengetrieben, flog mit Unterschallgeschwindigkeit und stellte alle bisherigen Waffensysteme in den Schatten:

Ein extrem leistungsfähiges Zweistromtriebwerk von nur 56 kg Eigengewicht gibt dem Flugkörper eine Reichweite bis zu 3700 Kilometer.

Ein Radarhöhenmesser vergleicht während des Fluges die gespeicherten Daten mit dem überflogenen Gelände und korrigiert den Kurs. In einer Angriffshöhe von weniger als 40 Metern unterfliegt die Rakete Radar und Luftabwehr des Feindes.

Ein miniaturisierender Radar-Computer und ein Navigationssystem steuert den Flugkörper mit einer Abweichung von weniger als 15 Metern in das Ziel.

NACHFOLGER DER WELTKRIEG II. FLUGBOMBE V 1, EIN AMERIKANISCHER MARSCHFLUGKÖRPER CRUISE MISSILE IN SEINEN EINZELTEILEN

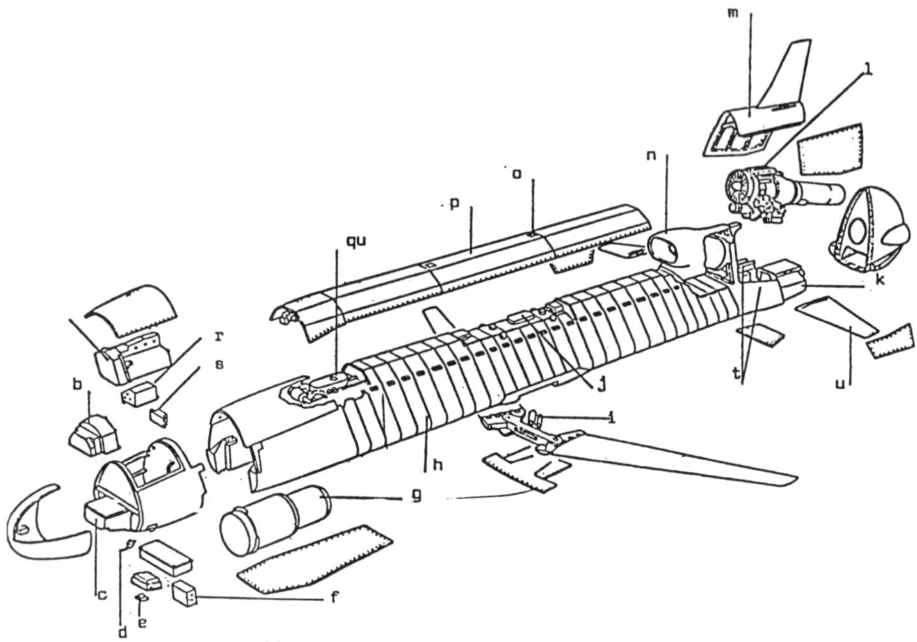


a. Trägheitsnavigations-System
b. Flugregel-System
c. Radar-Höhenmesser
d. Staurohr
e. Antenne des Radar-Höhenmessers
f. Sicherung
g. Gefechtskopf
h. Kraftstoffbehälter
i. Flügelschwenk-Stellglieder
j. Trennschalter
k. Thermo-Batterien

l. Triebwerk
m. Seitenflosse
n. Lufteinlauf
o. Aufhängeöse
p. Obere Rumpfschale
q. Anschlußsteckdose
r. Luftwertrechner
s. Geschwindigkeitssensor
t. Höhenruderstelltrieb
u. Ungedämpftes Höhenruder

Die Einsatzmöglichkeiten sind praktisch unbegrenzt. Sie können von Atom-U-Booten, aus herkömmlichen Torpedorohren und von Schiffen gestartet werden.
Eine bereits parallel zum Navy-Typ »Tomahawk« entwickelte Luftwaffenversion, das ALCM (Air launched cruise missile = Flugzeug-Marschflugkörper), kann von Flugzeugen abgeworfen werden. Selbst die veralteten B 52-Bomber können 20 Exemplare des 1500 kg schweren und sechs Meter langen Marschflugkörpers transportieren, dessen Entwicklung auf 50 Milliarden DM geschätzt wird.

# Quellen-Angaben


1 GUNSTON, Bill, Rockets and Missiles, Salamander Books Limited, London 1979
2 Bericht über den Paul Schmidt'schen Strahlrohr-Antrieb, 12. 2. 1936, Deutsche Versuchsanstalt für Luftfahrt, Berlin-Adlershof
3 Dokumente zur Vorgeschichte des Flakzielgerätes 76, Argus Motoren Gesellschaft m.b.H., Berlin, Reinickendorf, 10. 7. 1943, TEV Dr. Go/ Ad.
4 GOSSLAU, Fritz, Verpuffungs-Strahlrohre, Zentralstelle für Luft- und Raumfahrt-Dokumentation DAL 1034
5 FIESELER, Gerhard, Meine Bahn am Himmel, Bertelsmann-Verlag, München, 1979
6 LANGE, Bruno, Das Buch der deutschen Luftfahrttechnik, Verlag Dieter Hoffmann, Mainz, 1970
7 Dokumente zur Vorgeschichte des Flakzielgerätes 76, Argus Motorengesellschaft m.b.H., Berlin-Reinickendorf, 14. 4. 44, EV Dr. Go./Ad.
8 Gespräche und Korrespondenz des Verfassers mit Herrn Dipl.-Ing. W. A. FIEDLER, USA
9 Dipl.-Ing. TEMME, H., History German Guided Missiles Development, Development and Testing of the V-1 Auto-Pilot
10 WILDE, Jürgen, Mein Vater – Ein Rückblick auf sein Leben
11 Gespräche und Korrespondenz mit Ing. KRUSKA und VDI-Zeitschrift 1955 Nr. 3, Das Walter Verfahren, Ing. E. KRUSKA, VDI-Verlag, Düsseldorf
12 Lusser-Bericht: Militärarchiv Freiburg, RL3/69
13 DER SPIEGEL Nr. 49/1965, Unternehmen Rumpelkammer, Max Wachtel
14 IRVING, David, Die Geheimwaffen des Dritten Reiches, Bertelsmann Verlag, Gütersloh
15 Kriegstagebuch (KTB)-Regiment 155 W, Nr. 1, Militär-Archiv, Freiburg, RL 12/76
16 VOIGT, Richard, Weltumspannende Memoiren eines Flugzeug-Konstrukteurs, Luftfahrt-Verlag Walter Zuerl, Bern
17 Blohm und Voss, Flugzeugbau, Hamburg B-246, Fasenberg 7–12–44 und Dresden 14–12–44, Gerät 8–246

18 Werner von Siemens-Institut, München
19 GALBRAITH, John Kenneth, Wirtschaft, Friede und Gelächter, Ein Rückblick auf Albert Speer, Knauer-Verlag, November 1974
20 Lexikon des 2. Weltkrieges, SD-Lagebericht vom 18. 10. 43, Die Vergeltung, Süd-West Verlag, München
21 REVIE, Alastair, Die Geschichte des Bomber Command der Royal Air Force 1939–1945, Motor-Buch Verlag, Stuttgart
22 REITSCH, Hanna, Fliegen mein Leben, Ich fliege die V1, J. F. Lehmanns Verlag, München
23 Zentrales Staatsarchiv Potsdam Nr. 3326
24 Der Einsatz der V1 aus MS B-689, von Oberst im Generalstab Walter, Militärarchiv Freiburg, LW 106–37, Nachkriegsbericht
25 Übungsstab FZG 76, Militärarchiv Freiburg, 8A-2844
26 GARLINSKI, J., Deutschlands letzte Waffen im 2. Weltkrieg, Motor-Buch Verlag, Stuttgart
27 Bericht über die Auswertung des Schießens, vom 10.–13. 5. 44 in Zempin, Militärarchiv Freiburg, 8A 2835
28 Archiv: Fritz Hahn, Oberkochen, z. T. Unterlagen aus US-Beständen
29 Porsche Archiv, Stuttgart-Zuffenhausen
30 BORNEMANN, Manfred, Geheimprojekt Mittelbau, Lehmanns Verlag, München
31 Militär-Archiv Freiburg: 8A 2835, Hauptmann Dahms, 9. März 1944, Grundsätzliche Fragen über den Einsatz von FZG 76
32 Militär-Archiv Freiburg: 8A 2830, ITG-Sammelberichte
33 CARELL, Paul, Sie kommen, Verlag Ullstein, Frankfurt/M.
34 LÖWIT, R., Wiesbaden, Der Zweite Weltkrieg, Dritter Band, Abendinformation des Reichspropaganda-Ministeriums
35 COLLIER, Basil, The Defence of the United Kingdom
36 Titelblatt: The Sphere, 16. 9. 44, Militär-Archiv Freiburg RL 11–30
37 CLOSTERMANN, Pierre, Die große Arena, Alfred Scherz Verlag, Bern
38 HOGG, Ian V. und BATCHELOR, John, Die Geheimwaffen der Alliierten, Phoebus Publishing Co., Wilhelm Heyne Verlag, München
39 REXIN, Manfred, Die unheimliche Allianz. Stalins Briefwechsel mit Churchill. Rowohlt Verlag, Stuttgart
40 PAWLAS, Karl R., Luftfahrt International Nr. 17, Sept./Okt. 1976, Publizistisches Archiv, Nürnberg
41 MURAWSKI, Franz, Der Deutsche Wehrmachtsbericht, Harald Bold Verlag, Boppard
42 DAHL, Walter, Rammjäger, Orion-Verlag, Heusenstamm
43 CHURCHILL, Winston, Der Zweite Weltkrieg, Scherz Verlag, Bern

44 PRICE, Alfred, Blitz über England, Motor-Buch Verlag, Stuttgart
45 LYONS, C. G. und GARDINER, P. C., Ministery of Home Security, Research and Experiment's Department. R. E. N. 454, Archiv: Fritz Hahn, Oberkochen
46 Kriegstagebuch Nr. 1 der Luftnachrichten-Abteilung des Flakregimentes 155 (W) Militär-Archiv Freiburg 8A-2823
47 TRENKLE, Fritz, Die deutschen Funklenkverfahren bis 1945, AEG-Telefunken, Ulm
48 Geheime Feldpolizei, Berichte, Militär-Archiv Freiburg, RL 11–30
49 HALLION, Dr., Richard, The American Buzz Bombs Aeroplane (Nov. 76) Transport Press Ltd., London
50 Beurteilung der V1 durch den Gegner 1. 2. 45, Militärarchiv Freiburg, 8A-2826
51 PIEKALKIEWICS, Janusz, Arnheim 1944, Deutschlands letzter Sieg, Stalling AG, Oldenburg
52 Bericht Lehrer Franz Wenner, Eckfeld, zur Verfügung gestellt von der Verbandsgemeindeverwaltung Manderscheid-Eifel durch Herrn Wallscheid.
53 Gespräche des Verfassers mit Herrn Josef Hayer in Schlud-Eifel
54 Brief an den Bürgermeister der Eifelgemeinde Kliding, Militär-Archiv Freiburg 8A-2828
55 KUROWSKI, Franz, Von den Ardennen zum Ruhrkessel, Maximilian-Verlag, Herford
56 SCHNATZ, Helmut, Der Luftkrieg im Raum Koblenz 1944/45, Harald Bold Verlag, Boppard
57 Gespräche des Verfassers mit der Bevölkerung in V1-Abschußgebieten in der Eifel
58 GIRBIG, Werner, Start im Morgengrauen, Motor-Buch Verlag, Stuttgart
59 The General Board, United States Forces European Theater Antiaircraft Artillery Section, Archiv Fritz Hahn, Oberkochen
60 Ortung FuG 23, V1-Beschuß Antwerpen 8. 12. 44, Militär-Archiv Freiburg, 8A 2835
61 Antwerpen Trefferkarte 18. 12. 44, Militär-Archiv Freiburg 8A 2828
62 Tagung in Berlin am 3. 1. 45, Vertrag Divisionskommandeur 5. Flakdivision (W), Militär-Archiv Freiburg RL 11/103
63 Kriegstagebuch (KTB) II. Abpt. Einsatzgebiet Holland, Militär-Archiv Freiburg 8A-2821
64 DORNBERGER, Walter, Peenemünde, Die Geschichte der V-Waffen, Bechtle Verlag, Esslingen

65 Blohm & Voss, Flugzeugbau, Hamburg, Aktenvermerk, Gerät 8-246 mit Argus Schubrohr, XII a1-So-Cr./Bü. 14. 2. 44

66 Kriegstagebuch (KTB) I Apt. Reichweiten zum Abschuß Holland Militär-Archiv Freiburg RL 12/76

67 The London Gazette of Tuesday 19th October 1948, Published by Authority

68 Neugliederungen der Flugbomben-Einheiten nach Übernahme in die Waffen-SS. Generalleutnant der Waffen-SS Kammler, Militär-Archiv Freiburg RL 30/40

Grundlage dieser Arbeit waren die Kriegstagebücher I und II des Flakregimentes 155 (W), der 5. Flakdivision, sowie die Kriegstagebücher der einzelnen Abteilungen dieser Einheiten, insbesondere der Luftnachrichten-Abteilung.
Persönliche Gespräche wurden mit ehemaligen Wehrmachtsangehörigen geführt, sowie mit Zivilpersonen in den V1-Startgebieten.
Über die Entwicklung, Technik und Erprobung der Flugbombe V1 wurde mit ehemaligen leitenden Ingenieuren der G. FIESELER-Flugzeugwerke gesprochen.

Gelegentlich fehlen Quellenangaben bei Dokumentationen, die aus dem Nachlaß von Hinterbliebenen der beteiligten Personen stammen. Diese Unterlassung ist auf Wunsch der Hinterbliebenen erfolgt.

# Literatur-Verzeichnis – Quellenangabe


BECKER, Cajus, Augen durch Nacht und Nebel, Wilhelm Heyne Verlag, München

BORNEMANN, Manfred, Geheimprojekt Mittelbau, Lehmanns Verlag, München

CARELL, Paul, Sie kommen, Verlag Ullstein Frankfurt/Main

CHURCHILL, Winston, Der Zweite Weltkrieg, Memoiren, Alfred Scherz Verlag, Bern

CLOSTERMANN, Pierre, Die große Arena, Alfred Scherz Verlag, Bern

COLLIER, Basil, The Defence Of The United Kingdom

DAHL, Walter, Rammjäger, ORION VERLAG Heusenstamm

DORNBERGER, Walter, Peenemünde, Die Geschichte der V-Waffen, Bechtle-Verlag Esslingen

GALBRAITH, John K., Wirtschaft, Friede und Gelächter, Ein Rückblick auf Albert Speer, Knaur-Verlag

GARLINSKI, J., Deutschlands letzte Waffen im 2. Weltkrieg, Motor-Buch Verlag, Stuttgart

GIRBIG, Werner, Start im Morgengrauen, Motor-Buch Verlag, Stuttgart

GREGOR, Janssen, Das Ministerium Speer, Verlag Ullstein Frankfurt/Main

GUNSTON, Bill, Rockets and Missiles, Salamander Books Ltd., London

HAHN, Fritz, Deutschlands Geheimwaffen 1935–1945, Erich Hoffmann Verlag, Heidenheim

HALLION, Dr. Richard, The American Buzz Bombs Aeroplane, Transport Press Ltd., London

HOGG, Ian V. und BATCHELOR, John, Die Geheimwaffen der Alliierten, Phoebus Publishing Co., Wilhelm Heyne Verlag, München

IRVING, David, Die Geheimwaffen des Dritten Reiches, Bertelsmann Verlag, Gütersloh

KRUSKA, E., VDI-Zeitschrift 1955 Nr. 3, DAS WALTER VERFAHREN, VDI-Verlag, Düsseldorf

KUROWSKI, Franz, Von den Ardennen zum Ruhrkessel, Maximilian-Verlag, Herford

Lexikon des 2. Weltkrieges, SD-Lagebericht vom 18. 10. 43, Die Vergeltung, Süd-West Verlag, München

MURAWSKI, Franz, Der Deutsche Wehrmachts-Bericht 1939–1945, Harald Bold Verlag, Boppard
NOSBÜSCH, Joh., Bis zum bitteren Ende, Kreisverwaltung Bitburg-Prüm
PAWLAS, Karl R., Luftfahrt International, Publizistisches Archiv, Nürnberg
PIEKALKIEWICZ, Janusz, Arnheim 1944, Deutschlands letzter Sieg, Stalling AG, Oldenburg
PRICE, Alfred, Blitz über England, Motor-Buch Verlag, Stuttgart
PUBLISHED BY AUTHORITY, The London Gazette of Tuesday 19th October 1948, Registered as a newspaper
REITSCH, Hanna, Fliegen mein Leben, Ich fliege die V1, J. F. Lehmanns Verlag, München
REVIE, Alastair, Die Geschichte des Bomber Command der Royal Air Force 1939–1945, Motor-Buch Verlag, Stuttgart
REXIN, Manfred, Die unheimliche Allianz, Stalins Briefwechsel mit Churchill, Rowohlt Verlag Stuttgart
SCHNATZ, Helmut, Der Luftkrieg im Raum Koblenz 1944/45, Harald Bold Verlag, Boppard
SPEER, Albert, Spandauer Tagebuch, Propyläen Verlag Berlin
SPEER, Albert, Erinnerungen, Propyläen Verlag Berlin
SPEER, Albert, Der Sklavenstaat, Deutsche Verlags-Anstalt, Stuttgart
TAYLOR, Michael und John, Die Raketenwaffen und Flugkörper der Welt, Motor-Buch Verlag, Stuttgart
TAYLOR, W. R., Spione am Himmel über uns, Motor-Buch Verlag, Stuttgart
THOMSON, R. W., Die Invasion D-Day 1944, Heyne Verlag, München
TRENKLE, Fritz, Die deutschen Funklenkverfahren bis 1945, AEG-Telefunken, Ulm
VOGT, Richard, Weltumspannenden Memoiren eines Flugzeug-Konstrukteurs, Luftfahrt-Verlag Walter Zuerl, Bern

# Anhang

## Weitere Skizzen
## und
## Zeichnungen

# ANSTRICHE UND MARKIERUNGEN AN V1-FLUGKÖRPERN

**1** Flugbombe Fi. 103
FZG 76, V1
Standard-Version mit Standard-Anstrich

**2** Bemannte Flugbombe
Fi. 103 Reichenberg IV
Einsatzversion

**3** Bemannte Flugbombe
Fi. 103 Reichenberg
Trainerversion - Doppelsitzig

**4** Bemannte Flugbombe
Fi. 103 Reichenberg
Schulmaschine - Einsitzig

**5** Flugbombe Fi. 103, FZG 76, V1
Standardversion
Einsatzgebiet Eifel, Winter 1944/45
Von der schießenden Truppe mit
weißen Tupfen versehen, als Wintertarnung.

**6** Flugbombe Fi. 103, FZG 76, V1
Standardversion mit rotem Ring als
Zeichen für hochexplosive Trialenfüllung
Einsatzgebiet Kanalküste

Dunkelgrüner Untergrund RLM 71
mit Tupfen und Flecken
Schwarzgrün RLM 70

Dunkelgrün RLM 71
mit weißen Flek-
ken u. Tupfen

Hellblau
RLM 65

Rot
RLM 23

1

2

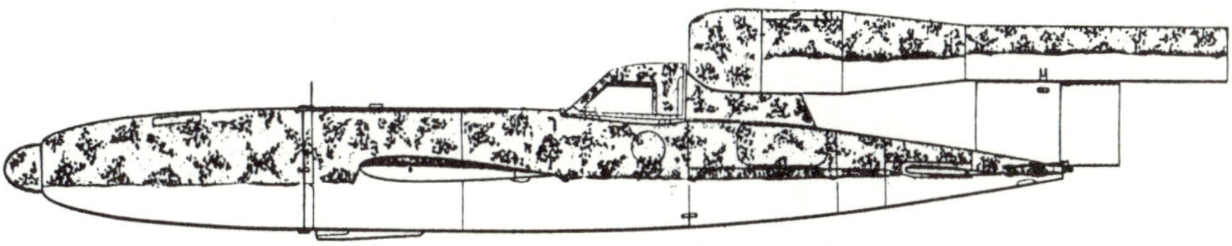

3

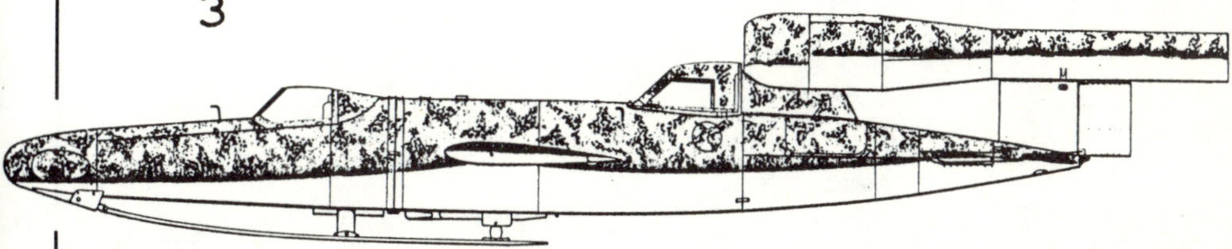

4

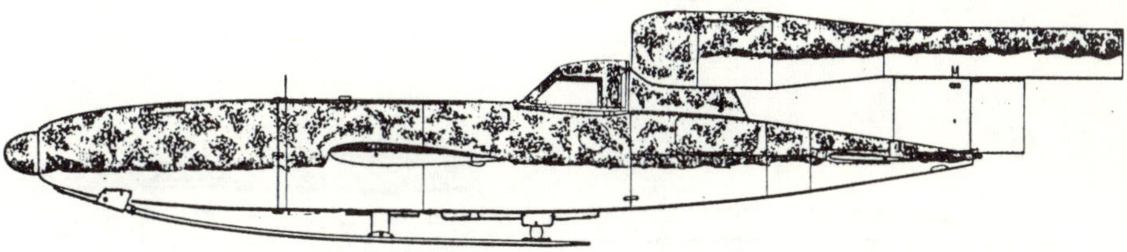

5

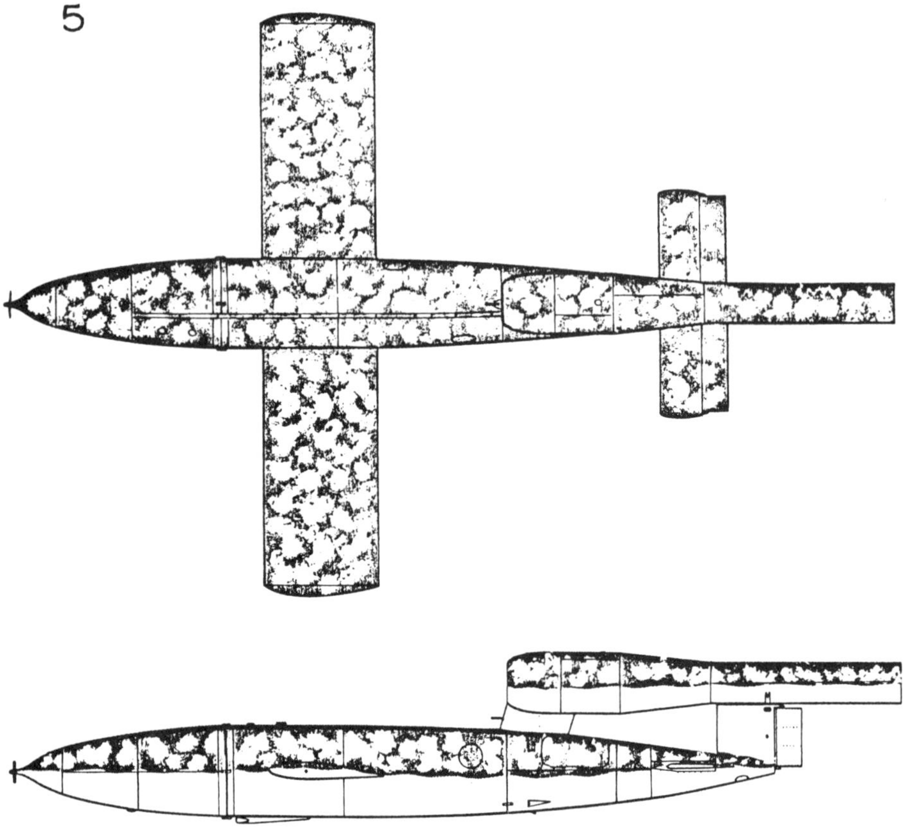

6

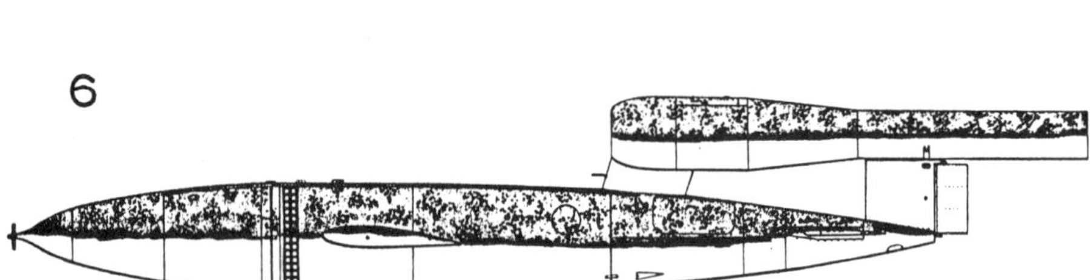

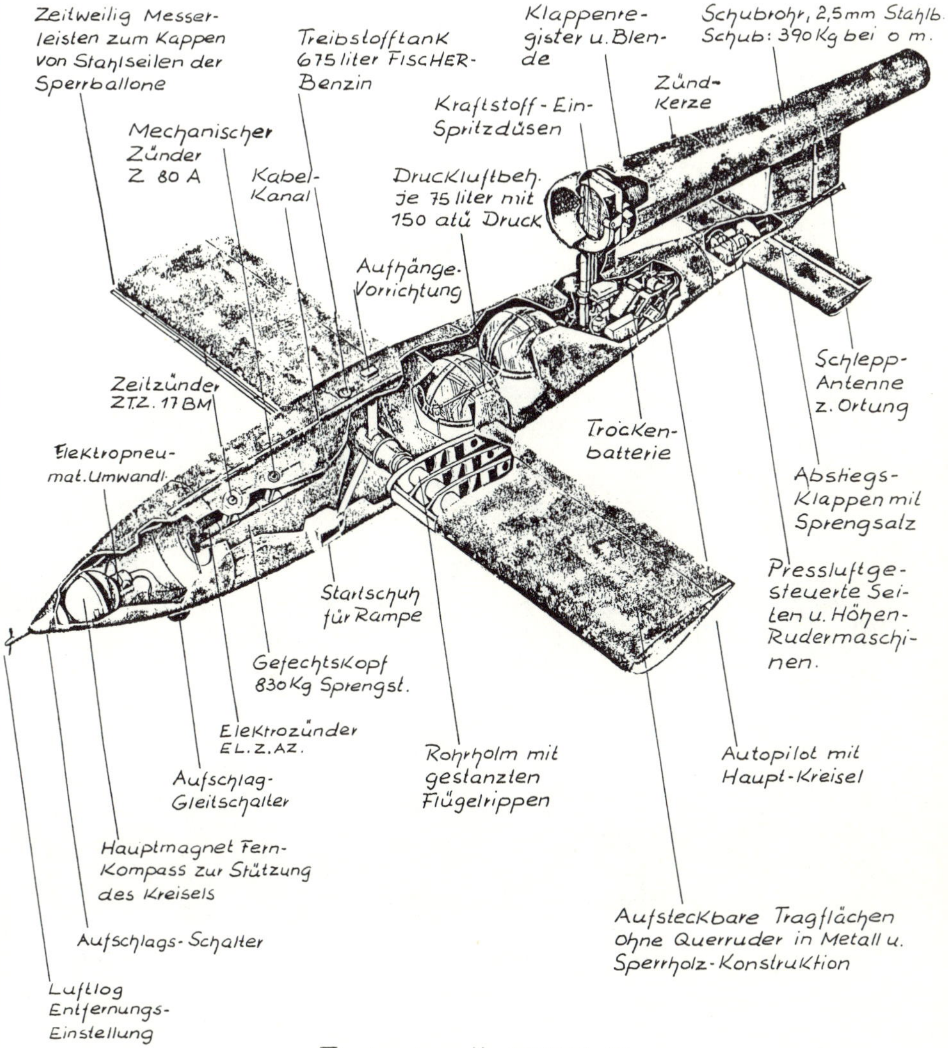


Flugbombe V1 FZG 76. Fi. 103

| | | |
|---|---|---|
| Reisegeschwindigkeit : | 580 Km/h | (628 Km/h)* |
| Geschwindigkeit max.: | 644 " " | (773 Km/h)* |
| Startgeschwindigkeit : | 400 " " | |
| Flugdauer : | 25 min. | (40 min.)* |
| Einsatzhöhe max.: | 2625 m | |
| Reichweite : | 238 Km | (375 Km)* |
| Einsatzgewicht : | 2152 Kg | |
| Sprengsatzgewicht : | 830 " | |
| Schub Triebwerk : | 366 " | ARGUS-SCHMID AS-109-014 |

* Daten für Reichweitenzellen

# ELEKTRO-SCHALTPLAN FÜR FLUGBOMBE V1

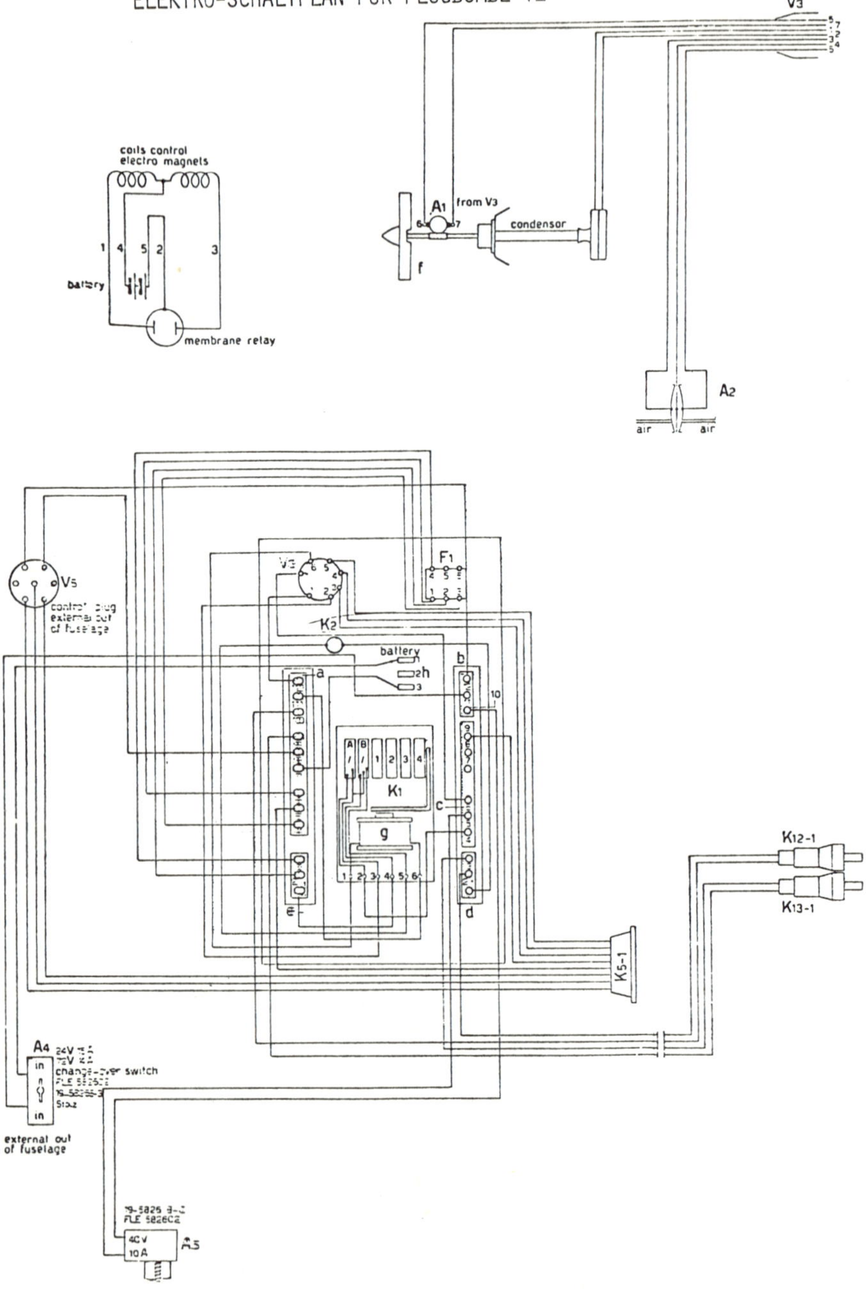

EINZELHEITEN ZUR FLUGBOMBE V1
(Fi. 103, FZG 76)
TRIEBWERKANLAGE

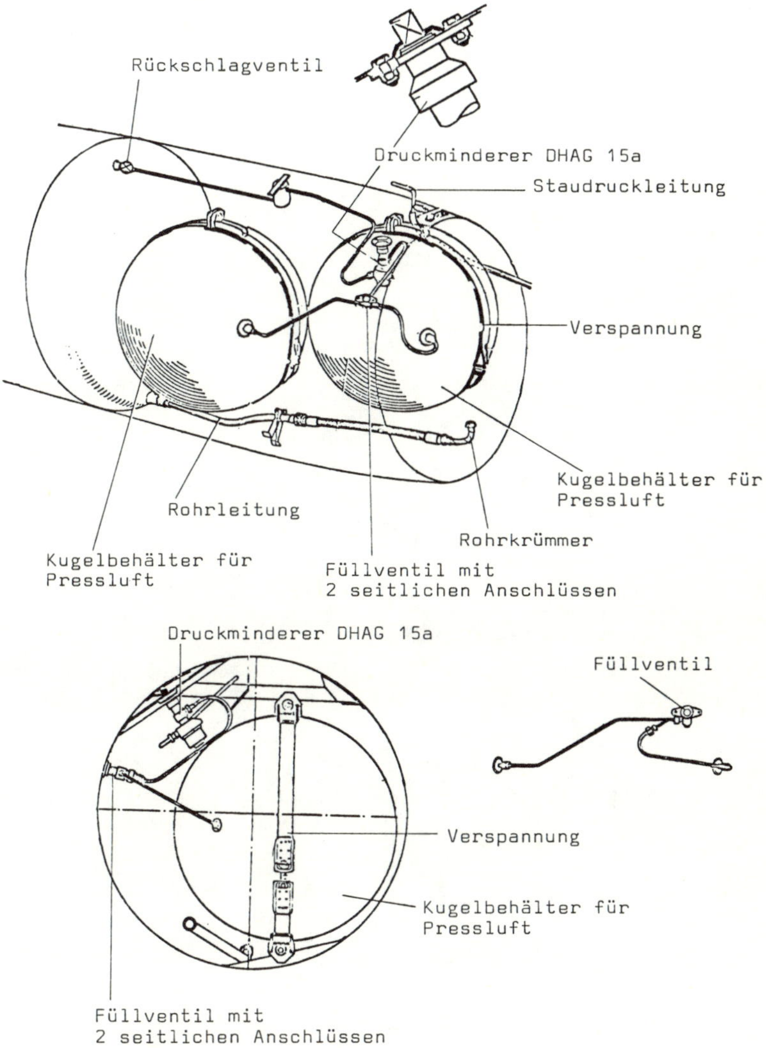

EINZELHEITEN ZUR FLUGBOMBE V1
(Fi. 103, FZG 76)
TRIEBWERKANLAGE

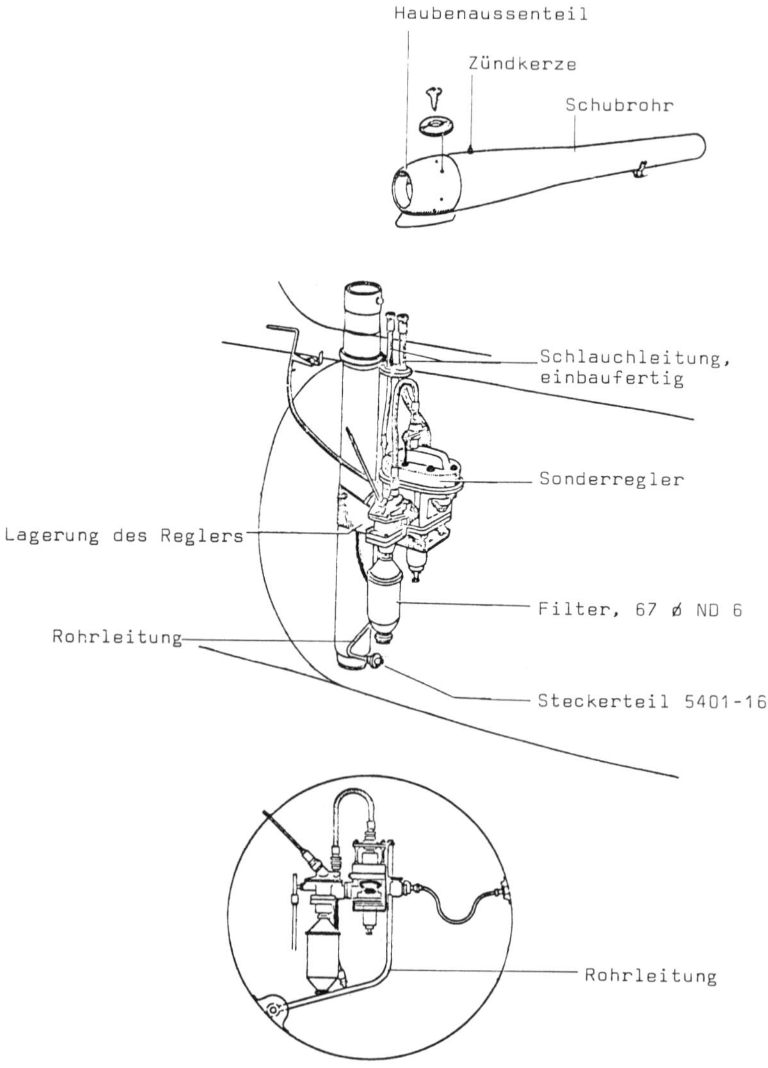

EINZELHEITEN ZUR ELEKTRO-AUSRÜSTUNG
DER FLUGBOMBE V1 (Fi. 103, FZG 76)
ELT-AUSRÜSTUNG

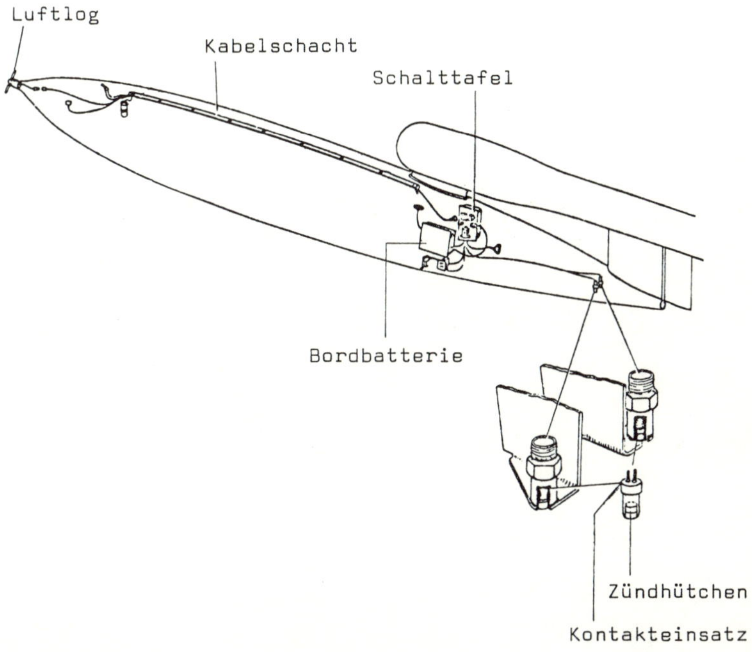


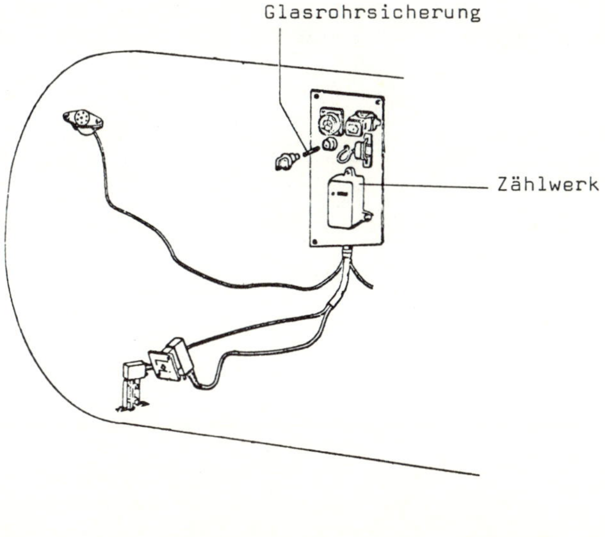

EINZELHEITEN ZUR FLUGBOMBE V1
(Fi. 103, FZG 76)
FUNKANLAGE FUG 23

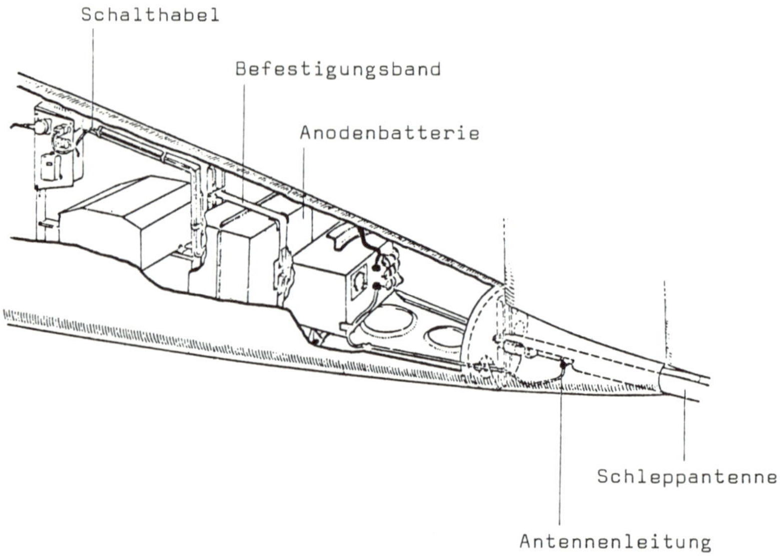


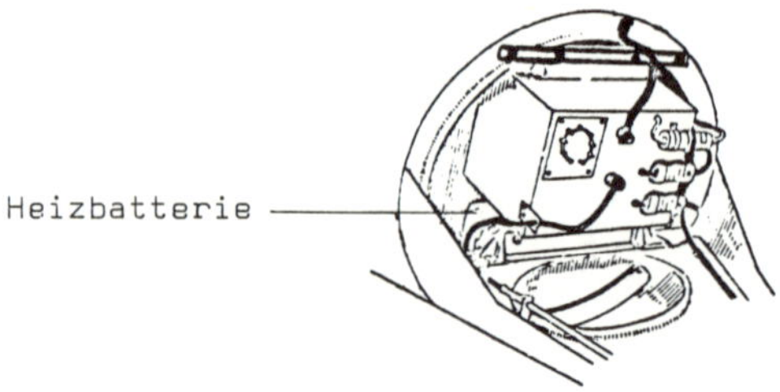

EINZELHEITEN ZUR FLUGBOMBE V1
(Fi. 103, FZG 76)
ZÜNDERANLAGE
KUTO, MESSERLEISTE

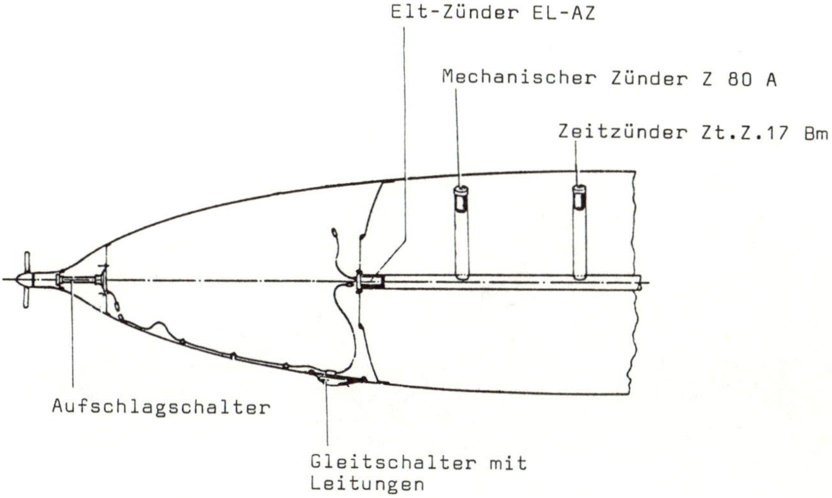


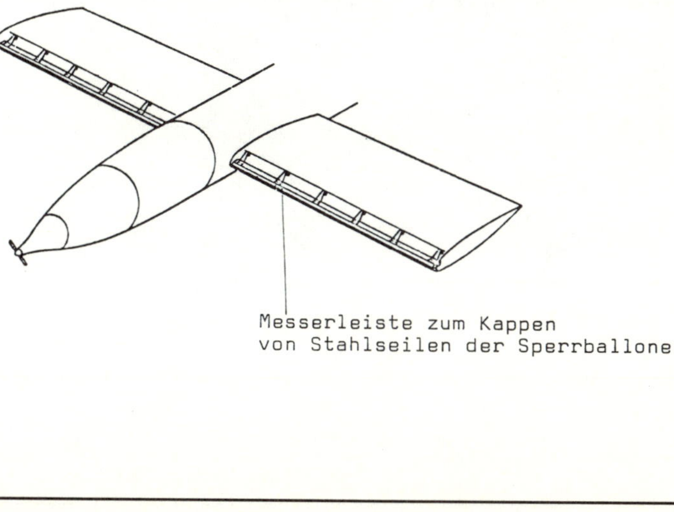

EINZELHEITEN ZUR FLUGBOMBE V1
(Fi. 103, FZG 76)
STEUERUNGSANLAGE

STEUERUNGSANLAGE, HÖHENLEITWERK

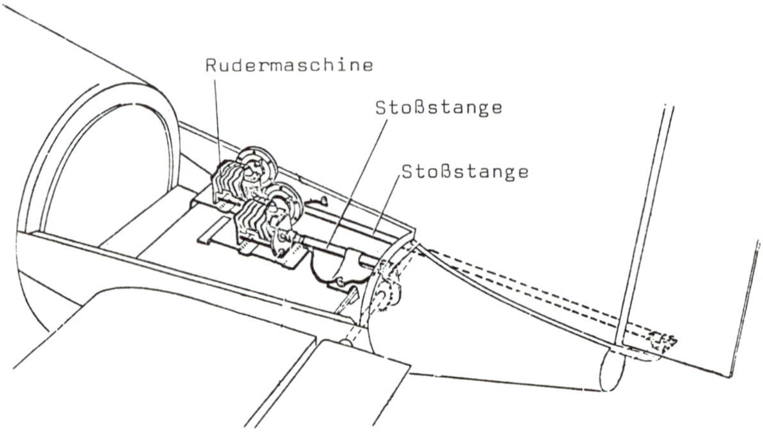


STEUERUNGSANLAGE, BUG

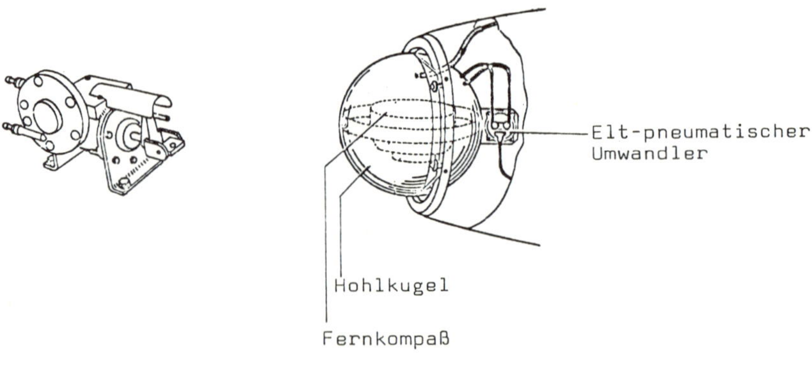

EINZELHEITEN ZUR FLUGBOMBE V1
(Fi. 103, FZG 76)
STEUERUNGSANLAGE

STEUERUNGSANLAGE, HECK

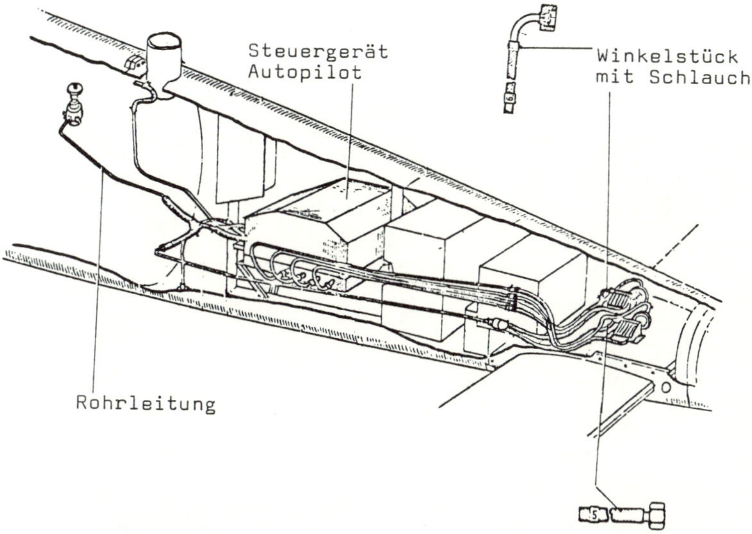


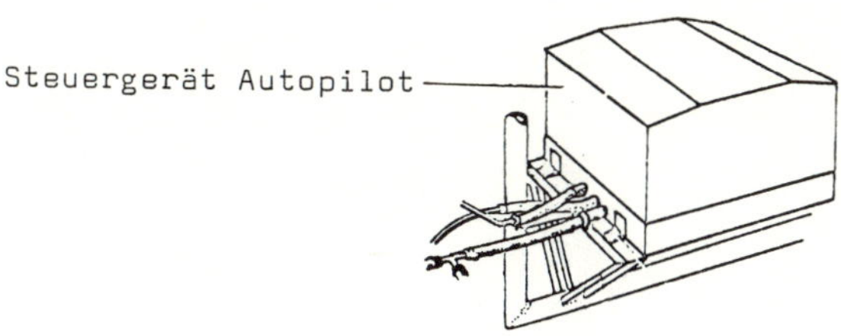

EINZELHEITEN ZUR FLUGBOMBE V1
(Fi. 103, FZG 76)
ZELLE

HÖHENLEITWERK

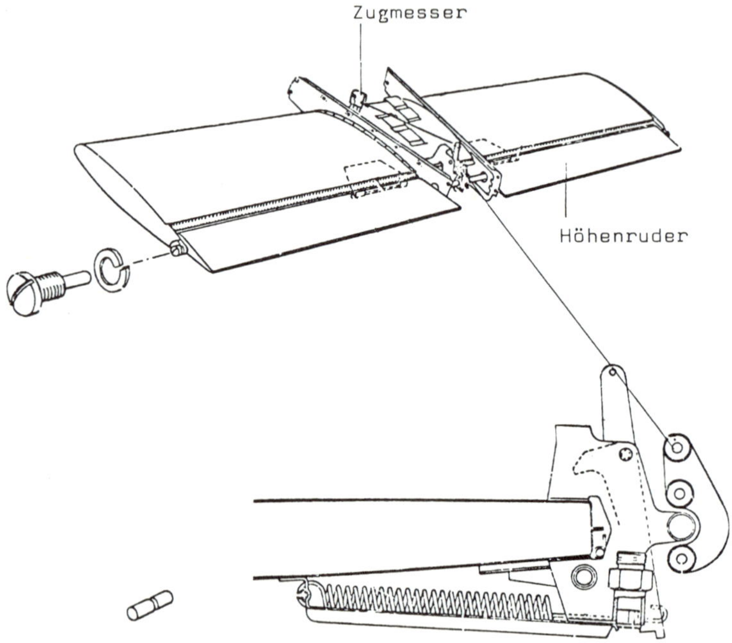


TRAGFLÄCHE, LINKS UND RECHTS

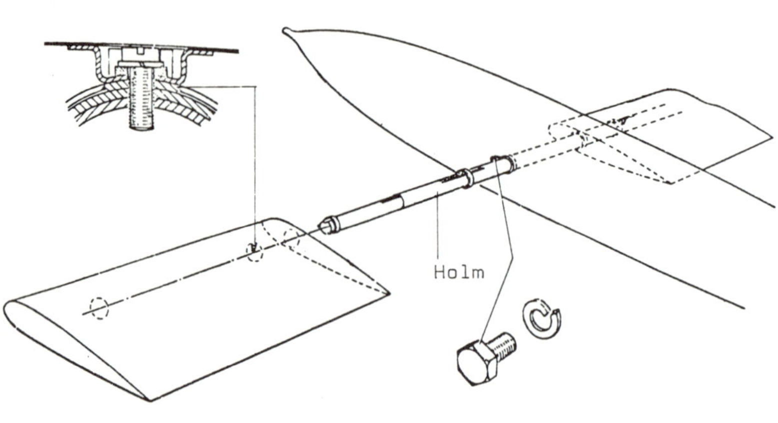

EINZELHEITEN ZUR FLUGBOMBE V1 ( FI. 103, FZG 76)
EINBAU DESFUNKGERÄTES FuG 23 FÜR DIE ORTUNG DER EINSCHLÄGE.

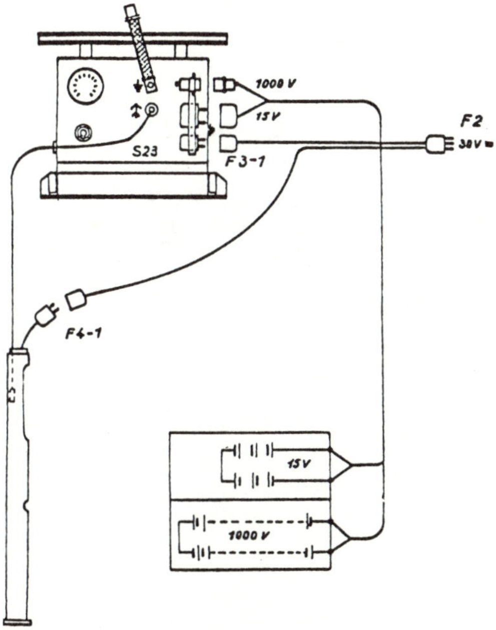


Schaltplan für das Funkgerät

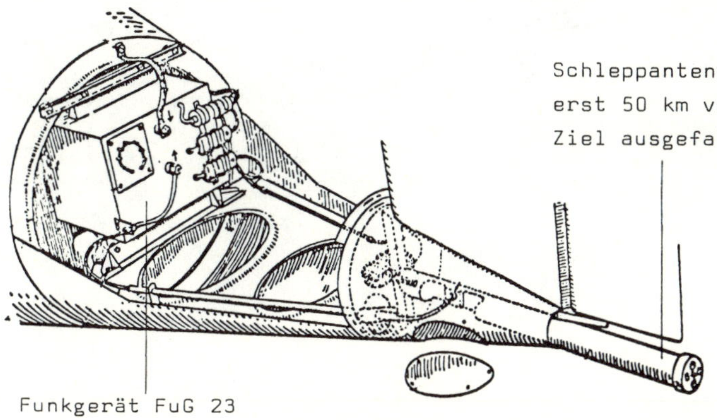

Schleppantenne wurde erst 50 km vor dem Ziel ausgefahren.

Funkgerät FuG 23

EINZELHEITEN ZUR FLUGBOMBE V1 ( FI. 103, FZG 76)
TRANSPORTWAGEN MIT ZUSAMMENGELEGTEN FLUGBOMBEN.

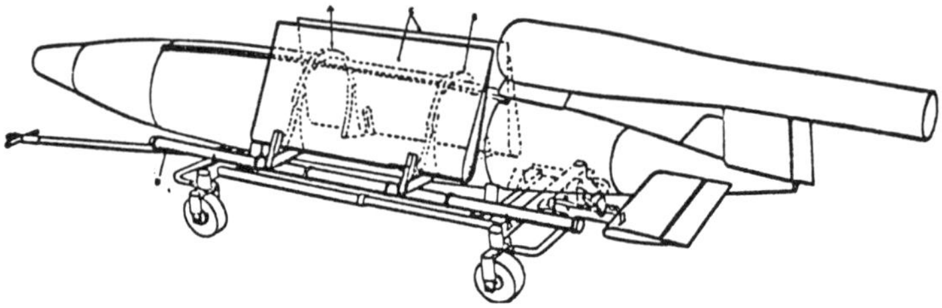

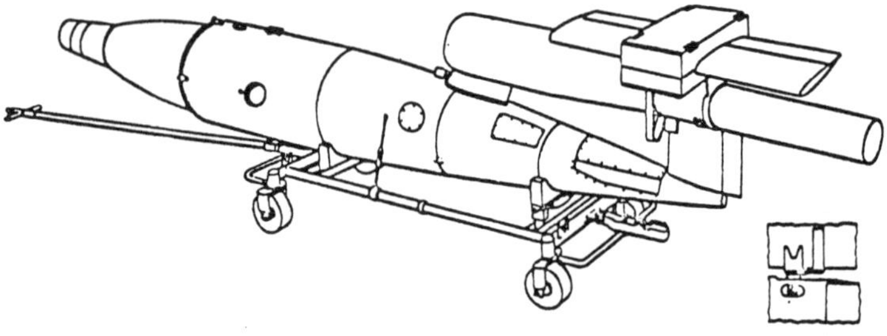

EINZELHEITEN ZUR FLUGBOMBE V1 ( FI. 103, FZG 76)
EINRICHTUNG MIT KRANANLAGE ZUM ENTMAGNETISIEREN DER FLUGBOMBEN. VORGEFERTIGTER GEFECHTSKOPF MIT 830 KG SPRENGSTOFF KONVENTIONELLER ART ODER FÜR SONDERZIELE MIT TRIALEN.

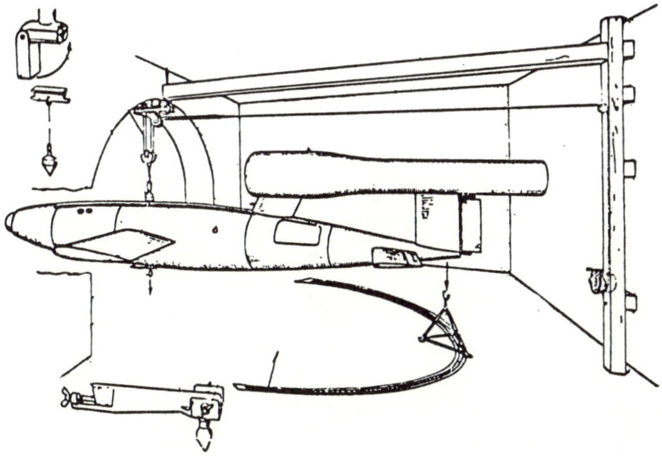

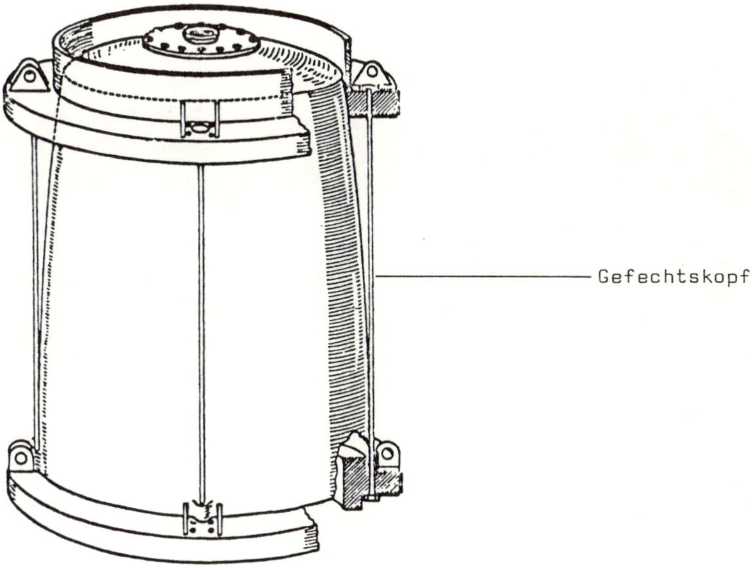

# EINZELHEITEN ZUR FLUGBOMBE V1 (Fi. 103, FZG 76)
## ANLASS-ANLAGE FÜR DEN START DER FLUGBOMBE

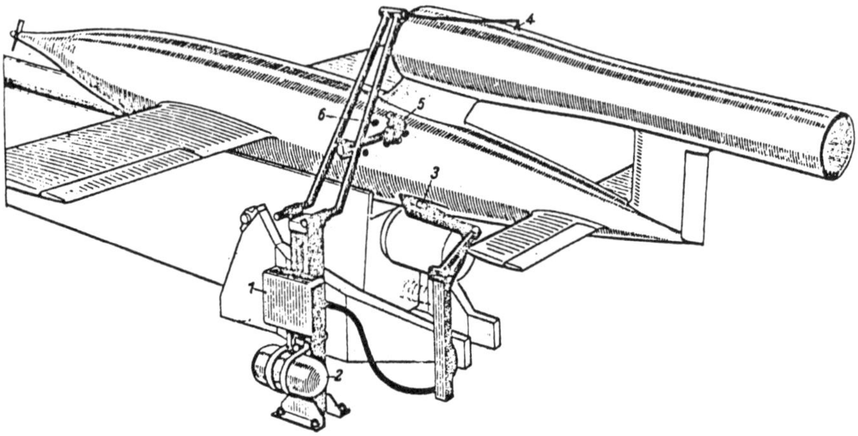


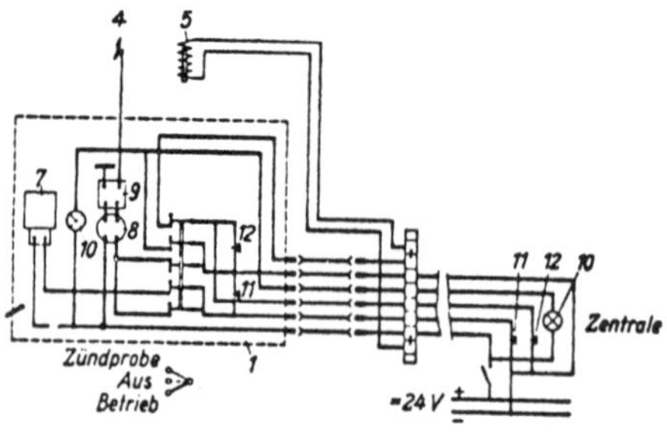


1. Anlaßgerät
2. Anlaßluftspeicher
3. Trennkupplung (Anlaßluft)
4. Zündkerze
5. Abstellmagnet
6. Absperrventil am Druckminderer
7. Elektr. Anlaßluftventil
8. Summer
9. Zündspule
10. Kontroll-Lampen
11. Anlaß-Druckknopf
12. Abstell-Druckknopf

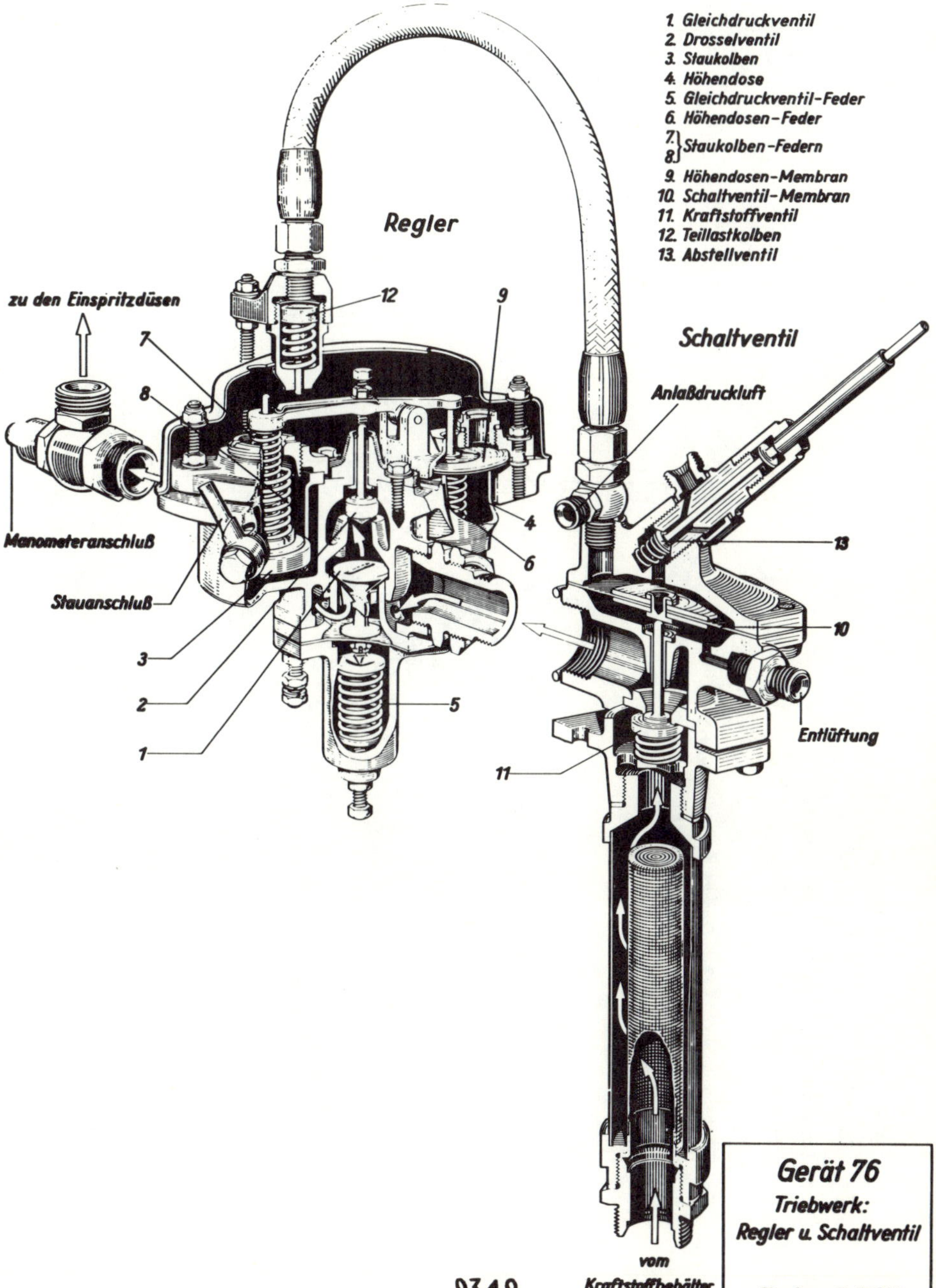


**Gerät 76**

**Triebwerk:**

**Regler u. Schaltventil**

Stand vom Juli 1943

9319

1 = Luftbehälter
2 = Füllventil
3 = Druckminderer
4 = Rückschlagventil
5 = Kraftstoffbehälter
6 = Filter
7 = Regler
8 = Kraftstoffaustritt
9 = Staurohr
10 = Trennkupplung
11 = Schaltventil
12 = Anlassluftdüsen
13 = Druckluft für Steuerung
14 = Abstellknopf

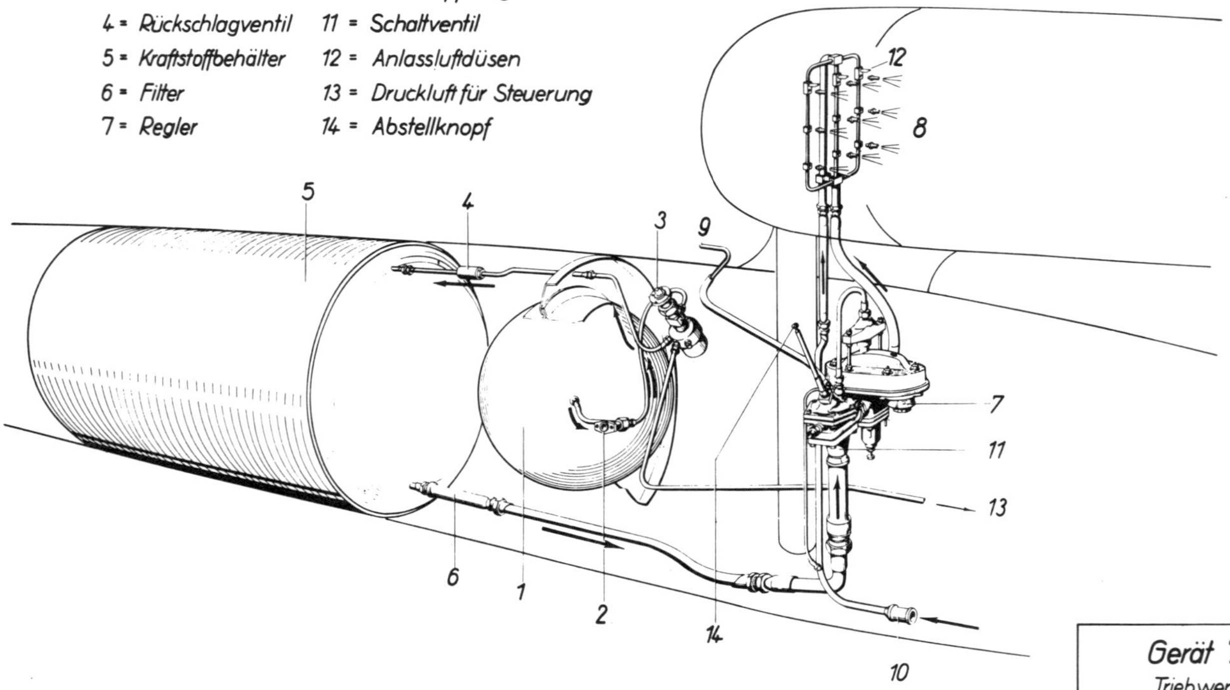


9320

**Gerät 76**
Triebwerk:
Triebwerkanlage

Stand: Juli 1943

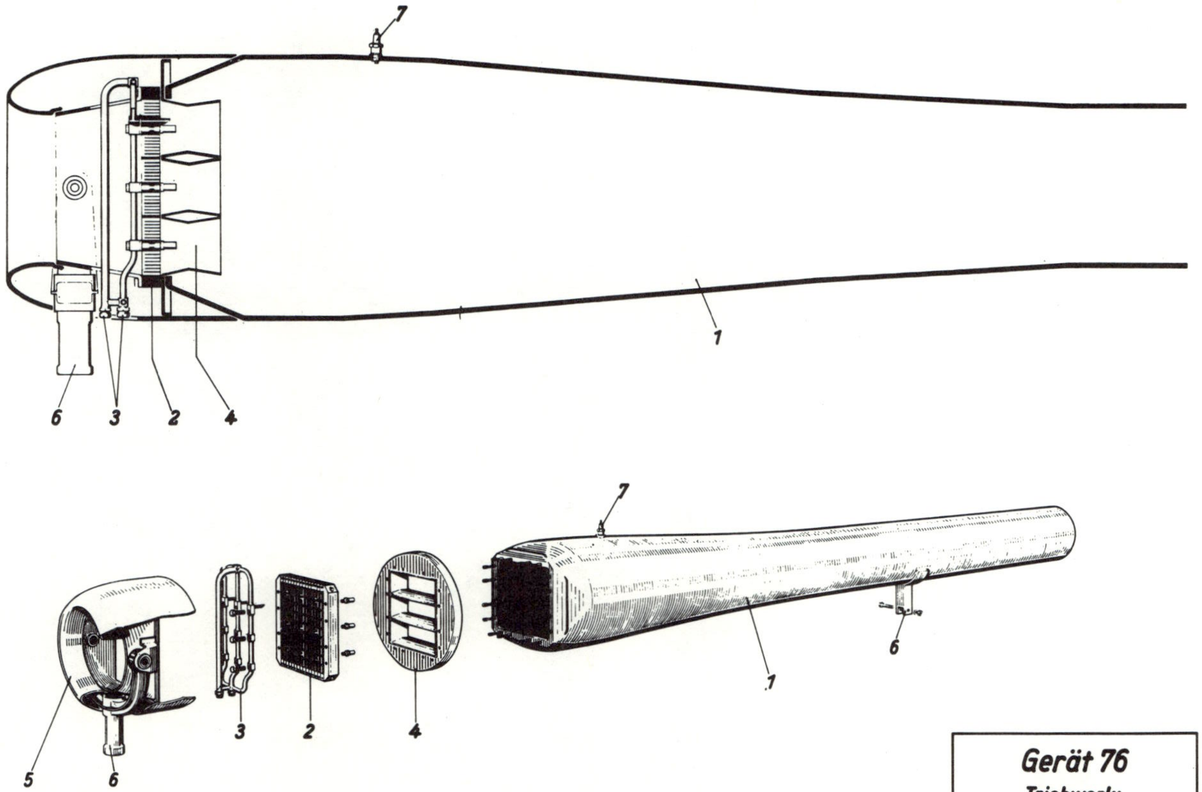


1. Rohrkörper 2. Klappenregister 3. Kraftstoff- u. Anlaßluftleitung 4. Blende
5. Fang-Diffusor 6. Vordere u. hintere Aufhängung 7. Zündkerze

9318

**Gerät 76**
**Triebwerk: Schubrohr**

Stand vom Juli 1943

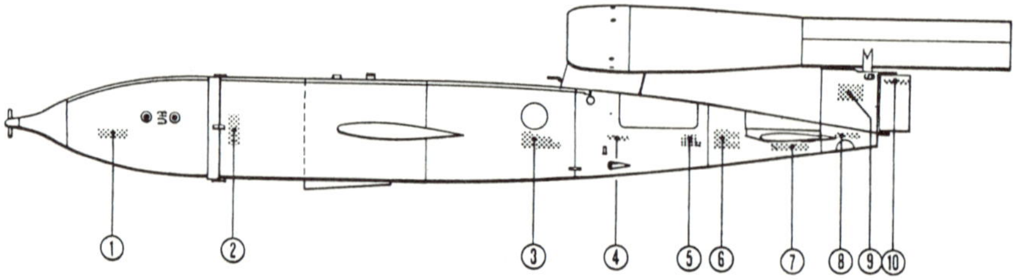


BESCHRIFTUNG DES FLUGBOMBENKÖRPERS

1. ABSTELLPALLUNG N
   HERKULES
2. WAGGON
   FZ
   W 76 N
   ROLLPALLUNG N
   WO
   ABSTELLPALLUNG A
   DOPPELPALLUNG
3. TW 76A N
   ROLLPALLUNG LANG N
   ZUBRINGERWAGEN
   (SCHLITTEN)
4. KLEBESTREIFEN AUF
   UNTERSEITE VOR
   INBETRIEBNAHME ENTFERNEN
5. TW 76A DOPPELPALLUNG
6. KFZ VERLADUNG
   (PALLUNGSABSTAND B2)
   HERKULES N
   ABSTELLPALLUNG
7. ABSTELLBOCK
8. ABSTELLPALLUNG A
   HERKULES A
9. STUTZKEIL HIER EINSETZEN
   TRANSPORT UND BEI ABGE-
   NOMMENEN ABDECKBLECH VOR
   DEM START ENTFERNEN
10. NICHT ANFASSEN

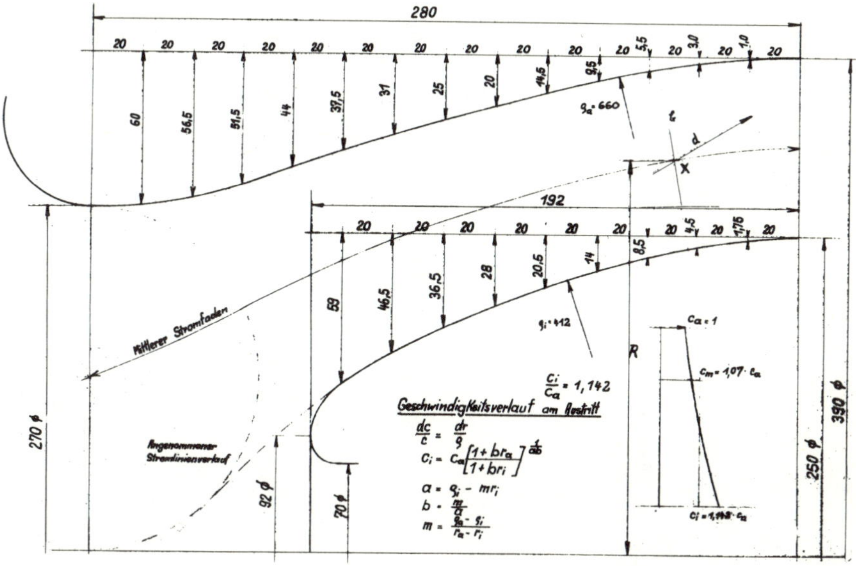


Auf den Zeichenbrettern der Firma PORSCHE wurde ein Turbinen-Luftstrahltriebwerk, Typ 300 entwickelt für eine neue Flugbombe die 800 Km/h schnell und 500 Km weit fliegen sollte. Ausschnitte von Berechnungs-Unterlagen und Zeichnungen dieses Triebwerks.

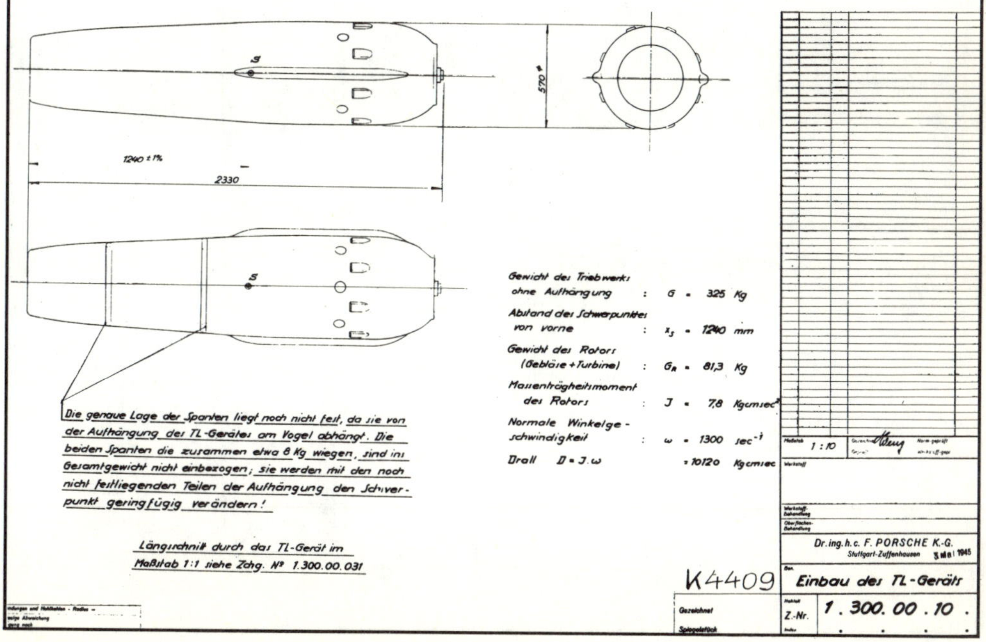

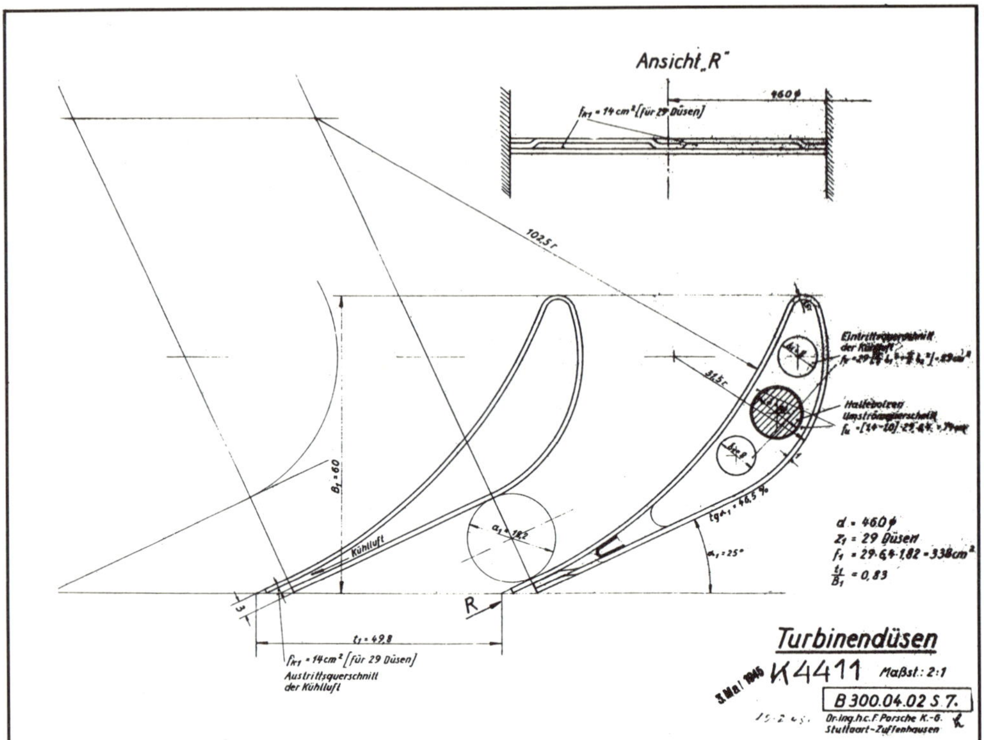


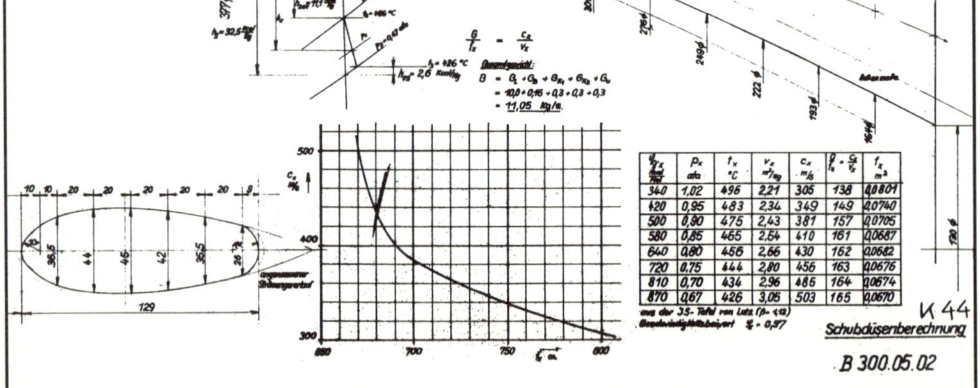


| $i_x$ kcal/kg | $p_x$ ata | $t_x$ °C | $v_x$ m³/kg | $c_x$ m/s | $\frac{G}{f_x} = \frac{c_x}{v_x}$ | $f_x$ m² |
|---|---|---|---|---|---|---|
| 340 | 1,02 | 496 | 2,21 | 305 | 138 | 0,0801 |
| 420 | 0,95 | 483 | 2,34 | 349 | 149 | 0,0740 |
| 500 | 0,90 | 475 | 2,43 | 381 | 157 | 0,0705 |
| 580 | 0,85 | 465 | 2,54 | 410 | 161 | 0,0687 |
| 640 | 0,80 | 456 | 2,66 | 430 | 162 | 0,0682 |
| 720 | 0,75 | 444 | 2,80 | 456 | 163 | 0,0676 |
| 810 | 0,70 | 434 | 2,96 | 485 | 164 | 0,0674 |
| 870 | 0,67 | 426 | 3,05 | 503 | 165 | 0,0670 |

aus der J.S.-Tafel von Lutz (β = 1,12)
Geschwindigkeitsbeiwert φ = 0,97

K 44

Schubdüsenberechnung

B 300.05.02

| Vergleichsdaten: | V2-A4 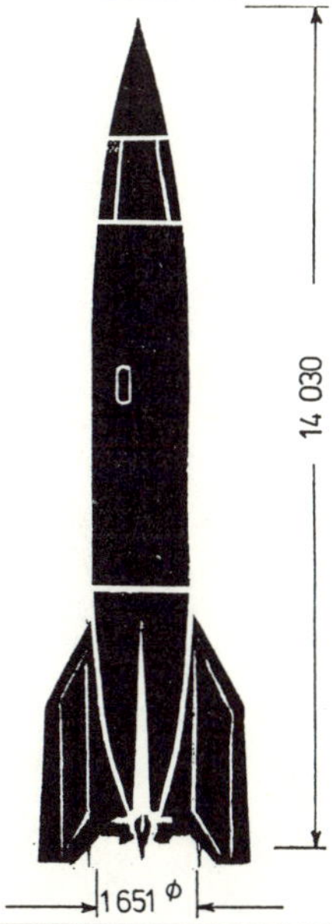  | V1-Fi. 103- FZG 76 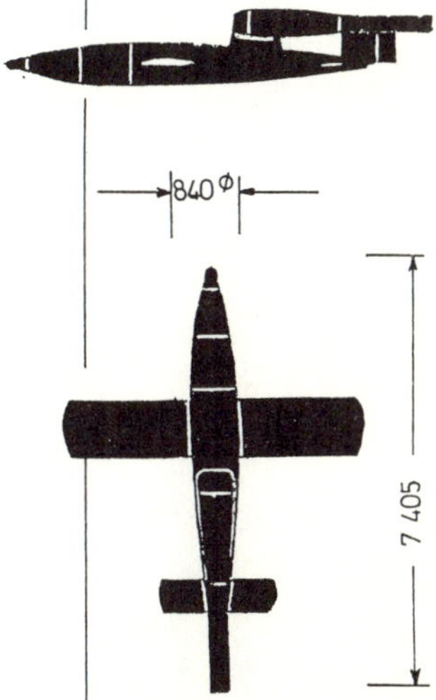  |
|---|---|---|
| Schubkraft in Kp | max. 25.400 | max. 390 bei 0 m<br>312 bei 1000 m Höhe |
| Transportierte Sprengstoffmenge | 990 kg konventioneller Sprengstoff | 830 kg konvent. oder Trialen Sprengstoff |
| Sprengwirkung | Wegen 650° C Reibungswärme an der Außenhaut war eine Füllung mit hochexplosiven Trialen nicht möglich,dadurch geringere Wirkung als V1 | Etwa wie eine 2000 kg Luftmine bei Trialen-Füllung |
| Geschwindigkeit | max. 1500 m/s, Auftreff 800 m/s | 175 m/s |
| Gesamtinvestition in RM | 6 - 8 Milliarden | 150-200 Millionen |
| Herstellungskosten in RM | ca. 240.000,-- | ca. 3.500,- |
| Verbrauch an Arbeitsstunden je Projektil | ca. 10.000 | ca. 350 |
| Betriebsstoff für 250 km Zielentfernung | 10.300 kg | 453 kg ( 600 L ) |
| Abwurf von Flugzeugen | nein | ja |
| Abschuß von U-Booten | projektiert | projektiert |
| Reichweite in km | 290 | 235-375 |
| Abwehrmöglichkeit d. Gegners | keine | Jäger, Flak, Sperrballone |
| Belastung für die Rüstungsindustrie | beträchtlich | gering |
| Entwicklungsdauer in Jahren | 8 | 2 |
| Treffergenauigkeit | 1000 m Ø, 10000 m Ø | 5000 m Ø, 15000 m Ø |
| Möglichkeit d. Vorwarnung bei Einsatz | ca. 4 min. | ca. 24 min. |

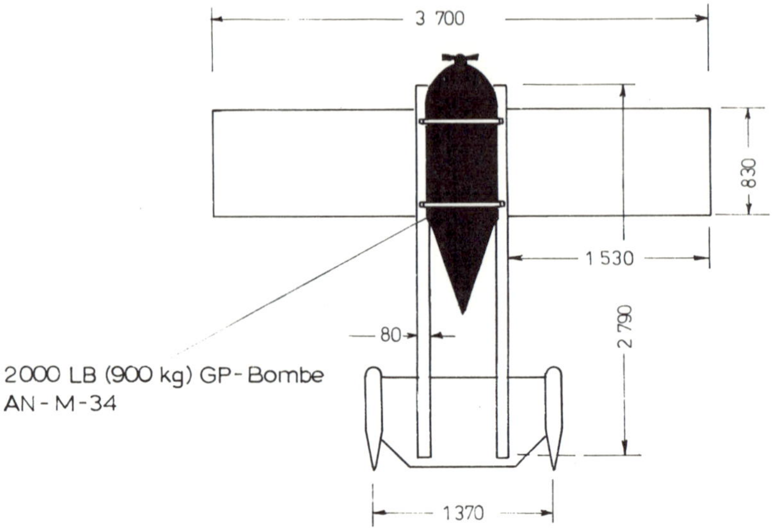


Gleitbombe, Ansicht von unten

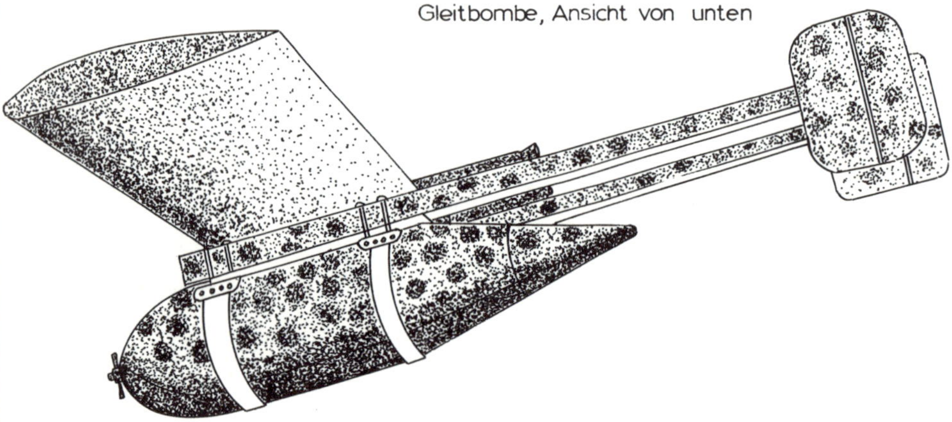

## GLEITBOMBE DER USAAF

| | |
|---|---|
| Hersteller: | AERONCA |
| Typ: | GB-1 |
| Gewicht: | 1 000 kg |
| Einsatz: | Mai 1944 |
| Abwurf: | durch Boing B 17 E (je 2 Stück) |

| Vergleichsdaten: | V2-A4 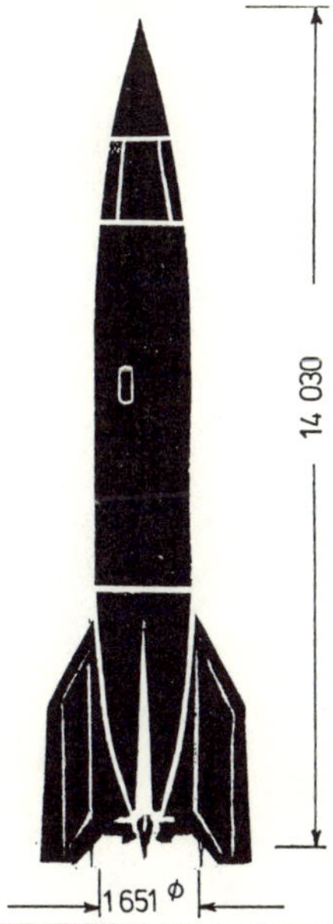  | V1-Fi. 103- FZG 76 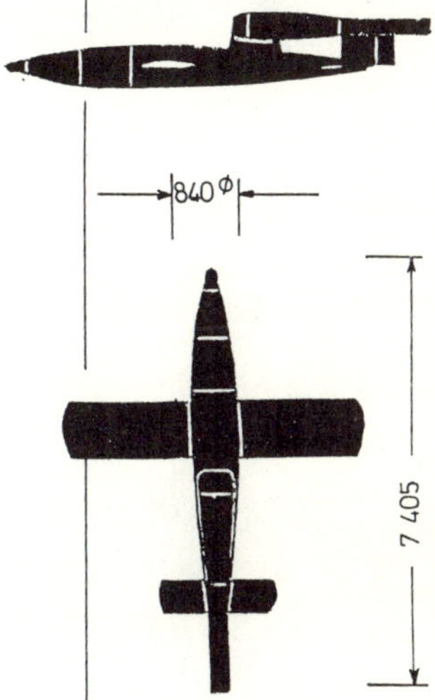  |
|---|---|---|
| Schubkraft in Kp | max. 25.400 | max. 390 bei 0 m<br>312 bei 1000 m Höhe |
| Transportierte Spreng stoffmenge | 990 kg konventioneller Sprengstoff | 830 kg konvent. oder Trialen Sprengstoff |
| Sprengwirkung | Wegen 650° C Reibungswärme an der Außenhaut war eine Füllung mit hochexplosiven Trialen nicht möglich,dadurch geringere Wirkung als V1 | Etwa wie eine 2000 kg Luftmine bei Trialen-Füllung |
| Geschwindigkeit | max. 1500 m/s, Auftreff 800 m/s | 175 m/s |
| Gesamtinvestition in RM | 6 - 8 Milliarden | 150-200 Millionen |
| Herstellungskosten in RM | ca. 240.000,-- | ca. 3.500,- |
| Verbrauch an Arbeitsstunden je Projektil | ca. 10.000 | ca. 350 |
| Betriebsstoff für 250 km Zielentfernung | 10.300 kg | 453 kg ( 600 L ) |
| Abwurf von Flugzeugen | nein | ja |
| Abschuß von U-Booten | projektiert | projektiert |
| Reichweite in km | 290 | 235-375 |
| Abwehrmöglichkeit d. Gegners | keine | Jäger, Flak, Sperrballone |
| Belastung für die Rüstungsindustrie | beträchtlich | gering |
| Entwicklungsdauer in Jahren | 8 | 2 |
| Treffergenauigkeit | 1000 m Ø, 10000 m Ø | 5000 m Ø, 15000 m Ø |
| Möglichkeit d. Vorwarnung bei Einsatz | ca. 4 min. | ca. 24 min. |

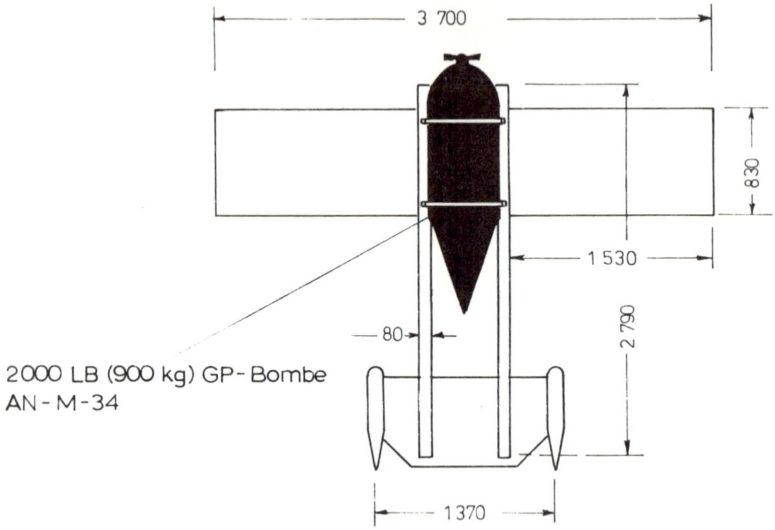


Gleitbombe, Ansicht von unten

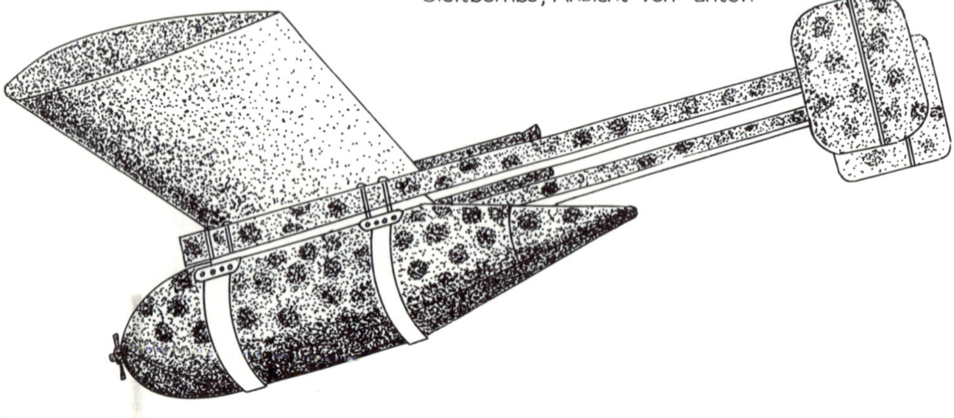

## GLEITBOMBE DER USAAF

| | |
|---|---|
| Hersteller: | AERONCA |
| Typ: | GB-1 |
| Gewicht: | 1 000 kg |
| Einsatz: | Mai 1944 |
| Abwurf: | durch Boing B 17 E (je 2 Stück) |

ANSTRICHE UND MARKIERUNGEN AN NACHGEBAUTEN V1-FLUGKÖRPERN IN DEN VEREINIGTEN STAATEN DIE DORT UNTER DER BEZEICHNUNG JB2 UND LOON ERPROBT UND WEITERENTWICKELT WURDEN.

1 JB-2 Herbst-Winter 1948
Worte und Zahlen sind auf beide Seiten aufgemalt in schwarzer Farbe

2 JB-2 Sommer 1946
alle ungeraden Zahlen mit "711" in grellweiß

3 JB-2 Winter 1946
Nummern "64 an drei Stellen in grellweiß aufgestrichen, Flügel weiß

4 Loon Mai 1956
siehe Deutsche V1. Langer Kabelkanal "Blitz"strahl ist rot. Schwarze und weiße Höhenruder. Keine Abzeichen

5 Loon Okt. 1951
Langer Kabelkanal wie Pos. 4
Nummern schwarz an 2 Stellen, schwarze und weiße Seiten- und Höhenruder.

6 Loon Sommer 1946
Spezial-Modell für Funkwesen, schwarze spiralenförmige Streifen sind zur besseren Ortung gedacht. Nummern "1031" sind auf schwarzem Hintergrund. Schwarze und weiße Seiten- und Höhenruder.

Anmerkung: U.S.-Stern bei Standard-Modellen an 4 Stellen mit 20" Durchmesser am Rumpf und 30" Durchmesser an den Flügeln.

| | | |
|---|---|---|
| oliv-grau | weiß | metallic |
| gelb | rot | schwarz |

1

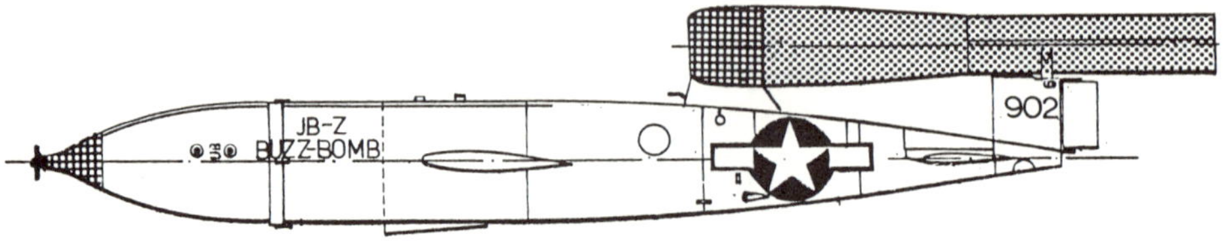


2

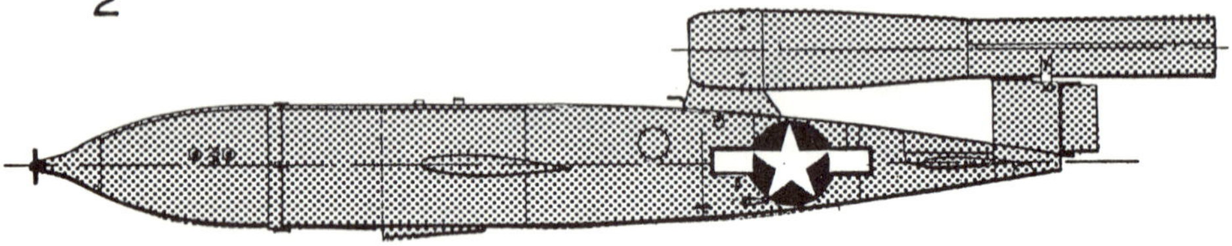

3

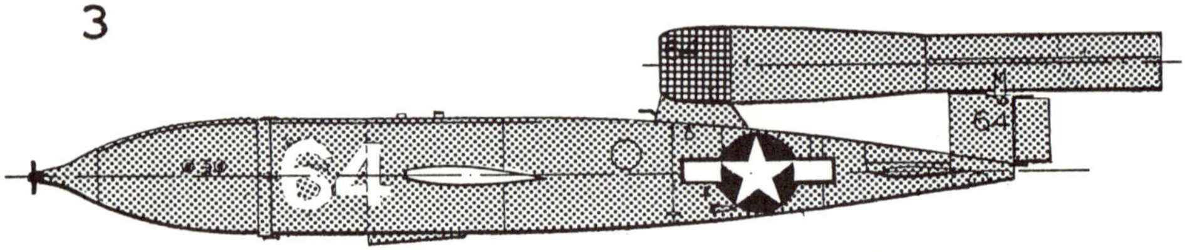

4

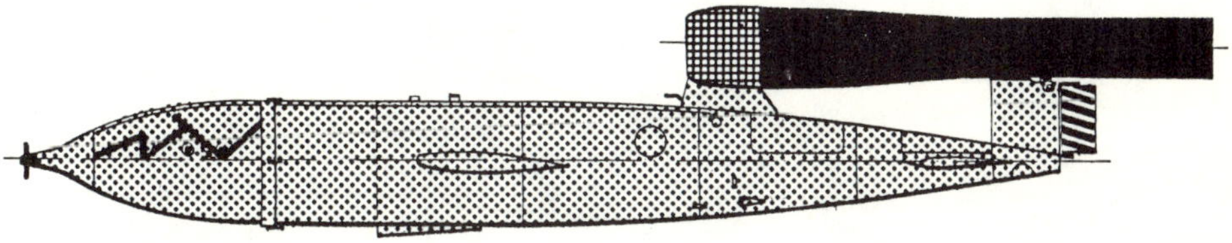

5

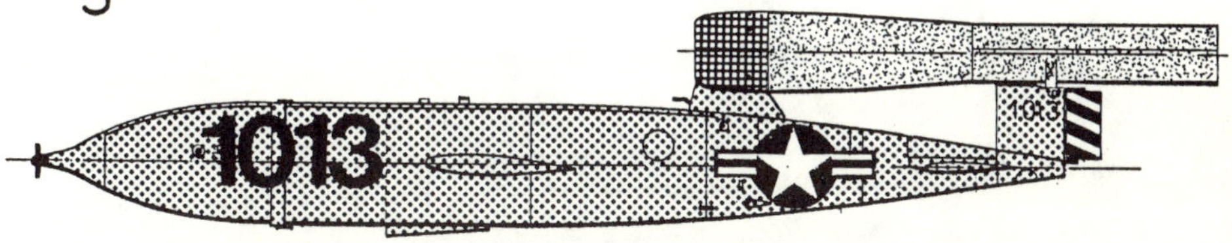


6

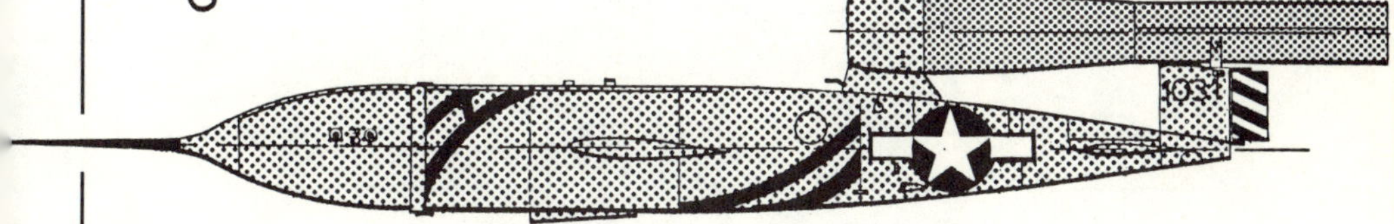

# NACHFOLGERAKETEN DER V1

| | Reichweite km | Flughöhe km | Geschwindigkeit km/h |
|---|---|---|---|
| 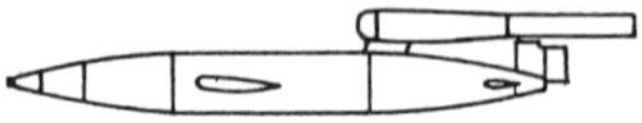 V1 (Fieseler Fi. 103) | 320 | 0,5 - 3 | 800 |
| 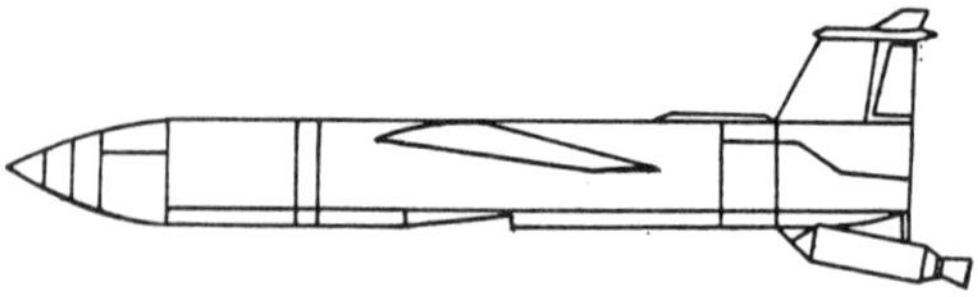 Matador TM-61C | 1 000 | 14 | 900 |
| 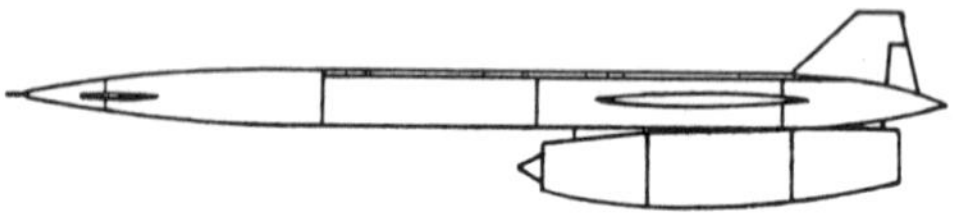 Hound Dog | 965 | 15 | 2 000 |
| 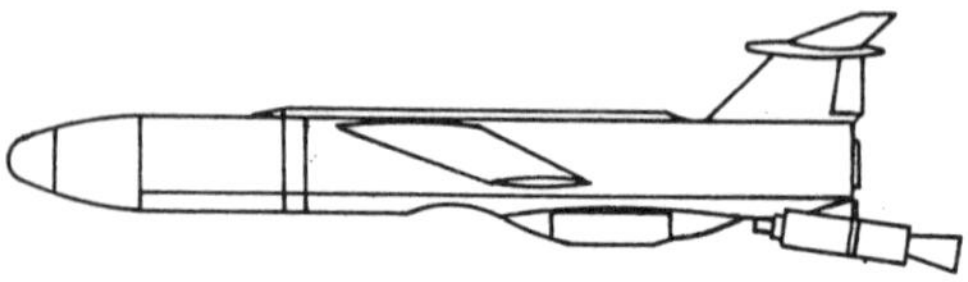 Mace TM-76 | 1 100 | 12 | 1 000 |
| 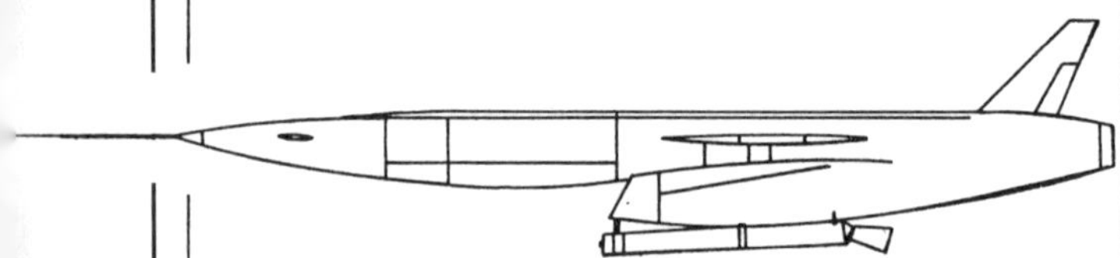 Regulus II | 1 600 | 15 | 2 200 |

US NAVAL AIR MISSILE TEST CENTER
POINT MUGU, CALIFORNIA

**TECHNICAL REPORT NO. 75**

# A STUDY OF METHODS FOR ACHIEVING RELIABILITY OF GUIDED MISSILES


PREPARED BY:
Robert Lusser

REVIEWED BY:
H O Hauck
Department Head

APPROVED BY:
Commander NAMTC


**BUREAU OF AERONAUTICS**

**10 JULY 1950**

Yokosuka
MXY - 7 Ohka
(Kirschblüte)

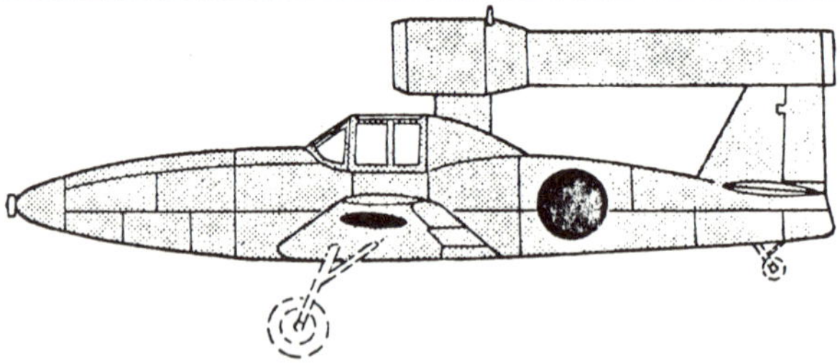

Kawanishi Baika
(Pflaumenblüte)

Als am 21. März 1945 eine Staffel von 16 Ohka - Flugzeugen unter Mutterflugzeugen aufgehängt und von 30 Zero - Jägern eskortiertm ihren ersten Kamikaze-Einsatz (Göttlicher Wind) gegen einen amerikanischen Flottenverband flogen, stellten die Japaner fest, daß die Reichweite von 88 km unzureichend war. Die bemannte Ohka-Flugbombe, vom Marinearsenal Yokosuka entwickelt wurde, von einem Feststoff-Reketenmotor mit 800 kg Schub angetrieben, flog 860 km/h schnell und hatte einen Sprengkopf von 1200 kg. Das Gesamtgewicht betrug 2140 kg, die Spannweite 5,00 m , und die Länge 6,07 m.

Von der Erfolgen der Deutschen V1-Offensive und der V1 Reichenberg-Entwicklung inspiriert, entwarf Prof. I. Tani vom Aeronautical Institute of Tokyo Imperial University eine neue Kamikaze Flugbombe mit dem Namen Baika, als Ersatz für die Ohka. Das Fahrgestell sollte nach dem Start abgeworfen werden, der Sprengkopf war im Rumpf untergebracht und betrug 250 kg. Als Antrieb war ein Schubrohr vorgesehen (wie Argus-Rohr) mit der Bezeichnung Maru Ka - 10 und einem max. Schub von 360 kg, das der bemannten Flugbombe eine Geschwindigkeit von 740 km/h geben sollte.

Als der Krieg endete, war die Baika noch auf dem Zeichenbrett. Die Spannweite betrug 6,60 m, die Länge 7,00 m und das Ladegewicht lag bei 1430 kg.

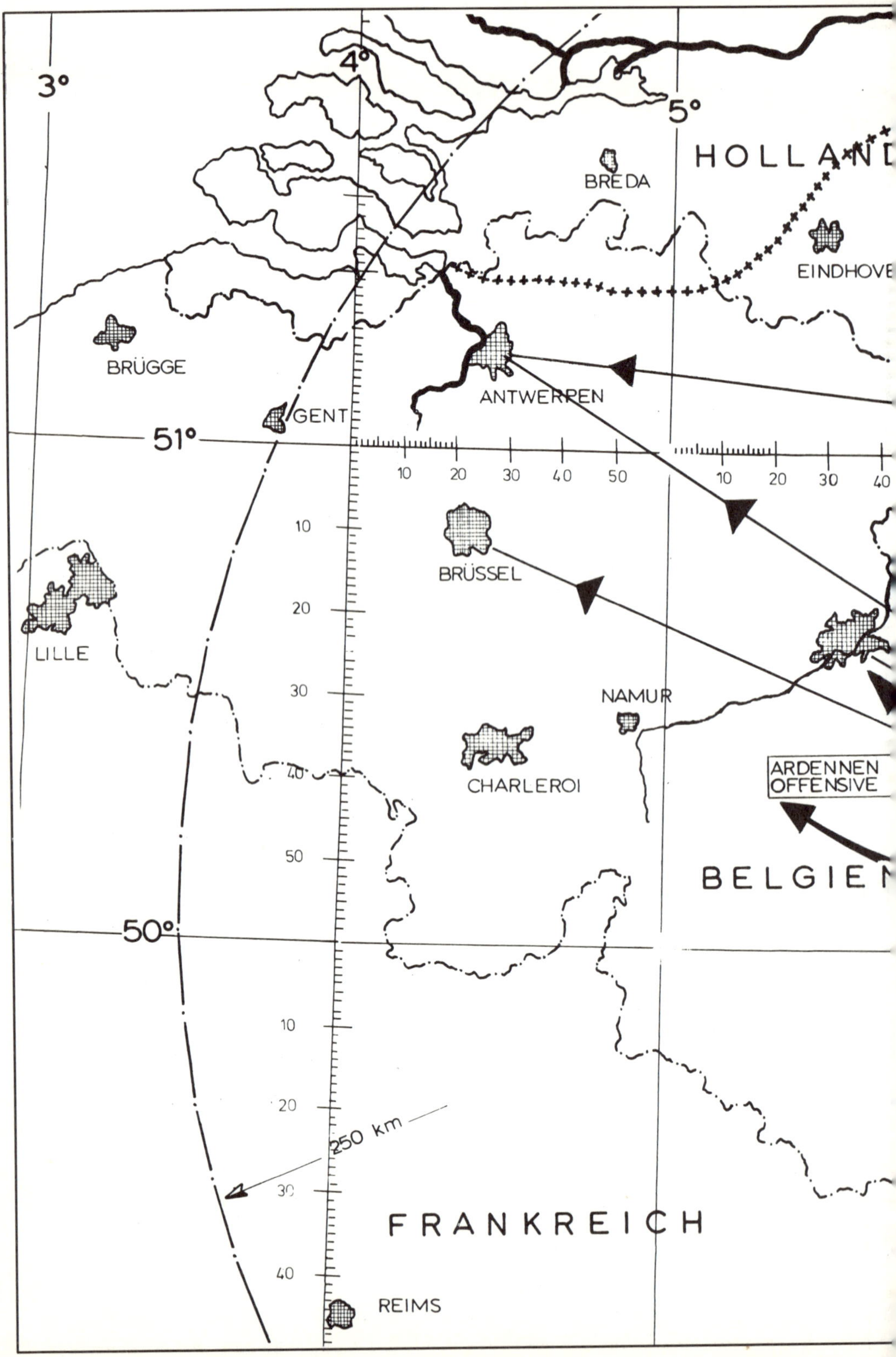

3°
4°
5°
51°
50°
HOLLAND
BREDA
EINDHOVE
BRÜGGE
GENT
ANTWERPEN
BRÜSSEL
LILLE
NAMUR
CHARLEROI
ARDENNEN OFFENSIVE
BELGIEN
FRANKREICH
REIMS
250 km
10 20 30 40 50
10 20 30 40